BERLIN

W0085763

Uwe Müller · Grit Hartmann

VORWÄRTS UND VERGESSEN!

Kader, Spitzel und Komplizen:
das gefährliche Erbe der SED-Diktatur

Rowohlt · Berlin

1. Auflage Mai 2009
Copyright © by Rowohlt · Berlin
Verlag GmbH, Berlin
Alle Rechte vorbehalten
Satz aus der Swift PostScript PageOne
Gesamtherstellung CPI – Clausen & Bosse, Leck
Printed in Germany
ISBN 978 3 87134 623 1

Inhalt

VORWORT

Am Abend des 18. März 1990 klagte der Schriftsteller Stefan Heym bitter: «Es wird keine DDR mehr geben. Sie wird nichts sein als eine Fußnote der Weltgeschichte.» Soeben hatte die PDS die ersten freien Volkskammerwahlen verloren, die Befürworter einer schnellen Wiedervereinigung trugen den Sieg davon. Keine acht Monate später war die DDR von der politischen Landkarte verschwunden. Dennoch irrte Heym damals gründlich. Denn wider Erwarten landete der sozialistische Staat nicht einfach auf dem Müllhaufen der Geschichte: Sein Gedankengut und seine Ideale leben im vereinten Deutschland auf irritierende Weise fort. Davon handelt das vorliegende Buch.

Die DDR will nicht verschwinden. Sie besteht sogar in ihren alten Grenzen weiter – als gigantische Wirtschaftssonderzone. Nirgendwo sonst auf der Welt muss eine vergleichbar große Region innerhalb eines Staates vom stärkeren Landesteil so umfassend alimentiert werden. Ein Ende der Abhängigkeit ist nicht in Sicht. Gewiss haben die vergangenen zwanzig Jahre Fortschritte gebracht. Die Infrastruktur ist so modern wie kaum anderswo, einst zerfallene Städte und verwüstete Landschaften sind saniert. Nicht zuletzt hat das Wohlstandsniveau der Bürger erheblich zugenommen. Doch eines hat sich nicht verändert: Auf sich allein gestellt wäre Ostdeutschland heute ebenso wenig lebensfähig, wie es die DDR in ihrer Endphase war.

Ein solcher Fehlschlag war im Einheitsfahrplan des Jahres 1990 nicht vorgesehen. Begleitet wird er vom Schock der Bevölkerungsentwicklung: Die ostdeutsche Gesellschaft schrumpft und altert in einem Tempo, das in der europäischen Geschichte einzigartig ist. Bis zum Jahr 2020 werden die neuen Länder im Vergleich zum Zeitpunkt der Wiedervereinigung fast ein Fünftel ihrer Bevölkerung verloren haben. Ganze Regionen entleeren sich, halbe Städte sind schon abgerissen. Die als unwirtlich empfundene Realität nährt die Flucht ins Vergangene. Viele Ostdeutsche haben sich innerlich wieder in der Welt der DDR eingerichtet: Sie mystifizieren den Staat, den sie einst zu Fall gebracht haben, und verschanzen sich im antiwestlichen Protest, wie ihn einst die Propaganda predigte. Die sich abzeichnenden Verwerfungen im Gefolge der Weltwirtschaftskrise machen wenig Hoffnung, dass sich daran etwas ändert.

Ostdeutschland ist auch ohne Mauer und Stacheldraht eine «andere Republik» geblieben. Schon 1990 prophezeite Ralf Dahrendorf, es werde sechzig Jahre dauern, bis sich erneut eine bürgerliche Zivilgesellschaft herausgebildet habe. Sein Zeitmaß war die doppelte Diktaturerfahrung der Ostdeutschen. Zwar unterschied sich die SED-Diktatur von der NS-Diktatur durch die zweifellos geringere Dimension ihrer Verbrechen. Aber sie wirkte nachhaltiger, nicht nur, weil sie länger andauerte und drei Generationen prägte. Sondern auch, weil sie eine Weltanschauungsdiktatur war, die ihren repressiven Kern mit den Parolen von Antifaschismus, Frieden oder Gerechtigkeit drapierte. Zudem vertrieb sie das Bürgertum und zerstörte zielgerichtet religiöse Milieus – nicht zuletzt darin liegt die geistige Heimatlosigkeit vieler Ostdeutscher begründet.

Aber auch im Westen rumoren die Mythen des SED-Staates weiter. Viele Westdeutsche, die dank der Gnade des Geburtsortes in Freiheit aufgewachsen sind, wollten den wahren Charakter des Ost-Berliner Regimes nie wahrhaben. Für Günter Grass war die DDR, die Tausende Menschenleben gewaltsam ausgelöscht und mehr als 200 000 Bürger aus politischen Gründen inhaftiert hatte, selbst im Rückblick eine «kommode Diktatur». Manche betrauerten, dass mit dem Ende des kommunistischen Experiments ein Korrektiv zur kapitalistischen Ordnung verloren ging.

Die Folgen für die Gegenwart sind erschreckend:

Wenn die Linkspartei als Nachfolgerin der ostdeutschen Diktaturpartei einen westdeutschen Landtag nach dem anderen erobert – ist die DDR damit im Westen angekommen? Wenn sich ausgerechnet in Sachsen, dem Kernland des Aufbruchs im Herbst 1989, die CDU-Regierungspolitiker zur Hälfte aus früheren Mitgliedern und Funktionären einer SED-hörigen Blockpartei rekrutieren – ist damit die demokratische Erneuerung im Osten gescheitert? Wenn Bundespräsident Horst Köhler einem namhaften Künstler das Bundesverdienstkreuz verleiht, im Wissen darum, dass der Geehrte nach den Kriterien der Stasi-Unterlagenbehörde ein Spitzel des DDR-Geheimdienstes war – lässt dann selbst der höchste Repräsentant der Bundesrepublik die nötige Distanz zu den Stützen der Diktatur vermissen?

Nach dem Zusammenbruch der DDR wollten es die Deutschen besser machen als fünfundvierzig Jahre zuvor. Heute steht fest: Die Aufarbeitung der zweiten Diktatur auf deutschem Boden ist gründlich gescheitert. Dieses Buch liefert die längst überfällige Bilanz des folgenschweren Versagens in vier entscheidenden Bereichen.

1. *Der Umgang mit dem DDR-Unrecht:* Die juristische Ahndung der Staatsverbrechen ist fehlgeschlagen. Obwohl es eine der Hauptforderungen der DDR-Bürgerrechtler und der frei gewählten Volkskammer war, die Systemkriminalität zu sühnen, wurden die Täter vom bundesdeutschen Rechtsstaat in empörender Weise verschont. Zudem hat die Politik – anders als im Fall der NS-Aufarbeitung – zum Ausgang dieses Kapitels bis heute keine Rechenschaft abgelegt. Für jahrzehntelanges Diktaturunrecht büßten gerade einmal vierzig Täter hinter Gittern. Ihre Namen werden in diesem Buch zum ersten Mal aufgelistet, viele ihrer Taten dargestellt. Selbst im Auftrag des Regimes begangene Morde behandelten die Richter mit außergewöhnlicher Nachsicht. Für die Opfer war nicht nur dies ein Schlag ins Gesicht. Sie wurden nie angemessen entschädigt.

2. *Die Entwicklung der Parteien:* Im Westen bleiben die sogenannten Volksparteien CDU und SPD trotz schwindender Mitgliederzahlen politische Interessengruppen, die in der Gesellschaft verankert sind. Im Osten dagegen schrumpft die ohnehin schmale Mitgliederbasis in rasantem Tempo. Ein neuer Typus von Partei hat sich herausgebildet: Vereine, in denen wenigen Funktionsträgern eine nahezu entsprechende Anzahl von Mandaten und Ämtern gegenübersteht. Das heißt: Beinahe jedes aktive Parteimitglied hat auch einen Posten inne. In Niedersachsen und Hessen sind zusammen

mehr als doppelt so viele Christdemokraten organisiert wie in allen fünf neuen Ländern. Es macht die ostdeutsche CDU nicht attraktiver, dass etliche einflussreiche Politiker ihre Vergangenheit als Blockflöten verschleiern. Bei den Sozialdemokraten sieht es zahlenmäßig noch trauriger aus, die Partei hat im Osten gerade einmal so viele Mitglieder wie der Landesverband Saar. Die Linkspartei hat sich in einer Lüge eingerichtet. Unverdrossen behaupten ihre Funktionäre, sie hätten mit dem Stalinismus gebrochen – in Wirklichkeit setzen die Parteichefs Oskar Lafontaine und Lothar Bisky auf Kooperation mit Vereinen ehemaliger Systemträger, die bis heute die DDR als besseren deutschen Staat loben.

3. *Die Eliten in den Medien, im Öffentlichen Dienst und im Sport:* Nach dem Ende der DDR waren die meisten Ostdeutschen gezwungen, sich beruflich neu zu orientieren. In wichtigen Bereichen fällt die Bilanz anders aus, es herrscht verblüffende Kontinuität. In den Regionalzeitungen, die in Ostdeutschland eine monopolartige Stellung innehaben, waren beispielsweise zehn Jahre nach dem Systemwechsel noch immer sechzig Prozent der Journalisten beschäftigt, die sich vor 1989 als Propagandisten der SED verstanden. Wie kaum ein anderer Berufsstand ist die Medienbranche mit ehemaligen MfS-Mitarbeitern durchsetzt. Ihre Vergangenheit sorgt noch immer für Schlagzeilen, weil eine systematische Überprüfung unterblieben ist. Selbst in Bundesministerien arbeiten noch heute Agenten der DDR-Auslandsspionage. Die DDR war dank krimineller Funktionäre, Trainer und Ärzte mit 572 olympischen Medaillen die erfolgreichste Sportnation der Welt – mit diesem Potenzial ist das vereinte Deutschland bis heute auf Medaillenjagd.

4. *Die staatlich geförderte Aufarbeitung:* Für das richtige Gedenken an die zweite deutsche Diktatur stehen Jahr für Jahr weit über hundert Millionen Euro bereit. Die Deutschen lassen sich ihren Ruf als «Weltmeister der Aufarbeitung» etwas kosten. Wissenschaftler und Publizisten haben 53000 Publikationen über die DDR und den Transformationsprozess hervorgebracht – dennoch strahlt das Bild der DDR umso heller, je weiter sie zurückliegt. Selbst bei denen, die sie nicht aus eigenem Erleben kennen. Daran sind die Institutionen der Aufarbeitung selbst nicht ohne Schuld. Die vom Bund einge-

richtete Aufarbeitungs-Stiftung kooperiert wie selbstverständlich mit der Rosa-Luxemburg-Stiftung, die MfS-Generälen ein Podium bietet. Die hochgelobte Stasi-Unterlagenbehörde wiederum krankte schon an einem Geburtsfehler – die Stasi schrieb am Gründungskonzept mit und nistete sich sogleich dort ein. Rund siebzig hauptamtliche MfS-Mitarbeiter wirkten in Deutschlands größtem Aktenimperium, was unter den beiden Bundesbeauftragten Joachim Gauck und Marianne Birthler verheimlicht wurde.

«Vorwärts und vergessen» ist kein Buch über den Osten. Das Scheitern der DDR hat auch westdeutsche Gewissheiten und Weltbilder erschüttert. Seit der Regierungszeit von Willy Brandt arrangierte sich die Bundesrepublik im Status quo der Teilung, der antitotalitäre Konsens schwand. Die politische Klasse in Bonn, Zeitgeschichtler und Intellektuelle betrachteten die DDR zunehmend als eine gleichberechtigte Alternative mit gewissen sozialen Errungenschaften. In diesem Koordinatensystem gerieten die wichtigsten Normen aus dem Blick: die Menschenrechte und die Demokratie. Es war erst die ostdeutsche Bürgerrechtsbewegung, die im Herbst 1989 den Westdeutschen einen Begriff in Erinnerung rief, den sie längst mit einem Tabu belegt hatten – den der Diktatur. Auch die Politik der Kollaboration hätte einer Klärung bedurft, doch das Eigeninteresse des Westens verhinderte dies. Die Chance eines gemeinsamen Neuanfangs war damit vertan.

Der Historiker Hans-Ulrich Wehler hat kürzlich Stefan Heyms Formel von der DDR als «Fußnote der Weltgeschichte» wiederaufgegriffen. Das östliche Gesellschaftsmodell habe in jeder Hinsicht in eine Sackgasse geführt – deshalb habe die Bundesrepublik mit dem «Recht des historisch Überlegenen» die kollabierte DDR aufgenommen. Nach dem Vorbild des westdeutschen Modells müssten nun alle falschen Weichenstellungen, die in der DDR vorgenommen worden seien, korrigiert werden.

Schön, wenn es so einfach wäre.

TEIL I
EIN STAAT GEHT UNTER, DAS UNRECHT BLEIBT

Das Archiv des Verbrechens

Einem Fernschreiben von Willy Brandt verdankt die Nachwelt ein einzigartiges Archiv. Der Regierende Bürgermeister von Berlin richtete es am 5. September 1961, drei Wochen nach dem Mauerbau, an die westdeutschen Ministerpräsidenten. Zu diesem Zeitpunkt waren am «antifaschistischen Schutzwall» bereits zwei Männer von Grenzsoldaten erschossen worden. Brandt wollte dies nicht tatenlos hinnehmen. Er bat seine Kollegen, gemeinsam für die «umfassende Strafverfolgung der Untaten der Gewalthaber der SED»[1] zu sorgen. So entstand die «Zentrale Erfassungsstelle der Landesjustizverwaltungen» mit Sitz in Salzgitter. Drei Jahrzehnte lang wurden hier alle verfügbaren Informationen über Verbrechen gegen die Menschlichkeit in der DDR festgehalten.

Bis zur Wiedervereinigung hatte die kleine Behörde, in der normalerweise zwei Staatsanwälte, zwei Sachbearbeiter und drei Schreibkräfte arbeiteten, 32 Kubikmeter Akten angesammelt. In der großen Zentralkartei waren die Namen von 70000 Opfern und 10000 Beschuldigten erfasst. Zudem hatte man in 42000 Fällen Beweise für staatliche Willkürhandlungen gesichert, darunter unzählige Aussagen von Zeugen. In den Unterlagen ist das ganze Ausmaß des Unrechts dokumentiert: Terrorurteile einer willfährigen Justiz, Misshandlungen von Strafgefangenen und Tötungsdelikte an der innerdeutschen Grenze.

Nie zuvor in der Geschichte sind die Verbrechen einer Diktatur so akribisch registriert worden. Die Deutschen hätten auf die Datensammlung stolz sein können. Doch Mitte der neunziger Jahre verschwanden die Akten still und leise im Keller des Braunschweiger Oberlandesgerichts, wo sie allmählich verstaubten. Das Erbe von Salzgitter wurde kalt entsorgt, weil der Anspruch, mit dem es

13

einst verbunden war, im Westteil des nun vereinten Landes immer weniger zählte.

Brandt hatte in seinem Fernschreiben betont, er wolle «allen Anhängern und Dienern des Pankower Regimes» vor Augen führen, «dass ihre Taten registriert und sie einer gerechten Strafe zugeführt werden». Ursprünglich hatte er eine schon bestehende Einrichtung mit dieser Aufgabe betrauen wollen – sie war 1958 im württembergischen Ludwigsburg gegründet worden, um nationalsozialistische Straftäter zu verfolgen. Brandt hielt genau diese Institution für «besonders geeignet», wegen der «nahezu völligen Identität der jetzt vom SED-Regime in der Zone und in Ost-Berlin angewandten Methoden mit denen des Nationalsozialismus». Schließlich verständigte man sich darauf, die SED-Straftaten getrennt aufzuklären – in Niedersachsen, dem Bundesland mit der längsten Grenze zur DDR.

Als die Erfassungsstelle Salzgitter am 24. November 1961 ihre Tätigkeit aufnahm, gelobte der niedersächsische Justizminister Arvid von Nottbeck (FDP) feierlich: «Wir werden nichts vergessen, und es wird nichts verjähren.» Diesem Auftrag fühlten sich alle Bundestagsparteien verpflichtet – wenigstens für einige Jahre. Doch im Gefolge der Entspannungspolitik wurde die «Buchhaltung des Verbrechens» («Weltwoche») als Hindernis für gute Beziehungen zu Ost-Berlin empfunden – die Dokumentation der SED-Untaten galt als Anmaßung. Nur die Union hielt geschlossen daran fest. Doch am Ende hat auch sie den Geist von Salzgitter verraten. Im September 1991 redete Bundesinnenminister Wolfgang Schäuble (CDU) die Funktion der Unrechtskartei klein: «Unser Ziel war nicht in erster Linie, eines Tages die Verantwortlichen vor Gericht zu stellen.»[2] Diese Falschbehauptung sollte politisches Kalkül verschleiern: Die Bundesregierung war in Wahrheit schon nicht mehr an einer Bestrafung der SED-Täter interessiert.

Viel früher hatte sich die SPD von Salzgitter verabschiedet. Niedersachsens Justizminister Horst Schäfer wollte die Erfassungsstelle schon 1970 auflösen. Im September 1984 forderte der Ostpolitiker Egon Bahr, der das Nachdenken über das Verfassungsgebot der Wiedervereinigung als «politische Umweltverschmutzung» bezeichnete, die Abwicklung der Behörde. Kurz darauf erklärte die SPD-Bundestagsfraktion unter Hans-Jochen Vogel, die Zentrale Erfassungsstelle Salzgitter sei «gemessen an der ihr gestellten Aufgabe wirkungslos und überflüssig».

Im selben Jahr dokumentierte die Behörde 2175 Hinweise auf Unrechtstaten – trotz rückläufiger Tötungsdelikte so viele wie nie zuvor. Dieser traurige Rekord wurde 1985 mit 2660 Fällen noch einmal übertroffen. SPD-Größen wie die Ministerpräsidenten Johannes Rau und Oskar Lafontaine sowie die Oppositionsführer Björn Engholm und Gerhard Schröder ignorierten diese Tatsachen. «Ich finde die Frage, wie man die Elbe sauber kriegt, viel wichtiger», erklärte Schröder im Dezember 1985 vor einem Treffen mit Erich Honecker in Gera.[3] Seinem Duz-Freund («Mein lieber Erich») verhalf der spätere Kanzler im August 1988 zu einem spektakulären Propagandaerfolg: Hinter den Kulissen sorgte er dafür, dass eine knappe Ratsmehrheit der Stadt Salzgitter für die Abschaffung der Erfassungsstelle plädierte. Honecker gewährte der niedersächsischen Kommune zum Dank eine Städtepartnerschaft mit dem thüringischen Gotha.

Zuständig für Salzgitter war allerdings der Bundesrat. Weil die SPD dort keine Mehrheit besaß, versuchte sie auf anderem Weg, die Behörde auszuhebeln. Ab 1988 stoppten die SPD-Länder Bremen, Hamburg, Nordrhein-Westfalen und das Saarland die Finanzierung, ein Jahr später auch Schleswig-Holstein. Um Salzgitter zu retten, musste der Bund seine Zuwendungen verdoppeln. Dann kündigte auch Berlin den Rückzug an, was SPD-Bürgermeister Walter Momper im Mai 1989 so begründete: «Die Stelle ist so überflüssig wie ein Kropf. Sie bringt nichts, sie schadet nichts, aber sie kostet nur Geld. Und das Geld dafür haben wir nicht.»[4] Ein schräges Argument: Berlin musste 1989 nach dem Finanzierungsschlüssel gerade einmal 6373 D-Mark überweisen, insgesamt kostete Salzgitter nur 256000 D-Mark.[5]

Das Geld war gut angelegt. Es bremste im anderen Teil Deutschlands den Eifer von Grenzsoldaten oder Gefängniswärtern, die sich die Möglichkeit, später als Rentner unbeschwert in die Bundesrepublik reisen zu können, nicht nehmen wollten. Dass dort Unrechtstaten bestraft wurden, war bekannt und wirkte auf potenzielle Täter abschreckend. Doch SPD-Fraktionsvize Jürgen Schmude hatte noch im März 1984 diese «institutionalisierte Drohung gegenüber Bürgern der DDR» in scharfer Form kritisiert. Grenzübertritte mit Waffengewalt zu verhindern sei für DDR-Soldaten eine Amtspflicht, die nicht durch eine westdeutsche Institution in Unrecht verwandelt werden dürfe.[6] Die Partei von August Bebel rechtfertigte damit indirekt das Töten wehrloser Menschen, obwohl die DDR gleichermaßen gegen ihre eigene Verfassung als auch gegen völkerrechtliche Verpflichtungen verstieß.[7] Die SED-Machthaber konnten zufrieden sein.

Schon Walter Ulbricht hatte nichts unversucht gelassen, um die Arbeit in Salzgitter zu sabotieren. Ein Gesetz bedrohte DDR-Bürger, die Informationen dorthin meldeten, mit bis zu fünf Jahren Haft. Die westdeutschen Mitarbeiter der Erfassungsstelle wurden sogar wegen der «völkerrechtswidrigen Verfolgung» von DDR-Bürgern auf die Fahndungsliste gesetzt. Honecker hielt diese Sanktionen aufrecht. Die Auflösung der Behörde war eine der vier «Geraer Forderungen», mit denen er im Oktober 1980 die Zweistaatlichkeit zementieren wollte. Im «Neuen Deutschland» ließ er Salzgitter als «Einrichtung des Revanchismus» schmähen, dort seien die «alten und neuen Nazis» am Werk. An der Stasi-Hochschule in Potsdam-Eiche entstand eine Dissertation über «Probleme der politischoperativen Bekämpfung dieser Feindzentrale».[8] Noch am 17. Dezember 1989 forderte Gregor Gysi auf dem letzten Parteitag der SED vor ihrer Umbenennung in PDS: «Die Erfassungsstelle Salzgitter gehört als Relikt des Kalten Krieges abgeschafft!»[9]

Ganz im SED-Jargon hatte FDP-Vize Wolfgang Gerhardt schon im Januar 1986 von einem «Relikt aus der Zeit des Kalten Krieges» gesprochen.[10] Zwei Jahre zuvor hatte Helmut Kohls Kanzleramtschef Philipp Jenninger (CDU) wegen der rückläufigen Zahl von Todesfällen an der Grenze angekündigt: «Wenn keine Erkenntnisse mehr vorliegen, löst sich diese Stelle in der Tat auf.»[11] Auch die CDU wollte nicht länger als deutschlandpolitischer «Eisenbeißer» (Klaus Bölling) verspottet werden. Anfang 1988 debattierte sie über die «Modernisierung» ihrer Deutschlandpolitik – dieser Neuorientierung,

16

die Kohl im letzten Moment stoppte, wäre wohl eines Tages auch Salzgitter geopfert worden. Die ansonsten bei Menschenrechtsverletzungen hellwache «Tageszeitung» empfahl sogleich eine «Umwidmung» der Behörde: «Erfasst lieber die Umwelttäter!»[12] Dann fiel die Mauer, und zur Verblüffung des Westens baten die Ostdeutschen fast inständig darum, die Aufzeichnungen in Salzgitter unter keinen Umständen zu vernichten. Zuerst meldeten sich Leipziger Kirchenkreise zu Wort. In der Erfurter SED-Zeitung «Das Volk» sprach sich sogar ein offenbar schwer erschütterter Ex-Stasi-Offizier dafür aus, die Akten in die DDR zu holen, «in denen die Übergriffe der Staatsmacht gegen DDR-Bürger aufgezeichnet sein sollen». Im Januar 1990 druckte die «Magdeburger Volksstimme», ebenfalls ein SED-Blatt, eine große Salzgitter-Reportage und urteilte: «Nicht die Erfassungsstelle war unser Problem, sondern unsere eigenen politischen Zustände.» Man habe versucht, «der Hässlichkeit zu entrinnen, indem man den Spiegel zerschlägt».[13] Der DDR-Ministerpräsident Lothar de Maizière (CDU) beteuerte, die Bürger seines Landes hätten die Einrichtung nie als Grundlage für Rache und Vergeltung verstanden, sondern als Möglichkeit, «um eines fernen Tages Gerechtigkeit üben zu können».[14] Die Ost-Berliner Untersuchungskommission gegen Amtsmissbrauch und Korruption wollte die Salzgitter-Dossiers für ihre Arbeit nutzen. Das DDR-Justizministerium forderte sie an, um Richter und Staatsanwälte auf ihre Vergangenheit zu überprüfen. Politisch Verfolgte wollten sie für ihre Rehabilitierung einsehen.

Das enorme Interesse der Ostdeutschen an den Unterlagen düpierte alle Westdeutschen, die Salzgitter um des lieben Friedens willen hatten opfern wollen. Dennoch wurde die Erfassungsstelle 1992 überhastet und gegen den Rat von Experten geschlossen. Bald darauf verschwanden die Akten im Gerichtskeller. Erst fünfzehn Jahre später wurde das Bundesarchiv beauftragt, sie für die zeitgeschichtliche Forschung aufzubereiten, um der zunehmenden Verharmlosung und Glorifizierung der DDR zu begegnen. Der Anstoß dazu kam von FDP-Politikern, die es künftigen Generationen ermöglichen wollten, die Unrechtsmechanismen im untergegangenen Staat besser zu begreifen.

Doch trotz dieser späten Einsicht steht Salzgitter vor allem für dramatisches Versagen. Im Gründungsbeschluss der Erfassungsstelle heißt es, die Verbrechen des SED-Regimes sollten dokumentiert werden, um «dafür Sorge zu tragen, dass sie zu gegebener Zeit gesühnt» werden. Diesen Auftrag hat das vereinte Deutschland schlicht ignoriert.

Ein Nürnberger Prozess gegen Kommunisten?

Nach dem Untergang der DDR wollten es die Deutschen besser machen als fünfundvierzig Jahre zuvor. Die Vergangenheit sollte nicht gnädigem Vergessen anheimfallen, sondern rückhaltlos aufgeklärt werden. Dieses Mal wollte man die Täter zur Rechenschaft ziehen und den Opfern Gerechtigkeit widerfahren lassen – so weit die guten Vorsätze. Die Praxis sah anders aus: Der Rechtsstaat war unfähig, die Staatsverbrechen der zweiten deutschen Diktatur angemessen zu ahnden. Statt Unrecht kenntlich zu machen, verwischte man es. Im Namen des Volkes wurden die Opfer ein zweites Mal mit Füßen getreten. So wirkt das Erbe der SED-Herrschaft auf fatale Weise fort – und wir müssen uns nicht wundern, wenn die DDR im Nachhinein zum besseren Deutschland verklärt wird. Der Prozess gegen Erich Honecker und andere höchste Repräsentanten der SED zeigt exemplarisch, dass die Deutschen aus der Aufarbeitung der NS-Vergangenheit wenig gelernt haben. Er geriet zum Trauerspiel – und zu einem Lehrstück über die Mitschuld des Westens.

Es war ein Prozess ohne Beispiel in der deutschen Geschichte. Ab dem 12. November 1992 musste sich Erich Honecker vor dem Berliner Landgericht wegen der Todesschüsse an der innerdeutschen Grenze verantworten: Totschlag in zwölf Fällen wurde ihm zur Last gelegt. Sein erstes Opfer, der 20-jährige Peter Müller, war im Juni 1964 im Harz von einer Mine zerfetzt worden. Als letzter Flüchtling wurde der ebenfalls 20-jährige Chris Gueffroy im Februar 1989 an der Berliner Mauer erschossen. Zunächst hatte die Staatsanwaltschaft dem Beschuldigten sogar 68 solcher Totschlagdelikte vorgeworfen. Doch dem Gericht war an einem schnellen Prozess gelegen. Die besondere Bedeutung des Verfahrens lag darin, dass ein ehemaliges Staatsoberhaupt angeklagt war – noch nie seit der Entstehung des Heiligen Römischen Reiches Deutscher Nation war ein deutscher Herrscher vor Gericht gestellt worden, weil er fundamentale Rechte seiner Untertanen verletzt hatte.[15]

Der Honecker-Prozess war auch aus einem zweiten Grund ein Novum. Die Deutschen wollten erstmals in ihrer Geschichte in Eigenregie eine totalitäre Vergangenheit mit den Mitteln des Rechts aufarbeiten. Nach dem Ende des Dritten Reichs hatten ihnen die alliierten Siegermächte einen Gutteil dieser Arbeit abgenommen. Nach dem Untergang des SED-Regimes galt es nun, ein eigenes Drehbuch zu schreiben. Ob es etwas taugte, musste sich im Verfahren gegen den Mann erweisen, der als Staatsratsvorsitzender und SED-Generalsekretär über beinahe unbeschränkte Macht verfügt hatte. Mit dem 80-jährigen Honecker waren zudem weitere hohe Repräsentanten des ostdeutschen Staates angeklagt: Willi Stoph (Vorsitzender des Ministerrates, 78 Jahre), Erich Mielke (Minister für Staatssicherheit, 84 Jahre), Heinz Keßler (Minister für Nationale Verteidigung, 72 Jahre), Fritz Streletz (Stellvertretender Verteidigungsminister, 66 Jahre) und Hans Albrecht (SED-Bezirkschef von Suhl, 72 Jahre). Honecker, Stoph und Mielke, die drei ältesten Angeklagten, hatten dem allmächtigen Politbüro zusammen mehr als hundert Jahre angehört. Sie hatten die DDR geprägt wie sonst nur Walter Ulbricht.

Eine ganze Epoche musste juristisch aufgearbeitet werden, und entsprechend groß war das Interesse des Publikums. Seine Geduld wurde jedoch auf eine harte Probe gestellt. Der Rechtsstreit war erst nach acht Jahren endgültig abgeschlossen. Sechs Gerichte waren beteiligt.[16]

Das Verfahren gegen Honecker & Co. war ein Testfall für das Gelingen der inneren Einheit. Die meisten Zeitgenossen waren sich dessen bewusst, deshalb war bald von einem «Jahrhundertprozess»[17] die Rede. Man wies auf Parallelen zum Nürnberger Prozess hin, ohne den ein demokratischer Neuanfang in den westlichen Besatzungszonen undenkbar gewesen wäre. Diese Analogie führte aber auch in die Irre: Zur Aburteilung der Hauptverantwortlichen des NS-Regimes hatten die Alliierten ein international besetztes Sondergericht geschaffen und es mit Sonderrecht ausgestattet. Für den Staatsführer Honecker und seine Gefolgsleute hingegen war eine herkömmliche Strafkammer zuständig, vor der sich sonst normale Kriminelle verantworten mussten. Es gab ein erprobtes Strafrecht und eine bewährte Strafprozessordnung. Andererseits ging es sowohl in Nürnberg als auch in Berlin darum, unter den Augen der Weltöffentlichkeit das Unrecht einer totalitären Ära kenntlich zu machen. Keiner sah das so deutlich wie Honecker – er hat den Begriff vom «Nürnberger Prozess gegen Kommunisten»[18] geprägt. Waren Berlin und Nürnberg also doch wesensverwandt? Honecker, obgleich er selbst den historischen Bogen geschlagen hatte, sträubte sich entschieden dagegen: «In der DDR gab es keine Konzentrationslager, keine Gaskammern, keine politischen Todesurteile, keinen Volksgerichtshof, keine Gestapo, keine SS», legte er vor Gericht dar. «Die DDR hat keine Kriege geführt und keine Kriegs- und Menschlichkeitsverbrechen begangen.»[19]

Richtig ist: Erich Honecker war nicht Adolf Hitler und die DDR nicht das Dritte Reich. Gemessen an der Schreckensbilanz der nationalsozialistischen Herrschaft, die den Völkermord an den Juden begangen und einen Weltkrieg angezettelt hatte, verblassen die Untaten des realsozialistischen Experiments auf deutschem Boden. Der Holocaust-Staat und die Hammer-und-Zirkel-Republik könnten nicht gleichgesetzt werden, meinte auch der Schriftsteller Ralph Giordano. Der Sohn einer deutsch-jüdischen Klavierlehrerin, der als Jugendlicher von der Gestapo misshandelt worden war und untertauchen musste, hat gleichwohl früh darauf hingewiesen, dass es aus der Sicht der Opfer kein «schlimm» und «weniger schlimm» gibt.[20] Er fragte: «Wird ein so scheußliches System, wie das des real existierenden Sozialismus, etwa weniger scheußlich dadurch, dass es ein noch scheußlicheres gab?» Aus dieser Perspektive ist die Behauptung, wonach das NS-Reich Berge von Leichen und die SED-Diktatur nur Berge von Akten hinterlassen habe, nur zynisch. SPD-Vordenker Erhard Eppler griff die Redewendung 1995 dennoch auf, um eine Normalisierung im Verhältnis seiner Partei zur PDS zu rechtfertigen.[21]

Die DDR war in die zweite «universelle Scheußlichkeit» (Giordano) des 20. Jahrhunderts eingebettet – den Stalinismus. Ihm fielen nicht zuletzt viele Sozialdemokraten zum Opfer. Dieses Gewaltsystem hatte kommunistische Funktionäre wie Honecker, Stoph und Mielke geprägt, schon bevor die Nationalsozialisten an der Macht waren. Die Blutspur der sowjetischen Bajonette irritierte sie nicht im Geringsten.

Nach 1945 unterstützten und beförderten sie vorbehaltlos den Terror der sowjetischen Besatzungsmacht in Ostdeutschland, die «Säuberung» der Gesellschaft von «feindlichen Elementen». Allein in den zehn Speziallagern der SBZ, die auf Befehl des Volkskommissariats für Innere Angelegenheiten der UdSSR (NKWD) zwischen 1945 und 1950 betrieben wurden, starb mehr als jeder Dritte: knapp 43 000 der 122 671 inhaftierten Menschen[22]. Die Toten wurden in anonymen Massengräbern verscharrt, die SED bereicherte sich an ihrem Vermögen.

Die Internierungspraxis, an der die ostdeutsche Volkspolizei beteiligt wurde, sprach rechtsstaatlichen Grundsätzen hohn. Sieht man von einfachen Mitläufern ab, waren Nationalsozialisten unter den Eingesperrten in der Minderheit. Unterschiedslos wurden Kommunisten und Sozialdemokraten, Konservative und Liberale, Adlige und Großbauern, Fabrikanten und Großhändler, Frauen und Jugendliche festgesetzt. Über 19 000 Insassen (24 Prozent der Überlebenden) wurden in die Sowjetunion zur Zwangsarbeit deportiert. Nach Auflösung der Lager brachte man etwa 14 000 Personen (18 Prozent) in DDR-Gefängnisse. Bezeichnend ist, dass die übrigen rund 45 000 Lagerinsassen (57 Prozent) in die Freiheit entlassen und nicht weiter behelligt wurden. Allerdings durften sie über ihr erlittenes Martyrium – brutale nächtliche Verhöre, Geständniserpressung, Scheinhinrichtungen, Schläge und Schlafentzug – nicht öffentlich reden. Das Thema wurde in der DDR totgeschwiegen, solange sie existierte.

Der Etablierung der zweiten deutschen Diktatur dienten auch die sowjetischen Militärtribunale. Sie erledigten für die SED die «politische Schmutzarbeit», wie der Historiker Karl Wilhelm Fricke es ausdrückte. Zwischen 1945 und 1955 verurteilten die Tribunale

2943 deutsche Zivilisten zum Tode, in 2223 Fällen wurden die Strafen vollstreckt. 927 Deutsche wurden zur Hinrichtung eigens nach Moskau gebracht. Einige von ihnen waren zuvor von der Stasi gewaltsam aus West-Berlin und der Bundesrepublik verschleppt worden. Selbst nach sowjetischer Klassifizierung waren Kriegsverbrecher unter den Exekutierten in der Minderheit. Die meisten Todesurteile wurden mit den Vorwürfen der «Spionage» und der Mitgliedschaft in «konterrevolutionären Organisationen» begründet, danach folgten «Banditentum» sowie «Kriegs- und Gewaltverbrechen». Letztere spielten von 1950 bis 1955, also nach Gründung der DDR, praktisch keine Rolle mehr.[23] Die SED hielt sich bei den «Säuberungen» zurück, um ihre ohnehin schwache Akzeptanz nicht völlig auszuhöhlen. Der kommunistischen Kaderpartei «neuen Typs» fehlte zudem jede demokratische Legitimation. Bei den freien Gesamtberliner Wahlen im Oktober 1946 kam sie auf dürftige 19,8 Prozent der Stimmen. Damit landete sie hinter der CDU (22,2 Prozent) und weit abgeschlagen hinter der SPD (48,7 Prozent), obwohl deren Kandidaten im Ostteil der Stadt nicht antreten durften. Bei den parallel abgehaltenen Wahlen in den ostdeutschen Ländern konnte die SED nirgends die absolute Mehrheit erringen, obwohl sie sich kurz zuvor die SPD zwangsweise einverleibt hatte.

Eine Blutspur haben auch Ulbricht und sein Nachfolger Honecker hinterlassen. Schon vor Gründung der DDR verhängten deutsche Gerichte auf dem Gebiet der SBZ mindestens 142 Todesurteile, von denen 48 vollstreckt wurden. Bis 1981 folgten nochmals 235 Todesurteile, die zu 164 Hinrichtungen führten.[24] Auch ohne Gerichtsurteile wurden Menschen getötet. Nie aufgeklärt werden konnten rätselhafte Todesfälle im Umfeld der in der Bundesrepublik tätigen SED-Firmen und ausländischer Holdinggesellschaften, die 1989 einen Umsatz in Milliardenhöhe erzielten. Vermutlich sind mindestens 30 Verantwortliche liquidiert worden, weil Ost-Berlin den Verrat von Geschäftspraktiken befürchtete. Die meisten von ihnen wurden in die DDR gelockt, begingen dort angeblich Selbstmord, starben angeblich an Herzversagen oder kamen angeblich bei einem Sturz ums Leben. Die Urnen mit der Asche der Toten wurden der Bundesrepublik übergeben.[25] In den Gefängnissen der

DDR starben vermutlich 2500 Häftlinge eines unnatürlichen Todes.[26] Laut Gefangenenkartei waren zwischen 1950 bis 1989 rund 700 000 Menschen[27] inhaftiert, davon mehr als 200 000[28] aus politischen Gründen. In manchen Jahren wurden allein wegen tatsächlich versuchter oder nur geplanter «Republikflucht» bis zu 10 000 Bürger eingesperrt. Bezogen auf die Einwohnerzahl verbüßten in der DDR etwa dreimal so viele Menschen wie in der Bundesrepublik Freiheitsstrafen, die zudem unverhältnismäßig lang waren.[29] Der Justizapparat war von Beginn an ein Instrument der SED und verstand sich auch so.

Die neuerrichtete Diktatur war keine Abkehr, sondern die Fortsetzung der NS-Diktatur, stellte der Jurist Rudolf Wassermann Anfang der neunziger Jahre fest. Trotz aller Unterschiede bestünden zwischen beiden totalitären Systemen «bestürzende Parallelen».[30] Deshalb ist der Vergleich zwischen dem Nürnberger Prozess und dem Verfahren gegen Honecker in Berlin keinesfalls abwegig. Die Herausforderungen waren ganz ähnlich.

Die Ergebnisse könnten jedoch kaum unterschiedlicher sein. Nürnberg hat sich tief in das kollektive Gedächtnis eingeprägt. Der Prozess enthüllte das «düstere Panorama des Dritten Reiches», wie es der stellvertretende US-Hauptankläger Robert Kempner ausdrückte. Nürnberg hat darüber hinaus Rechtsgeschichte geschrieben und die Weiterentwicklung des Völkerrechts beeinflusst.

Berlin ist in dieser Hinsicht folgenlos geblieben. Von vornherein verzichtete man darauf, das gesamte Panorama des SED-Regimes auszuleuchten. Es fiel nur ein kleines, aber immerhin grelles Schlaglicht – auf die Todesfälle an der innerdeutschen Grenze. Der Prozess konnte die mit ihm verbundenen Erwartungen nicht erfüllen. Schon bevor er beendet war, charakterisierten Medien ihn als «Provinzposse», «Groteske» und «Farce». Denn er zeigte, dass es den Deutschen nicht gelungen war, das Unrecht einer Diktatur in eigener Verantwortung juristisch angemessen aufzuarbeiten.

Der Misserfolg der deutschen Premiere hat viele Väter: die Politik, die Richter und die Strafverfolgungsbehörden. Letztere trifft die geringste Schuld: Staatsanwälte aus beiden Teilen Deutschlands bemühten sich drei Jahre lang um den Erfolg. Bereits am 8. November

1989, am Vortag des Mauerfalls, hatte die Generalstaatsanwaltschaft der DDR gegen Honecker ein Ermittlungsverfahren wegen Amtsmissbrauchs und Korruption eingeleitet. Der Schritt war dem Druck der Straße geschuldet und entbehrte nicht einer gewissen Absurdität. Dieselben Justiz-Funktionäre, die Wochen zuvor noch das Recht im Auftrag der SED verbogen hatten, verfolgten plötzlich Rechtsverletzungen durch SED-Obere. Dem Eifer der frischgewendeten Fahnder setzten jedoch die Ärzte bald Schranken: Sie bescheinigten dem entmachteten Partei- und Staatschef am 6. Dezember 1989, dass er nur stark eingeschränkt vernehmungsfähig und nicht haftfähig sei.

Es war ein Mann von außen, der Jenaer Hochschullehrer und Strafrechtsprofessor Lothar Reuther, der frischen Wind in die Ermittlungen brachte. Im Januar 1990, kurz nach seiner Ernennung zum Leiter einer Untersuchungsgruppe zur «Aufklärung von Straftaten der ehemaligen Staats- und Parteiführung» sowie zum Stellvertretenden Generalstaatsanwalt, erwirkte er gegen Honecker einen neuen Haftbefehl und ließ ihn ins Untersuchungsgefängnis Berlin-Rummelsburg bringen. Reuther warf dem gestürzten DDR-Herrscher ein Verbrechen vor, das äußerst selten vor Gericht verhandelt wird: Hochverrat. Diese Strafvorschrift hatte in der deutschen obrigkeitsstaatlichen Tradition stets dem Schutz der Machthaber gedient. Wegen Hochverrats wurde Karl Liebknecht 1907 aufgrund «antimilitaristischer Agitation» vor das Reichsgericht gestellt, und die Männer des 20. Juli 1944 wurden nach dem gescheiterten Attentat auf Hitler vom Volksgerichtshof dieses Verbrechens angeklagt. Jetzt wollte Reuther erstmals einen ehemaligen Staatsführer auf diese Weise zur Verantwortung ziehen. Das war kühn und beeindruckte Juristen im Westen. Dabei hatte ihr ostdeutscher Kollege lediglich die DDR-Verfassung zum Maßstab gemacht – und damit den Generalschlüssel gefunden, um die DDR-Systemkriminalität wirksam verfolgen zu können.

Ganz in der Tradition westlicher Demokratien waren in der DDR-Verfassung viele bürgerliche Grundrechte verbrieft. Dazu zählten das Recht auf freie Meinungsäußerung (Artikel 27) und Versammlungsfreiheit (Artikel 28) sowie die Unverletzlichkeit des Post- und Fernmeldegeheimnisses (Artikel 31). Diese Garantien waren wenig wert, zumal es keine Verfassungs- oder Verwaltungsgerichte gab, die über ihre Einhaltung gewacht hätten. Sie bildeten die schöne Fassade vor einer hässlichen Rechtswirklichkeit. So hatte das Ministerium für Staatssicherheit (MfS) nahezu industrielle Methoden zur systematischen Überwachung des Telefonverkehrs und der Postsendungen entwickelt. Allein die Abteilung M (Postkontrolle) mit zuletzt 2368 hauptamtlichen Mitarbeitern[31] öffnete täglich etwa 90000 Briefe und 60000 Pakete, aus denen im Laufe der Jahre rund 30 Millionen D-Mark geraubt wurden. Wegen solcher eklatanten Verfassungsbrüche prüfte Reuther, Honecker zusätzlich nach Paragraph 107 des Strafgesetzbuches der DDR wegen Unterstützung oder Bildung einer kriminellen Vereinigung («verfassungsfeindlicher Zusammenschluss») anzuklagen. Schwerer wog der Vorwurf des Hochverrats. Dieser Straftat machte sich nach Paragraph 96 StGB-DDR jeder schuldig, der versuchte, die sozialistische Staats- oder Gesellschaftsordnung «durch planmäßige Untergrabung» zu beseitigen. Das vorgesehene Strafmaß: «lebenslänglich», mindestens aber zehn Jahre Freiheitsentzug.

Im Untersuchungsgefängnis wurde Honecker am 29. Januar 1990 von Reuther eine knappe Stunde verhört. Das schriftliche Protokoll[32] zeigt einen Beschuldigten voller Selbstmitleid. Honecker beklagte seine Inhaftierung, die Vorverurteilung durch die Medien und steigenden Blutdruck. Selbst unbestreitbare Fakten leugnete er hartnäckig. Die Volkswirtschaft in einem desolaten Zustand? Zur Krise sei es erst nach seiner Abberufung gekommen: «Bis zu diesem Zeitpunkt kann ich einschätzen, dass die Volkswirtschaft leistungsstark war und sogar Zuwachsraten von bis zu zwei Prozent existierten. Von solchen Zuwachsraten haben andere Länder nur geträumt.» Die rechtswidrigen Verhaftungen friedlicher Demonstranten am 7. Oktober 1989 zum 40. Jahrestag der DDR-Gründung? «Dass es zu Zuführungen gekommen ist und eine angespannte Situation herrschte, habe ich erst am 9. Oktober erfahren.» Die Fälschung der Kommunalwahl im Mai, bei der angeblich 98,85 Prozent für die Kandidaten der Nationalen Front stimmten? «Dass es zu Manipulationen gekommen ist, ist mir nicht bekannt.» Selten hat ein deutscher Staatsmann so offensichtlich gelogen.

25

Honeckers Verhaftung durch den Vize-Generalstaatsanwalt Reuther rief im Westen sogleich den SPD-Politiker Egon Bahr auf den Plan. Per Pressemitteilung und Ferndiagnose stellte er fest, dass sein ehemaliger Gesprächspartner «schwerkrank» sei, und belehrte die ostdeutsche Justiz: In einem «Rechtsstaat wie der Bundesrepublik oder in den USA» würde es zu Haftverschonung kommen. Weder Flucht- noch Verdunkelungsgefahr seien erkennbar.[33] Bei keiner Verhaftung eines DDR-Dissidenten hatte Bahr jemals in vergleichbarer Weise interveniert.

Das Ost-Berliner Stadtgericht ordnete prompt die Freilassung des prominenten Häftlings an. Honecker war wenige Wochen zuvor ein Tumor an der rechten Niere entfernt worden, angeblich litt er an «lebensbedrohlichen Herzkomplikationen». So stand es jedenfalls im Attest des Obermedizinalrates Peter Janata, der einst als Gefängnisarzt unter dem Decknamen «Pit» an die Stasi berichtet hatte – laut Verpflichtungserklärung auch über Angelegenheiten, «die der ärztlichen Schweigepflicht unterliegen».

Honecker zog sich erst in die evangelische Sozialanstalt Lobetal und dann ins sowjetische Militärspital Beelitz zurück. Dort kam er offenbar rasch zu Kräften. Der haftunfähige Polit-Pensionär gab mehrmals in der Woche stundenlange Interviews. Gemeinsam mit Ehefrau Margot erläuterte er einem Liedermacher und einem Philosophen seine Sicht auf die DDR. Die Gespräche über Personenkult und Staatssicherheit, Ausreiseprobleme und Antisemitismus sowie Ulbrichts Ablösung und Stalins 70. Geburtstag füllten über zwanzig Tonbänder – aus dem Material wurde das gut 450 Seiten dicke Buch «Der Sturz. Erich Honecker im Kreuzverhör» komponiert. Ein Kreuzverhör hätten die Strafverfolger auch gern geführt.

Ende Februar 1990 signalisierte DDR-Justizminister Kurt Wünsche der Generalstaatsanwaltschaft, dass eine Anklage wegen Hochverrats kaum eine Chance haben werde. Er begründete dies mit einer angeblich bevorstehenden Neuregelung des politischen Strafrechts, die es verbiete, den Tatbestand rückwirkend anzuwenden.[34] Wünsche hatte schon Ulbricht in gleicher Funktion gedient. Ende März 1990 kapitulierten die Ermittler, sie ließen den Hochverratsvorwurf fallen.[35] Zwar waren sie nach wie vor überzeugt, dass die Verfassung permanent verletzt worden war. Das aber lasteten sie plötzlich nicht mehr einzelnen SED-Funktionären wie Honecker an, diese hätten vielmehr «subjektiv» aus einem falschen Rechtsverständnis heraus gehandelt. Reuther erklärte: «Objektiv gesehen sind die Verfassungsbrüche einer deformierten stalinistisch geprägten Haltung von der führenden Rolle der Partei geschuldet und dem gesamten System zuzuordnen.»[36] Das «System als Ganzes» ist juristisch eine heikle Konstruktion – sie kennt keine individuelle Verantwortung, sondern nur kollektive Schuld.

Die gerade abgeschüttelte Diktatur wurde mit einer Naturkatastrophe gleichgesetzt, die über das Volk gekommen war.

Der furios gestartete Reuther legte im Frühjahr 1990 alle Ämter nieder. Später trat der Aufklärer als Anwalt der SED-Täter auf. Er verteidigte in Sachsen eine DDR-Richterin, die wegen Rechtsbeugung und Freiheitsberaubung angeklagt war. Um seiner Mandantin das Gefängnis zu ersparen, zog Reuther bis vor das Bundesverfassungsgericht, allerdings ohne Erfolg.

Am 8. August 1990 unternahm die Generalstaatsanwaltschaft der DDR in der Sache Honecker einen allerletzten Anlauf. Sie eröffnete gegen ihn ein Verfahren wegen des Grenzregimes: «Durch die Anwendung von Schusswaffen, durch Explosion von Minen und die Auslösung von Selbstschussanlagen wurde eine erhebliche Anzahl von Personen getötet oder verletzt. Der Beschuldigte steht daher im Verdacht, sich der Anstiftung zum mehrfachen Mord und zur vorsätzlichen Körperverletzung schuldig gemacht zu haben.» Wichtig für den Fortgang der Ereignisse war, dass der Vorwurf auf Mord und nicht auf Totschlag lautete. Mord gilt in allen Rechtsordnungen als schwerste Straftat gegen das Leben eines Menschen und wird härter bestraft als Totschlag. An einen Abschluss des Verfahrens glaubte in Ost-Berlin indes keiner mehr. Denn die Tage der DDR waren gezählt, längst beschäftigten sich die Anklagebehörden im Westen mit dem DDR-Unrecht. Die Todesfälle an der Grenze sollten dabei im Zentrum stehen.

Reuthers Idee war schnell in Vergessenheit geraten. Dabei wäre es auch nach der Wiedervereinigung möglich gewesen, die SED-Machthaber wegen Hochverrats anzuklagen.[37] Eine solche Anklage hätte eine hinreichend hohe Strafe erwarten lassen und die Verfolgung der Staatsverbrechen erheblich erleichtern können. Doch über die fortgesetzten Verfassungsbrüche sahen die Strafverfolger einfach hinweg. Dass es auch anders geht, zeigt ein Blick nach Polen: Staatschef Wojciech Jaruzelski hatte 1981 das Kriegsrecht verhängt und wurde deshalb im September 2008 wegen Bildung und Leitung einer «kriminellen Vereinigung bewaffneter Art» angeklagt. Die Staatsanwälte erklärten, er habe gegen die geltende Verfassung verstoßen und das Parlament umgangen.[38]

Der Fixierung auf Gewalttaten an der innerdeutschen Grenze bei der strafrechtlichen Verfolgung der SED-Spitzenfunktionäre haftet etwas Willkürliches an. Warum sind sie nicht wegen der Verbrechen der Staatssicherheit belangt worden? Warum nicht dafür, dass sie «Urteilsvorschläge» der Justiz verschärften und Freiheitsstrafen willkürlich in Todesstrafen umwandelten?

In der Bilanz der Verbrechen des SED-Staates ist die Jagd auf Menschen, die nicht mehr in ihrem Staat leben wollten, lediglich einer von vielen Posten. Gleichwohl wiegt er schwer. Bis zu 1000 Menschen[39] sind im deutschen Abschnitt des «Eisernen Vorhangs», wie Winston Churchill die Europa trennende Demarkationslinie genannt hatte, gewaltsam ums Leben gekommen. Allein an der 156 Kilometer langen Berliner Mauer, an der an einem normalen Tag rund 2300 Soldaten eingesetzt waren, sind mindestens 136 Menschen getötet worden.

Mit Beginn der siebziger Jahre wurden unter Honeckers Regie etwa 60 000 Selbstschussanlagen des Typs SM-70 als «das gegenwärtig wirksamste Element des technischen Ausbaues der Staatsgrenze» aufgestellt. Erprobungsversuche an Reh-, Schwarz- und Federwild hatten zuvor gezeigt, dass der Beschuss mit den «richtungsgebundenen Splitterminen» in drei von vier Fällen tödlich endete. Ein Vermerk hielt fest: «Die Splitterwirkung der durch Wild ausgelösten Minen bestätigt die Aussage, dass Personen, die versuchen, die Sperre zu durchbrechen, tödliche bzw. so schwere Schädigungen erhalten, dass sie nicht mehr in der Lage sind, die Staatsgrenze zu verletzen.» Als die Erkenntnisse im Dezember 1971 im Verteidigungsministerium diskutiert wurden, schlug ein Teilnehmer vor, die Schusstrichter anstelle der Stahlsplitter mit Hartgummikugeln zu füllen. Da es sich um eine Frage von grundsätzlicher politischer Bedeutung handelte, wurde der SED-Chef eingeschaltet. Honecker traf die Entscheidung allein – er votierte für die tödliche Variante mit Stahlsplittern.[40] Jahrelang bestritt die DDR die Existenz der martialischen Todesautomaten. Im März und April 1976 aber drang Michael Gartenschläger, der wegen «staatsgefährdender Propaganda» zehn Jahre Haft erlitten hatte und von der Bundesrepublik freigekauft worden war, von westlicher Seite aus in den Todesstreifen ein. Er montierte zwei Selbstschussanlagen ab und präsentierte sie der Öffentlichkeit. Im Mai 1976 wurde Gartenschläger beim Versuch, eine dritte Anlage zu entwenden, in einen Hinterhalt gelockt und erschossen. Im Zusammenhang mit dem von Franz Josef Strauß vermittelten Milliardenkredit entfernte die DDR ab 1983 sämtliche Selbstschussanlagen, was der Westen als «humanitäre Geste» feierte. Doch die Todesautomaten waren veraltet und oft nicht mehr funktionsfähig. Sie waren dank der Perfektionierung des Grenzregimes auch verzichtbar. Jede Grenzkompanie hatte rückwirkend für die letzten zehn Jahre eine «Analysekarte der Grenzverletzerbewegung» zu führen. Die «wissenschaftliche Auswertung von Fluchtversuchen» führte in den achtziger Jahren dazu, dass neun von zehn «Grenzverletzern» weit vor dem letzten Sperrzaun festgenommen wurden. Heikel blieb die Lage in Ost-Berlin, wo die enge Bebauung nicht wie üblich eine fünf Kilometer breite Sperrzone zuließ.

Honecker wollte den «antifaschistischen Schutzwall» bis zum Jahr 2000 endgültig unüberwindbar machen – mit Mikrowellenschranken, Funkmess-Aufklärungsgeräten, Meldungsgebern und Grenzsignalanlagen im Wert von 256,75 Millionen Mark. Für die Grenztruppen waren 2,21 Milliarden Mark im Staatshaushalt eingestellt.[41] Weil das eine enorme Belastung für die hochverschuldete DDR war, sollte die Personalstärke mittelfristig um 17 Prozent verringert werden. An der Wacht für «Frieden und Sozialismus» waren 1989 rund 47000 Grenzsoldaten beteiligt. Gerade einmal 600 von ihnen wurden für die Grenzen zu Polen und der ČSSR benötigt.[42] Grenzsicherung war immer Chefsache – die Todesschüsse eingeschlossen. Das zeigten auch die von der Anklage zusammengetragenen Beweismittel. Das wichtigste Dokument war ein von Erich Honecker unterzeichnetes zwanzigseitiges Wortlautprotokoll der 45. Sitzung des Nationalen Verteidigungsrates vom 3. Mai 1974. Diesem Spitzengremium, von dem die Öffentlichkeit kaum etwas wusste und das eine Art Notstandsregierung für den Kriegs- und Krisenfall war, hatten alle sechs Angeklagten angehört. Deshalb wurde auch vom «Prozess gegen Mitglieder des Nationalen Verteidigungsrates» gesprochen. Das Wortlautprotokoll, die «Geheime Kommandosache» GKdos-Nr. 19/74, war von West-Berliner Staatsanwälten in einem Archivkeller des Verteidigungsministeriums in Strausberg bei Berlin entdeckt worden. Es handelte sich um einen Sensationsfund, weil von anderen Sitzungen dieses Gremiums nur knappe Ergebnisprotokolle überliefert sind. Laut Niederschrift hatte Honecker unter Tagesordnungspunkt 4 («Bericht über die Lage an der Staatsgrenze») angeordnet: «Man muss alle Mittel und Methoden nutzen, um keinen Grenzdurchbruch zuzulassen. (…) Nach wie vor muss bei Grenzdurchbruchsversuchen von der Schusswaffe rücksichtslos Gebrauch gemacht werden, und es sind die Genossen, die die Schusswaffe erfolgreich angewandt haben, zu belobigen. An den jetzigen Bestimmungen wird sich diesbezüglich weder heute noch in Zukunft etwas ändern.» Das war der faktische Beweis, dass Honecker einen Schießbefehl verfügt hatte. Stoph, Mielke, Keßler, Streletz und Albrecht nickten ihn ab: «Dem Bericht und den mündlichen Ausführungen wurde unter Berücksichtigung der Ausführungen des Genossen Erich Honecker die volle Zustimmung gegeben.»

Das Amtsgericht Berlin-Tiergarten erließ am 30. November 1990 Haftbefehl gegen Honecker. Der jedoch wähnte sich im Beelitzer Spital bei den Westgruppen der Sowjetarmee in Sicherheit. Als Politiker seine Überstellung forderten, entzog sich der einstige Staats- und Parteichef dem Zugriff der Justiz durch Flucht. Am 13. März 1991 ließ er sich nach Moskau ausfliegen. In der «Heimat aller Werktätigen» wurde Honecker Zeuge des Untergangs der UdSSR. Das epochale Ereignis hatte für ihn unangenehme Folgen: Anders als sein zeitweiliger Weggefährte Michail Gorbatschow nahm der neue russische Präsident Boris Jelzin keine Rücksicht auf den Regenten des einstigen Satellitenstaates, zumal der Fall zu ernsten Verstimmungen mit Bonn geführt hatte. Am 16. November 1991 wurde die Ausweisung verfügt. Honecker rettete sich noch als sozusagen letzter deutscher Botschaftsflüchtling in die Moskauer Vertretung der Republik Chile, bis er auch dort nicht mehr erwünscht war. Am 29. Juli 1992 landete er in einer Aeroflot-Maschine auf dem Flughafen Berlin-Tegel und wurde von dort direkt in das Untersuchungsgefängnis der Haftanstalt in Moabit gebracht. Mit seiner Rückkehr hatte in Deutschland kaum jemand gerechnet. Ohnehin war das öffentliche Interesse an Honecker erloschen. Das änderte sich nun schlagartig.

Plötzlich wurde mit erbitterter Schärfe darüber gestritten, ob es überhaupt legitim sei, den abgedankten Diktator vor Gericht zu stellen. Umfragen zeigten, dass in Ost und West eine Mehrheit die Bestrafung der Verantwortlichen des SED-Regimes befürwortete. Im Osten war dieser Wunsch vor dem Hintergrund eigener Erfahrungen ausgeprägter als im Westen. Den Diskurs prägten aber andere – eine kleine Gruppe von Pfarrern, Historikern, Politikern, Rechtsanwälten und Publizisten. Im Dezember 1991 warnte der Wittenberger Pfarrer Friedrich Schorlemmer vor «massiv zutage tretender Rachementalität». Er fürchtete ernsthaft, dass «Volksterror dem Staatsterror» folgen könne. Bestand die Gefahr, dass der Mob die SED-Bonzen an den Laternen aufknüpfte?

Der West-Berliner Grünen-Politiker Wolfgang Wieland hielt «eine sogenannte Aufarbeitung der DDR-Vergangenheit durch Strafverfahren weder für geboten noch für möglich». Schließlich drohe keine Wiederholungsgefahr. Honecker und Mielke seien nicht mehr in der Lage, Menschenrechtsverletzungen zu begehen.[43] Mit der gleichen Begründung hätte man nach 1945 auch den Reichsmarschall Hermann Göring oder den NS-Architekten und Rüstungsminister Albert Speer laufenlassen können. Die Forderung des später in Berlin zum Justizsenator ernannten Wieland[44] bedeutete einen Rückfall in das Rechtsverständnis vor den Nürnberger Prozessen – seither galt in der westlichen Welt die Auffassung, dass es für einen Kernbestand an Verbrechen in einer Diktatur keine Immunität geben dürfe. Die «Zeit»-Herausgeberin Marion Dönhoff konnte sich ebenfalls nicht mit einer Aufarbeitung des Diktaturunrechts durch die Justiz anfreunden. In dem von ihr herausgegebenen Manifest «Weil das Land Versöhnung braucht» bezeichnete sie die Nürnberger Prozesse als «abschreckendes Beispiel», weil diese «in vielen Schritten nur neues Unrecht geschaffen» hätten. Günter Gaus, einst erster Leiter der Ständigen Vertretung der Bundesrepublik in der DDR, sprach dem wiedervereinten Deutschland vollends die Berechtigung ab, Honecker & Co. den Prozess zu machen. Dafür fehle jede rechtliche Grundlage. Das Grenzregime, so hart es gewesen sei, gehöre zu den staatlichen Souveränitätsrechten.[45]

Als Modell für den Umgang mit dem SED-Unrecht galt vielen der Westfälische Frieden, mit dem 1648 in Osnabrück der Dreißigjährige Krieg beendet worden war. In Artikel 2 des Friedensvertrags hatten die verfeindeten Seiten «einander immerwährendes Vergessen» versprochen. Taugte dieses Modell, stimmten seine Prämissen? Hatten West und Ost im «Kalten Krieg» miteinander im Krieg gelegen? Die Bürger, die in Umfragen für eine Strafverfolgung plädierten, wussten, dass der Krieg der Machthaber zuerst gegen die Menschen in der DDR gerichtet war.

Nicht der Gegensatz zwischen West und Ost, sondern das Verhältnis zwischen Oben und Unten im Osten beschäftigte viele Bürgerrechtler. Aber auch sie waren unsicher, wie mit den hohen SED-Funktionären zu verfahren sei. In einem selbstkritischen Essay befragte sich Jens Reich, ob es so etwas wie «einen Strafanspruch des Volkes gegenüber Honecker & Co.» geben könne. Seine Antwort: «Leider nein.» Denn: «Jeder Strafanspruch ist gegenstandslos, weil wir beteiligt waren. Wir haben zugesehen. Wir haben weggesehen. Wir haben geschwiegen. Wir haben die Augen gen Himmel geschlagen. Wir haben alles besser gewusst. Viele haben mitgetan. Nur ein ärmliches Häuflein von Menschen hat versucht, den Prozess aufzuhalten.» Doch letztlich war dem Molekularbiologen Reich, der für das Neue Forum in der Volkskammer gesessen hatte und 1994 von den Grünen zur Wahl für das Amt des Bundespräsidenten vorgeschlagen wurde, der Gedanke an Straffreiheit suspekt.

Eine Aburteilung der alten Führungsriege, relativierte er, werde dem Volk keine Genugtuung verschaffen. Zugleich stellte er klar: «Wir können Totschlag, Körperverletzung, Folterung und Rechtsbeugung in schweren Fällen sühnen, und ich habe wenig Verständnis (…) für pseudo-rechtsstaatliche formale Rabulistik zum Schutz von Schreibtischtätern.»[46]

Was Rudolf Augstein im «Spiegel» schrieb, muss man, bei allem Respekt vor diesem großen Journalisten, wohl rabulistisch nennen. In gleich drei Kommentaren geißelte der Magazin-Herausgeber die «Justiz-Farce» gegen Honecker.[47] Bonn habe mit dem Ost-Berliner Regime in voller Kenntnis seines Charakters gekungelt. «Geradezu schäbig» sei es, jene Politiker zur Rechenschaft ziehen zu wollen, denen man ihr «doch gar nicht nachweisbares Unrechtsbewusstsein mittels roter Teppiche und großzügiger Kredite sanktioniert hat». Für Augstein war Honecker kein Diktator, sondern eine «Marionette von Moskaus Gnaden». In seiner Logik war es bereits Unrecht, dass Honecker in U-Haft saß. Nicht Honecker und seine Gesinnungsgenossen hätten den recht- und gesetzlosen Stalinismus nach Deutschland hineingeprügelt: «Die Mehrheit des um Hitler gescharten Volkes war es.» Nun wolle man stellvertretend an dem SED-Generalsekretär dafür Rache nehmen.

Die meist wortgewaltigen Aufarbeitungsgegner ließen keinerlei Empathie für die Opfer erkennen. Zugleich hatten sie eine Winzigkeit übersehen – den Einigungsvertrag. Nach dem Willen zweier demokratisch gewählter Parlamente sollten sogenannte «DDR-Alttaten» – also das SED-Unrecht – im neuen Deutschland verfolgt und geahndet werden. Richter und Staatsanwälte waren dazu verpflichtet, sie hätten sich ansonsten der Strafvereitelung im Amt schuldig gemacht. Zur Verfolgung der «Alttaten» war eigens das Einführungsgesetz zum Strafgesetzbuch in Artikel 315 neu gefasst worden, worauf der Einigungsvertrag in Artikel 8 hinweist.

Diese Regelung hat die konservativ-liberale Regierung in Bonn nicht unbedingt gewollt. Ost-Berlin wollte sie sehr wohl. Und weil man der westdeutschen Seite misstraute, forderte die Volkskammer vor ihrer Auflösung den künftigen gesamtdeutschen Gesetzgeber ausdrücklich noch einmal dazu auf, die strafrechtliche Verfolgung des SED-Unrechts sicherzustellen. Auch vor diesem Hintergrund ist es nichts als eine wohlüberlegte Verdummungsstrategie, wenn Vertreter von Stasi-Vereinen oder Politiker der Linkspartei bis heute von westdeutscher «Rache»-, «Sieger»- oder «Kolonial»-Justiz sprechen. Richtig ist: Unter den ostdeutschen Volksvertretern war die Bereitschaft, Lehren aus der Diktatur-Vergangenheit zu ziehen, viel stärker ausgeprägt als bei ihren westdeutschen Kollegen. Das gereicht ihnen bis heute zur Ehre.

So viel zur traurigen Rolle der Politik.

Bleiben die Gerichte. Am 12. November 1992 um 8 Uhr 45 öffneten die Wachleute im Moabiter Justizpalast die Türen des Schwurgerichtssaals 700. 65 Zuschauer und 70 Journalisten bekamen Deutschlands prominentesten Untersuchungshäftling live zu sehen. Ein Pressefoto der Agentur Reuters, längst ein Bilddokument der Zeitgeschichte, zeigt einen in Schriftsätze vertieften Honecker. Die linke Hand liegt über dem Kinn und verdeckt den Mund, die rechte Hand hält ein Blatt Papier. Der Blick hinter der großen Hornbrille ist hellwach. Honecker macht auf dem Foto einen entschlossenen und vitalen Eindruck. Das verblüffte damals auch die Gerichtsreporter. Im Vorfeld des Verfahrens war ausführlich über eine schwere Erkrankung berichtet worden. «Der Prozess ist geplatzt, bevor er begonnen hat», hatte der «Spiegel» prophezeit und aus vertraulichen Gutachten zitiert.[48] Der erste Auftritt des Angeklagten passte nicht zu diesen Befunden.

Wegen einer Erkrankung war Willi Stoph dem Gerichtstermin ferngeblieben. Ein daraufhin eingeschalteter Amtsarzt bestätigte eine «stark depressiv geprägte Angststimmung». Damit war der Prozess für den ehemaligen Ministerpräsidenten erledigt. Er hatte am 17. Oktober 1989 im Politbüro den Antrag gestellt, Honecker als SED-Generalsekretär abzulösen: «Erich, es geht nicht mehr, du musst gehen.» Dass die Meuterer Stoph vorgeschickt hatten, empfand Honecker als gezielte Demütigung.[49] Schon seit den fünfziger Jahren waren die beiden Führungskader einander in herzlicher Abneigung verbunden gewesen. 1960 hatte Honecker den fast gleichaltrigen Gegenspieler vorübergehend kaltgestellt. Er teilte ihm im Auftrag von Ulbricht mit, dass er nicht Verteidigungsminister bleiben könne. Vorausgegangen war eine Enthüllung des West-Berliner Boulevardblatts «BZ». Es hatte einen Zeitungsartikel aus Stophs Zeit als Unteroffizier der Wehrmacht ausgegraben. Darin pries der Soldat die «wahre Volksgemeinschaft» und schilderte mit warmen Worten eine Begegnung: «Ein Erlebnis von bleibendem Wert war die Geburtstagsparade vor dem Führer. Da wurde geputzt und gearbeitet, denn jede Gruppe hatte den Ehrgeiz, angenehm aufzufallen.» Ost-Berlin war blamiert. Im «Handbuch der Volkskammer» stand über «Stoph, Willi» für die Jahre von 1933 bis 1945: «Illegale antifaschistische Tätigkeit.» Ende der sechziger Jahre war die Episode vergessen, und Stoph galt als aussichtsreicher Anwärter für die Ulbricht-Nachfolge. Weil er Honecker unterlag, galt er lange als «zweiter Mann» der DDR. Mitte der achtziger Jahre soll Stoph versucht haben, den Kreml für die Ablösung Honeckers zu gewinnen.[50]

Stoph gehörte stets zum innersten Machtzirkel der SED. Sein größter politischer Erfolg waren die deutsch-deutschen Gipfeltreffen im März und Mai 1970 in Erfurt und Kassel mit Willy Brandt. Der Arbeitersohn und gelernte Maurer, wegen seiner soldatischen Pflichtauffassung und asketischen Lebensweise «roter Preuße» genannt, zählte zu den Architekten des Repressionsstaates DDR. Stoph war an der Gründung des Staatssicherheitsapparates und am Ausbau der Kasernierten Volkspolizei beteiligt. Als Innenminister trug er Verantwortung für die Niederschlagung des Volksaufstandes im Jahr 1953. In diesem Schicksalsjahr stieg er ins Politbüro auf. Von 1964 bis 1973 und, nach einer zwischenzeitlichen Entmachtung durch Honecker, von 1976 bis 1989 war er Ministerpräsident. Nachdem er aus dem Prozess ausgeschieden war, lebte Stoph noch gut sechs Jahre unbehelligt von der Justiz. Er starb am 13. April 1999 in Berlin.

Am dritten Verhandlungstag fehlte ein weiterer Angeklagter – Ex-Stasi-Minister Erich Mielke. Gegen ihn wurde schon seit Februar 1992 wegen der «Mordsache Bülowplatz» vor einer anderen Strafkammer des Berliner Landgerichts verhandelt. Diesem Verfahren räumte die Berliner Justiz Vorrang ein, weil man Mielke zwei Prozesse gleichzeitig nicht zumuten wollte. Für die Entscheidung gab es gute Gründe. Der Mordfall war gut dokumentiert und ließ eine rasche Verurteilung erwarten. Andererseits lag die Tat sechs Jahrzehnte und drei Staatsformen zurück – mit Mielkes Rolle in der DDR hatte sie rein gar nichts zu tun.

Die «Mordsache Bülowplatz» ereignete sich zum Ende der Weimarer Republik. Da war Mielke bereits KPD-Mitglied, schrieb als Lokalreporter für die «Rote Fahne» und machte beim paramilitärischen «Parteiselbstschutz» mit. Diese Untergrundgruppe wollte den Tod eines Sympathisanten rächen, der am 8. August 1931 nahe der Berliner KPD-Zentrale (sie beherbergt heute die Linkspartei) am Bülowplatz (nun Rosa-Luxemburg-Platz) nach einem tätlichen Angriff von einem Polizisten erschossen worden war. Am Tag darauf starben zwei Polizeioffiziere durch gezielte Schüsse aus dem Hinterhalt, ein weiterer überlebte schwer verletzt. Nachdem die Nazis an der Macht waren, konnte die Bluttat laut einem Polizeibericht vom 25. September 1933 «restlos» aufgeklärt werden. Der mutmaßliche Mörder Mielke und sein Mittäter Erich Ziemer hatten sich nach der Tat in die Sowjetunion abgesetzt.

In Moskau absolvierte Mielke die militärpolitische Schule der Komintern und arbeitete auch für sowjetische Geheimdienste. Zwischen September 1937 bis Mai 1945 diente er seiner Partei in der «Westemigration». Im Spanienkrieg spürte er «anarchistische» und «trotzkistische» Abweichler in den eigenen Reihen auf. Von Belgien aus organisierte er den Widerstand im Rheinland. In Südfrankreich, wo die Wehrmacht im November 1942 einmarschierte, arbeitete Mielke getarnt als lettischer Staatsangehöriger im Arbeitsdienst des Vichy-Regimes und als «Bausoldat Hitlers» in der Organisation Todt. Er beantragte vergeblich politisches Asyl in Mexiko und nahm Spendengelder einer amerikanischen Hilfsorganisation an. Das gereichte einem Antifaschisten in der späteren DDR nicht zur Ehre und konnte sogar tödliche Folgen haben.

Dem nach Ost-Berlin zurückgekehrten Mielke wurde im Juni 1945 zunächst die Leitung der Polizeiinspektion im Bezirk Lichtenberg übertragen – der Polizistenmörder machte Karriere als Polizeichef. Wegen der «Mordsache Bülowplatz» stellte jedoch das Amtsgericht Berlin-Mitte im Februar 1947 einen Haftbefehl aus, dessen Vollstreckung die sowjetische Kommandantur verhinderte.

Mielke bekam 45 Jahre Schonfrist, bevor er vor Gericht gestellt wurde. Nach 86 Verhandlungstagen wurde er am 26. Oktober 1993 wegen gemeinschaftlich begangenen Mordes in zwei Fällen und des versuchten Mordes in einem Fall zu einer Freiheitsstrafe von sechs Jahren verurteilt. Auf Mord steht «lebenslang». Das gesetzliche Strafmaß empfand das Gericht aber «als unerträglich»: Die Tat liege 62 Jahre zurück, der Täter sei 85 Jahre alt. Der Bundesgerichtshof wollte keinen neuen Prozess riskieren und wies Revisionen von Staatsanwaltschaft und Verurteiltem zurück. Im August 1995 wurde Mielke nach fünf Jahren Haft aus dem Gefängnis entlassen. Im Dezember 1997 machte ihm der Rechtsstaat ein schönes Geschenk zum 90. Geburtstag: Seine Eintragung im Strafregister wurde gelöscht. Damit war er im rechtlichen Sinne ein unbescholtener Bürger. Mielke starb am 21. Mai 2000 in einem Berliner Pflegeheim. Auf eigenen Wunsch fand er seine letzte Ruhestätte in einem anonymen Urnengrab auf dem «Sozialistenfriedhof» in Friedrichsfelde, wo auch Karl Liebknecht und Rosa Luxemburg, Ernst Thälmann und Franz Mehring sowie Walter Ulbricht und Wilhelm Pieck begraben sind.

Mielke war der erste SED-Funktionär, der nach der Wiedervereinigung wegen der Ermordung von Menschen verurteilt wurde. Die Tochter des erschossenen Polizeihauptmanns Paul Anlauf empfand das Urteil als Genugtuung. Sie war mit elf Jahren Vollwaise geworden und trat im Prozess als Nebenklägerin auf. Zehntausende Ostdeutsche hingegen nahmen ungläubig zur Kenntnis, dass die Machenschaften von Mielkes Terrorapparat im Verfahren keine Rolle spielten. Dieses Manko war dem Vorsitzenden Richter Theodor Seidel bewusst – in seiner Urteilsbegründung erklärte er, über dieses Kapitel müsse «die Geschichte» ihr Urteil fällen. Schon jetzt stehe fest, dass der Angeklagte «als einer der gefährlichsten Diktatoren und Polizeiminister in das ‹Buch der Geschichte› eingehen» werde. Ins Geschichtsbuch ist tatsächlich der Mielke-Prozess eingegangen – als Bankrotterklärung der Justiz im Umgang mit der deutschen Vergangenheit.

Die Justiz eines funktionierenden Rechtsstaats darf sich nicht damit begnügen, einen Angeklagten auf möglichst bequeme Weise abzuurteilen. Es ist ihre Aufgabe, individuelle Schuld in angemessenem Umfang aufzuklären und damit einen Beitrag zur allgemeinen Wahrheitsfindung zu leisten – diese Verpflichtung besteht gegenüber dem Beschuldigten selbst, seinen Opfern und der Gesellschaft insgesamt. Mielke hatte sich eines Doppelmordes schuldig gemacht, doch im Register seiner Verbrechen war das gewiss nicht der größte Posten. Ihm ist der falsche Prozess gemacht worden, seine Rolle in der Diktatur haben die Gerichte ignoriert. Dabei hatten Staatsanwälte insgesamt dreißig Ermittlungsverfahren gegen Mielke eingeleitet. Ihre Akten hat der Berliner Historiker Klaus Bästlein in dem Buch «Der Fall Mielke» ausgewertet. Die Dokumentation zeigt eindrucksvoll, welchen wertvollen Beitrag die Strafverfolgungsbehörden zur Aufklärung totalitärer Vergangenheit leisten können. Der Autor hat die einzelnen Ermittlungskomplexe folgendermaßen zusammengefasst: stalinistische Verfolgungen von KPD-Politikern, stalinistische Verfolgungen von SED- bzw. DDR-Politikern, stalinistische Verfolgungen von Verurteilten sowjetischer Militärtribunale, Entführungen aus West-Berlin, Verfolgung von «Verrätern», Einflussnahmen auf die Justiz, Korruption und «Sonderversorgung» sowie Sonstiges.

Mielke ist einmal als «Trivialausgabe»[51] von Heinrich Himmler und Lawrentij Berija, den grausamen Meistern des nationalsozialistischen und stalinistischen Terrors, bezeichnet worden. Doch es besteht wenig Anlass, seine Rolle zu verniedlichen. In einer Epoche, die noch die Signatur der größten Zivilisationsbrüche trug, ließ Mielke mit deutscher Gründlichkeit ein getarntes Netz von Lagern anlegen, um «schlagartig und konspirativ» verdächtige Teile der Bevölkerung ausschalten zu können. Binnen Stunden war die «volle Aufnahmebereitschaft» dieser Internierungslager garantiert. Die dafür 1967 erlassene Direktive 1/67 wurde «tagfertig» aktualisiert. Im Dezember 1988 waren 84572 suspekte Bürger vorbeugend erfasst. Davon galten 70245 als «feindlich-negative Personen» und 887 als unzuverlässige Funktionäre. Weitere 2901 Bürger wären im Fall der Fälle sofort inhaftiert und 10539 Bürger isoliert worden. An alles war gedacht: an den täglichen Zählappell, wie die Gefangenen ihre Bewacher anzureden hatten, sogar an den Umgang mit

Schwangeren. Die zum «Vorbeugekomplex» aufgefundenen MfS-Dokumente zeigen, dass es für den «Tag X» auch Planungen für «Liquidationen» gab.[52] Noch am 21. Oktober 1989, nachdem die SED die Gewaltoption zur Niederschlagung der friedlichen Revolution bereits ausgeschlossen hatte, bedauerte Mielke in einer Dienstbesprechung, dass man die Feinde nicht so behandeln könne, «wie es diese Kräfte eigentlich verdienen».[53]

Ein halbes Jahrhundert lang hatte Mielke an der Spitze des allgegenwärtigem Überwachungs- und Unterdrückungsapparats gestanden. Erst als Staatssekretär und Stellvertreter, dann als Minister. 1989 kommandierte er ein gewaltiges Heer von 91 000 hauptamtlichen Mitarbeitern.[54] Dieses Heer betreute eine Schattenarmee mit 189 000 Inoffiziellen Mitarbeitern (IM).[55] Die dreimal so bevölkerungsstarke Bundesrepublik hatte zum gleichen Zeitpunkt etwa 15 000 Geheimdienstmitarbeiter. Für die Gestapo waren im gesamten Reichsgebiet rund 9000 Mitarbeiter tätig gewesen. Statistisch gesehen kam in der DDR auf 55 erwachsene Bürger ein MfS-Mitarbeiter. Zum Vergleich: In Polen lag das Verhältnis bei 1500 zu eins, in der Sowjetunion bei 600 zu eins. Die im ostdeutschen Staat übliche Überwachungsdichte sucht ihresgleichen. Kaum etwas dokumentiert besser, wie wenig Zustimmung die SED im Volk hatte – und wie genau sie das wusste.

Mielke spielte auch bei den Tragödien an der Grenze zur Bundesrepublik eine Schlüsselrolle. Von allen DDR-Organisationen waren die Grenztruppen am stärksten von Stasi-Spitzeln durchdrungen. Die für die militärische Abwehrarbeit zuständige MfS-Hauptabteilung I beschäftigte 1988 allein 21 879 Inoffizielle Mitarbeiter.[56] Dabei erledigten die an der Grenze konspirativ eingesetzten Stasi-Kräfte meist die «dreckige» Arbeit. Für sie gab es den brutalsten Schießbefehl, der in krassem Widerspruch zu offiziellen Bestimmungen und Gesetzen stand: «Zögern Sie nicht mit der Anwendung der Schusswaffe, auch dann nicht, wenn Grenzdurchbrüche mit Frauen und Kindern erfolgen, was sich die Verräter schon oft zunutze gemacht haben.» Paragraph 27 im «Gesetz über die Staatsgrenze der DDR» vom Mai 1982 besagt dagegen, dass die Anwendung der Schusswaffe «die äußerste Maßnahme der Gewaltanwendung» und «grundsätzlich durch Zuruf oder Abgabe eines Warn-schusses anzukündigen» sei. Und in Ziffer 4: «Die Schusswaffe ist nicht anzuwenden, wenn die Personen dem äußeren Eindruck nach im Kindesalter sind.»

Im Honecker-Prozess ist die herausragende Bedeutung des Geheimdienstes für das mörderische Grenzregime unberücksichtigt geblieben. Darunter litt nicht nur die Aufklärung historischer Sachverhalte, auch die Beurteilung der Schuld der Angeklagten wurde erschwert. Nach leninistischem Verständnis war der Geheimdienst kein Staat im Staate, sondern «Schild und Schwert der Partei». Günter Schabowski hat von der «Prätorianergarde der SED» gesprochen. Das Primat der Partei ist von Mielke nie in Frage gestellt worden. Er legte Honecker regelmäßig Rechenschaft ab – jeden Dienstag nach der Sitzung des Politbüros. Der Ex-SED-Chef jedoch behauptete nach seinem Sturz, seit 1983 sei Egon Krenz innerhalb der Partei für das MfS zuständig gewesen. Außerdem habe es eine kollektive Führung gegeben: «Wissen Sie, das ist heute so in Mode gekommen, alle Verantwortung auf die Spitze zu schieben.» [57]

Ganz in diesem Geiste verfolgte Honecker vor dem Berliner Landgericht eine geschickte Doppelstrategie. Sie bestand aus einem politischen und einem prozessualen Teil. Politisch stilisierte er sich zum kommunistischen Märtyrer. Am sechsten Verhandlungstag verlas er eine fünfzigminütige «Politische Erklärung» und stellte sich in eine Reihe mit Karl Marx, August Bebel und Karl Liebknecht, die auch vor deutschen Gerichten gestanden hatten: «Meine Situation in diesem Prozess ist nicht ungewöhnlich.» Honecker unterschlug dabei, dass keiner der drei Ahnherren des Sozialismus wegen Totschlags angeklagt worden war. Der Bundesrepublik warf er vor, kein «Staat des Rechts, sondern der Rechten» zu sein. Ziel der «Kommunistenprozesse» sei die «Verunglimpfung der DDR». Schließlich erklärte Honecker, dass es ohne den Bau der Mauer «Tausende oder Millionen Tote» gegeben hätte. Nach dieser Logik hatte das Grenzregime Menschenleben gerettet.

Teil zwei der Doppelstrategie war wirksamer. Weil Honecker den Vorwürfen in der Anklageschrift substanziell wenig entgegensetzen konnte, wollte er den Prozess verzögern und möglichst platzen lassen. Deshalb stellte er ständig neue Einstellungs-, Befangenheits- und Abtrennungsanträge. Erst am fünften Verhandlungstag konnte die Anklageschrift verlesen werden. Mit der Beweisaufnahme wurde nie richtig begonnen. Denn statt über die Toten an der Grenze wurde bald über den Gesundheitszustand von Honecker verhandelt. Der Prozess glich über weite Strecken einem medizinischen Seminar.

Rechtsmediziner der FU Berlin hatten Anfang August 1992 eine Geschwulst an Honeckers Leber entdeckt, in einem fünfzigseitigen Gutachten jedoch ausdrücklich seine Verhandlungsfähigkeit bestätigt – für drei Stunden täglich zweimal in der Woche. Einschränkend hieß es, es sei schwer vorstellbar, dass der Angeklagte «eine Verhandlung über zwei Jahre durchsteht». Schon vor dem ersten Verhandlungstag forderte Honecker die Einstellung des Prozesses. Das lehnte die Strafkammer jedoch ab. Anfang Oktober ergab ein weiteres Gutachten, dass sich das Wachstum von Honeckers Tumor beschleunigt hatte. Nun wurde die Lebenserwartung Honeckers mit sechs bis 18 Monaten angegeben. Aber auch nach dieser Expertise konnte wie vorgesehen verhandelt werden. Nur eine Woche nach dem ersten Verhandlungstag beantragte Honecker erneut die Abtrennung und Einstellung des Verfahrens gegen ihn.

Honecker hatte drei versierte Rechtsanwälte engagiert. Da war Friedrich Wolff, Sohn eines jüdischen Arztes, nacheinander Mitglied in der KPD, SED und PDS sowie langjähriger Vorsitzender des Ost-Berliner Anwaltskollegiums. In jungen Jahren hatte er den 1956 wegen «konterrevolutionärer Verschwörung» verurteilten Aufbau-Verleger Walter Janka verteidigt. In den achtziger Jahren trat Wolff in der populären Fernsehserie «Alles was Recht ist» auf. Zum anderen waren da die beiden westdeutschen Juristen Wolfgang Ziegler und Nicolas Becker, die ihre Kanzlei zeitweilig mit dem späteren Innenminister Otto Schily (SPD) geteilt hatten.

Im Vorfeld hatte Becker erklärt, es reize ihn, den «Staatsfeind Nummer eins» der Bundesrepublik zu vertreten. Schon sein Vater hatte an außergewöhnlichen Fällen mitgewirkt und in einem der Nürnberger Nachfolgeprozesse, dem Wilhelmstraßen-Prozess gegen Diplomaten, den NS-Außenstaatssekretär Ernst von Weizsäcker verteidigt. Ihm wurde vorgeworfen, Deportationsbefehle für französische Juden nach Auschwitz abgezeichnet zu haben. Der Vater des späteren Bundespräsidenten Richard von Weizsäcker behauptete, die Tragweite der Befehle nicht erkannt und erst nach dem Krieg von den Todeslagern erfahren zu haben. Der SS-Oberführer wurde 1949 zu fünf Jahren verurteilt, aber kurz darauf freigelassen. Dass Becker senior in Nürnberg mit dem NS-Unrecht und Becker junior in Berlin mit dem SED-Unrecht befasst war, stellte eine deutsche Kontinuität der besonderen Art dar.

Die polemischen Einwürfe der Honecker-Anwälte waren wenig geeignet, die Würde des Gerichts zu wahren. Sie setzten die Erkrankung ihres Mandanten zur Stimmungsmache ein. «Es kann doch nicht sein, dass dieser Gerichtssaal zu einem Sterbezimmer wird», erklärte Anwalt Ziegler. Kollege Wolff empörte sich, es sei menschenunwürdig, «einen todkranken Mann so vorzuführen». Becker warnte vor «Justiz im Schweinsgalopp» und warf der Staatsanwaltschaft «unerbittliche deutsche Gründlichkeit» vor. Rückblickend hat Chefankläger Christoph Schaefgen den Strafverteidigern schwere Vorhaltungen gemacht: «Ein vom nahen Tode gekennzeichneter Mann war Honecker in keinem Zeitpunkt des Prozesses. Makaber und menschenunwürdig waren die öffentlichen Erörterungen der Untersuchungsergebnisse, eine von der Verteidigung gewollte und ihr Ziel nicht verfehlende, aber nichtsdestoweniger menschenunwürdige Strategie.»[58]

Aus der gesetzlichen Pflicht zur Strafverfolgung ergeben sich hohe Anforderungen an die Einstellung eines Verfahrens. Das gilt insbesondere bei Mord und Totschlag. Erst muss, wie die Juristen es nennen, ein nicht behebbares Verfahrenshindernis vorliegen. Ein solches Hindernis ist die Verjährung einer Straftat, eine Amnestie des Gesetzgebers oder die Verhandlungsunfähigkeit eines Angeklagten. Hingegen führt selbst eine schwere Erkrankung in der Regel nicht zum Prozessabbruch. Der 74-jährige Otto Heidemann war schon ein erkennbar siecher Mann, als das Berliner Landgericht seinen Fall verhandelte. Der ehemalige Hilfspolizist einer SS-Lagerleitung, der in einem KZ mindestens einen Polen getötet hatte, musste auf einer Bahre in den Gerichtssaal getragen werden, damit ihm am 22. Dezember 1986 das Urteil vorgelesen werden konnte. Der Richter warf ihm vor, er habe sich als Herr über Leben und Tod aufgespielt. Die Staatsanwaltschaft erklärte: «Er kannte keine Gnade im Lager, und wir dürfen auch keine Gnade mit ihm haben.» Zehn Tage nach seiner Verurteilung starb der Mörder im Gefängniskrankenhaus.

Für Heidemann hatte ein anderer Maßstab gegolten als für Honecker. Zu dessen Krebserkrankung gab die Kammer binnen eines halben Jahres drei Gutachten in Auftrag. Das letzte begrenzte die Lebenserwartung des Angeklagten auf drei bis sechs Monate – gerechnet ab Anfang Dezember. Honecker hätte demnach allerspätestens im Mai 1993 sterben müssen. Nach ausführlicher Beratung meinte das Gericht am 21. Dezember 1992, die Prognose sei nicht hinreichend sicher und lehnte Honeckers Antrag auf Aufhebung des Haftbefehls sowie Abtrennung und Einstellung des Verfahrens ab. Am 28. Dezember entschied das daraufhin von Honecker wiederum eingeschaltete Kammergericht ebenso. Seine Anwälte stellten am 4. Januar 1993, dem ersten Verhandlungstag im neuen Jahr, nochmals Anträge gleichen Inhalts. Nun wurde das Verfahren gegen Honecker abgetrennt, um den Prozess gegen Keßler, Streletz und Albrecht ordnungsgemäß fortsetzen zu können. Gleichzeitig forderte das Gericht ein weiteres Gutachten an, dessen Ergebnisse am 14. Januar erörtert werden sollten. Dazu kam es aber nicht mehr. Der Prozess ging in sein furioses Finale.

Am 29. Dezember 1992 hatte Honecker in einer Verfassungsbeschwerde gerügt, seine Menschenwürde werde vom Land- und Kammergericht verletzt, und den Verfassungsgerichtshof des Landes Berlin eingeschaltet. Dieses Gericht konnte wegen der Vorbehalte der Alliierten in Teilungszeiten erst nach der Vereinigung gegründet werden und hatte im Mai 1992 die Arbeit aufgenommen. Das spektakuläre Honecker-Verfahren bot also die einmalige Möglichkeit, überregional auf sich aufmerksam zu machen. Diese Chance ließ man sich nicht entgehen. Am 12. Januar 1993, zwei Tage bevor das neue Gutachten vorgelegt werden sollte, ließ das Gericht den Prozess platzen. Es entschied, Honeckers Grundrecht auf Menschenwürde sei verletzt worden. Ein Beschuldigter, der von schwerer und unheilbarer Krankheit gezeichnet sei, dürfe weder in Haft gehalten noch vor ein Gericht gestellt werden. Der zentrale Satz des Beschlusses lautet: «Der Mensch wird zum bloßen Objekt staatlicher Maßnahmen insbesondere dann, wenn sein Tod derart nahe ist, dass die Durchführung eines Strafverfahrens ihren Sinn verloren hat.»

Das Landgericht Berlin hob noch am gleichen Tag den Haftbefehl gegen Honecker auf und stellte den Prozess gegen ihn «wegen Eilbedürftigkeit außerhalb der Hauptverhandlung auf Kosten der Landeskasse» ein – ein glatter Verstoß gegen die Strafprozessordnung. Ist ein Verfahren erst einmal eröffnet, darf es nur mit einem Urteil in öffentlicher Verhandlung beendet werden. Die Staatsanwaltschaft legte umgehend Beschwerde ein. Mit gewissem Erfolg: Um das Einstellungsurteil verkünden zu können, sah sich das Landgericht gezwungen, am 8. Februar 1993 einen Verhandlungstermin anzuberaumen. Geladen wurden alle beteiligten Prozessparteien, selbstverständlich auch der Angeklagte Erich Honecker – doch der erschien nicht, weil er zu diesem Zeitpunkt Deutschland längst verlassen hatte.

Wegen solcher Pannen und Pleiten warf der Rechtsausschuss des Bundestages der Berliner Justiz «erhebliche handwerkliche Fehler» vor. «Im Fall Honecker hat sich die Justiz in einer Weise blamiert, dass man sich schon fast schämen muss», sagte der damalige Thüringer Justizminister und spätere Verfassungsrichter Hans-Joachim Jentsch.[59] Der Präsident des Bundesgerichtshofes, Walter Odersky, rügte das Berliner Verfassungsgericht, ohne dessen Namen zu nennen. Er sagte, es sei «ungeheuerlich», dem Landgericht Berlin vorzuwerfen, es habe nicht an die Menschenrechte gedacht. Einen «Tiefpunkt in der Geschichte der bundesrepublikanischen Justiz» sah Rudolf Wassermann erreicht. Den ehemaligen Braunschweiger Oberlandesgerichtspräsidenten erzürnte es, dass die Berliner Fehler auch noch als ein Triumph der Rechtsstaatlichkeit ausgegeben wurden: «Von erschreckender Arroganz zeugt es, wenn dieses schmähliche, das Rechtsgefühl wie Gerechtigkeitsempfinden empörende Ende als ‹Sieg des Rechtsstaates› ausgegeben wird. Das Gegenteil ist richtig: Der Rechtsstaat hat eine schwere Niederlage erlitten. Wie muss angesichts dieses Justizskandals den Opfern des SED-Staates zumute sein?»[60]

Nach 169 Tagen U-Haft war Honecker am 13. Januar 1993 ein freier Mann. Haftentschädigung erhielt er keine, weil er sich durch Flucht nach Moskau seinem Prozess hatte entziehen wollen. Gleichwohl wurde ihm nun eine befremdliche Fürsorge zuteil. Die Bundesministerien für Inneres und Justiz unternahmen alle Anstrengungen, um sämtliche Pass- und Ausreiseformalitäten zu regeln. Eine gepanzerte und mit taubengrauen Vorhängen ausgestattete Luxuslimousine des Berliner Staatsschutzes brachte den Ex-Diktator zum Flughafen Tegel. Um Journalisten zu täuschen, waren zuvor mehrere senatseigene Fahrzeuge rund um das Moabiter Untersuchungsgefängnis eingesetzt worden. Im Abfluggebäude des Airports verbrachte Honecker in einem abgesperrten Bereich seine letzten Berliner Stunden. Ein «Solidaritätskomitee» hatte ihm ein 10 000 Mark teures First-Class-Ticket spendiert. Um 20 Uhr 23 hob eine Lufthansa-Maschine ab, deren prominentester Passagier von gleich vier Sicherheitsbeamten geschützt wurde. Über Frankfurt und São Paulo flog Honecker nach Santiago de Chile, wo ihn Frau Margot und Tochter Sonja erwarteten. Nach der Ankunft teilten chilenische Ärzte mit, Honecker gehe es den Umständen entsprechend gut. Lebensgefahr bestehe nicht.

Im sonnigen Santiago erholte sich Honecker rasch von der Aufregung und den Strapazen. Er lebte zurückgezogen in der Luxussiedlung La Reina in einem 250 000 Dollar teuren Reihenhaus. Den Mai 1993, den die Sachverständigen als spätesten Todeszeitpunkt prognostiziert hatten, überstand er gut. Im August feierte er die Vollendung des 85. Lebensjahres, im Dezember das Weihnachtsfest und im April 1994 den 67. Geburtstag der Gattin. Über all die Monate arbeitete er fleißig an einem Rechtfertigungswerk. Die «Moabiter Notizen» erschienen kurz nach seinem Tod in der «Edition Ost» des ehemaligen Stasi-Spitzels IM «Karl» alias Frank Schumann. Am 29. Mai 1994 starb der einstige Staatsratsvorsitzende der DDR und Generalsekretär der Sozialistischen Einheitspartei Deutschlands auf chilenischem Boden. Im «Neuen Deutschland» war in einer Todesanzeige zu lesen: «Du bleibst in unserem Leben, dem

Feind wird nichts vergeben. Genosse Erich Honecker. Tief erschüttert erhielten wir die Nachricht vom Tod unseres Freundes und Genossen.» In Trauer unterschrieben hatten Kampfgefährten aus der KPD, der Honecker nach seinem Ausschluss aus der SED beigetreten war. Wolf Biermann schrieb in einem Nachruf: «Nun ist dieser verdorbene Kommunist so tot wie der Kommunismus.»[61]

Immerhin um 255 Tage hatte Honecker die Verkündung der Urteile gegen Heinz Keßler, Fritz Streletz und Hans Albrecht am 16. September 1993 überlebt. Die drei verbliebenen Angeklagten im Jahrhundertprozess wurden wegen Anstiftung beziehungsweise Beihilfe zum Totschlag schuldig gesprochen. Keßler (sieben nachgewiesene Todesfälle) wurde zu sieben Jahren und sechs Monaten, Streletz (sechs Todesfälle) zu fünf Jahren und sechs Monaten und Albrecht (sechs Todesfälle) zu vier Jahren und sechs Monaten Freiheitsentzug verurteilt.[62] Der Grund für die milden Schuldsprüche: Das Landgericht war der Auffassung, die Angeklagten hätten sich nur einer einzigen Tat schuldig gemacht. Dabei waren die Todesfälle auf 18 Jahre verteilt. In diesem Zeitraum hatten die Angeklagten mit immer neuen Entscheidungen zur Aufrechterhaltung des Grenzregimes beigetragen.

Keiner der Verurteilten hatte während des Verfahrens einen Anflug von Reue erkennen lassen. Dafür zeigte das Gericht viel Mitgefühl. Es hielt Albrecht, Keßler und Streletz zugute, dass die Initiative zum tödlichen Grenzregime von Honecker ausgegangen sei, der über eine «nahezu diktatorische Machtposition» verfügt habe. Ferner hätten die Angeklagten «im vermeintlichen Interesse des Staates» und in der Überzeugung gehandelt, das Grenzregime sei aus politischen Gründen notwendig. Eine «gewisse Nähe» dieser Überzeugung zum Verbotsirrtum, bei dem der Täter sich seines verbotenen Handelns nicht bewusst ist, lasse sich nicht leugnen. Auch hätten sie das Grenzregime bereits vorgefunden – ihr strafrechtliches Verhalten weise deshalb auch eine «gewisse Nähe» zum «Begehen durch Unterlassen» auf. Alle drei Funktionäre seien «selbst Teile des Systems» und «selbst Angestiftete» gewesen. Mit anderen Worten: Sie wussten nicht, was sie taten.

Am 26. Juli 1994 hob der Bundesgerichtshof das Urteil in einem wichtigen Punkt auf. Die drei SED-Funktionäre wurden nicht der Beihilfe und Anstiftung zum Totschlag, sondern des Totschlags für schuldig befunden. Direkte Auswirkungen hatte die Verschärfung des Schuldspruchs nur für Albrecht, dessen Strafmaß auf fünf Jahre angehoben wurde. Weil Albrecht schon wegen Amtsmissbrauchs und unerlaubten Waffenbesitzes zu knapp zwei Jahren Gefängnis verurteilt worden war und das in der Gesamtstrafe berücksichtigt werden musste, kam ein symbolischer Monat hinzu. Die strittige Frage, ob nur eine Tat vorgelegen hatte oder ob es mehrere rechtlich selbständige Taten waren, hätte nur durch einen neuen Prozess geklärt werden können. Ein weiteres Verfahren aber wollte der BGH vermeiden.

Die Verurteilten legten Verfassungsbeschwerde ein. Sie sahen ihre Grundrechte in zwei zentralen Punkten verletzt. Erstens: Als hohe Repräsentanten eines ehemals fremden Staates würden sie nach den Regeln des Völkerrechts Immunität genießen. Zweitens: Jede ihrer Taten sei zur Zeit ihrer Begehung nach der damals geltenden Rechtslage gerechtfertigt gewesen. Eine Bestrafung verstoße daher gegen das Rückwirkungsverbot («Keine Strafe ohne Gesetz zum Tatzeitpunkt»), ein Grundpfeiler des Rechtsstaates. Beide Einwände wies das Bundesverfassungsgericht am 24. Oktober 1996 zurück. Es stellte fest: Immunität würden nur Amtsträger existierender Staaten genießen. Das Rückwirkungsverbot bestätigte das Gericht ausdrücklich. Allerdings entfalle die durch dieses Verbot begründete Vertrauensbasis, wenn ein Staat unerträgliche Verstöße gegen elementare Gebote der Gerechtigkeit und gegen völkerrechtlich geschützte Menschenrechte straffrei stelle. Dann müsse das positive Recht der Gerechtigkeit weichen. Das sei in der Rechtsprechung nicht neu: «Ähnliche Konfliktlagen sind für die Bundesrepublik bereits bei der Beurteilung des nationalsozialistischen Unrechts aufgetreten.»

Daraufhin verklagten Keßler und Streletz die Bundesrepublik in Straßburg vor dem Europäischen Gerichtshof für Menschenrechte. Dass Repräsentanten des Staates, in dem die Menschenrechte mit Füßen getreten worden waren, wegen vermeintlicher Verletzung ihrer Menschenrechte vor einen solchen Gerichtshof zogen, befremdete viele Ostdeutsche. Doch nach der Entscheidung des Karlsruher Verfassungsgerichts war der Weg nach Straßburg frei, und es war auch gut, dass er beschritten wurde. So konnte die Rechtmäßigkeit der strafrechtlichen Verfolgung der SED-Funktionärskriminalität erstmals von einem Gericht überprüft werden, das nicht von der deutschen Perspektive geprägt war. Genau das hatte Honecker gefordert: «Ein überparteiliches Gericht, also ein Gericht, das weder mit Freunden noch Feinden der Angeklagten besetzt ist, muss entscheiden.»[63]

Diesem Anspruch wurde der Europäische Gerichtshof für Menschenrechte gerecht. Zweimal verhandelte die Große Kammer des Straßburger Gerichts, am 14. Februar 2001 wiesen 17 Richter aus 17 europäischen Ländern die Beschwerden einstimmig ab.[64]

Insgesamt 114 Punkte umfasst das Urteil. Der Straßburger Gerichtshof machte Keßler und Streletz «direkt verantwortlich» für die Verhältnisse an der innerdeutschen Grenze. Sie hätten wissen müssen, dass ihre Handlungen bereits zum Zeitpunkt der Begehung Straftaten waren. Das sei nach DDR-Recht «ausreichend zugänglich und vorhersehbar bestimmt» gewesen. Das Recht auf Leben habe damals aber auch «bereits international den obersten Rang in der Wertehierarchie» eingenommen. Die Staatspraxis, Minen und Selbstschussanlagen mit blinder Wirkung anzuwenden und kategorische Befehle zur Vernichtung von Grenzverletzern zu erteilen, habe sowohl gegen die Verpflichtung verstoßen, die Menschenrechte zu wahren, als auch gegen andere völkerrechtliche Verpflichtungen, zu denen sich die DDR ausdrücklich bekannt habe. Ebenfalls sei gegen einige in der DDR-Verfassung verankerte Grundrechte verstoßen worden. Dafür bestehe eine persönliche Verantwortung: «Die Kluft zwischen der Gesetzgebung der DDR und ihrer Staatspraxis war weitgehend das Werk der Beschwerdeführer selbst. Wegen ihrer hochrangigen Stellung im Staatsapparat der DDR haben sie offensichtlich nicht in Unkenntnis sein können von Verfassung und Gesetzgebung ihres Landes und auch nicht von den völkerrechtlichen Verpflichtungen der DDR und der Kritik an ihrem Grenzregime, die international geäußert worden war.»

So klar hatte kein deutsches Gericht geurteilt. Die Berliner Richter hatten die Verurteilten noch als Quasi-Verführte mit beschränktem Einfluss eingestuft, ihr aktives Tun in eine «gewisse Nähe» des bloßen Unterlassens und ihre Taten in eine «gewisse Nähe» zum Verbotsirrtum gerückt. In dem Beschluss der Straßburger Richter findet sich kein einziger Satz, der die Täter der SED-Diktatur derartig entschuldigt. Bemerkenswert ist der Hinweis auf die Kluft zwischen Staatspraxis und Verfassung. An anderer Stelle heißt es dazu, dass die von den Beschwerdeführern «geltend gemachte Staatsräson ihre Grenzen in der Verfassung selbst finden muss». Diese Feststellung weist direkt zurück zum anfangs mutigen stellvertretenden DDR-Generalstaatsanwalt Lothar Reuther, der Honecker Anfang 1990 wegen Hochverrats anklagen wollte – weil er die Verfassung vorsätzlich ausgehöhlt hatte. Straßburg gab ihm recht.

Weil Keßler und Streletz für den Europäischen Gerichtshof für Menschenrechte ohne Wenn und Aber strafrechtlich verantwortlich waren, wurde auf eine Prüfung verzichtet, ob sie zusätzlich auch Verbrechen gegen die Menschlichkeit begangen hatten. Genau dieser Aspekt interessierte aber zwei der Straßburger Richter. Der Zypriote Loukis Loucaides und der Lette Egils Levits gaben dazu zwei denkwürdige Sondervoten ab. Verbrechen gegen die Menschlichkeit sind ein völkerrechtlicher Straftatbestand, der 1945 erstmals vertraglich im Londoner Statut des für die Nürnberger Prozesse zuständigen Internationalen Militärgerichtshofes fixiert worden war. Spätestens im Jahr 1973 wurde das Konzept mit einer Entschließung der UN-Generalversammlung zum Völkergewohnheitsrecht. Dieser Straftat macht sich nach modernem Rechtsverständnis schuldig, wer mit organisierten Methoden und aus politischen Motiven vorsätzliche Tötungen an einer Zivilbevölkerung begeht. Diese Voraussetzungen waren nach Meinung von Loucaides und Levits erfüllt. Für sie stand fest: Es lagen «unzweifelhaft» Verbrechen gegen die Menschlichkeit vor. Damit war ein direkter Bogen von Nürnberg nach Berlin geschlagen.

Im Straßburger Verfahren saß die Bundesrepublik Deutschland auf der Anklagebank. Formal gesehen ist sie aus dem Prozess als Siegerin hervorgegangen. Tatsächlich aber hat sich Deutschland vor dem

Europäischen Gerichtshof für Menschenrechte eine schlimme Blamage eingehandelt. Denn es bedurfte dieses Gerichts, um das in einer Diktatur geschehene Unrecht juristisch klar zu kennzeichnen. Und es bedurfte dieses nicht-deutschen Gerichts, um aufzuzeigen, dass man die Spitzenfunktionäre der DDR womöglich wegen anderer Delikte als Totschlag zur Verantwortung hätte ziehen können. Das Urteil ist ein Armutszeugnis für Deutschland, weil es Unzulänglichkeiten und Versäumnisse bei der juristischen Aufklärung der zweiten Diktatur offenlegte. Doch die Straßburger Belehrung ist ebenso vergessen, wie der Berliner Fehlschlag aus dem Gedächtnis der Deutschen verschwand. Was misslingt, wird verdrängt. Das hat Tradition.

Das zweite Versagen der Justiz

Am 15. Juni 1989 wurde in der West-Berliner Staatsbibliothek eine brisante Ausstellung eröffnet. Bei Besuchern löste sie ein Gefühl von Betroffenheit und Scham aus. Die sorgfältig vorbereitete Geschichtsschau brach mit einer Kultur des Verschweigens und Verdrängens. Ihr Titel: «Im Namen des Deutschen Volkes – Justiz und Nationalsozialismus». Das Thema: die «furchtbaren Juristen», ihre Nachkriegskarrieren und das Wegsehen der Westdeutschen. Der Veranstalter: der Bundesminister der Justiz. Damit war die Ausstellung gewissermaßen ein regierungsamtliches Statement. Erstmals bekannte sich der Justizapparat, vierzig Jahre nach der Gründung der Bundesrepublik, ganz offiziell zu seinem eigenen Versagen.

Der eigens aus Bonn angereiste Minister Hans A. Engelhard (FDP) erklärte, diese Ausstellung sei überfällig. Wie fast alle anderen gesellschaftlichen und politischen Kräfte in der Bundesrepublik sei die Justiz nach 1945 nicht bereit gewesen, sich der Vergangenheit zu stellen. Sie sei schon in der Weimarer Republik geradezu geräuschlos in das nationalsozialistische Unrechtssystem abgeglitten. Als dieses untergegangen war, habe das zu keinen offenen Diskussionen und zu keinen strafrechtlichen Konsequenzen geführt. Statt Verantwortung und Schuld sichtbar zu machen, habe man die «bio-

logische Amnestie» bevorzugt. Das sei «*die* Fehlleistung der bundesdeutschen Justiz», erklärte der Freidemokrat.[65]

Als Engelhard seine Eröffnungsrede hielt, ahnte kein Zuhörer,
welch unerhörte Aktualität die Ausstellung bald gewinnen würde.
Fünf Monate später fiel in Berlin die Mauer. Sieben Monate später
beschloss die Volkskammer, am 18. März 1990 erstmals in der DDR
freie Wahlen abzuhalten. Damit war klar: Deutschland würde sich
bald wieder mit der Vergangenheit eines Unrechtssystems beschäftigen müssen. Dabei verhielt sich die Bonner Regierungszentrale
wie ein Wiederholungstäter: Wie schon nach der Gründung der
Bundesrepublik wollte sie die Flucht vor der Vergangenheit antreten und das Unrecht auf sich beruhen lassen. Jedenfalls sollten
keine strafrechtlichen Konsequenzen gezogen werden.

Bundesinnenminister Wolfgang Schäuble (CDU), der mit dem
Ost-Berliner Staatssekretär Günther Krause (CDU) über den Beitritt
der DDR zur Bundesrepublik verhandelte, hat darüber offenherzig
Auskunft gegeben. In seinem 1991 erschienenen Buch «Der Ver-
trag» heißt es, er habe «nicht die Vergangenheit von vierzig Jahren
DDR in allen Einzelheiten aufarbeiten» und im Übrigen «eher groß-
zügig als selbstgerecht»[66] verfahren wollen. Schon im Sommer
1990 propagierte Schäuble eine Strafamnestie für Stasi-Spione. Der
Engelhard-Nachfolger Klaus Kinkel (FDP) arbeitete sogar einen
kompletten Gesetzentwurf «über Straffreiheit bei Straftaten des
Landesverrates und der Gefährdung der äußeren Sicherheit» aus.
Davon hätten alle hauptamtlichen und Inoffiziellen Mitarbeiter der
Hauptverwaltung Aufklärung (HVA) in Ost und West profitiert –
mindestens 16 000 Agenten. Der Vorstoß scheiterte an Protesten in
der Bevölkerung und am Widerstand in den Parlamenten. Die Ak-
tenbestände der HVA waren da schon nahezu vollständig vernichtet. Eine Arbeitsgruppe des «Zentralen Runden Tisches» hatte einen
entsprechenden Beschluss gefasst. Dadurch sind Tausende Agenten
nie enttarnt worden.

Ebenso wie Schäuble hätte Helmut Kohl die Akten des Geheimdienstes am liebsten beseitigen oder wegschließen lassen. In seinen
2007 veröffentlichten «Erinnerungen. 1990–1994» räumte der
Kanzler ein: «Ich fürchtete, der ganze Unrat, der da hochkommen

würde, könnte das Klima in Deutschland vergiften.» Auch die strafrechtliche Aufarbeitung der DDR-Vergangenheit stieß bei ihm auf Bedenken: «Bei allem Verständnis für die Opfer der SED-Diktatur, für die geschundenen Menschen im Gefängnis von Bautzen oder anderswo in der DDR, war ich nicht unbedingt an einem großen Prozess interessiert.» Dabei hatte der gelernte Historiker Kohl, der so oft den Atem der Geschichte verspürte, selbst erlebt, welch heilsame Wirkung die juristische Aufarbeitung von Diktaturen entfalten kann. Als er Fraktionschef im Mainzer Landtag war, fand in Frankfurt von 1963 bis 1965 der erste Auschwitz-Prozess gegen Aufseher des Vernichtungslagers statt. Das bis dahin größte Strafverfahren der deutschen Geschichte, in dem 360 Zeugen auftraten, hatte vielen Deutschen den Charakter der nationalsozialistischen Verbrechen vor Augen geführt. Der hessische Generalstaatsanwalt Fritz Bauer, ohne den dieses Verfahren niemals zustande gekommen wäre, nannte das eine «Selbstaufklärung der deutschen Gesellschaft in den Bahnen des Rechts».

Doch Kohl wollte keinen Blick zurück. Ein Gespräch mit Michail Gorbatschow, der Straffreiheit für die Führer der DDR gefordert hatte, gibt der Altkanzler in seinen «Erinnerungen» folgendermaßen wieder: «Ich erklärte ihm, dass ich persönlich nicht interessiert sei, eine große Verfolgungsjagd zu inszenieren, gab dem Kreml-Chef jedoch zu verstehen, dass mein Einfluss als Bundeskanzler auf die Rechtsprechung und damit auf Gerichtsverfahren nahezu null sei.»[67] Gorbatschow hat später eine andere Version präsentiert. Zwischen ihm und Kohl sei während der Unterhaltung ein «Gentlemen's Agreement» getroffen worden, die SED-Führung nicht vor Gericht zu stellen.[68] Nur eine der beiden Versionen kann wahr sein.

Das große Wegsehen, das Kohl und Schäuble im Sinn hatten, scheiterte letztlich am Widerstand der Ostdeutschen. Die Abgeordneten der Volkskammer weigerten sich, über die Vergangenheit den Mantel des Vergessens auszubreiten. In diesem Sinne musste auch der Einigungsvertrag gestaltet werden. Vor allem deshalb hat die strafrechtliche Aufarbeitung des DDR-Unrechts Tausende Richter, Staatsanwälte und Ermittlungsbeamte gut anderthalb Jahrzehnte in Atem gehalten. Misshandlungen in Gefängnissen, Nötigung von Bürgern, Verschleppung von Regimegegnern, Repressalien gegen Ausreisewillige, Hinrichtungen nach Geheimprozessen – auf diese und andere Verletzungen des Rechts musste der Rechtsstaat eine Antwort finden. Auf Unterstützung durch die Bonner Regierung konnte er dabei nicht zählen.

Der Vorschlag vieler Fachleute, nach dem Vorbild der Ludwigsburger Zentralstelle für NS-Taten eine bundeseinheitliche Ermittlungsbehörde zur Verfolgung der SED-Systemkriminalität zu schaffen, ließ sich politisch nicht durchsetzen. Dafür wäre die Erfassungsstelle Salzgitter prädestiniert gewesen. Anfang 1991 sprachen sich die CDU-Fraktionen aller Landesparlamente dafür aus, diese Einrichtung zu erhalten und auszubauen. Salzgitter war das Kompetenzzentrum für DDR-Unrecht.[69] Trotzdem wurde die Behörde 1992 ohne Not aufgelöst. Damit mussten die im Osten gerade erst wieder formierten Bundesländer nach dem Territorialprinzip die Last der Ermittlungen schultern. Es war absehbar, dass sie damit überfordert sein würden.

Anfang der neunziger Jahre herrschten im ostdeutschen Rechtswesen chaotische Zustände. Ein demokratisches Justizsystem musste überhaupt erst aufgebaut werden. Im Frühjahr 1991 fehlten schätzungsweise 5000 Richter und Staatsanwälte. Desolat waren die Verhältnisse vor allem im Strafrecht und in der Strafverfolgung, zumal die ungewohnte Freiheit Gaunern und Ganoven eine Sonderkonjunktur beschert hatte. Anders als die darbende Wirtschaft verzeichnete die allgemeine Kriminalität sensationelle Zuwachsraten; für Verbrecher war das Risiko, erwischt zu werden, im «wilden Osten» denkbar gering.

Trotz der drastischen Personalnot richteten alle fünf neuen Länder zu Beginn der neunziger Jahre Schwerpunktstaatsanwaltschaften für das SED-Unrecht ein. Der Freistaat Sachsen, der allein in diesem Bereich mit 50 000 Ermittlungsverfahren rechnete, konnte nur 16 seiner Staatsanwälte für die Aufgabe abstellen. Jeder von ihnen wäre damit theoretisch für über 3000 Fälle zuständig gewesen. Zur Entlastung der Justiz forderte Sachsens Generalstaatsanwalt Günter Hertweck im Juni 1992 eine Teilamnestie für SED-Täter. Der Leihbeamte aus Baden-Württemberg empfahl, Delikte wie politische Verdächtigung oder illegales Abhören nicht mehr von Amts wegen zu verfolgen; nur bei Vorliegen eines Strafantrags von Geschädigten sollte ermittelt werden. Die Teilamnestie trat in Kraft, allerdings ohne förmliches Gesetz. Es gab einfach nicht genügend Beamte, um die Taten aufzuklären. Der Staat kapitulierte, er konnte seinen Strafverfolgungsanspruch nicht mehr durchsetzen. Eine solche kalte Amnestie ist für jeden Rechtsstaat eine Bankrotterklärung.

Das Land Berlin verfügte zumindest im Westteil der Stadt über eine funktionierende Rechtspflege. Zudem war der Stadtstaat für die in der «Hauptstadt der DDR» verübten Straftaten und damit für die spektakulären und aufwendigen Fälle des SED-Unrechts zuständig. Wegen dieser Sonderlast sagten der Bund und alle Bundesländer ihre Unterstützung zu. Im September 1991 wurde die Zentrale Ermittlungsgruppe für Regierungs- und Vereinigungskriminalität (ZERV) eingerichtet. Die von Manfred Kittlaus geleitete und beim Berliner Polizeipräsidium angesiedelte Gruppe war in einem Gebäudetrakt des Flughafens Tempelhof untergebracht und hatte zeitweise bis zu 900 Mitarbeiter. Allerdings kümmerte sich die Hälfte von ihnen um vereinigungsbedingte Wirtschaftskriminalität. Für den Staat war das ein einträgliches Geschäft. Bis zur Auflösung der ZERV am 31. Dezember 2000 konnte in 4004 Ermittlungsverfahren der Verbleib von 2,5 Milliarden D-Mark verschwundenem DDR-Vermögen aufgedeckt werden. Das für die Regierungskriminalität zuständige Referat 2, das 16 323 Verfahren bewältigen musste, ließ fiskalisch keinen Gewinn erwarten und erfreute sich keiner vergleichbaren Wertschätzung.

«Ich habe den Eindruck, dass in den Altländern die gesamte Problematik in ihrem Volumen und in ihrer Bedeutung überhaupt nicht erfasst wird», klagte Innensenator Dieter Heckelmann im Februar 1992. Ohne Verstärkung durch Kriminalisten aus den alten Ländern müssten viele SED-Unrechtsverfahren liegenbleiben, dies sei «nahe dran» an der Strafvereitelung. Die juristische Bewältigung von vierzig Jahren kommunistischem Unrecht und Terror bezeichnete der parteilose Senator als «maßgeblich für unsere moralische Glaubwürdigkeit und auch für das Vertrauen in den

Rechtsstaat bei der Bevölkerung in den neuen Bundesländern und in Ost-Berlin».[70] Daraufhin beschlossen die Ministerpräsidenten im Oktober 1992, mindestens 340 Beamte für die ZERV abzustellen. Ihre Zusage haben sie nie eingelöst. Für sie war die ostdeutsche Diktatur offenbar kein Teil gesamtdeutscher Geschichte, sondern zuerst eine Angelegenheit der Ostdeutschen.

Auch unzulängliche rechtliche Rahmenbedingungen erschwerten die Verfolgung des SED-Unrechts. Mit dem Einigungsvertrag war lediglich eine allgemeine Grundlage geschaffen worden, um sogenannte «DDR-Alttaten» ahnden zu können. Gesetzesverstöße mussten nach beiden Rechtsordnungen, also nach DDR-Recht und bundesdeutschem Recht, strafbar sein. Traf diese Voraussetzung zu, war das mildere Recht anzuwenden. Weitere Festlegungen hatte der Gesetzgeber gescheut. Er hätte beispielsweise das Ministerium für Staatssicherheit zu einer verbrecherischen Organisation erklären und gravierende Menschenrechtsverletzungen des Geheimdienstes unter Strafe stellen können. So war in den Nürnberger Prozessen mit der Gestapo verfahren worden. Ein solches rückwirkendes Recht wollte die Politik der Justiz jedoch nicht schaffen.

Das Nadelöhr zur Ahndung des SED-Unrechts waren somit die Strafgesetzbücher beider Staaten, die allerdings nicht zur Verfolgung der Systemkriminalität einer Diktatur geschaffen worden waren. Im Ergebnis galten die gleichen Regeln wie für normale Verbrechen. Das erschwerte nicht nur die Arbeit der Strafverfolger, sondern verunsicherte auch die Richter. Ihre anfänglichen Urteile folgten keinem klaren Muster. Je nach Gerichtsort fielen Schuld- und Strafsprüche bei gleichgelagerten Straftaten ganz unterschiedlich aus. Erst nach einem zeitraubenden Gang durch die Instanzen bildeten sich allmählich die Kriterien für eine bundeseinheitliche Rechtsprechung heraus.

Die Politik hat sich bei der Aufarbeitung des SED-Unrechts gleich zweimal aus der Verantwortung gestohlen. Sie schob das Problem regional auf Ostdeutschland und inhaltlich auf die Justiz ab. Beide Entscheidungen waren ein gravierendes Hemmnis bei der Strafverfolgung. Sie war ohnehin unerwünscht: Mitte der neunziger Jahre wollten Spitzenpolitiker beider Volksparteien mit einem Amnestiegesetz einen Schlussstrich unter die SED-Vergangenheit ziehen. Er sollte möglichst zum fünften Jahrestag der deutschen Einheit in Kraft treten. Dies wurde von Manfred Stolpe und Reinhard Höppner, den SPD-Ministerpräsidenten von Brandenburg und Sachsen-Anhalt, gefordert. Höppners Justizministerin Karin Schubert (SPD) meinte, bei den Ermittlungen werde am Ende doch nichts herauskommen. Man müsse überlegen, «welche Demütigung für die SED-Opfer größer ist – die allgemeine Amnestie oder Verfahren, die eingestellt werden oder mit sehr geringen Strafen enden».[71]

Die Sozialdemokraten im Westen würdigten nun plötzlich eine historische Erfahrung, die sie jahrzehntelang gebrandmarkt hatten – den Umgang der bundesdeutschen Justiz und Gesellschaft mit den Schreibtischtätern des Dritten Reichs. Partei- und Fraktionschef Rudolf Scharping erklärte intern, er habe «mit großem Interesse gelesen», wie nach 1945 NS-Beamte per Gesetz wieder in den Staatsdienst eingereiht worden seien.[72] Egon Bahr lobte nachträglich eine hochumstrittene Personalentscheidung von Konrad Adenauer als «staatsmännische Leistung» – der Bundeskanzler hatte mit Hans Globke den amtlichen Kommentator der «Nürnberger Rassengesetze» zu seinem Staatssekretär berufen.[73] Bahr sagte, ihm sei bewusst, dass man bei einem juristischen Schlussstrich «von den Opfern das größte Opfer verlangt».[74] In der CDU machte sich der Rechtspolitiker Horst Eylmann für den kollektiven Gnadenakt stark. Selbst Alt-Bundespräsident von Weizsäcker schaltete sich in die Debatte ein und forderte: «Das Strafen muss ein Ende finden.» Den Einwand, dass ein Ende der Strafverfolgung zur Verharmlosung der SED-Herrschaft führe, wischte der Christdemokrat beiseite: «Bei einer Amnestie geht es eben gerade nicht um Amnesie.»[75] Bärbel Bohley hielt dagegen: «Amnestie bedeutet Vergessen.» Sie gehörte mit Wolf Biermann, Jürgen Fuchs, Katja Havemann und Vera Lengsfeld im März 1995 zu den Unterzeichnern des Aufrufs «Gegen ‹Schlussstrich›, gegen Amnestie und Verjährung». Darin warnten die ostdeutschen Bürgerrechtler davor, «schlimme historische Gegebenheiten zu relativieren und einen kleinen, raschen Frieden mit den Tätern zu machen». An diesem Widerstand scheiterten die Amnestiepläne.

Auch nach dem Zweiten Weltkrieg hatte die Politik die Aufklärung der Vergangenheit immer wieder sabotiert. So wurde der Ludwigsburger Erfassungsstelle für NS-Unrecht dringend benötigtes Personal vorenthalten. Ferner verbot die Bundesregierung die Auswertung strafrechtlich relevanter NS-Dokumente aus den Ostblockstaaten. Im Mai 1960 lehnte das Bonner Parlament den Vorschlag der SPD-Fraktion ab, die 15-jährige Verjährungsfrist für Totschlag erst ab September 1949 laufen zu lassen, weil diese Delikte in den vier Jahren vor Gründung der Bundesrepublik kaum verfolgt worden waren. Sehr viele Beschuldigte kamen deshalb straffrei davon. Als «Amnestie durch die Hintertür» erwies sich im Oktober 1968 kurioserweise die Novelle des Gesetzes über Ordnungswidrigkeiten: Eine winzige Änderung im Gesetzestext, deren Bedeutung zunächst niemandem auffiel, führte dazu, dass praktisch kaum ein NS-Täter mehr wegen Beihilfe zum Mord belangt werden konnte. Beinahe wären im Frühsommer 1965 auch noch Mörder straffrei gestellt worden – die Verjährungsfrist für Mord lief nach zwanzig Jahren ab. Doch der Bundestag besann sich im letzten Moment. Er verlängerte die Verjährungsfrist mehrmals und schaffte sie 1979 ganz ab. Seitdem wächst in Deutschland kein Gras mehr über Mord.

Nach der Wiedervereinigung hat der gesamtdeutsche Bundestag die Verjährungsfrist für das SED-Unrecht zweimal verlängert, zunächst 1993 und dann 1997. Mit dem 3. Oktober 2000 waren die Delikte endgültig verjährt. Nun wurden die letzten noch laufenden Verfahren abgeschlossen. In Sachsen stellten die Justizbehörden ihre Arbeit 2001 ein. Brandenburg, Mecklenburg-Vorpommern und Sachsen-Anhalt waren im Jahr darauf fertig, Thüringen folgte 2003. Der letzte SED-Unrechtsprozess, ein Berliner Rechtsbeugeverfahren, wurde am 14. Juni 2005 vom Bundesgerichtshof mit einem Bewährungsurteil abschließend entschieden. Damit endete fünfzehn Jahre nach der Vereinigung ein Kraftakt, der den Steuerzahler schätzungsweise einen zweistelligen Milliardenbetrag gekostet hat.

Und was ist dabei herausgekommen? Eine Antwort wird dadurch erschwert, dass verlässliche Angaben zum Wirken der Strafverfolgungsbehörden und der Gerichte fehlen. Kaum zu glauben: Die Politik hat den Bürgern bis heute keine offizielle Abschlussbilanz zu diesem bedeutenden Kapitel deutscher Rechtsgeschichte vorgelegt. Stillschweigend ist sie Rechenschaft schuldig geblieben. Steht bewusste Verschleierungstaktik dahinter oder gar schlichtes Unvermögen?

Für die letztere These spricht: Nach 1990 versäumten es die Justizminister von Bund und Ländern, gemeinsame Regeln festzulegen, um die SED-Unrechtsverfahren und ihre Ergebnisse einheitlich zu dokumentieren. Von Bundesland zu Bundesland wurde anders gezählt. Mancherorts erfasste man SED-Unrecht und vereinigungsbedingte Wirtschaftskriminalität getrennt, andernorts nicht. Ähnlich gelagerte Fälle wurden mitunter ganz verschiedenen Deliktgruppen zugeordnet. Die alten Länder, die bis 1995 die wenigen in ihrer Zuständigkeit liegenden Fälle abschließen konnten, verzichteten auf eine gesonderte Kennzeichnung. Totschlag ging in die Statistik als Totschlag ein, nicht als Gewalttat an der innerdeutschen Grenze. Die Bemühungen der DDR-Justiz, die bis zum 3. Oktober 1990 etliche Ermittlungsverfahren eingeleitet und einige rechtskräftige Gerichtsurteile zustande gebracht hatte, gingen völlig unter. Das Ergebnis ist ein selbstverschuldetes Unwissen über die juristische Aufarbeitung des Unrechts der zweiten deutschen Diktatur.

Für die These «Verschleierung» spricht: Auch im Nachhinein bestand kein Interesse, das Chaos zu ordnen und gegenüber der Öffentlichkeit Transparenz herzustellen. Im Gegensatz dazu unternimmt das Bundesjustizministerium, das hier die Initiative ergreifen müsste, große Anstrengungen, um alle Daten und Fakten zur Verfolgung der NS-Verbrechen zusammenzutragen. Die Statistik von Beschuldigten, rechtskräftig verurteilten Angeklagten und noch nicht abgeschlossenen Ermittlungsverfahren wird regelmäßig aktualisiert und ist im Ministerium abrufbar. Sogar Angaben zum Zeitraum von 1945 bis 1949, als die westdeutschen Gerichte unter der Aufsicht der alliierten Besatzungsmächte standen, sind vorhanden. Die sorgfältige Buchhaltung erklärt sich durch den starken Rechtfertigungsdruck, dem die alte Bundesrepublik ausgesetzt war. Nicht zuletzt wollte man vor 1990 Vorwürfe des Ost-Berliner SED-Regimes entkräften, im Westen würden NS-Täter verschont. Ein solcher Rechtfertigungsdruck bestand bei der Aufarbeitung der zweiten deutschen Diktatur nie.

Wer wissen will, wie und mit welcher Intensität der deutsche Rechtsstaat die systematischen Menschenrechtsverletzungen in der DDR verfolgt hat, ist auf Schätzungen angewiesen. Danach sind im Zusammenhang mit SED-Unrecht rund 75 000 Verfahren gegen etwa 105 000 Beschuldigte eingeleitet worden.[76] Die hohe Zahl von Beschuldigten erklärt sich leicht: Allein die Erfassungsstelle Salzgitter hatte bis zur Wiedervereinigung 80 000 mutmaßliche Täter erfasst (die zum Teil verstorben waren). Daneben trieben die Rehabilitierungsverfahren der Opfer und Erkenntnisse aus Stasi-Akten die Fallzahlen nach oben. Die Beschuldigten dürften zum Tatzeitpunkt, vielleicht einige hundert Verdächtige ausgenommen, durchweg DDR-Bürger gewesen sein. Dies unterstellt, wurde nach 1989 maximal gegen jeden 120. strafmündigen Bürger der DDR ein Prüfverfahren eröffnet. Das entsprach 0,8 Prozent der erwachsenen Bevölkerung vor dem Mauerfall. Wer da von der Kriminalisierung eines ganzen Volkes oder gar dem «Abstrafen als Prinzip der Transformation»[77] redet, ist ein Verleumder. Denn er rückt absichtsvoll die übrigen 99,2 Prozent der DDR-Bürger ins Zwielicht.

Aufschlussreich ist ein Vergleich mit den Zahlen der NS-Aufarbeitung: Die alte Bundesrepublik und später das vereinte Deutschland haben von Mai 1945 bis Januar 2007 im Zusammenhang mit nationalsozialistischen Straftaten Ermittlungen gegen 106 496 Beschuldigte geführt – kaum mehr als im Falle des DDR-Unrechts, was angesichts der Monstrosität der NS-Verbrechen überrascht. Deshalb ist der Justiz immer wieder vorgehalten worden, sie habe bei der «zweiten Vergangenheitsbewältigung» das gutmachen wollen, was sie bei der ersten versäumt hatte – diesen Vorwurf hat die PDS regelmäßig erhoben. Sie lehnte den Begriff vom «Unrechtsstaat DDR» sogar als «unwissenschaftliche Verdrängungsvokabel» ab und bezeichnete die strafrechtliche Aufarbeitung der SED-Vergangenheit als «Überkompensation des notorischen Versagens gegenüber den

NS-Verbrechen».[78] Diese kryptische Konstruktion gestattete es, von eigener Schuld und eigenem Versagen abzulenken.

Entscheidender als die Zahl der eingeleiteten Verfahren sind aber deren Ergebnisse.[79] Die rund 75000 Ermittlungsverfahren mündeten demnach in gerade einmal 1021 Anklagen, die Zahl von 105000 Beschuldigten reduzierte sich drastisch auf 1737 Angeklagte. Klar gesagt: 98,6 Prozent der eingeleiteten Verfahren liefen ins Leere, und 98,4 Prozent der Beschuldigten kamen ungeschoren davon. Präsentierte ein Kriminalist seinem Vorgesetzten solche Abschlussquoten, würde er wohl zur Verfolgung von Falschparkern abgestellt.

Einige der 1737 Angeklagten mussten sich in gleich mehreren Verfahren verantworten, etwa wegen Amtsmissbrauchs und wegen Wahlfälschung. Von solchen Mehrfachanklagen abgesehen, bleiben 1426 angeklagte Personen übrig. Rechtskräftig verurteilt wurde etwa jeder Zweite – lediglich 753 Angeklagte. Das ist, juristisch betrachtet, die Zahl der Täter der SED-Diktatur. Bezogen auf die Menge der Beschuldigten entspricht das 0,7 Prozent. Die Verurteilungsquote liegt also nahe null.

Bei acht Verurteilten verzichteten die Richter vollends auf eine Strafe, gegen 165 Straftäter verhängten sie Geldstrafen im überwiegend niedrigen und mittleren Bereich. 580 Verantwortliche erhielten eine Freiheitsstrafe, die aber in neun von zehn Fällen zur Bewährung ausgesetzt wurde. Selbst wer des Totschlags, der Misshandlung von Gefangenen und der Verhängung exzessiver Zuchthausstrafen für schuldig befunden worden war, musste in aller Regel nicht ins Gefängnis. Zu einer Haftstrafe ohne Bewährung verurteilten die Richter nur 46 Angeklagte. Bezogen auf die anfänglich Beschuldigten entspricht das einer Quote von 0,04 Prozent. Das ist, gerundet, eine glatte Null.

Im Licht dieser Urteilspraxis scheint das SED-Regime rehabilitiert. Angesichts des in 44 Diktaturjahren geschehenen Unrechts – dabei ist die von stalinistischem Terror geprägte Zeit von 1945 bis 1949 einbezogen – sind 46 Gefängnisstrafen eine Nichtigkeit. In bewährter deutscher Kontinuität sind die Täter wieder einmal verschont worden. Wer aber Täter verschont, verharmlost zugleich ihre Taten. Wegen sogenannter teilungsbedingter Straftaten ermittelte man übrigens gegen einige tausend Westdeutsche – in fast ausnahmslos allen Fällen ging es um Spionage. Die Gerichte schickten 64 Agenten ins Gefängnis.[80] Die Relation ist erhellend: 64 Haftstrafen wegen Spionage für die DDR und 46 Haftstrafen wegen der im SED-Staat begangenen Verbrechen. Offenbar hat der Rechtsstaat nach der Wiedervereinigung seinen Kompass verloren. Er irrte orientierungslos umher, ohne jeglichen Sinn für Prioritäten. Ob es wohl wieder fünfundvierzig Jahre dauern wird, bis ein Bundesminister der Justiz diesem grandiosen Fehlschlag eine Ausstellung widmet? Darin dürfte jedenfalls der Name von Jutta Limbach, Anfang der neunziger Jahre Berliner Justizsenatorin, nicht unerwähnt bleiben. Vor der Wiedervereinigung hatte die spätere Verfassungsgerichtspräsidentin und Präsidentin des Goethe-Instituts zunächst auch umfangreiche Amnestiepläne erwogen. Dann besann sie sich eines Besseren und betonte wie kein anderer Politiker, dass dem staatlichen Gewaltmissbrauch in der DDR mit dem Mittel der Strafe der «Stempel des Unwerten» aufgedrückt werden müsse. Es gelte, «ein abermaliges Versagen der deutschen Justiz bei der Bewältigung ‹totalitärer Vergangenheit› zu vermeiden».[81]

Das war ein frommer Wunsch. Trotz einiger guter Vorsätze ist in Deutschland der Versuch einer glaubhaften Erneuerung abermals gescheitert. Der Schriftsteller Ralph Giordano schreibt, es gebe «keine Spur von wirklicher, von ehrlicher Aufarbeitung der DDR- und SED-Kriminalgeschichte».[82] Hubertus Knabe, der Direktor der Gedenkstätte im einstigen Stasi-Gefängnis in Berlin-Hohenschönhausen, kritisiert «Täterschutz durch Gerichte».

Woran soll man das Scheitern dieses Kapitels deutscher Wiedervereinigungsgeschichte messen?

Ein Vergleich mit der als gescheitert empfundenen Verfolgung des NS-Unrechts liegt nahe. Er ist zwar wegen der großen Unterschiede zwischen den im Namen beider Regimes verübten Verbrechen nur bedingt aussagekräftig. Auffällig ist jedoch, dass die nationalsozialistischen Verbrechen durchweg konsequenter bestraft worden sind. Von den 106 496 Beschuldigten, von denen fünf Prozent wegen schwerer Kriegsverbrechen angeklagt waren, wurden 6498 rechtskräftig verurteilt. Das entspricht einer Quote von 6,1 Prozent. Gegen 98 Prozent der Verurteilten verhängten die Gerichte schwere und schwerste Sanktionen: 13 Todesstrafen, 167 lebenslange und 6201 befristete Freiheitsstrafen.

Der zweite Maßstab, das Leid der Opfer, taugt ebenfalls nur begrenzt. Der Rechtsstaat verfährt nicht nach dem alttestamentarischen Prinzip «Auge um Auge, Zahn um Zahn». Gleichwohl gehört es zu seinen Prinzipien, dass Schuldsprüche die Erfahrungen der Geschädigten nicht ausblenden. Der SED-Staat hatte mehr als 200 000 Menschen aus politischen Gründen ins Gefängnis gesteckt. Die verhängten Strafen summieren sich, eine durchschnittliche Haftdauer von 15 Monaten unterstellt, auf 250 000 Gefängnisjahre. Gemessen an diesen Schicksalen sind 46 Gefängnisstrafen für die Täter des Regimes ein Schlag ins Gesicht der Opfer.

Der dritte Maßstab beleuchtet einen anderen Umstand: Er interpretiert die Intensität, mit der kriminelles Verhalten bestraft wird, als Ausdruck der Missbilligung dieses Verhaltens durch die Gesellschaft. Um den Stellenwert des DDR-Unrechts einzuordnen, bietet sich ein Blick in die Kriminalstatistik an. Sie enthält viele Vergleichsmöglichkeiten. Um eine herauszugreifen: Nach dem Strafgesetzbuch wird Sachbeschädigung mit einer Freiheitsstrafe bis zu zwei Jahren, in schweren Fällen bis zu drei Jahren (gemeinschädliche Sachbeschädigung) oder bis zu fünf Jahren (Zerstörung von Bauwerken) geahndet. Im Jahr 2006 wurden wegen dieses Delikts insgesamt 8951 Beschuldigte rechtskräftig verurteilt. 158 Täter erhielten eine Freiheitsstrafe ohne Bewährung. Damit hat die wiedervereinte Republik die in einem Jahr aufgelaufene Sachbeschädigung deutlich härter sanktioniert als die Verbrechen einer ganzen Diktaturepoche.

Doppelter Diktaturrabatt für die Täter

Eine Auflistung der Namen von verurteilten NS-Tätern lässt sich mit wenigen Klicks im Internet finden. Das gilt zumindest für jene, die in den großen Verfahren der Nachkriegsgeschichte vor internationalen und westdeutschen Gerichten (Nürnberger Prozess und seine zwölf Nachfolgeprozesse, Ulmer Einsatzgruppen-Prozess, Frankfurter Auschwitz-Prozesse) verurteilt wurden. Für die SED-Unrechtsprozesse fehlte bislang eine solche personalisierte Zusammenfassung.

Dabei hat eine Täterübersicht eine herausragende Bedeutung: An ihr lässt sich nachvollziehen, welche Grundsätze für die strafrechtliche Aufarbeitung der zweiten deutschen Diktatur galten. Welche Deliktgruppen und welche Straftaten sind von den Richtern als besonders verwerflich eingestuft worden? Welche Stellung hatten die Täter in der Diktatur? Was sagen ihre Straftaten über den Charakter der Diktatur aus? Sind die Täter genauso wie andere Straffällige behandelt worden, oder haben sie eine Vorzugsbehandlung erfahren?

In der folgenden Übersicht sind die Namen aller Personen verzeichnet, die wegen DDR-Systemkriminalität zu einer Gefängnisstrafe verurteilt worden sind. Aus rechtlichen Gründen müssen allerdings einige Nachnamen mit ihrem ersten Buchstaben abgekürzt werden. Bei diesem Personenkreis handelt es sich jedenfalls im strafrechtlichen Sinne um die Haupttäter der SED-Diktatur. Neben den Namen der Verurteilten enthält die Aufstellung auch Angaben zu Straftaten, Strafmaß, verbüßter Haftzeit und Funktion zum Tatzeitpunkt. Vermerkt sind außerdem Entscheidungen der Berufungs- und Beschwerdeinstanzen.[83]

Die 46 Haupttäter des SED-Regimes, die ihre Haftstrafen zwischenzeitlich verbüßt haben, sind Personen der Zeitgeschichte. Nicht so sehr, weil sie sich vor 1990 strafrechtlich schuldig gemacht haben. Sondern weil ihre systemkriminellen Verbrechen nach der Wiedervereinigung von den Gerichten in herausgehobener Weise kenntlich gemacht worden sind. Das begründet ein besonderes Interesse der Allgemeinheit. Auch ist die Offenlegung der Fälle hilfreich, um die Mechanismen totalitärer Herrschaft nachzuvollziehen.

Der gebotenen Transparenz stehen jedoch strikte Zensurgebote entgegen. Mit Hilfe der Pressekammern können die Täter der SED-Diktatur immer häufiger erreichen, dass ihre Schuld und Verantwortung nicht öffentlich thematisiert werden dürfen. Ihnen wird ein «Recht auf Vergessen» zugesprochen. Hätten die gleichen Regeln nach 1945 gegolten, wäre es beispielsweise unmöglich gewesen, mit Namensnennung über die Tätigkeit eines KZ-Aufsehers nach dessen Strafverbüßung zu berichten. Die Aufklärung über die nationalsozialistische Vergangenheit und den Umgang der deutschen Gesellschaft damit hätte Schaden genommen.

Inzwischen wird es sogar Opfern untersagt, die Wahrheit auszusprechen, die sie in ihren Stasi-Akten über die Täter finden.[84] Im Lichte dieser Rechtsprechung erscheinen die Täter als schützenswerte Opfer und die Opfer als die eigentlichen Täter. Sie führt dazu, dass unser Bild von der Vergangenheit verzerrt ist. Es strahlt umso heller, je mehr die dunklen Bereiche abgedeckt werden. Gleichwohl muss diese fatale Urteilspraxis im Folgenden berücksichtigt werden.

Die 46 mit Gefängnisstrafen gesühnten Systemverbrechen beschränken sich auf fünf Deliktgruppen[85]: Gewalttaten an der Grenze (30 verurteilte Täter), Straftaten der Staatssicherheit (drei Täter), Gefangenenmisshandlung (zwei Täter), Amtsmissbrauch und Korruption (vier Täter) sowie Rechtsbeugung (sieben Täter):

Die verurteilten Haupttäter des SED-Regimes

lfd. Nr.	Name	Delikt	Strafe Jahre	verbüßt Jahre	Funktion / Beruf	Urteil

Gewalttaten an der Grenze

(1) «Schütze» – Erschießung eines Flüchtlings nach bereits erfolgter Festnahme (der Fall Walter Kittel)

lfd. Nr.	Name	Delikt	Strafe Jahre	verbüßt Jahre	Funktion / Beruf	Urteil
1	Rolf-Dieter H.	Mord	10	6,6	Gruppenführer Grenz-kompanie / Inoffizieller MfS-Mitarbeiter	1993

BezG. Potsdam, BGH (erhöht Strafzumessung)

(2) Politisch-militärische Führung – Mitglieder des Nationalen Verteidigungsrates («NVR-Prozess»)

lfd. Nr.	Name	Delikt	Strafe Jahre	verbüßt Jahre	Funktion / Beruf	Urteil
2	Heinz Keßler	Totschlag in sieben Fällen	7,5	4,3	Politbüro / Verteidigungs-minister	1994
3	Fritz Streletz	Totschlag in sechs Fällen	5,5	3,3	Stellvertr. Verteidigungs-minister	1994
4	Hans Albrecht	Totschlag in sechs Fällen	5,1	2,7	1. SED-Bezirkssekretär Suhl	1994

LG Berlin, BGH (neue Gesamtstrafe für A.), BVerfG (weist Beschwerden zurück), EGMR (weist Beschwerden von K. und S. ab)

(3) Politische Führung – Mitglieder des Politbüros («Politbüro-Prozess»)

lfd. Nr.	Name	Delikt	Strafe Jahre	verbüßt Jahre	Funktion / Beruf	Urteil
5	Egon Krenz	Totschlag in drei Fällen	6,5	4	Politbüro / Nationaler Verteidigungsrat	1997
6	Günther Kleiber	Totschlag in drei Fällen	3	0,8	Politbüro / stellv. Vorsitzender des Ministerrates	1997
7	Günter Schabowski	Totschlag in drei Fällen	3	0,8	Politbüro / 1. SED-Bezirks-sekretär Ost-Berlin	1997

LG Berlin, BGH (verwirft Revision), BVerfG (nimmt Beschwerde von Krenz nicht an), EGMR (weist Beschwerde von Krenz ab)

lfd. Nr.	Name	Delikt	Strafe Jahre	verbüßt Jahre	Funktion/Beruf	Urteil
(4) Militärische Führung – Chefs der Grenztruppen («Grenztruppen-Prozess»)						
8	Klaus-Dieter Baumgarten	Totschlag (elf Fälle) und versuchter Totschlag	6,5	3,3	Chef der Grenztruppen/ Generaloberst	1996
9	Karl Leonhardt	Beihilfe zum Totschlag und versuchten Totschlag	3,8	4	Führung Grenztruppen/ Generalleutnant	1996
10	Günter Gabriel	Beihilfe zum Totschlag und versuchten Totschlag	3,5	0	Führung Grenztruppen/ Generalmajor	1996
11	Gerhard Lorenz	Beihilfe zum Totschlag und versuchten Totschlag	3,3	1,8	Führung Grenztruppen/ Generalleutnant	1996
12	Dieter Teichmann	Beihilfe zum Totschlag und versuchten Totschlag	3,3	2,2	Führung Grenztruppen/ Generalmajor	1996
13	Heinz Ottmar Thieme	Beihilfe zum Totschlag und versuchten Totschlag	3,3	1,7	Führung Grenztruppen/ Generalmajor	1996
LG Berlin, BGH (verwirft Revision der Anklage und Nebenklage), BVerfG (nimmt Beschwerde nicht an)						
(5) «Schütze» – Erschießung eines West-Berliner Kaufmanns im Sportboot auf dem Teltow-Kanal (der Fall Hermann Döbler)						
14	Fritz Otto H.	Totschlag und versuchter Totschlag	6	3	Postenführer/Unteroffizier	1993
LG Berlin, BGH (verwirft Revision), BVerfG (lehnt Beschwerde ab)						

lfd. Nr.	Name	Delikt	Strafe Jahre	verbüßt Jahre	Funktion / Beruf	Urteil
(6) Militärische Führung – Führungsoffiziere des Grenzkommandos Mitte						
15	Erich Wöllner	Totschlag in sechs Fällen	5	0	Kommandeur Grenzkommando Mitte / Generalmajor	1998
16	Günter Leo	Totschlag in zwei Fällen	3,3	1,7	Stellvertr. Kommandeur Grenzkommando Mitte / Oberst	1998
17	Otto Heinz Geschke	Beihilfe zum Totschlag	3	1,5	Stellvertr. Kommandeur Grenzkommando Mitte / Oberst	1998
18	Walter Werner Michael	Beihilfe zum Totschlag	3	1,5	Stellvertr. Kommandeur Grenzkommando Mitte / Oberst	1998
LG Berlin, BGH (verwirft Revisionen), BVerfG (nimmt Beschwerden von W., G. und M. nicht an)						

lfd. Nr.	Name	Delikt	Strafe Jahre	verbüßt Jahre	Funktion / Beruf	Urteil
(7) «Schütze» – Erschießung eines Kameraden aus fünf Zentimetern Abstand in den Rücken (der Fall Ernst-Dieter Reinhardt)						
19	Utz Hermann F.	Mord	4	2,2	Grenzsoldat / Unterfeldwebel / Inoffizieller MfS-Mitarbeiter	1999
LG Stendal						

lfd. Nr.	Name	Delikt	Strafe Jahre	verbüßt Jahre	Funktion / Beruf	Urteil
(8) Militärische Führung – Kollegium des Ministeriums für Nationale Verteidigung («Kollegium-Prozess»)						
20	Joachim Goldbach	Beihilfe zum Totschlag	3,3	2,2	Stellvertr. Verteidigungsminister / Generaloberst	1997
21	Harald Ludwig	Beihilfe zum Totschlag	3,3	1,7	Kaderchef des Verteidigungsministeriums / Generalleutnant	1997
22	Heinz Handke	Beihilfe zum Totschlag	2,8	1,5	Hauptinspekteur der NVA / Generalleutnant	1997
LG Berlin, BGH (verwirft Revisionen, ändert Schuldspruch von L.)						

lfd. Nr.	Name	Delikt	Strafe Jahre	verbüßt Jahre	Funktion / Beruf	Urteil
(9) «Schütze» – Erschießung eines angetrunkenen Westdeutschen (der Fall Walter Otte)						
23	Erwin G.	Totschlag	3	1,5	Grenzsoldat / Stabsfeldwebel	2002
LG Magdeburg, BGH (hebt Verurteilung zu lebenslanger Haft wegen Mordes auf), LG Dessau						
(10) «Schütze» – Erschießung eines West-Berliner Arztes nach Überwindung der Grenze (der Fall Johannes Muschol)						
24	Bodo W.	Totschlag	3	2	Grenzsoldat	1996
LG Berlin, BGH (verwirft Revision)						
(11) «Schütze» – Erschießung eines Flüchtlings, der sich im Stacheldraht verfangen hatte (der Fall Willi Block)						
25	Karl Bandemer	Totschlag	3	0	Kommandeur des 34. Grenz-regiments / Oberstleutnant	1997
LG Berlin, BGH (hebt zunächst Urteil auf und verwirft später Revision)						
(12) Militärische Führung						
26	Klausdieter Mühlmann	Beihilfe zum Totschlag	2,8	1,6	Chef Rückw. Dste. Grenzkom-mando Mitte / Generalmajor	2000
27	Günter Strobel	Beihilfe zum Totschlag	2,5	1,3	Kaderchef Grenzkommando Mitte / Oberst	2000
LG Berlin, BGH (verwirft Revisionen)						
(13) Militärische Führung – Prozess gegen Führungsoffiziere des Grenzkommandos Mitte						
28	Bernhard Geier	Totschlag in vier Fällen	2,5	0,3	Kommandeur Grenzkom-mando Mitte / Generalmajor	1999
LG Berlin						
(14) «Schütze» – Erschießung eines geflüchteten Pioniers auf westdeutschem Gebiet (der Fall Uwe Preußner)						
29	Paul H.	Totschlag	2,3	1,2	Stellvertr. Kompaniechef der Grenzbrigade / Hauptmann	1994
LG Schweinfurt, BGH (Aufhebung und Zurückverweisung)						

lfd. Nr.	Name	Delikt	Strafe Jahre	verbüßt Jahre	Funktion/Beruf	Urteil
(15) Militärische Führung						
30	Hans Walter Schulze	Totschlag	2,3	1,2	Regimentskommandeur 33/Oberst	2000
LG Berlin						

Verbrechen des Ministeriums für Staatssicherheit

lfd. Nr.	Name	Delikt	Strafe Jahre	verbüßt Jahre	Funktion/Beruf	Urteil
(16) Erschießung zweier Passanten in alkoholisiertem Zustand						
31	Werner Funk	Totschlag in zwei Fällen und versuchter Totschlag	10	6,6	Stasi-Wachmann in der Kreisdienststelle Güstrow	1990
LG Berlin/BGH weist Revision ab						
(17) Giftmordanschlag auf eine dreiköpfige Familie (der Fall Wolfgang Welsch)						
32	Peter Alfons Haack	dreifacher Mordversuch	6,5	4,3	Handelsvertreter aus West-Berlin/Inoffizieller MfS-Mitarbeiter	1994
LG Berlin						
(18) Anschlag auf das französische Kulturzentrum «La Maison de France» in West-Berlin mit einem Toten und 23 Verletzten						
33	Helmut Voigt	Beihilfe zum Mord	6,5	4,0	Stellvertretender Leiter der Hauptabteilung XXII/ Oberstleutnant	1994
LG Berlin/BGH weist Revision ab						

Gefangenenmisshandlung

lfd. Nr.	Name	Delikt	Strafe Jahre	verbüßt Jahre	Funktion/Beruf	Urteil
(19) Misshandlung Schutzbefohlener in der Haftanstalt Cottbus						
34	Hubert Sch.	Körperverletzung in 26 Fällen	2,7	1,8	Leiter der Aufnahme der JVA Cottbus/Hauptwachtmeister	1997
LG Cottbus						

lfd. Nr.	Name	Delikt	Strafe Jahre	verbüßt Jahre	Funktion/Beruf	Urteil
(20) Misshandlung Schutzbefohlener in der Haftanstalt Cottbus						
35	Horst J.	Körperverletzung in 23 Fällen	2,3	1,5	Angestellter der JVA Cottbus / Oberwachtmeister	1999
LG Cottbus						

Amtsmissbrauch und Korruption

lfd. Nr.	Name	Delikt	Strafe Jahre	verbüßt Jahre	Funktion/Beruf	Urteil
(21) Erwerb einer MfS-Immobilie mit falschem Wertgutachten						
36	Werner Korth	Untreue	2,7	1,8	Leiter der MfS-Bezirksverwaltung Schwerin / Generalmajor	1991
BezG Schwerin						

lfd. Nr.	Name	Delikt	Strafe Jahre	verbüßt Jahre	Funktion/Beruf	Urteil
(22) Veruntreuung von Gewerkschaftseigentum						
37	Harry Tisch	Untreue	1,5	1,5	Politbüro / Vorsitzender des Gewerkschaftsbundes FDGB	1991
LG Berlin						

lfd. Nr.	Name	Delikt	Strafe Jahre	verbüßt Jahre	Funktion/Beruf	Urteil
(23) Betrug und Anstiftung zur Untreue zum Nachteil sozialistischen Eigentums						
38	Gerhard Müller	Untreue	0,7	0,9	Politbüro / 1. SED-Bezirkssekretär Erfurt	1992
KreisG Erfurt						

lfd. Nr.	Name	Delikt	Strafe Jahre	verbüßt Jahre	Funktion/Beruf	Urteil
(24) Vorsätzliche Beschädigung sozialistischen Eigentums						
39	Rudolf Johann O.	Untreue in fünf Fällen	0,7	0,7	Leiter der Bezirkszolldirektion Erfurt	1992
BezG Erfurt						

Rechtsbeugung

lfd. Nr.	Name	Delikt	Strafe Jahre	verbüßt Jahre	Funktion/Beruf	Urteil
(25) Verhängung ungerechtfertigter Todesurteile gegen abtrünnige MfS-Offiziere (die Fälle Gerd Trebeljahr und Werner Teske)						
40	Heinz Kadgien	Rechtsbeugung mit Totschlag in zwei Fällen	4	2,7	Militärstaatsanwalt	1999

lfd. Nr.	Name	Delikt	Strafe Jahre	verbüßt Jahre	Funktion / Beruf	Urteil
41	Karl-Heinz Knoche	Rechtsbeugung mit Totschlag in zwei Fällen	4	0	Richter des Militärsenats des Obersten Gerichts der DDR	1999
LG Berlin, BGH (verwirft Revision), BVerfG (nimmt Beschwerde von Ka. nicht an)						

(26) Beteiligung an Todesurteilen bei den Waldheimer «Prozessen» (die Fälle Walter S., Heinz R., Paul M., Rudolf N., Friedrich H.)

lfd. Nr.	Name	Delikt	Strafe Jahre	verbüßt Jahre	Funktion / Beruf	Urteil
42	Irmgard Jendretzky	Rechtsbeugung in zwölf Fällen, davon mit Totschlag in fünf Fällen	4	0	Richterin	1997
LG Leipzig, BGH (verwirft Revision)						

(27) Verhängung politisch motivierter Todesurteile und Zuchthausstrafen – (die Fälle Karl-Albrecht Tiemann und Heinz Friedemann)

lfd. Nr.	Name	Delikt	Strafe Jahre	verbüßt Jahre	Funktion / Beruf	Urteil
43	Hans Reinwarth	Rechtsbeugung in drei Fällen, davon mit Totschlag in zwei Fällen	3,8	0	Parteisekretär und Richter am Obersten Gericht der DDR	1998
LG Berlin, BGH, BVerfG (verwirft Beschwerde, die von der Frau des zwischenzeitlich verstorbenen R. beantragt worden war)						

(28) Verhängung politisch motivierter Urteile in zehn Fällen

lfd. Nr.	Name	Delikt	Strafe Jahre	verbüßt Jahre	Funktion / Beruf	Urteil
44	Petra Meier	Rechtsbeugung und Freiheitsberaubung	2,5	0,6	Richterin	1998
LG Leipzig, BGH (Teilaufhebung und Zurückverweisung, verwirft neuerliche Revision), BVerfG (lehnt Gnadengesuch ab)						

lfd. Nr.	Name	Delikt	Strafe Jahre	verbüßt Jahre	Funktion / Beruf	Urteil
(29) Verhängung politisch motivierter Urteile gegen ausreisewillige Bürger						
45	Ronald Kurt Mielich	Rechtsbeu-gung und Frei-heitsberaubung	2	1,3	Richter	1999
LG Berlin, KG Berlin, BGH (Teilaufhebung), BVerfG						
(30) Verhängung politisch motivierter Urteile in drei Fällen						
46	Gerda Margot Klabuhn	Rechtsbeu-gung und Frei-heitsberaubung	1,8	0,9	Richterin am Obersten Gericht der DDR	1996
LG Berlin, BGH (Zurückverweisung)						

Quelle: Eigene Recherchen / Projekt «DDR-Unrecht und Strafjustiz» / Justizbehörden

Die Auflistung ergibt einen erstaunlichen Befund: Die Richter schickten Zolldirektoren, Richter, Militärstaatsanwälte, Generale und Minister ins Gefängnis. Das alte Sprichwort, wonach man die Kleinen hängt und die Großen laufen lässt, hat sich bei der strafrechtlichen Aufarbeitung der Systemkriminalität nicht bewahrheitet. Nur jeder fünfte Verurteilte zählt zur landläufigen Kategorie der «kleinen Leute». Die Täter sind, abgesehen von drei Richterinnen, ausnahmslos Männer. Unabhängig von Geschlecht und sozialer Stellung verbindet sie eine Gemeinsamkeit: Vier von fünf Verurteilten gehörten zum Tatzeitpunkt der SED an. Allein deshalb ist der Begriff vom «SED-Unrecht» gerechtfertigt. In der Übersicht finden sich auch die Namen von neun Spitzenfunktionären: die sechs Politbüromitglieder Heinz Keßler, Günther Kleiber, Egon Krenz, Gerhard Müller, Günter Schabowski und Harry Tisch, der Suhler Bezirksparteichef Hans Albrecht sowie die beiden ZK-Mitglieder Klaus-Dieter Baumgarten und Fritz Streletz. Zum Vergleich: Im Jahr 1989 gehörten Politbüro, Zentralkomitee und Bezirksleitungen der SED etwa 400 Funktionäre an.

Die 46 Verurteilten mussten sich in 30 Verfahrenskomplexen verantworten. Nur ein Drittel der Prozesse endete bereits in der ersten Instanz. In den restlichen Fällen zogen die Angeklagten oder die Staatsanwälte oder beide Parteien zusammen vor den Bundesgerichtshof. Der Instanzenweg wurde damit umfänglich ausgeschöpft. Fast jeder dritte Verurteilte legte Beschwerde beim Bundesverfassungsgericht ein. Keine einzige Beschwerde hatte Erfolg. Sechs Tätern blieb das Gefängnis erspart, weil sie vor Haftantritt verstarben oder ihnen Haftverschonung gewährt wurde.

Die verbleibenden vierzig Täter wurden zu insgesamt 152 Jahren Freiheitsentzug verurteilt. Das entspricht einer durchschnittlichen Gefängnisstrafe von 3,8 Jahren – angesichts der Schwere der Taten und der Schuld ist dies auffällig gering. Schließlich waren in drei von vier Fällen Mord- und Totschlagdelikte für die Verurteilung ausschlaggebend. Die Gerichte konnten den Angeklagten die Verantwortung für die Tötung von fast sechzig Menschen nachweisen. Doch die Schuld- und Strafsprüche folgten weniger der Logik des Strafgesetzbuches als dem Bedürfnis, Unrecht nachsichtig zu behandeln. So wurde bei Totschlag in aller Regel, aber selten mit überzeugender Begründung, ein minder schwerer Fall angenommen. Der gesetzliche Strafrahmen wurde in keinem einzigen Fall ausgeschöpft. Statt mit lebenslänglichem Freiheitsentzug wurde Mord höchstens mit zehn Jahren Gefängnis sanktioniert. Zur juristischen Aufarbeitung des DDR-Unrechts wurde gewissermaßen ein politisches Sonderstrafrecht eingeführt. Man kann es auch so sagen: Die Täter des SED-Regimes haben einen «Diktaturrabatt» erhalten. Es scheint, als sei der Gleichheitsgrundsatz außer Acht gelassen worden: Die Justiz ist verpflichtet, vergleichbare Fälle rechtlich gleich zu behandeln.

Auskunft über die Dauer der Gefängnisaufenthalte geben die Akten der Staatsanwaltschaften, die hier erstmals systematisch ausgewertet worden sind. Das Ergebnis: Die bereits milden Urteile der Gerichte sind auf der Ebene des Strafvollzugs nochmals erheblich gemildert worden. Statt 152 Jahre mussten die 40 Verurteilten lediglich gut 88 Jahre (im Durchschnitt: 2,2 Jahre) Haft verbüßen. Der Strafnachlass liegt damit über dem üblichen Drittel, das einem gewöhnlichen Gefangenen bei guter Führung zugestanden wird. So wurde den Verurteilten ein zweiter «Diktaturrabatt» gewährt. Am stärksten haben davon ausgerechnet die neun führenden SED-

Funktionäre profitiert. Sie mussten nur etwas mehr als die Hälfte der verhängten Strafe absitzen – statt 39 Jahre (im Durchschnitt: 4,4 Jahre) lediglich 22 Jahre (2,4 Jahre). Diesen Nachlass hat allerdings nicht die Justiz zu verantworten.

Den SED-Bonzen sprang ein Christdemokrat zur Seite. Der Berliner Regierende Bürgermeister Eberhard Diepgen begnadigte exzessiv. In nie dagewesenem Ausmaß korrigierte die Exekutive die Entscheidungen der Judikative. So hatten die Richter dem Beschuldigten Günter Schabowski bereits hoch angerechnet, dass er am Sturz Honeckers und der Öffnung der Mauer beteiligt war. Sie berücksichtigten ferner, dass er sich mit seiner Rolle in der Diktatur auseinandergesetzt und dadurch den Hass seiner früheren Genossen auf sich gezogen hatte. Für dreifachen Totschlag gab es drei Jahre. Diepgen verkürzte seine tatsächliche Haftstrafe auf ein Dreivierteljahr. Das bedeutete: je Totschlag drei Monate Haft. Auch den Politbüro-Mitgliedern Egon Krenz und Günther Kleiber wurde die Gnade der frühen Entlassung zuteil. Als Freigänger waren sie ohnehin nur noch zum Übernachten ins Gefängnis gekommen.

Im Fall von Klaus-Dieter Baumgarten, dem ranghöchsten Grenzer der DDR, setzte sich Diepgens Senat gleich über drei Empfehlungen hinweg. Der Gnadenausschuss des Berliner Abgeordnetenhauses, das Landgericht Berlin und die Berliner Staatsanwaltschaft hatten sich gegen eine Begnadigung ausgesprochen. Baumgarten war wegen elffachen Totschlags und fünffachen versuchten Totschlags zu sechseinhalb Jahren verurteilt worden. Im März 2000 wurde der General a. D., der seine Inhaftierung als «Freiheitsberaubung» bezeichnete, nach Verbüßung der halben Strafe als erster hoher DDR-Repräsentant aus dem Gefängnis entlassen. Eine distanzierende Erklärung der PDS zum Mauerbau wertete er als «schmutzige antikommunistische Diskreditierung der DDR» und gab sein Parteibuch zurück. Baumgarten gehörte zur Kategorie der Täter mit einem unerschütterlich guten Gewissen: «Es gibt von mir nicht einen Befehl, keine Weisung, wofür ich mich heute vor mir oder der Geschichte schämen müsste.»

Mit den *Gewalttaten an der Grenze* verbinden sich die aufwendigsten Unrechtsprozesse: gegen die Mitglieder des Nationalen Verteidigungsrates (Hauptbeschuldigter erst Honecker, später Keßler), gegen die Mitglieder des Politbüros (Krenz) und gegen die Führung der Grenztruppen (Baumgarten). Insgesamt gab es innerhalb dieser Deliktgruppe rund 470 Anklagen und knapp 270 Verurteilungen.[86] Das bedeutet eine Freispruchquote von über vierzig Prozent – sie ist zehnmal höher als in allgemeinen Strafrechtsverfahren.[87] Die dreißig zu Gefängnisstrafen verurteilten Täter teilen sich in zwei Gruppen auf: 23 «Täter hinter den Tätern» (hohe Politiker und Militärs) und nur sieben «direkte Täter» (Todesschützen). Die Relation zeigt: Die Justiz ließ insbesondere die «Kleinen» laufen. Seine Zähne wollte der Rechtsstaat offenbar nicht zeigen. Das ist das Werk des Bundesgerichtshofs: Mit seinen frühen Revisionsurteilen setzte er eine Rechtsprechung durch, die im Kern besagte, dass der Schusswaffengebrauch an der Grenze «im Normalfall» durch das DDR-Grenzgesetz gedeckt war. Deshalb konnten selbst gegen Todesschützen keine oder nur noch geringfügige Strafen verhängt werden.

Diese Auslegung des Rechts begünstigte den Grenzsoldaten, der im Februar 1989 Chris Gueffroy, der als letzter Flüchtling an der Berliner Mauer durch Waffengewalt ums Leben kam, erschossen hatte. Der kniende Todesschütze hatte aus 40 Meter Distanz zwei gezielte Schüsse auf die Füße von Gueffroy abgegeben, der mit dem Rücken an einem Metallgitterzaun lehnte und dessen Flucht erkennbar gescheitert war. Ein Schuss traf den rechten Fuß, zeigte aber keine Wirkung. Der Soldat zielte nun über Kimme und Korn auf den Oberkörper. Dieser dritte Schuss zertrümmerte die rechte Herzkammer Gueffroys, der sofort zusammenbrach und Minuten später starb. Weil der Täter das Opfer angeschaut hatte, die Tat also von Angesicht zu Angesicht geschehen war, attestierte ihm das Landgericht Berlin «ein besonderes Maß an Gefühlskälte und Verwerflichkeit». Das im Januar 1992 verkündete Urteil lautete auf drei Jahre und sechs Monate.

Der BGH entschied hingegen, der Schütze habe sich in die «allgemeine Befehlslage» eingeordnet, und die Annahme der «Gefühlskälte» trage nicht. Deshalb sei eine Bewährungsstrafe angemessen. Ein Satz aus dem Urteil ist bemerkenswert: «Der Soldat hat keine Prüfungspflicht. Hegt er Zweifel, die er nicht beheben kann, so darf er dem Befehl folgen.» Frei nach Kurt Tucholsky dürfen Soldaten also Mörder sein. Die Vorstellung, der Soldat sei ein unmündiger Bürger in Uniform, den blinden Kadavergehorsam auszeichnet, knüpft an wilhelminische Untertanentraditionen an. Selbstverständlich hätte der BGH auch urteilen können, dass selbst junge und indoktrinierte Grenzsoldaten sehr wohl wussten, dass sie mit gezielten Schüssen das Leben wehrloser Mitbürger auslöschen und Leid über deren Angehörige bringen. Er hätte feststellen können, dass es möglich war, danebenzuschießen oder keinen tödlichen Schuss abzugeben, ohne Bestrafung zu riskieren. Er hätte an das elementare Tötungsverbot erinnern können.

Stattdessen gaben die Richter dem Konzept des Befehlsnotstands den Vorzug. Auch bei Todesschüssen, die kein «Normalfall» waren, korrigierte der Bundesgerichtshof die Urteile der unteren Instanzen einschneidend und demotivierte damit die Erstrichter. Im Juli 1993 verurteilte das Landgericht Schweinfurt den Todesschützen Paul H. zu fünf Jahren und sechs Monaten Gefängnis. Er hatte im August 1969 mit der Pistole den 19-jährigen Pionier Uwe Preußner erschossen, obwohl der sich schon auf westdeutschem Boden befand. Der Schwerverletzte wurde zurück in die DDR gezerrt und starb am gleichen Tag. «Schüsse über die Grenze» waren nach den Dienstvorschriften strikt untersagt. Das wusste der 36-jährige Schütze. Das SED-Mitglied war ein erfahrener Offizier, der als Agitator eingesetzt wurde und als Vize-Chef eine Kompanie mit 100 Mann leitete. Die Tat stellte zudem einen Verstoß gegen die Regeln des Völkerrechts dar, weil ein Mensch auf fremdem Staatsgebiet erschossen wurde. Nach DDR-Recht konnte das als Mord bewertet werden. Der BGH jedoch monierte, dass die Tat schon lange zurückliege: «Der Strafausspruch hat keinen Bestand.» Nach Zurückverweisung wurde die Strafe mehr als halbiert – unter «Anwendung des Ausnahmestrafrahmens».

Wie geschmeidig sich Strafrecht auslegen lässt, demonstrierte der Bundesgerichtshof am Beispiel einer Tötung, die von der ersten Instanz als Heimtückemord eingestuft worden war. Im Juni 1976 wurde Walter Otte bei Bad Harzburg erschossen. Der Westdeutsche hatte zum neunten Mal versucht, über die Grenze in die

DDR zu gelangen, wo er leben wollte. In der Grenztruppe war er bekannt, galt als lästig, aber harmlos. Neun Jahre zuvor war es ihm gelungen, die Sperranlagen zu überwinden. Die Stasi hatte ihn sogleich als Spitzel verpflichtet und in den Westen zurückgeschickt, die Kooperation aber wegen Unzuverlässigkeit rasch wieder beendet. Am Tag seines Todes lief Otte stark alkoholisiert bis zum Grenzzaun. Dort lallte er unablässig: «Freunde, helft mir rüber, Freunde, helft mir.» Der ausgebildete Nahkämpfer Erwin G. sollte den «Grenzprovokateur» auf der «feindwärtigen» Seite festnehmen – mehr nicht. Er beobachtete den Mann aufmerksam durch das Fernglas und näherte sich ihm unbemerkt bis auf fünf Meter. Wieder rief Otte: «Freunde, wo seid ihr?» Aus der Dunkelheit antwortete Erwin G.: «Hier sind deine Freunde!» Er wartete den Bruchteil der Sekunde ab, die der Westdeutsche zum Umdrehen benötigte, und eröffnete das Feuer aus seiner Kalaschnikow. Erwin G. hatte nicht im Affekt geschossen, sondern weil er sich eine Belobigung erhoffte.

Für das Landgericht Magdeburg war die Sache klar – «lebenslänglich». Der BGH bezweifelte, ob die «Arg- und Wehrlosigkeit des Tatopfers in der erforderlichen Weise in das Bewusstsein» des Angeklagten gedrungen sei. Außerdem habe sich dieser dem Auftrag, die Staatsgrenze zu sichern, «kompromisslos verpflichtet» gefühlt. Dem Landgericht Dessau, an das der Fall zurückverwiesen wurde, blieb nichts anderes übrig, als auf einen minder schweren Fall von Totschlag und eine Freiheitsstrafe von drei Jahren zu entscheiden. Ihren Frust darüber schrieben die Richter ins Urteil. Die Wahrnehmung des Angeklagten habe «uneingeschränkt» funktioniert, seine Tat sei «Ausdruck eines die staatliche Indoktrination sogar noch überholenden Gehorsams», und er habe den Tod eines Menschen in Kauf genommen, «nicht allein um der Befehlslage zu gehorchen, sondern auch, um seinen eigenen ‹vorbildlichen Dienst zu krönen›. Ein solches Verhalten ist zutiefst menschenverachtend.»[88]

In einem Fall jedoch verschärften die BGH-Richter einen Schuld- und Strafspruch. Der vom Bezirksgericht Potsdam wegen Totschlags zu sechs Jahren verurteilte Rolf-Dieter H. wurde mit Revisionsurteil vom 20. Oktober 1993 wegen Mordes für zehn Jahre ins

Gefängnis geschickt. Doch selbst das war eine ungewöhnlich milde Strafe für eine regelrechte Hinrichtung.

Rolf-Dieter H. hatte im Oktober 1965 den 23-jährigen Walter Kittel an der Berliner Mauer im Abschnitt von Kleinmachnow aus 25 Meter Entfernung mit drei Feuerstößen aus seiner Maschinenpistole getötet. Zuvor waren Kittel und der mitflüchtende Eberhard Krause von einem Postenpaar gestellt und schwer verletzt worden. Eine Kugel hatte Kittels linken Oberarm durchschlagen, Krauses rechtes Hüftgelenk war zertrümmert worden. Die Angeschossenen mussten sich in einen Graben legen. Erst danach traf der Postenführer H. mit einem Motorrad am Ort des Geschehens ein. Er rief «Rauskommen!» und schoss gleich sein ganzes Magazin leer: «Ich habe mir geschworen, hier kommt keiner mehr lebend raus.» Krause blieb zeitlebens schwerbehindert, Kittel starb an Brust- und Bauchdurchschüssen. In einem 100-seitigen Untersuchungsbericht hielt Oberst Erwin Frömming fest: «Die eingesetzten Posten handelten entsprechend ihres Kampfauftrages taktisch richtig und konsequent.» Rolf-Dieter H. wurde belobigt und zum Feldwebel befördert. Seine Exzesstat ahndete der BGH mit der niedrigsten Strafe, die das Gesetz vorsieht: «An diesem Ergebnis würde sich wegen der Besonderheiten des Falles auch dann nichts ändern, wenn neben der Heimtücke das Mordmerkmal der niedrigen Beweggründe vorläge.» Worin die «Besonderheiten des Falles» lagen, die für das geringe Strafmaß ausschlaggebend waren, erschließt sich aus dem Urteil nicht.

Einmalig in der bundesdeutschen Rechtsgeschichte dürfte der Fall von Utz F. sein. Der Grenzer hatte ein Vierteljahrhundert lang als Stasi-Spitzel unter den Decknamen «Ullrich Franke» und «Klaus Kraft» die «Fahnenflucht- und Republikfluchtabsichten» von Kameraden verraten. Er stieg bis zum Oberleutnant auf und wurde mit Orden überhäuft. 1989 erhielt er zum 25. Dienstjubiläum eine Ehrenurkunde von Minister Mielke. Damit wurde eine Karriere gewürdigt, an deren Beginn eine denkwürdige Bluttat gestanden hatte. Im Sommer 1966 hatte ihm in einer Dorfkneipe ein befreundeter Grenzsoldat vorgeschlagen, gemeinsam in den Westen zu fliehen. Zum Schein ging Utz F. auf das Angebot des 21-jährigen

Ernst-Dieter Reinhardt ein. Im Kontrollstreifen schoss er dem Opfer mit seiner lange zuvor entsicherten Pistole aus gerade fünf Zentimeter Entfernung in den Rücken. Der arglose Reinhardt drehte sich erstaunt um: «Utz, du Schwein!» Als er seine Pistole ziehen wollte, feuerte F. binnen Sekunden fünf Schüsse ab.

Das Geschehen in den frühen Morgenstunden des 19. August 1966 konnte das Landgericht Stendal schlecht als Totschlag werten, weil die Heimtücke offenkundig war. Auch lagen auf den ersten Blick keine mildernden Umstände vor. Den Alkoholkonsum des Angeklagten vor der Tat stufte ein Gutachter als «forensisch nicht relevant» ein. Dann entdeckte die Kammer doch noch einen Entlastungsgrund. Sie hielt dem eingefleischten Stasi-Mann die «politische Indoktrination» zugute, der er angeblich ausgesetzt war. Sie verhängte «ausnahmsweise» – das Wort ist im Urteil unterstrichen – eine Freiheitsstrafe von vier Jahren.[89] Die Staatsanwaltschaft legte keine Revision ein. Absitzen musste der Täter nur zwei Jahre und zwei Monate. Selten ist ein Mörder so billig davongekommen. Urteilsspruch und Haftzeit sind wohl der speziellen Stendaler Atmosphäre geschuldet: Die Kreisstadt in der Altmark war Sitz des Grenzkommandos Mitte, viele der alten Kameraden sind geachtete Honoratioren. Zu ihnen gehört heute der von der CDU ins Amt gehievte Oberbürgermeister Klaus Schmotz. Als der für Finanzen zuständige Offizier war er einer der wichtigsten Männer im Kommando, was ihm außerhalb von Stendal den Ruf des «Kassenwartes bei der Mördertruppe» eingebracht hat. Bundesinnenminister Schäuble, der diese Vergangenheit kannte, kam im Frühjahr 2008 nach Stendal, um ihn im Wahlkampf zu unterstützen.

Die zweite Deliktgruppe, die *Verbrechen der DDR-Staatssicherheit*, lässt sich nicht trennscharf abgrenzen. Der Geheimdienst, zu dessen Aufgabe die Durchdringung sämtlicher Lebensbereiche der DDR-Gesellschaft gehörte, war an allen möglichen Straftaten beteiligt. Dazu zählen Vorgänge, die in dieser Täterübersicht zu den Gewalttaten an der Grenze oder Rechtsbeugung gerechnet werden. Als typische MfS-Straftaten nennt die juristische Literatur Terroranschläge, Verschleppung und Ermordung politischer Gegner, unerlaubte Festnahmen, Verrat und Denunziation, Verstöße gegen das

Fernmeldegeheimnis oder Aussageerzwingung. Hinweise auf diese schweren Verbrechen, die zum Alltag des Repressionsapparates gehörten, finden sich im schriftlichen Nachlass des Ministeriums.

Dennoch ist es den Strafverfolgungsbehörden lediglich gelungen, Anklage gegen rund 230 Beschuldigte zu erheben. Diese Zahl ist blamabel. Verurteilt wurden 40 Täter, darunter drei Agenten zu Gefängnisstrafen. Das ergibt eine Freispruchquote von über 80 Prozent. Die juristische Aufarbeitung des Stasi-Unrechts ist damit restlos fehlgeschlagen.

Bezeichnend für den verbrecherischen Charakter des Geheimdienstes ist der Fall des Oberstleutnants Helmut Voigt, den BKA-Zielfahnder Anfang der neunziger Jahre in einem Hotel in Athen aufspürten. Voigt war Vize-Chef der «Terrorismus-Abwehr», insofern eine irreführende Bezeichnung, als seine Abteilung XXII mit diversen internationalen Terroristengruppen kooperierte. Voigt soll an gleich mehreren blutigen Attentaten beteiligt gewesen sein. Nachgewiesen werden konnte ihm lediglich Beihilfe zum Mord beim Bombenanschlag auf das französische Kulturzentrum «La Maison de France» am West-Berliner Kurfürstendamm im August 1983 (ein Toter, 23 Verletzte). Direkter Täter war Johannes Weinrich, die rechte Hand des venezolanischen Top-Terroristen «Carlos» alias Ilich Ramírez Sánchez. Die beim Anschlag eingesetzten 24 Kilo Plastiksprengstoff gelangten mit Voigts Hilfe über die Ost-Berliner Botschaft von Syrien nach West-Berlin. Der damalige syrische Botschafter in der DDR, der sich nach Erkenntnissen der Berliner Staatsanwaltschaft heute in Damaskus aufhält, steht nach wie vor auf der Fahndungsliste. Voigt, der zu sechs Jahren verurteilt wurde, musste sich allerdings nicht wegen Unterstützung einer kriminellen Vereinigung verantworten. Im Frühjahr 1981 hatte er die RAF-Mitglieder Christian Klar, Helmut Pohl, Adelheid Schulz und Inge Viett auf einem DDR-Truppenübungsplatz schulen lassen. Dort wurde der Umgang mit Sprengstoff und der Panzerfaust RPG-7 geübt. Im Sommer desselben Jahres verübte die RAF einen Sprengstoffanschlag auf die pfälzische Luftwaffenbasis Ramstein. 17 Personen wurden verletzt, einige von ihnen schwer. Der nächste Anschlag galt dem Oberkommandierenden der amerikanischen

Streitkräfte in Europa, General Frederik Kroesen. Sein Fahrzeug wurde am 15. September 1981 mit einer Panzerfaust beschossen. Strenger als Voigt ist ein Stasi-Wachmann bestraft worden. Am 21. Dezember 1984 hatte Werner Funk in der MfS-Kreisdienststelle Güstrow den 60. Geburtstag nachgefeiert. An seiner Dienststelle kamen drei junge Männer vorbei, die nach einer Weihnachtsfeier auf dem Weg zur Haltestelle waren, wo sie um 23 Uhr ihren Bus nehmen wollten. Durch sie fühlte sich Funk provoziert, er ging auf die Straße und wollte die Ausweise der Männer sehen. Es kam zu einer Rangelei, bei der Funk unvermittelt seine Pistole zückte und um sich schoss. Dabei traf er auch seinen eigenen Fußknöchel. Die Familienväter Wolf-Dieter Runge und Uwe Siatkowski starben. Obwohl sich der Tathergang nicht restlos verheimlichen ließ, deckte das MfS seinen Mitarbeiter. Eine Informationssperre wurde verhängt, die Angehörigen der Opfer unter Druck gesetzt und eine Legende in Umlauf gebracht – Funk sei bei einer «Provokation» erheblich verletzt worden: «In Notwehr machte er von seiner Schusswaffe Gebrauch.» Einem auf Wahrheit dringenden Pastor wurde ein Ermittlungsverfahren angedroht.[90] Den Vater des getöteten Wolf-Dieter Runge fertigten staatliche Stellen rüde ab: Der Ost-Berliner Militärstaatsanwalt Heinz Kadgien erklärte ihm, er solle seinen Sohn in Frieden ruhen lassen. Im Herbst 1989 forderte das Neue Forum die Untersuchung des Falls. Am 19. Dezember, fast auf den Tag genau fünf Jahre nach den tödlichen Schüssen, wurde Funk in Berlin verhaftet und ein Jahr darauf wegen zweifachen Totschlags zu zehn Jahren verurteilt. Es war die erste Haftstrafe im Zusammenhang mit der DDR-Systemkriminalität.

Der Handelsvertreter Alfons Haack, den die Stasi als IM «Alfons» verpflichtet hatte, ist der einzige Bundesbürger in der Täterübersicht. Der West-Berliner freundete sich im Auftrag des Geheimdienstes mit dem Fluchthelfer Wolfgang Welsch an, der offenbar auf direkten Befehl von Erich Mielke liquidiert werden sollte. Wichtiges Belastungsmaterial aus dem zu Welsch angelegten Zentralen Operativ-Vorgang (ZOV) «Skorpion» vernichtete die Stasi im Herbst 1989. Trotzdem konnten gleich mehrere Mordpläne rekonstruiert werden. Erst sollte der «politische Provokateur und Menschenhändler» Welsch durch einen Scharfschützen getötet werden, was aber misslang. Erwogen wurde auch ein Sprengstoffattentat. Dann entschied sich das MfS für Thallium. Mit diesem tödlichen Gift präparierte Haack mehrere Buletten während eines Urlaubs, den er im Juli 1981 mit der Familie Welsch in Israel verbrachte. Auch dieser Anschlag misslang. Welsch konnte in einer deutschen Klinik gerettet werden und vermutete eine ganz normale Lebensmittelvergiftung – bis zur Öffnung der Stasi-Archive. Der falsche Freund flog auf und erhielt sechs Jahre und sechs Monate. Der für die Operation verantwortliche MfS-Offizier Heinz Fiedler nahm sich im Dezember 1993 in der Untersuchungshaft das Leben. Franz Mattern, der Führungsoffizier des Giftmischers «Alfons», schied wegen Krebserkrankung aus dem Prozess aus. Eine mutmaßliche MfS-Mitarbeiterin, die Welsch als «Susan» vorgestellt worden war, konnte nie gefunden werden. Eingeweiht waren vermutlich die beiden Mielke-Stellvertreter Bruno Beater und Gerhard Neiber, außerdem Auslandsspionagechef Markus Wolf, was sich aber nicht beweisen ließ.

Genauso wie die Ahndung von Verbrechen der Staatssicherheit hat die Staatsanwälte auch die Bestrafung von *Gefangenenmisshandlungen* gründlich überfordert. Dabei wussten schon die Behörden der alten Bundesrepublik genau über die systematische Schikanierung in den überfüllten DDR-Vollzugsanstalten Bescheid. Fast 34 000 freigekaufte DDR-Häftlinge hatten dafür als Zeugen zur Verfügung gestanden. In der Erfassungsstelle Salzgitter wurden über 2600 Fälle von Körperverletzungen und Misshandlungen in Gefängnissen registriert. Später sprach die Birthler-Behörde von rund 3500 Fällen.[91] Doch sie mündeten nur in rund 90 Anklagen und 42 Verurteilungen. Gemessen daran hatte die DDR den weltweit humansten Strafvollzug. Zwei Wärter aus Cottbus, wo die DDR ihren zweitgrößten Knast für politische Gefangene unterhielt, wurden zu Gefängnisstrafen verurteilt. Der Hauptwachtmeister Hubert Sch. (Spitzname: «Roter Terror») und der Oberwachtmeister Horst J. (Spitzname: «Arafat») hatten Inhaftierte gedemütigt, geschlagen und gequält. «Arafats» Spezialität waren Scheinhinrichtungen: Dabei wurde der Gefangene mit umgelegter Schlinge auf einen Hocker gestellt, dann wurde der Hocker weggestoßen, der Häftling aber rechtzeitig aufgefangen, bevor sich das Seil zuziehen konnte.

Die Deliktgruppe *Amtsmissbrauch und Korruption* mit knapp 60 Anklagen und anderthalb Dutzend Verurteilungen führte Anfang der neunziger Jahre zu heftigen Attacken auf die Justiz. Einige Zeitungen monierten, das Wirtschaftsstrafrecht werde für verkappte politische Abrechnung missbraucht. Gewerkschaftsboss Harry Tisch, vierzehn Jahre Mitglied des Politbüros, musste für achtzehn Monate ins Gefängnis, weil er unter anderem der Familie des SED-Wirtschaftslenkers Günter Mittag luxuriöse Urlaube im Ostseebad Graal-Müritz spendiert und eigenmächtig 100 Millionen Mark aus einem gewerkschaftlichen Solidaritätsfonds an die Staatsjugend FDJ überwiesen hatte. Die Anklageschrift («Straftaten gegen die Volkswirtschaft») war noch von DDR-Staatsanwälten konzipiert worden. Die Hamburger «Zeit» hatte größte Bedenken: «Kann ein westdeutsches Strafgericht auf einer solchen Basis Recht sprechen? Ein Verfahren rechtsstaatlich führen, das Stasi-Leute gezimmert haben?»[92] Nach «damaligem Comment» sei das Geld ohnehin «innerhalb des sozialistischen Eigentums» geblieben und daher kein richtiger Schaden eingetreten. Mit diesem Argument ließe sich jede Veruntreuung rechtfertigen. Weil Harry Tisch die Wohltaten aus den Beiträgen ahnungsloser FDGB-Mitglieder gewährt hatte, ging die Verurteilung durchaus in Ordnung.[93]

Der Schweriner MfS-Bezirkschef Werner Korth, dem Bürger der Stadt Freiheitsberaubung und Körperverletzung vorgeworfen hatten, ist ebenfalls wegen einer Wirtschaftsstraftat verurteilt worden. Der Generalmajor hatte seinem Arbeitgeber im Juni 1987 im idyllischen Pinnow einen Bungalow mit Sauna und Tauchbecken abgekauft und sich durch falsche Wertgutachten einen Vermögensvorteil von 98 167 DDR-Mark verschafft. Das entsprach gut acht Jahresnettogehältern eines normalen Werktätigen und zeugte vom Wert der sozialistischen Moral. Nach kapitalistischem Verständnis lag Untreue vor, wofür es zwei Jahre und acht Monate gab.

Der fünften und letzten Deliktgruppe – *Rechtsbeugung* – gebührt besondere Aufmerksamkeit. Schließlich mussten Richter über Richter urteilen. Würde die eine Krähe der anderen ein Auge aushacken? Die Antwort gab der Bundesgerichtshof in einem Urteil vom 13. Dezember 1993. «Abgesehen von Einzelexzessen», heißt es darin, «wird eine Bestrafung von Richtern der DDR auf Fälle zu beschränken sein, in denen die Rechtswidrigkeit der Entscheidung so offensichtlich war und insbesondere die Rechte anderer, hauptsächlich ihre Menschenrechte, derart schwerwiegend verletzt worden sind, dass sich die Entscheidung als Willkürakt darstellt.» Damit lag die Latte ganz hoch. Gut 720 Anklagen mündeten in 181 Verurteilungen. Die Freispruchquote für angeklagte DDR-Justizfunktionäre: rund 75 Prozent. Damit haben sich die westdeutschen Richter gegenüber den ostdeutschen Kollegen weitgehend so verhalten, wie es das Sprichwort von den Krähen beschreibt.

Als «Exzesse» wurden die Todesstrafen gegen Gerd Trebeljahr im Dezember 1979 und Werner Teske im Juni 1981 gewertet. Den beiden MfS-Offizieren war «Spionage im besonders schweren Fall» vorgeworfen worden. Sie hatten dienstliche Unterlagen beiseitegeschafft und ihre Weitergabe an westliche Kontaktpersonen geplant. Die Informationen gelangten aber nie in die Hände «feindlicher Dienste», weshalb nach DDR-Recht höchstens eine Haftstrafe von zwölf Jahren gerechtfertigt gewesen wäre. Die Strafe gegen Trebeljahr wurde vor Eröffnung des Geheimprozesses mit dem MfS abgestimmt, er wurde am 10. Dezember 1979 in Leipzig hingerichtet. Bei Teske, einem promovierten Volkswirtschaftler, war in einem zweiseitigen «Prozessvorschlag» das Strafmaß offengelassen worden. An der entsprechenden Stelle fügte höchstwahrscheinlich Mielke persönlich die Wörter «zum Tode» ein. Das Urteil stand zwei Monate vor dem Prozess am 10. Juni 1981 fest. Honecker lehnte ein Gnadengesuch ab. Hauptmann Teske wurde am 26. Juni 1981 in Leipzig von seinem Henker durch «unerwarteten Nahschuss in den Hinterkopf» getötet. Es war die letzte vollstreckte Todesstrafe in der DDR aufgrund eines Gerichtsurteils. Karl-Heinz Knoche, Richter des Militärsenats des Obersten Gerichts der DDR, und Militärstaatsanwalt Heinz Kadgien, die Verantwortlichen für die blutige Justizfarce, forderten in eigener Sache Freispruch und wurden zu je vier Jahren Freiheitsentzug verurteilt.

Der ebenfalls zu vier Jahren verurteilte Hans Reinwarth war zunächst ein Gegner der Todesstrafe. Ihn hatten die Nazis ins KZ Dachau gesteckt, dem er durch die «freiwillige» Meldung zum Fronteinsatz entkam. 1948 ließ er sich zum Volksrichter ausbilden. Zu Beginn seiner Karriere erreichte er, dass ein Todesurteil gegen einen jungen Soldaten in eine lebenslange Freiheitsstrafe umgewandelt wurde. Dazu gehörte Zivilcourage. Doch Mitte der fünfziger Jahre bestätigte Reinwarth als Richter am Obersten Gericht selbst zwei auf erkennbar konstruierten Vorwürfen beruhende Todesurteile. In einem heißt es: «Vor Elementen wie dem Angeklagten kann sich die friedliebende Menschheit nur durch deren Austilgung wirklich schützen.» Reinwarth räumte in seinem Prozess ein, das sei wie im «Freisler-Stil» abgefasst, also in der Art des berüchtigten Volksgerichtshofs, dem Sondergericht des NS-Staates. In der Atmosphäre des Kalten Krieges habe aber keiner wagen dürfen, ein solches Urteil aufzuheben.

Reinwarth zählt zur Kategorie der tragischen Täter. Das im Namen des SED-Regimes begangene Unrecht hatte er zunächst als Übergangsphänomen während des «Aufbaus der sozialistischen Ordnung» interpretiert. Wo es ihm möglich war, intervenierte er gegen Auswüchse. Als sich die Verhältnisse nicht änderten, passte er sich ihnen an. Im Prozess erklärte er, er sei zuweilen müde geworden und habe schon im Verdacht gestanden, «Schutzpatron der Spione» zu sein. Noch Anfang 1950 hatte es Reinwarth abgelehnt, an einem Unrechtsspektakel mitzuwirken: Im Gebäude des SED-Zentralkomitees war er gefragt worden, ob er helfen könne, rund 3400 Internierte aus den sowjetischen Speziallagern abzuurteilen, die den DDR-Behörden übergeben würden. Da den Gefangenen nicht einfach ein Genickschuss verpasst werden könne, müssten Schnellgerichtsverfahren durchgeführt werden, notfalls ohne Akten. Keine Skrupel hatte Irmgard Jendretzky.[94] Sie stellte sich für diese «Waldheimer Prozesse» zur Verfügung und nickte als Mitglied eines Revisionssenats fünf Todesurteile ab. Der eigene Tod ersparte der betagten Richterin das Gefängnis, nicht aber das rechtskräftige Urteil.

In einer Pressemitteilung hatte die PDS der «Antifaschistin» Jendretzky schon 1999 ihre uneingeschränkte Solidarität versichert.

Sie habe «nichts anderes getan, als dem Völkerrecht bei der Verurteilung von Nazi- und Kriegsverbrechern» Geltung zu verschaffen: «Die Verfahren und Urteile entsprechen der antifaschistischen Grundhaltung nach 1945.»[95] Damit rechtfertigt die Partei mit längst widerlegten Argumenten das scheußlichste Justizverbrechen der DDR. Seinen Charakter hatte bereits Thomas Mann erkannt – in einem Gnadenappell an Walter Ulbricht sprach er von einem «Blutschauspiel», das «ganz im wildesten Stil des Nazismus und seiner ‹Volksgerichte›» aufgeführt werde. Manche Angeklagte waren zum Zeitpunkt ihrer angeblichen Tat keine 18 Jahre alt. Unter den Beschuldigten waren herausgehobene NS-Verbrecher, harmlose Mitläufer und politisch Missliebige. Sie wurden unterschiedslos behandelt, weil es der SED nie um den Nachweis individueller Schuld ging. Vielmehr wollten ihre Funktionäre den Sowjets beweisen, zu welcher Härte man bei einem solchen Großverfahren in der Lage war. Im zum Gericht umfunktionierten Rathaussaal der sächsischen Kleinstadt Waldheim gab es keine Verteidiger, keine Entlastungszeugen und keine Öffentlichkeit. Von der SED instruierte Richter sprachen Unrecht im Akkord, meist wurde 30 bis 60 Minuten lang verhandelt. Am 5. Juli 1950 konnte Vollzug gemeldet werden: Nur 84 Vertagungen, 3308 drakonische Urteile, kein Freispruch. Die Zahl diente den SED-Machthabern zur moralischen Legitimation, obwohl sie viel mehr Ausdruck moralischer Verkommenheit war. In der SBZ und der späteren DDR sind rund 13 000 Menschen wegen «faschistischer Kriegs- und Menschlichkeitsverbrechen» verurteilt worden, wie viele tatsächliche NS-Täter unter ihnen waren, hat bis heute niemand ermittelt.

Mit kaum der Hälfte konnte die viel größere Bundesrepublik aufwarten. Das hatte viel mit rechtsstaatlichen Verhältnissen, aber noch viel mehr mit gezieltem Wegsehen zu tun. Auf besondere Weise weggesehen wurde selbst bei schwer belasteten Juristen. Für sie entwickelten die Gerichte eine ausgeklügelte Rechtsprechung, die dafür sorgte, dass kein einziger Richter und kein einziger Staatsanwalt nach 1945 zur Verantwortung gezogen werden konnte. Zwar leitete man einige wenige Verfahren ein, doch sie wurden aus den verschiedensten Gründen nicht rechtskräftig abgeschlossen. Verantwortlich für dieses skandalöse Ergebnis war auch der 1950 gegründete Bundesgerichtshof. Sein erster Präsident Hermann Weinkauff, den Bundespräsident Theodor Heuss ernannt hatte und der bis 1960 amtierte, vertrat die These, dass die Justiz im Dritten Reich dem nationalsozialistischen Unrecht «wehrlos» ausgeliefert gewesen sei. Er war selbst von 1937 bis 1945 Richter am Reichsgericht gewesen und bereits 1933 in die NSDAP eingetreten, wofür er das silberne «Treuedienst Ehrenzeichen» der Partei erhalten hatte.

Dem Deutschen Richterbund und dem Bund der Richter und Staatsanwälte galten solche Karrieren nicht als ehrenrührig. Beide Organisationen beschwerten sich im November 1958 in einem Brief an Bundeskanzler Konrad Adenauer darüber, dass Mitglieder wegen ihres beruflichen Wirkens vor 1945 öffentlich geschmäht und verleumdet würden – «meist unter Namensnennung». Die Angriffe würden zum großen Teil auf der kritiklosen Übernahme der gesteuerten sowjetzonalen Propaganda beruhen. Da die Justiz nicht zur Selbstreinigung bereit war, baute der Gesetzgeber ihren belasteten Angehörigen eine goldene Brücke. In das im Sommer 1961 verabschiedete Richtergesetz wurde im letzten Moment noch der Paragraph 116 eingefügt – um «einen neuen Anfang zu machen». Richter und Staatsanwälte, die an Todesurteilen im Dritten Reich beteiligt waren, konnten sich damit ohne finanzielle Einbußen in den Ruhestand versetzen lassen. Obwohl etliche Betroffene das Angebot nicht akzeptierten, blieben zunächst angedrohte Sanktionen komplett aus. Das Unrecht wurde weder straf- noch dienstrechtlich geahndet.

Dieses bedrückende Kapitel ihrer Geschichte stellte die Justiz nach 1989 vor ein großes Dilemma. Wie ließ sich vor dem Hintergrund der eigenen Rechtsprechungstradition eine Verurteilung von SED-Juristen begründen? Eine glaubwürdige Erklärung blieb der Bundesgerichtshof lange schuldig. In dem Urteil vom 13. Dezember 1993, mit dem die Bestrafung der Rechtsbeugung auf Einzelexzesse begrenzt worden war, gestand der BGH zumindest in einem Halbsatz eigenes Versagen ein. Die Verfolgung des nationalsozialistischen Justizunrechts durch die Gerichte der Bundesrepublik wurde als «insgesamt freilich fehlgeschlagen» bezeichnet. Das verschämte Eingeständnis war die erste offizielle Aussage des Gerichtshofs zu dem Thema. Es löste in der Öffentlichkeit scharfe Kritik aus, weil es gerade einmal drei Wörter umfasste. Dem BGH wurde die Legitimation abgesprochen, über Richter und Staatsanwälte zu Gericht zu sitzen. Für Deutschlands oberstes Strafgericht war das ein moralisches Desaster.

In dem im November 1995 verkündeten Urteil gegen den DDR-Richter Reinwarth sah sich der Fünfte Senat zu einer Erklärung in eigener Sache genötigt. Die lesenswerte Passage lautet: «Beispiele für die dargestellte Problematik bietet namentlich auch die (insgesamt fehlgeschlagene) Auseinandersetzung mit der NS-Justiz. Die nationalsozialistische Gewaltherrschaft hatte eine ‹Perversion der Rechtsordnung› bewirkt, wie sie schlimmer kaum vorstellbar war, und die damalige Rechtsprechung ist angesichts exzessiver Verhängung von Todesstrafen nicht zu Unrecht oft als ‹Blutjustiz› bezeichnet worden. Obwohl die Korrumpierung von Justizangehörigen durch die Machthaber des NS-Regimes offenkundig war, haben sich bei der strafrechtlichen Verfolgung des NS-Unrechts auf diesem Gebiet erhebliche Schwierigkeiten ergeben. Die vom Volksgerichtshof gefällten Todesurteile sind ungesühnt geblieben, keiner der am Volksgerichtshof tätigen Berufsrichter und Staatsanwälte wurde wegen Rechtsbeugung verurteilt; ebenso wenig Richter der Sondergerichte und der Kriegsgerichte. Einen wesentlichen Anteil an dieser Entwicklung hatte nicht zuletzt die Rechtsprechung des Bundesgerichtshofs. Diese Rechtsprechung ist auf erhebliche Kritik gestoßen, die der Senat als berechtigt erachtet.»

Um sich zu dieser Erkenntnis durchzuringen, hatte es erst der Wiedervereinigung und dann nochmals eines halben Jahrzehnts bedurft. Mit dem Eingeständnis früheren Versagens ging zudem neues Versagen einher. Denn auch bei der strafrechtlichen Verfolgung des DDR-Unrechts haben sich «erhebliche Schwierigkeiten ergeben» – wieder sind die Täter einer deutschen Diktatur nur vereinzelt zur Verantwortung gezogen worden. Daran beteiligt waren Richter, die keine Strafen verhängen wollten, und Politiker, die aus opportunistischen Erwägungen an der ehrlichen Aufarbeitung der kommunistischen Verbrechen nicht interessiert waren. Im Jahr 1992 war dieses Scheitern noch nicht absehbar. Damals veröffentlichte der Frankfurter Strafrechtsprofessor Klaus Lüderssen ein schmales Buch mit dem ergebnisoffenen Titel: «Der Staat geht unter – das Unrecht bleibt?» Nachdem das Ergebnis feststeht, ist das Fragezeichen überflüssig.

Einmal Opfer, immer Opfer

Angela Merkel gefiel die Idee eines Fraktionskollegen, und sie preschte gleich vor: Einmal im Jahr wollte sie ganz gezielt die Aufmerksamkeit auf die Opfer des SED-Regimes lenken; ihrem Mut sollte Respekt gezollt, ihr oftmals tragisches Schicksal bedacht und ihre Situation im vereinten Deutschland beleuchtet werden. Für das Vorhaben drängte sich ein symbolträchtiger Tag geradezu auf: Immer am 17. Juni, dem Jahrestag des Volksaufstandes, sollte eine große Debatte im Bundestag all den Ostdeutschen gewidmet werden, die wegen ihres Eintretens für Demokratie und Freiheit einst Verfolgung und Willkür ausgesetzt waren. Merkel wollte die Bundesregierung verpflichten, regelmäßig vor dieser Debatte einen «Bericht zum Stand der Rehabilitierung und der Entschädigung der SED-Opfer» vorzulegen. Gemeinsam mit 50 Kollegen legte die CDU/CSU-Fraktionschefin den Vorschlag dem Parlament zur Abstimmung vor. Das war am 30. März 2004.

Die Regierung von Gerhard Schröder konnte dem Vorstoß des politischen Gegners jedoch nichts abgewinnen. Der Antrag in der Drucksache 15/2818 scheiterte an der Mehrheit von SPD und Grünen. Als Merkel nach der vorgezogenen Bundestagswahl im September 2005 selbst ins Kanzleramt einzog, vergaß sie die Idee rasch. Als Oppositionsführerin hatte sie den Antrag noch damit begründet, dass der Respekt vor den Leidtragenden der SED-Diktatur es gebiete, «immer wieder nachzufragen, ob und wie wir den Opfern rechtliche Rehabilitierung und materielle Entschädigung zukommen lassen».

Der Vorgang ist symptomatisch. Denn so hat das seit 1990 schon immer funktioniert: Jene Parteien, die gerade auf der Oppositionsbank saßen, kritisierten den Umgang mit den Opfern der kommunistischen Gewaltherrschaft und starteten in ihrem Namen vielfältige Initiativen. Kaum an der Macht, stellte sich zuverlässig ein Sinneswandel ein. Aus Engagement wurde Desinteresse, Großmut verwandelte sich in Geiz. Mitunter wurden die Opfer nun sogar zur Ordnung gerufen. Man erklärte ihnen, dass dem Wunsch nach Entschädigung und Wiedergutmachung nicht entsprochen werden könne, weil bereits der Aufbau Ost so viel Geld verschlinge. An diesem Spiel waren alle demokratischen Parteien beteiligt: CDU/CSU und SPD, FDP und Grüne.

Mit dem Argument, der Wiederaufbau im kriegszerstörten Deutschland dürfe nicht gefährdet werden, hatten auch schon die Regierenden nach dem Zweiten Weltkrieg versucht, berechtigte Ansprüche der KZ-Überlebenden abzuwehren. Solche Forderungen, warnten damals führende Politiker, könnten die «Gefahr eines neuen Antisemitismus» heraufbeschwören. Auch die hohen Kosten der Wiederbewaffnung wurden ins Feld geführt. Im Volk fand die sogenannte Wiedergutmachung laut Umfragen ohnehin kaum Unterstützung. Es bedurfte des Drucks der Besatzungsmächte und internationaler Regelungen, um eine halbwegs passable Opferentschädigung durchzusetzen. Noch im Jahr 1955 wurde die Souveränität der Bundesrepublik im Rahmen der Pariser Verträge mit der Pflicht verknüpft, den Opfern des NS-Regimes, die «Schaden an Leben, Körper, Gesundheit, Freiheit, Eigentum, Vermögen oder in ihrem wirtschaftlichen Fortkommen erlitten haben, eine angemessene Entschädigung sicherzustellen».[96]

Den SED-Opfern half nach 1989 keine internationale Schutzmacht. Stattdessen waren sie Bürger eines der reichsten Staaten der Welt. Um das Zusammenwachsen des geteilten Landes voranzutreiben, legte das vereinte Deutschland das teuerste Hilfsprogramm der jüngeren Geschichte auf. Jahr für Jahr wurden drei bis vier Prozent des gesamtdeutschen Bruttoinlandsprodukts in die neuen Länder und nach Berlin gelenkt und dort für den wirtschaftlichen Aufbau und die Angleichung der sozialen Verhältnisse ausgegeben. Das kostete bis Ende 2005 rund 1,4 Billionen Euro[97] und war Ausdruck einer gewaltigen Kraftanstrengung. Für alles Mögliche war Geld da: für kolossale Arbeitsbeschaffungsmaßnahmen, für teure Abschreibungsmodelle zur Häusersanierung und für luxuriöse Spaßbäder. Nur wenn es um die Belange der SED-Opfer ging, hielt der Staat die Kasse geschlossen. Bei den Betroffenen, die sich wie lästige Bittsteller vorkamen, sorgte dies für Verbitterung. Einer, der das aufmerksam registrierte, war Bundespräsident Johannes Rau (SPD). Er wartete eine passende Gelegenheit ab, um sich zu Wort zu melden. Die Gelegenheit bot sich, wie könnte es anders sein, an einem 17. Juni. Als sich der Volksaufstand in der DDR im Jahr 2003 zum fünfzigsten Mal jährte, hielt Rau als Festredner der versammelten politischen Elite des Landes eine Standpauke: «Fünfzig Jahre danach müssen die Opfer Anerkennung erfahren – die des 17. Juni und alle anderen, die in der DDR Unrecht erlitten haben. Manches geschieht dafür; dennoch begegne ich immer wieder Opfern des DDR-Regimes, die nicht bekommen, worauf sie auch nach meinem Eindruck billigerweise einen Anspruch haben sollten. Da ist manches hinter dem zurückgeblieben, was wir uns unter Gerechtigkeit vorstellen – so schwierig das oft rechtlich zu regeln sein mag. Haben wir alle genug dafür getan, dass niemand verbittert, weil er sich ein zweites Mal bestraft und dazu missachtet fühlt?» Es war dieser Tadel des Staatsoberhaupts, der Angela Merkels parlamentarischen Vorstoß auslöste – der dann erst von SPD und Grünen niedergestimmt und schließlich von der Unionsfraktion selbst zu den Akten gelegt wurde.

Schon im September 1990 hatte der Umgang mit den Opfern der DDR-Diktatur zu einer unwürdigen Machtprobe geführt. Die Ost-Berliner Volkskammer beschloss damals kurz vor ihrer Auflösung noch ein Rehabilitierungsgesetz; neben der Überprüfung rechtsstaatswidriger Strafurteile enthielt es Regelungen zur verwaltungsrechtlichen und beruflichen Wiedergutmachung sowie zum Umgang mit dem Unrecht unter sowjetischer Besatzung. In Bonn wurden diese Bemühungen nicht etwa begrüßt, sondern kalt abgewürgt – im Rahmen der Verhandlungen zum Einigungsvertrag. Am selben Tag, an dem das Gesetz in Kraft trat, wurden zwei Drittel der Bestimmungen durch eine Zusatzvereinbarung zum Einigungsvertrag gleich wieder kassiert.[98] Kein einziges SED-Opfer ist jemals nach dem Volkskammer-Gesetz rehabilitiert worden.

Gegen ostdeutsche Widerstände setzte die westdeutsche Seite auch die Artikel 18 und 19 im Einigungsvertrag durch. Danach blieben alle gerichtlichen Entscheidungen und alle öffentlichen Verwaltungsakte der DDR in Kraft. Das vereinte Deutschland erklärte damit sogar offenkundiges Unrecht der Diktatur zunächst für rechtmäßig. Für die Opfer bedeutete dies, dass sie den Beweis ihrer Unschuld antreten mussten.

Immerhin bekräftigten die deutsch-deutschen Vertragsparteien in Artikel 17 ihre Absicht, «unverzüglich» eine gesetzliche Grundlage für die Rehabilitierung von Menschen zu schaffen, die Opfer politisch motivierter Strafverfolgungsmaßnahmen oder verfassungswidriger Gerichtsentscheidungen geworden waren. Darüber hinaus vereinbarten sie: «Die Rehabilitierung dieser Opfer des SED-Unrechts-Regimes ist mit einer angemessenen Entschädigungsregelung zu verbinden.» Mancher Volkskammer-Abgeordnete glaubte, nun sei für die Opfer gesorgt. Was er nicht ahnen konnte: Das erste gesamtdeutsche Parlament dachte überhaupt nicht daran, sich «unverzüglich» um Wiedergutmachung zu kümmern. Kaum war der Einigungsvertrag in Kraft, schien sein Geist schon wieder verflogen.

Im April 1992 entschied der Bundestag zunächst eine andere Entschädigungsfrage. Die DDR hatte «Kämpfern gegen den Faschismus» und «Verfolgten des Faschismus» großzügige Ehrenpensionen gewährt. Zumeist handelte es sich um kommunistische «Kämpfer»[99], sie erhielten 1700 Mark monatlich. Die in der Hierarchie nachrangige Gruppe der jüdischen Verfolgten bekam 1400 Mark – ihr Los wurde vom SED-Staat als minder schwer eingestuft. Anspruchsberechtigt waren Männer ab dem 60. und Frauen ab dem 55. Lebensjahr sowie direkte Angehörige. Die Pension war an die Loyalität zum sozialistischen Staat gekoppelt. Einzelheiten regelte die in der DDR nie veröffentlichte «Vertrauliche Dienstsache – VD 26/19/76». Der Bundestag passte nun diese Regelung an bundesdeutsches Recht an und setzte eine einheitliche Pension von 1400 D-Mark fest.

Nach dem Willen des Bundestages sollten ehemalige NSDAP-

Mitglieder von der Pension ausgeschlossen werden. Für die erhebliche Zahl von DDR-Ehrenpensionären, die einst Stützen des SED-Unrechtsregimes waren, wurde jedoch kein vergleichbarer Passus beschlossen. Ihnen sollte die Rente aber aberkannt werden können, wenn sie gegen Grundsätze der Menschlichkeit oder Rechtsstaatlichkeit verstoßen hatten. Die Sozialgerichte interpretierten das in dem Sinne, dass solche Verstöße in jedem Einzelfall bewiesen werden mussten. Die Richter urteilten: Eine «nur allgemeine Förderung des Unrechts- und Gewaltsystems der SED» reiche als Aberkennungsgrund nicht aus. Weil die Abgeordneten ein schlampiges Gesetz verabschiedet hatten, erhalten bis heute ehemals hochrangige SED-Funktionäre und Stasi-Kader sowie deren Angehörige ihre generöse Ehrenpension, die unabhängig von anderen Renten gewährt wird. Beispielsweise durfte der Witwe eines MfS-Majors, deren Mann dem Mielke-Ministerium 22 Jahre gedient hatte und laut Arbeitszeugnis an der Überwachung von Regimegegnern beteiligt war, die Rente nicht gestrichen werden. Grotesk mutet an, dass die Bundesrepublik selbst Erich Honecker die Ehrenpension regelmäßig nach Chile überweisen musste.

Im August 2008 erhielten noch 2167 Ostdeutsche (1992: rund 10000 Personen) Leistungen nach dem aus der DDR verlängerten Entschädigungsrentengesetz.[100] Von 1992 bis 2007 wurden dafür 760 Millionen Euro aufgewendet. Das ist ein Mehrfaches dessen, was die NS-Verfolgten im alten Bundesgebiet im gleichen Zeitraum erhalten haben. Die SED-Opfer, konservativ geschätzt mindestens 100000 Personen, konnten von solchen Renten ohnehin nur träumen. Denn die im Einigungsvertrag «unverzüglich» versprochene Regelung ließ weiter auf sich warten.

Dafür verabschiedete das Parlament am 17. Juni 1992 einen mit Pathos aufgeladenen Text, der ein bedeutendes Dokument der frühen Einigungsgeschichte ist:

«Der Deutsche Bundestag gibt folgende
EHRENERKLÄRUNG
für die Opfer kommunistischer Gewaltherrschaft

ab: ‹Der Deutsche Bundestag würdigt das Schicksal der Opfer und ihrer Angehörigen, denen durch die kommunistische Gewaltherrschaft Unrecht zugefügt wurde. Den Menschen, die unter der kommunistischen Gewaltherrschaft gelitten haben, ist in vielfältiger Weise Unrecht oder Willkür widerfahren. Sie wurden ihrer Freiheit beraubt und unter menschenunwürdigen Bedingungen inhaftiert. Viele wurden in ihrem beruflichen Fortkommen behindert, schikaniert und diskriminiert. Sie wurden verschleppt. Sie wurden unter Missachtung elementarer Grundsätze der Menschlichkeit aus ihrer Heimat, von Haus und Hof und aus ihren Wohnungen vertrieben. Sie wurden an Eigentum und Vermögen geschädigt. Der Bundestag verneigt sich vor allen Opfern kommunistischer Unrechtsmaßnahmen. Er bezeugt all jenen tiefen Respekt und Dank, die durch ihr persönliches Opfer dazu beigetragen haben, nach über 40 Jahren das geteilte Deutschland wieder zu einen.›»[101]

Dieses Manifest wäre aller Ehren wert – wenn der in ihm zum Ausdruck gebrachte Geist das Handeln der Politiker bestimmt hätte. Das aber war nicht annähernd der Fall, und so ist dieses Bekenntnis verlogen: Die Abgeordneten des Bundestages verneigten sich mit Worten vor den Opfern und versetzten ihnen mit ihren Taten einen Fußtritt. Offenkundig wurde das kurz darauf bei der Verabschiedung des 1. SED-Unrechtsbereinigungsgesetzes im November 1992. Es regelte zum einen das Prozedere der strafrechtlichen Rehabilitierung, zum Zweiten wurde eine Haftentschädigung gewährt. Solche Haftentschädigungen sind in einem Rechtsstaat üblich. Die Bürger der alten Bundesrepublik, die unschuldig eine Freiheitsstrafe verbüßen mussten, erhielten damals vom Staat eine Entschädigung von 600 D-Mark je Haftmonat.

Die ehemaligen politischen Häftlinge, die vor dem Mauerfall in der DDR gelebt hatten, wollte Helmut Kohls schwarz-gelbe Regierung mit 450 D-Mark abfertigen. Die Diskriminierung wurde mit der angespannten Lage der Staatsfinanzen gerechtfertigt. Die Opposition machte Druck, im Vermittlungsverfahren einigten sich Bundestag und Bundesrat auf 550 D-Mark. Bei früheren politischen Häftlingen, die von der Bundesrepublik freigekauft oder von der

DDR abgeschoben worden waren, gab die Regierung hingegen nicht nach – die Betroffenen bekamen nur 300 D-Mark je Haftmonat zugesprochen.

So wurde ein doppeltes Zweiklassenrecht geschaffen, das zwischen Westdeutschen und Ostdeutschen sowie zwischen Opfern in Ost und West unterschied. Anders als in der Bundesrepublik konnte in der DDR von humanem Strafvollzug keine Rede sein. In den ständig überfüllten Gefängnissen wurden nach Angaben eines unabhängigen Untersuchungsausschusses, den die Berliner Bischofskonferenz 1990 eingesetzt hatte, nicht einmal die Minimalforderungen der Vereinten Nationen eingehalten. Der Alltag hinter den Gefängnismauern war in der Regel von katastrophalen hygienischen Verhältnissen, ungenießbarem Essen und Akkordarbeit bei mangelndem Gesundheitsschutz geprägt. Laut Berichten der Staatssicherheit war Alkoholmissbrauch unter den schlechtausgebildeten Aufsehern weit verbreitet. Das Personal schikanierte Häftlinge systematisch und schreckte nicht vor Misshandlungen zurück.

Politische Gefangene, die als «besserungsunwillig» galten, waren besonders häufig Opfer von Übergriffen. Ihr Widerstand sollte bewusst gebrochen werden – durch Absonderung von Mitgefangenen, Isolation und Kontaktverbote. Die menschenunwürdige Behandlung hat bei Betroffenen schwere Folgeschäden hinterlassen, wie Forschungen von Medizinern der Leipziger Universität belegen, die mehr als tausend ehemalige Häftlinge befragt haben. Nach den Befunden ist deren Lebensqualität bis heute stark eingeschränkt, weil sie an Angststörungen, Depressionen und psychosozialen Belastungen leiden.

Die Opferverbände waren empört und begannen von einem «SED-Unrechtsfortsetzungsgesetz» zu sprechen. Dieser Eindruck verstärkte sich mit der Verabschiedung des zweiten Bereinigungsgesetzes im Juli 1994. Es sollte einen Ausgleich für berufliche Benachteiligungen schaffen, denen Opfer ausgesetzt waren. Mit diesem Gesetz wollte die Regierung den Kreis der Anspruchsberechtigten so klein wie möglich halten. Es könne nur darum gehen, gravierende Verstöße gegen tragende Prinzipien des Rechtsstaates aufzugreifen. Die Begründung lautete folgendermaßen: «40 Jahre DDR-Unrechtssystem lassen sich nicht rückabwickeln. Eine Selbstbeschränkung wird auch durch die wirtschaftliche Lage in den neuen Bundesländern zwingend vorgegeben. Primäres Ziel muss es sein, den Aufschwung dort voranzubringen; die personellen und materiellen Mittel des Staates müssen vorrangig dieser Aufgabe gewidmet werden.»

Die beiden SED-Unrechtsbereinigungsgesetze in der Ära von Kanzler Kohl hatten rund 775 Millionen D-Mark gekostet. Sein Nachfolger Schröder kündigte zu Beginn seiner Amtszeit Vorhaben mit einem Volumen von 350 Millionen D-Mark an.[102] Mit dem Geld wurde vor allem die Haftentschädigung für SED-Opfer nachträglich auf einheitlich 600 D-Mark aufgestockt. Wie schon Kohl war aber auch Schröder nicht gewillt, die Maßgabe des Einigungsvertrags nach einer «angemessenen Entschädigungsregelung» zu erfüllen.

Auch während des rot-grünen Regierungsprojekts, das sich soziale Gerechtigkeit und Stärkung der Bürgerrechte auf die Fahnen geschrieben hatte, wurden die Opfer der kommunistischen Verfolgung wie Störenfriede behandelt. Vor den Kopf gestoßen wurden beispielsweise ehemalige Oberschüler, die Anfang der fünfziger Jahre wegen ihres Widerstands gegen das SED-Regime von der Staatssicherheit verhaftet und zu hohen Zuchthausstrafen verurteilt worden waren. Sie wandten sich 2003 an den Petitionsausschuss des Deutschen Bundestages und baten um eine Ehrenpension, vergleichbar mit der, die der Bundestag auch für die «Kämpfer gegen den Faschismus» und die «Verfolgten des Faschismus» beschlossen hatte. Die Antwort des Petitionsausschusses offenbarte die gleiche Hartherzigkeit, mit der in den Kinderjahren der alten Bundesrepublik die NS-Opfer abgefertigt worden waren: «Weder die Bundesrepublik Deutschland noch die neuen Bundesländer sind Gesamtrechtsnachfolger der DDR. Sie haben daher nicht für die von der DDR verursachten Schäden aufzukommen. (…) Für weitergehende Entschädigungsleistungen ist angesichts des hohen Mittelbedarfs für den Aufbau in den neuen Bundesländern kein Raum.»[103]

Eine Ehrenpension genannte Rente hatten Opferverbände bereits 1999 gefordert, woraufhin die Idee von ausnahmslos allen Oppositionsparteien aufgegriffen wurde. Allein die CDU stellte anschließend drei verschiedene Konzepte vor – 2000, 2003 und 2004. Die FDP unterbreitete ihren Vorschlag 2003. Bei diesem Wettbewerb wollte die PDS und spätere Linkspartei nicht abseits stehen. Die Nachkommen der Täterpartei legten sich für die Opfer kräftig ins Zeug. Sie konzipierten die teuersten Entschädigungsgesetze überhaupt. Offenkundig wollten sich die alten SED-Sozialisten auf Kosten der Allgemeinheit von eigener Verantwortung für die Vergangenheit freikaufen.

Doch SPD und Grüne blockten ohnehin alle Vorstöße ab. Erst unter der Großen Koalition wurde am 23. Januar 2007 der Entwurf für ein 3. SED-Unrechtsbereinigungsgesetz vorgelegt. Im Vorfeld kündigte die Regierung an, Opfern der kommunistischen Verfolgung, die mindestens ein halbes Jahr inhaftiert waren, eine monatliche Zuwendung von 250 Euro zu zahlen.

Obwohl das Gesetz nicht «unverzüglich», sondern erst 17 Jahre nach der Einheit vorgelegt worden war, feierten es die Regierungsparteien überschwänglich: «Mit dem Ende der SED-Diktatur hat das vereinte Deutschland sich der Aufgabe gestellt, 40 Jahre Unrecht, Verfolgung und Behördenwillkür aufzuarbeiten und den Opfern des SED-Regimes späte Genugtuung zu geben, ihren Einsatz für Demokratie und Freiheit zu würdigen und ihr erlittenes Unrecht zu entschädigen.» Die Entschädigung habe auch eine «moralische Dimension. Es ist das Anliegen, der Demokratie, den Einsatz der Menschen für eine rechtsstaatliche und freiheitliche Ordnung unter den Bedingungen der Diktatur angemessen und sichtbar zu würdigen.»

Die Opferverbände waren zunächst erleichtert. Dann schauten sie sich den Gesetzesentwurf näher an – es war eine Mogelpackung. Statt Opfer zu entschädigen, war die Bundesregierung lediglich bereit, wirtschaftlich bedürftige Opfer zu unterstützen. Statt echte Wiedergutmachung zu leisten, wollte sie eine Sozialleistung einführen. Aus der Idee einer Ehrenpension, mit der Widerstand gewürdigt werden sollte, machte die Große Koalition eine Almosenregelung.

«Das Wort ‹Opferrente› verdiente diese Regelung nicht!»,

schrieb Horst Schüler, der Vorsitzende der Union der Opferverbände kommunistischer Gewaltherrschaft (UOKG), einem Dachverband von mehr als dreißig Vereinigungen, in einem Offenen Brief an Bundeskanzlerin Merkel. Mehrere hundert Frauen und Männer demonstrierten in Berlin vor den Parteizentralen von CDU und SPD. Nach den Plänen der Koalition sollten 16 000 Betroffene von dem Gesetz profitieren. Das war nicht einmal jeder Vierte der damals etwa 80 000 noch lebenden politischen Häftlinge, die in der DDR mindestens ein halbes Jahr inhaftiert waren. Kalkuliert wurde mit jährlichen Kosten von 48 Millionen Euro – für den Bundesfinanzminister ein Betrag aus der Portokasse, zumal die Länder 35 Prozent der Ausgaben übernehmen mussten. Außerdem sollten im Gegenzug neun Millionen Euro bei anderen Unterstützungsleistungen eingespart werden, unter dem Strich standen damit 39 Millionen Euro. «Das ist nicht nichts», erklärte der SPD-Politiker Olaf Scholz am 1. März 2007 im Bundestag.

Er hatte recht – es war nur fast nichts.

Mit anhaltenden öffentlichen Protesten wurde eine Anhörung von Experten im Bundestag erzwungen. Sie glich einem Tribunal zur Wiedergutmachungspolitik im vereinten Deutschland. Der Gesetzentwurf sei «keine Entschädigung für verfolgungsbedingte Schäden, sondern eine Versorgung für Bedürftige», erklärte der sächsische Landesbeauftragte für die Stasi-Unterlagen, Michael Beleites. Die ehemals politisch Verfolgten wollten «nicht über ihre Armut definiert werden», sondern darüber, dass sie «wegen ihres systemkritischen Engagements durch einen Unrechtsstaat bestraft und nachhaltig geschädigt wurden». Kritisiert wurde auch, dass komplette Opfergruppen fehlten. Dazu zählten Zehntausende Opfer von Zersetzungsmaßnahmen der Stasi, deren Auswirkungen oft genug nicht weniger folgenschwer waren als die Verbüßung einer Gefängnisstrafe. Auch Betroffene von Zwangsaussiedlungen entlang der innerdeutschen Grenze gingen leer aus. Mit den Aktionen «Ungeziefer» und «Kornblume» hatte der SED-Staat 1951 und 1962 rund 12 000 Menschen aus ihren Häusern und Höfen vertrieben. Sie erhielten minderwertige Unterkünfte und wurden an ihren neuen Wohnorten drangsaliert.

Dennoch zog die Bundesregierung ihr Konzept durch. Nur einige Details wurden nachgebessert. So ließ man den unwürdigen Plan fallen, wonach der Anspruch auf die Unterstützung alle sechs Monate neu überprüft werden sollte. Voraussetzung für die Zahlung war, dass das Monatseinkommen nicht mehr als 1035 Euro (Alleinstehende) bzw. 1380 Euro (Verheiratete) beträgt. Andere Renten wurden nicht angerechnet. Im August 2007 trat das Gesetz in Kraft, im Juni 2008 wurde die Opferrente an 39 800 Betroffene ausgezahlt. Das sind weniger als erwartet. Das Ganze wird den Staat vermutlich nicht mehr als 150 Millionen Euro kosten.

Die ersten Bewilligungsbescheide über die neue Rente hatten im Oktober 2007 die beiden Thüringer Herbert Grob und Rudolf Koschek erhalten. Grob, Jahrgang 1928, war als 17-Jähriger vom sowjetischen Geheimdienst NKWD verhaftet und als vermeintlicher «Werwolf» zu zehn Jahren Haft verurteilt worden. Koschek, Jahrgang 1920, war von einem sowjetischen Militärtribunal als «Spion» zu 86 Monaten Haft verurteilt worden. Sein Vergehen: Während einer Ausweiskontrolle hatte man bei ihm die Anschriften von zwei Kriegskameraden aus der amerikanischen Besatzungszone gefunden. Nach der Entlassung aus dem Gefängnis wurde er diskriminiert und musste als Hilfskraft arbeiten. Als erster Sachse bekam Walter Eisolt, Jahrgang 1906, den Bescheid überreicht. Er hatte sich zuschulden kommen lassen, dass er seinem in den Westen geflüchteten Sohn Arbeitsnachweise und Zeugnisse nachgeschickt hatte. 1958 brummte ihm das Bezirksgericht Dresden dafür 30 Monate Zuchthaus auf.

Als die Ehrenpensionen für Grob, Koschek und Eisolt bewilligt wurden, waren sie 79, 87 und 101 Jahre alt. Viele ihrer Leidensgefährten kamen nicht in den Genuss der Anerkennung, weil sie längst tot waren. Das Geld für sie hat sich der Staat gespart. Wäre es nach dem Unverzüglichkeitsgebot des Einigungsvertrags gegangen, hätten Grob, Koschek und Eisolt schon vor Einführung der Rente je etwa 50 000 Euro erhalten. Auch dieses Geld hat sich der Staat gespart.

Und er spart noch immer. Abgeordnete gleich mehrerer Parteien stellten bei der Verabschiedung des Opferrentengesetzes fest, dass dies kein Schlussgesetz sein dürfe. Im Spätsommer erklärte die CDU, die Regelung «bedeutet nicht das Ende unserer Bemühungen, Ungerechtigkeiten zu beseitigen».[104]

Irgendwann wird also eine Bundesregierung ein 4. SED-Unrechtsbereinigungsgesetz auf den Weg bringen. Bis dahin werden viele weitere Opfer der kommunistischen Verfolgung verstorben sein. Das schont den Fiskus. Mit solchen Lösungen hatte die Bundesrepublik schon nach dem Zweiten Weltkrieg gute Erfahrungen gemacht.

Teil II
PARTEIEN OHNE VOLK

Ehrenpensionen für Stasi-Minister

Die Revolution in der DDR glich einem Sturzbach, und seine Wucht spülte eine Schar von Laien an die Macht. Ob volle 174 oder nur 127 Tage im Amt – für sie alle war es ein Abenteuer. Anwälte, Chemiker, Ingenieure, Mathematiker, Mediziner und Pfarrer bildeten plötzlich die Regierung eines 17-Millionen-Einwohner-Landes. Und weil es ihnen an Berufserfahrung mangelte, bekam jeder einen Betreuer aus dem Nachbarland zur Seite gestellt. Das Kabinett der Anfänger traf sich zu 32 Sitzungen, es befasste sich mit mehr als 750 Vorlagen, darunter 230 Gesetzesentwürfe und Verordnungen.

Fünf Parteien trugen die Regierung, und obwohl nach vier Monaten Streit ausbrach und einige der dreiundzwanzig Minister ausschieden, gelang den Seiteneinsteigern ein Kraftakt: Zwischen dem 12. April und dem 2. Oktober 1990 wickelte die Regierung von Premier Lothar de Maizière (CDU) die Deutsche Demokratische Republik komplett ab. Ihr gehörten unter anderen Vize-Premier Peter-Michael Diestel (erst DSU, dann CDU), Außenminister Markus Meckel (SPD), Finanzminister Walter Romberg (SPD), Sozialministerin Regine Hildebrandt (SPD) oder Verteidigungsminister Rainer Eppelmann (erst Demokratischer Aufbruch, dann CDU) an. Sie schafften in Rekordzeit, wozu Helmut Kohl sehr viel länger brauchte – sie haben sich im Geschichtsbuch verewigt.

Diese Ehre allein genüge nicht, erklärte zwanzig Jahre später die Stellvertretende Sprecherin dieser Regierung. Deshalb ließ Angela Merkel den Mitstreitern aus alten Tagen eine spezielle Gratifikation zukommen. Ihr Innenressortchef änderte eigens das Ministergesetz, weshalb seit November 2008 die Mitglieder des letzten DDR-Kabinetts, sofern sie 55 Jahre alt sind, eine «Ehrenpension» erhalten – bis zum Lebensende, für «besondere Verdienste um die deutsche Einheit». Knapp zwei Dutzend Ministern a. D. werden 650 Euro pro Monat überwiesen, der Ex-Premier freut sich seitdem über 800 Euro. Ein Hartz-IV-Empfänger, der jährlich einen Rentenanspruch von 2,19 Euro erwirbt, bräuchte dafür rechnerisch 296 Jahre. Selbst für gewöhnliche Bundesminister gelten weniger komfortable Regeln.

Einige CDU-Bundestagsabgeordnete äußerten ihr Unbehagen. Aus dem Umfeld der Kanzlerin wurde ihnen beschieden, sie sollten Ruhe geben, die Sache sei gelaufen: «Für die Chefin ist das eine Herzensangelegenheit.» Die Kritiker hatte nicht die «Ehrenpension» als solche gestört, sondern die politische Biographie einiger Anspruchsberechtigter. Sie sprachen von «Altfällen» und meinten damit etwa den Justizminister der letzten DDR-Regierung Kurt Wünsche vom Bund Freier Demokraten (BFD), der liberalen Wahlplattform in den Endtagen der DDR. Er hatte das Amt schon einmal bekleidet, unter Walter Ulbricht, von 1967 bis 1972. In diese Ägide fallen drakonische Strafrechtsverschärfungen: Vergehen wie «staatsfeindliche Hetze» und «Zusammenrottung» konnten seither mit bis zu fünf Jahren Gefängnis geahndet werden. Nach Protesten entließ de Maizière den Minister. Nur vier Monate im Amt, wird Wünsche jetzt mit einer «Ehrenpension» bedacht.

Gleich drei Minister enttarnte die Volkskammer als MfS-Spitzel: Manfred Preiß (BFD), heute Rentner in Magdeburg, Axel Viehweger (BFD), heute Vorstand des Verbandes sächsischer Wohnungsgenossenschaften e.V., und Karl-Hermann Steinberg (CDU), heute Algenzüchter in Sachsen-Anhalt. Für die Versüßung ihres Lebensabends bittet Berlin die Steuerzahler zur Kasse. Wer hätte sich das vor zwanzig Jahren träumen lassen? Der Stasi-Verdacht gegen de Maizière verdichtete sich erst, nachdem die letzte DDR-Regierung abgedankt hatte. Der Rechtsanwalt geht damit lässig um: «Für manche bin ich es, für andere nicht. Jeder hat seine Meinung. Für mich ist das Thema vorbei.»[1]

De Maizières Vater Clemens, einst als IM «Anwalt» registriert, war Merkels Vater freundschaftlich verbunden. Seinen Cousin Thomas, damals Redenschreiber der West-Berliner CDU und heute Chef des Bundeskanzleramts, hatte de Maizière erst 1989 kennengelernt und sich von ihm beraten lassen. Der Verwandte aus dem Westen schlug ihm die junge Angela Merkel, die Pressefrau des Demokratischen Aufbruchs (DA), für die Position der Stellvertretenden Regierungssprecherin vor.[2] Auch dieses familiär-freundschaftliche Geflecht war den Kritikern der «Ehrenpension» suspekt. Als das Ministergesetz im Sommer 2008 im Bundesrat die letzte Hürde nahm, versammelte sich vor dem Berliner Sitz der Länderkammer ein kleiner Trupp von 150 Demonstranten. «Will dieser Staat die Verbrechen der Täter zur neuen Leitidee für die nachwachsende Generation machen?», fragte Johannes Rink, Vorsitzender der «Vereinigung der Opfer des Stalinismus». Er sprach von «Selbstbedienung» der politischen Klasse.

Zwei von drei Mitgliedern der letzten DDR-Regierung gehörten CDU oder SPD an. Ihre rentenrechtliche Vorzugsbehandlung ist im Bundestag mit der Mehrheit von CDU und SPD durchgesetzt worden. Die kleinen Parteien enthielten sich der Stimme oder votierten gegen das Ministergesetz. Solche und ähnliche Vorgänge tragen nicht gerade dazu bei, den Glauben an die Gerechtigkeit des Systems zu stärken.

Die Skepsis gegenüber der Demokratie ist im Osten größer als im Westen. Dort hat sich zuerst das Fünf-Parteien-System mit neuen Koalitionsmöglichkeiten etabliert. Regierungsbildungen werden schwieriger, das Regierungshandeln auch. Das verwirrt die Politiker ebenso wie die Wähler. Beide sind Verlierer: Die einen können nicht gestalten, wie sie wollen, die anderen blicken kaum noch durch.

So verzeichnet die «Partei» der Nichtwähler im Osten ungebremsten Zuwachs. Am 14. Oktober 1990 wählten noch 68,3 Prozent der Ostdeutschen ihre ersten Länderparlamente. Bei den letzten fünf Wahlen waren es magere 54,7 Prozent. In Sachsen-Anhalt ging 2006 nicht einmal jeder Zweite an die Urne. 44,4 Prozent Wahlbeteiligung – Negativrekord in Deutschland. CDU und SPD mussten bei Landtagswahlen im Osten bittere Erfahrungen einstecken. Die Christdemokraten fuhren 1994 in Brandenburg ihr seit Jahrzehnten schlechtestes Ergebnis ein – mit 18,7 Prozent. Die Sozialdemokraten wiederum erlebten 2004 in Sachsen ein Desaster.

Mit 9,8 Prozent verzeichneten sie erstmals nach 1945 ein einstelliges Ergebnis.

In Ostdeutschland stellen sich Parteien zur Wahl, die den gleichen Namen tragen wie die im Westen. Doch das ist Etikettenschwindel. Von einer halbwegs homogenen Parteienlandschaft kann im vereinten Deutschland keine Rede sein. In den alten Ländern gelten CDU und SPD trotz nachlassender Verwurzelung in der Gesellschaft zumindest noch als Volksparteien – im Osten waren sie es nie. Mangels Mitgliedern degenerieren sie zu reinen Funktionärsparteien. Für Jüngere ist das nicht attraktiv. Weil Nachwuchs ausbleibt, ist die Ü-60-Generation in den Parteien unter sich. Sie bluten aus. Für Kommunalwahlen finden sich in manchen Landstrichen nicht einmal mehr Kandidaten. So droht im Osten die Parteiendemokratie zu scheitern. Doch darüber reden die Parteien nicht. Eigenes Versagen und den Verlust von Anziehungskraft zu thematisieren fällt schwerer, als Wohltaten wie die «Ehrenpension» zu gewähren.

Die retrograde Amnesie der Unionsfreunde

«Partei der Mitte», «Partei der inneren Sicherheit», «Partei der Freiheit» – die Christlich Demokratische Union Deutschlands schmückt sich mit all diesen Attributen. Ein anderes ragt jedoch heraus: Die CDU ist stolz darauf, die «Partei der deutschen Einheit» zu sein. In der konservativen Beliebtheitsskala rangiert bestenfalls die «Partei der sozialen Marktwirtschaft» gleichauf. Allerdings liegt diese Erfindung eine ganze Weile zurück, und sie wirkt wie eine nostalgische Reminiszenz: Nach Ludwig Erhard haben die Christdemokraten nur einen einzigen Wirtschaftsminister gestellt, von 1963 bis 1966 mit Kurt Schmücker.[3]

Den kennt kaum noch einer, während diese Bilder jeder im Kopf hat: Helmut Kohl im Dezember 1989 vor der Ruine der Dresdner Frauenkirche, wo ihm eine Welle der Begeisterung entgegenschlägt; Helmut Kohl im Juli 1990 mit Michail Gorbatschow im Kaukasus, wo die beiden Männerfreunde das Ende der Nachkriegs-

grenzziehung besiegeln; Helmut Kohl mit Frau Hannelore am
3. Oktober 1990 vor dem Reichstagsgebäude in Berlin, flankiert von
Willy Brandt, Hans-Dietrich Genscher und Richard von Weizsäcker,
zu den Klängen der Nationalhymne wird die deutsche Flagge gehisst. Es waren Bilder, die um die Welt gingen.

Die Wiedervereinigung, diesen großen Glücksfall, verbuchen
die Christdemokraten wie selbstverständlich auf ihrem Partei-
konto. Haben sie nicht recht? Gewiss waren es die Menschen auf
den Straßen von Leipzig, Dresden oder Erfurt, die den Weg zur Einheit ebneten. Dass er aber beschritten werden konnte, daran hatte
die CDU erheblichen Anteil. Sie hielt, als das längst nicht mehr modern war, trotzig die Fahne der Einheit hoch: «Die deutsche Frage
ist so lange offen, wie das Brandenburger Tor zu ist.»[4]

Der Widerstand gegen den Zeitgeist, der sich mit dem Status quo
der Teilung abgefunden hatte, war freilich weniger heroisch, als die
Christdemokraten heute glauben machen wollen. Im Vorfeld des
Wiesbadener Bundesparteitages im Juni 1988 drohte die CDU sogar
vollends vom Kurs abzukommen. «Die Lösung der deutschen Frage
ist daher gegenwärtig nicht zu erreichen», stand in einem Pro-
grammentwurf, den Generalsekretär Heiner Geißler vier Monate
vor Beginn des Konvents verkündete. Das Ziel der Einheit sollte an
das «Einverständnis der Nachbarn in Ost und West» gekoppelt werden, was dem Einigungsgebot des Grundgesetzes zuwiderlief.
Selbst zuvor stets abgelehnte Kontakte zur DDR-Volkskammer und
den Blockparteien konnte man sich plötzlich vorstellen.

Unterstützt wurde der Kurswechsel von Bundesinnenminister
Wolfgang Schäuble und Dorothee Wilms, der Bundesministerin für
innerdeutsche Beziehungen. Sie erklärte damals in Paris: «Der Na-
tionalstaat um seiner selbst willen, das ist weder der Auftrag des
Grundgesetzes, noch entspricht dies unserem politischen Bewusstsein.» Hämisch wurde der CDU daraufhin schon «Abschied von den
alten Einheitsträumen»[5] vorgehalten. Der rechte Parteiflügel rebel-
lierte, und Kohl schritt energisch ein.

Der Deutschland-Passus im Leitantrag «Unsere Verantwortung in
der Welt», den die Delegierten schließlich verabschiedeten, lieferte
Klartext schon im ersten Satz. Er stammte von Konrad Adenauer:

«Die Wiedervereinigung Deutschlands war und ist das vordringlichste Ziel unserer Politik.» Das SED-System wurde in einer Weise charakterisiert, die der CDU im Rückblick als Beleg für ihre Standhaftigkeit gilt: «Bei aller Bereitschaft zum Dialog mit der DDR wissen wir, dass sie kein demokratisch legitimierter Staat ist. Die dort Herrschenden gründen ihr System, das die Menschenrechte verletzt und unterdrückt, auf eine totalitäre Ideologie; Ausdruck dafür sind Mauer, Stacheldraht und Schießbefehl. Die CDU wird nicht nachlassen, die Menschenrechtsverletzungen im unfreien Teil Deutschlands zu verurteilen. Sie bekundet ihre Solidarität mit jenen, die sich für die Menschenrechte aller Deutschen einsetzen. (…) Die CDU fordert die Aufhebung des Schießbefehls und die Beseitigung der Mauer sowie der anderen Grenzsperranlagen. Alle Deutschen sollen in Freiheit leben können.»[6] Die Christdemokraten hatten es in letzter Minute geschafft, ihren späteren Ruf als «Partei der Einheit» zu retten.

Im September 1989 erlebte Bonn aber noch eine peinliche Buchpräsentation. Bundesministerin Wilms stellte die Redensammlung «Gedanken zur deutschen Frage» vor. Auf knapp 200 Seiten tauchte der Begriff «Wiedervereinigung» ganze vier Mal auf: einmal im Ergebnis einer Umfrage, dreimal innerhalb von Zitaten – des Bundesverfassungsgerichts, eines Nato-Berichts und des US-Botschafters Richard Burt.[7] Mit der Wiedervereinigung hatten manche Christdemokraten längst nichts mehr im Sinn.

Als sich dann jedoch die Chance bot, die Spaltung zu überwinden, zögerte Helmut Kohl keinen Augenblick. Der Kanzler, dem ein Debakel bei der Bundestagswahl 1991 prophezeit und ein Hang zum «Aussitzen und Ausschwitzen» (Franz Josef Strauß) attestiert wurden, zeigte Führungsstärke und traf mit traumwandlerischer Sicherheit die richtigen Entscheidungen. Dabei blies ihm nicht nur außenpolitisch, sondern auch innerdeutsch der Wind ins Gesicht. Zwei Tage vor der Verkündigung seines Zehn-Punkte-Plans Ende November 1989 hatten DDR-Prominente wie Wolfgang Berghofer, Volker Braun, Stefan Heym, Friedrich Schorlemmer und Konrad Weiß den Aufruf «Für unser Land» unterzeichnet. Sie warnten, dass «ein Ausverkauf unserer materiellen und moralischen Werte beginnt und über kurz und lang die Deutsche Demokratische Republik durch die Bundesrepublik vereinnahmt wird». Was den einen als «Ausverkauf» galt, war für die anderen ein «Anschluss»: Westdeutsche Intellektuelle befürchteten eine «Kolonialisierung der DDR»[8], die als «Kohlonisierung» verballhornt wurde. Kohl ließ sich nicht beirren.

Diese alten Geschichten erwärmen die Herzen der Christdemokraten. Aber sie sind Geschichte. Denn was danach kam, war keineswegs eine glatte Erfolgsstory. Lothar Späth hat darauf hingewiesen: «Helmut Kohl hat politisch alles richtig und wirtschaftlich alles falsch gemacht.» Der Einheitskanzler glaubte, man müsse nur brachliegende Kräfte entfesseln, dann werde sich in Ostdeutschland ein Wirtschaftswunder einstellen. Doch die Währungsunion brachte dem Osten nicht nur eine harte Währung, sondern auch eine Deindustrialisierung ohne Beispiel. Weitere falsche Weichenstellungen verwandelten ihn in ein blühendes Alimentierungsland: ein «gewaltiges Vergeudungsdesaster».[9] Seither schieben die Christdemokraten das Datum der einst versprochenen Ost-West-Angleichung immer weiter nach hinten. Aktuell sind sie im Jahr 2030 angekommen.[10] Altgediente Sozialdemokraten wie Helmut Schmidt, Klaus von Dohnanyi und Karl Schiller, die sich in den sechziger Jahren mit möglichen Wiedervereinigungsszenarien beschäftigt hatten, konnten nach dem Mauerfall mit besseren Konzepten aufwarten und warnten vor einem Fehlschlag. Weil die «Partei der deutschen Einheit» das ignoriert hat, schleppt sie in ihrem Marschgepäck einen dicken Brocken mit sich herum.

Man muss Kohl zugutehalten, dass er überzeugt war, das Richtige zu tun. Bei einer anderen Weichenstellung war das nicht so: Er vereinte seine Partei mit der DDR-CDU, obwohl er größte Skrupel hatte. Damit haderte er noch 18 Jahre später in seinen Memoiren. Dort schildert er seine Gemütslage, als die Volkskammerwahl am 18. März 1990 näher rückte: «Die Frage, wer der künftige Partner der CDU in der DDR sein würde, plagte mich schon, seit die Wahlen in Aussicht standen. Ein schlichtes Zusammengehen mit der Blockpartei CDU hielt ich für außerordentlich problematisch. Die Ost-CDU hatte über Jahrzehnte die SED-Diktatur willig mitgetragen und war folglich mitverantwortlich für die verheerenden wirtschafts-, finanz- und sozialpolitischen Entscheidungen der DDR-Regierung als auch für die massiven Menschenrechtsverletzungen und Einschränkungen der Meinungs- und Pressefreiheit in der DDR.»[11] Kohl besaß einen ausgeprägten Instinkt für Gefahren. Bereits am 24. November 1989 empfing der Patriarch mit Wolfgang Schnur und Rainer Eppelmann die beiden Führungsfiguren des oppositionellen Demokratischen Aufbruchs in Bonn. Auch zu Hans-Wilhelm Ebeling, dem Chef der im Januar 1990 gegründeten Deutschen Sozialen Union (DSU), suchte er Kontakt. Hingegen lehnte er es lange ab, sich mit Vertretern der Ost-CDU an einen Tisch zu setzen. Deren seit 1987 amtierender Hauptvorstand hatte am 10. November 1989 den Rechtsanwalt Lothar de Maizière zum neuen Parteichef bestimmt. Gut eine Woche später trat dieser als Stellvertretender Ministerpräsident in die «Regierung der Nationalen Verantwortung» von Hans Modrow (SED) ein. Das hielt Helmut Kohl für «einen schweren Fehler». Besser gefiel ihm die Weisheit seines Generalsekretärs Volker Rühe, der mit Blick auf die DDR-Partei gleichen Namens sagte: «Wer sich neben einen Misthaufen stellt, fängt selbst an zu stinken.»

Widerstrebend schnupperte Kohl dann doch an diesem Haufen. In der zweiten Januarhälfte 1990 kam es zu einem ersten, streng geheim gehaltenen Treffen. De Maizière hatte das geschickt eingefädelt: «Ich habe einen Trick anwenden müssen.» Als es Ende Januar so weit war, «habe ich dann Herrn Kohl gesagt, die West-CDU müsse sich jetzt zur Ost-CDU bekennen. Die West-SPD habe sich schon im Dezember 1989 zur Ost-SPD bekannt. Es sei jetzt eilig.»[12] Kohl berichtet, man sei sich «nicht besonders nahe» gekommen, habe aber trotzdem mögliche Formen einer Zusammenarbeit mit Blick auf den Volkskammerwahlkampf erörtert.[13]

Am 1. Februar 1990, anderthalb Monate vor der Wahl, wurde im Berliner Gästehaus der Bundesregierung die berühmte «Allianz für Deutschland» geschmiedet, die Wahlplattform von DDR-CDU, DA und DSU. De Maizière, Schnur und Ebeling stritten während des Treffens unaufhörlich, und Kohl hatte Mühe, die widerstrebenden Gesprächspartner von der Notwendigkeit des Bündnisses zu überzeugen.[14] Alles spricht dafür, dass er da schon wusste, dass Stasi-Unterlagen de Maizière und Schnur belasteten. Die Namen beider Politiker waren in einem anonymen Schreiben vermerkt, das seit Januar unter Vertretern des Zentralen Runden Tisches in Ost-Berlin kursierte. Kohl schreibt in seinen Memoiren: «Trotz aller Verdächtigungen hielt ich zunächst an den Spitzenleuten der Ost-CDU und des Demokratischen Aufbruchs fest.»[15] Taktisch war das klug: Die «Allianz für Deutschland» triumphierte am 18. März. Sie errang 48 Prozent, zur absoluten Mehrheit fehlten nur neun Sitze. Weil Schnur allerdings noch kurz vor der Wahl als IM «Torsten» und IM «Dr. Ralf Schirmer» enttarnt wurde, musste sich der DA mit 0,9 Prozent (vier Mandate) begnügen. Auf die DSU entfielen 6,3 Prozent (25 Mandate). Die DDR-CDU glänzte unangefochten mit 40,8 Prozent (163 Mandate). Die Partei, die erst Walter Ulbricht und Erich Honecker gefolgt war, hatte sich bauernschlau Helmut Kohl angedient und war fortan unentbehrlich. Am 1. Oktober 1990, zwei Tage vor der Einheit, fusionierte die C-Partei West mit der C-Partei Ost in Hamburg auf dem 1. Bundesparteitag nach neuer Zeitrechnung.

So wuchs zusammen, was nicht zusammengehörte.

Beim Pakt mit dem Teufel trieb Parteichef Kohl schlichte Panik an. Im Januar 1990 hatten Demoskopen der Ost-SPD die absolute Mehrheit vorausgesagt. Noch eine Woche vor der Wahl sah Infratest die Partei von Manfred «Ibrahim» Böhme bei üppigen 44 Prozent – tatsächlich erreichte sie nur 22 Prozent. Das Wahlergebnis wurde zum Waterloo der Meinungsforscher, mit fatalen politischen Folgen. Denn es waren wohl diese Prognosen, die dazu führten, dass Kohl die DDR-CDU umarmte. Eine Niederlage im Osten hätte womöglich seine Kanzlerschaft im Westen gefährdet. Deshalb wollte er sich nicht allein auf die Wunschpartner DA und DSU verlassen, zumal die über keinen schlagkräftigen Apparat verfügten.

Es ist müßig zu spekulieren, wie die neuen Kräfte abgeschnitten hätten, wenn Kohl gegen die Blockpartei entschieden hätte. Vermutlich wären sie als Sieger durchs Ziel gegangen. Denn die DDR-Bürger wählten nicht die CDU des Lothar de Maizière; sie wählten die Partei, hinter der sie den Sachwalter der Einheit wähnten: Helmut Kohl. Der Parteichef agierte wie der Held in der klassischen

Tragödie: Geblendet von Vorhersagen, stellte er ohne Notwendigkeit den Machterhalt über die eigenen Moralvorstellungen. Der Konflikt mündete wie stets in einer Katastrophe. Der Entwicklung einer lebendigen Demokratie und der Überwindung totalitärer Strukturen in Ostdeutschland hat Kohl mit diesem Bündnis jedenfalls Schaden zugefügt. Das ist der zweite dicke Brocken im Marschgepäck der «Partei der deutschen Einheit».

Was dem Vaterland blühte, zeigte sich Ende September 1990, als sich in der Volkskammer geradezu tumultartige Szenen abspielten. Vizepräsident Wolfgang Ullmann von Bündnis 90 verlas die Namen aller Abgeordneten, bei denen der Sonderausschuss des Parlaments Hinweise auf Stasi-Kontakte gefunden hatte. Ministerpräsident Lothar de Maizière und CDU-Fraktionschef Günther Krause schäumten vor Wut. Sie hatten nichts unversucht gelassen, um die Aufklärung zu verhindern. CDU-Abgeordnete riefen während der Sitzung laut «Buh» und «Pfui». Die Brisanz der Liste, die bald darauf publik wurde, erklärt die Pöbeleien im Hohen Haus: In den Kategorien 1 bis 4 («Verdacht bestätigt») gab es insgesamt 41 Stasi-Fälle, vier in der SPD, sieben in der PDS und neun in der FDP. Spitzenreiter der Tabelle war die CDU – mit gleich 21 Fällen.[16] Damit lag die Belastungsquote in der Fraktion bei 13 Prozent, und das zu einer Zeit, als nur ein winziger Teil der Geheimdienstunterlagen erschlossen war. Der Misthaufen stank schon gewaltig.

Schon am 12. April 1990 hatte die Volkskammer beschlossen: «Die Bürger unseres Landes müssen wissen, dass ihre Abgeordneten nicht durch die Schatten der Vergangenheit gelähmt oder durch immer wieder aufkommende Anschuldigungen erpresst werden können. Das Vertrauen in die moralische Integrität und die politische Handlungsfähigkeit unserer jungen Demokratie muss wachsen.» Doch die Belange der jungen Demokratie interessierten die «Blockflöten», wie sie der Volksmund nannte, weniger als die Verteidigung der Machtpfründe unter neuen Bedingungen. Exemplarisch demonstrierte das Dieter Frönicke, der wegen gravierender Verstrickung zum sofortigen Mandatsverzicht aufgefordert worden war. Der CDU-Mann, Vize-Bezirkschef in Halle, bedauerte, «als wehrloses Kaninchen im Kasten zu sitzen und geschossen zu werden».[17]

Alles Vergangenheit, Schnee von gestern, alles aufgearbeitet, winken die Christdemokraten mittlerweile ab. Tatsächlich ist die Geschichte der Ost-CDU in Teilen bekannt. Die Partei wurde am 26. Juni 1945, als an die SED noch nicht zu denken war, von der sowjetischen Militäradministration zugelassen. Den ersten Vorsitzenden, Andreas Hermes, setzten die Russen wegen seines Widerstands gegen die brachiale Bodenreform nach wenigen Monaten wieder ab. Nachfolger Jakob Kaiser, der die Partei zum «Wellenbrecher des dogmatischen Marxismus und seiner totalitären Tendenzen» formen wollte, ereilte Ende 1947 das gleiche Schicksal. Unter seiner Ägide hatte die Partei 218 200 Mitglieder, so viele wie später nie wieder. Zahlreiche Funktionäre wurden verhaftet oder flohen in den Westen, einige wurde verschleppt und auch getötet. Der dritte Parteichef Otto Nuschke ordnete sich nach kurzem Aufbegehren den Wünschen der SED unter. Als er 1948 starb, war die CDU auf 99 400 Mitglieder geschrumpft. August Bach (1958 bis 1966) und Gerald Götting (1966 bis 1989) formten eine zentral geleitete Kaderpartei. Wer in diese «Partei des Sozialismus» eintrat, wusste, dass er das System stützte. Die meisten Christen in der DDR wollten mit der CDU nichts zu tun haben.

Weil die SED Gläubige an das sozialistische System binden wollte – Politbüromitglied Albert Norden sprach von «sozialistischen Bürgern christlichen Glaubens» –, hätschelte sie ihre christlichen «Demokraten». Werner Lamberz, ebenfalls Politbüromitglied, übte in den siebziger Jahren den Schulterschluss mit der DDR-CDU und sprach von «sogenannten Christdemokraten» in der Bundesrepublik: Sie würden «die schamloseste Restauration des kapitalistischen Wirtschaftssystems betreiben» und sich nicht schämen, «das christliche Sozialismus-Engagement der CDU in der DDR ... zu verketzern». Die Partei der Arbeiterklasse betrachte die Mitgliedschaft in einer Blockpartei wie der CDU als «bedeutendes politisches Engagement», das von der sozialistischen Gesellschaft «hoch gewertet» werde.[18]

Um das Christenlager einzubinden, zeigte sich die SED selbst zu ungewöhnlichen Konzessionen bereit. Als die Volkskammer im März 1972 mit einem neuen Gesetz den Schwangerschaftsabbruch erleichterte, wurde CDU-Abgeordneten ein abweichendes Abstimmungsverhalten gestattet. 14 Gegenstimmen und acht Enthaltungen – das hatte es nie zuvor in der Geschichte dieses Scheinparlaments gegeben. Dem christlichen Verständnis der Volkskammer-Blockflöten widersprach es aber nicht, im Juni 1989 die chinesische KP ihrer Solidarität zu versichern – auf dem Platz des Himmlischen Friedens waren kurz zuvor die Studentenunruhen blutig niedergeschlagen worden.

Nach festgelegten Verteilerschlüsseln billigten die Einheitssozialisten der CDU mehr Posten in Staat, Wirtschaft und Gesellschaft zu als den anderen Bündnisparteien. Deshalb konnte man in der CDU schneller Karriere machen als in der SED mit ihren zuletzt 2,3 Millionen Mitgliedern. Allerdings hatte der Aufstieg Grenzen. Die CDU musste sich ihre Aspiranten für die oft lukrativen Ämter von der führenden Partei und ihrer Staatssicherheit «bestätigen» lassen. Manchmal kamen die Personalvorschläge auch direkt von dort. Im «Mehrparteienstaat DDR» war die CDU die Nummer zwei. Sie selbst verstand sich bis zum Ende der DDR als «Partei des Friedens, der Demokratie und des Sozialismus». Die «Treue zum Sozialismus, vertrauensvolle Zusammenarbeit mit der Partei der Arbeiterklasse als der führenden Kraft der sozialistischen Gesellschaft und Freundschaft zur Sowjetunion» waren «unverrückbare Ausgangspunkte» für die Parteizugehörigkeit.

Vereinzelt protestierten Ortsgruppen ab Sommer 1986 gegen ideologische Bevormundung und mangelnde Eigenständigkeit. Im Juni 1988 setzte eine 60-köpfige Ortsgruppe in Neuenhagen bei Berlin ein mutiges Zeichen: Sie schickte einen dicken Brief in die Ost-Berliner Parteizentrale, in dem die real existierenden Verhältnisse in der DDR kunstvoll zerpflückt wurden: «Die geschlossene Gesellschaft ist aber in der heutigen Zeit der politischen Öffnung eine ideologische Deformation und wird von den Menschen als Anachronismus empfunden.»[19] Die aufmüpfigen «Unionsfreunde» – so sprachen sich CDU-Mitglieder untereinander an – wurden gemaßregelt. Im September 1989 verfassten dann Thüringer Parteimitglieder einen «Brief aus Weimar»,[20] in dem politische und gesellschaftliche Reformen angemahnt wurden.

Also alles aufgearbeitet? Nicht, was die Gegenwart der Vergangenheit betrifft – personelle Kontinuitäten werden verschleiert. Die gesamtdeutsche CDU brachte nie die Kraft dazu auf, ihre ostdeutschen Mitglieder auf Offenlegung früherer Funktionen im Staatsapparat der DDR und im System der Blockparteien zu verpflichten. Auf dem 2. Bundesparteitag in Dresden stellten die Delegierten im Dezember 1991 zwei Regeln für die Erneuerung auf. Die eine galt für die Gesellschaft und war streng: «‹Alte Seilschaften› dürfen in Betrieben, Verwaltungen und öffentlichen Einrichtungen nicht leitend tätig sein.» Die andere galt für die Partei und war ein sanfter Appell: «Wir bitten alle, die in Gesellschaft und Politik ein Amt bekleiden, ihr Verhalten in der Vergangenheit selbstkritisch zu überprüfen. Auch wer keinen Anlass sieht, sich persönlich etwas vorzuwerfen, muss sich doch die Frage stellen, ob seine frühere Tätigkeit in Beruf, Gesellschaft und Politik es seinen Mitbürgern heute schwermacht, neues Vertrauen zu gewinnen.»[21]

Ständiger Weggefährte der «selbstkritischen Überprüfung» war und ist die retrograde Amnesie. Mediziner verstehen darunter «einen Gedächtnisverlust für den Zeitraum vor Eintreten des schädigenden Ereignisses». Für die «Blockflöten» war der Fall der Mauer das schädigende Ereignis: Ihre biographische Erinnerung an den Zeitraum vor dem 9. November 1989 ist oft gänzlich geschwunden.

Beispiele gefällig? Lorenz Caffier ist Innenminister von Mecklenburg-Vorpommern. Wer sein Porträt auf der Internetseite der Landesregierung aufruft, erfährt, dass er 1990 Mitglied der Volkskammer und Sprecher der CDU-Fraktion für Sportpolitik wurde.[22] Der unbefangene Leser muss denken, er sei zuvor politisch enthaltsam gewesen. Doch schon 1979 wurde Caffier Mitglied der Christenpartei der DDR. Hält er das für nicht erwähnenswert? Hat er es vergessen? Der Thüringer Volker Sklenar, der seit 1990 und damit rekordverdächtigen neunzehn Jahren das Amt des Landwirtschaftsministers bekleidet, lässt seine Polit-Karriere so beginnen: «Seit 1990 Mitglied des Landesvorstands der CDU.»[23] Gelogen ist das nicht. Zum vollständigen Werdegang gehört allerdings, dass der Agrarexperte 1969 der «SED auf dem Lande» beitrat – als Spitzenfunktionär der Demokratischen Bauernpartei Deutschlands (DBD) sowie als Abteilungsleiter und Direktor in agrarischen Großbetrieben widmete er sich der «sozialistischen Umgestaltung der Landwirtschaft». Das geistige Rüstzeug dazu lieferte ihm seine Bauernpartei auf einem Umweg: Sie hatte schon 1963 auf ein eigenes Programm verzichtet und kurzerhand das SED-Programm zur Grundlage der politischen Arbeit erklärt.[24]

Würde ein westdeutscher Landesminister eine zwei Jahrzehnte während Parteitätigkeit verschweigen, und käme es heraus, wäre dies ein handfester Rücktrittsgrund. Im Osten gelten andere Regeln. Es sind die gleichen, die in der alten Bundesrepublik 20 Jahre nach dem Untergang der ersten Diktatur galten. Damals gab sich auch keiner als «Parteigenosse» zu erkennen.

Brandenburgs Wirtschaftsminister Ulrich Junghanns, bis Oktober 2008 auch Vize-Regierungschef in Potsdam, ist ebenfalls ein Gewächs der Bauernpartei. Mitglied wurde er im Jahr 1974, als er im volkseigenen Gestüt Moritzburg seinen Abschluss als Pferdewirt machte. Danach ließ sich Junghanns an der Potsdamer Akademie für Staat und Recht zum Diplomstaatswissenschaftler ausbilden. Ab 1983 arbeitete er hauptamtlich im Parteiapparat. Der Träger der DDR-Verdienstmedaille wurde im Sommer 2007 bundesweit bekannt, nachdem eine verstaubte Ausgabe des Parteiblatts «Bauern-Echo» mit einem Namensbeitrag von ihm aufgetaucht war. Unter der Überschrift «Sozialismus in den Farben der DDR» schrieb Junghanns im Sommer 1989: «Was die Mauer betrifft, so lassen wir uns nicht deren Schutzfunktion ausreden – ganz einfach, weil wir den Schutz spüren vor all dem, was hinter der Mauer an brauner Pest wuchert.»[25] CDU-Mitglieder im Westen zeigten sich peinlich berührt.

Weniger bekannt ist Junghanns' Rolle während des Umbruchs in der DDR. Im Februar 1990 stieg der Chef des Berliner Bezirksparteiverbandes zum Vize der Gesamtpartei auf. Zeitgleich verabschiedete die Bauernpartei eine Resolution, die der SED die Hauptschuld für die in der DDR entstandene Lage zuschob. Zu ihrer Verantwortung stellte die DBD fest, man habe Bedeutendes eingebracht, was den Bürgern der DDR lieb und teuer sei. Zu diesem Zeitpunkt hätten sich selbst CDU-Blockflöten geniert, so etwas zu behaupten.

Im Juni 1990 wurde Junghanns als Nachfolger von Günther Maledua neuer DBD-Chef. Nun zeigte er, wie er Demokratie verstand – als Existenzsicherungsprogramm für sich und seinesgleichen. Der Parteivorstand beschloss mit knapper Mehrheit ein Zusammengehen mit der DDR-CDU. Bei der faktischen Selbstauflösung verzichteten die Kader auf die Einberufung eines Parteitags oder eine Befragung der Basis. Die allermeisten Mitglieder waren empört und verweigerten den Parteibuchtausch. Die Funktionäre dagegen wechselten in Scharen – wie Sklenar und Junghanns. Sie setzten ihre Bündnispolitik wie gewohnt fort, statt der SED akzeptierten sie nun die CDU als führende Partei. Die war Junghanns für die Zuführung seiner Bauernpartei dankbar und nahm ihn von 1990 bis 1992 in den Bundesvorstand auf. Als Nachfolger von Jörg Schönbohm brachte es Junghanns 2007 zum Chef der «schlechtesten CDU Deutschlands», wie der mitgliederarme Landesverband Brandenburg genannt wird. Nach zermürbenden innerparteilichen Kontroversen legte er im Oktober 2008 den Vorsitz nieder.

Helmut Kohl, den angeblich Skrupel beim «schlichten Zusammengehen» mit den Blockflöten befallen hatten, verteidigte den Schritt später routiniert. Zugleich zeigte er mit dem Finger auf die SPD. Ihr warf er vor, gemeinsame Sache mit der PDS zu machen und damit Geburtshelfer für eine Art Neo-Kommunismus zu sein: «Eine Schande für Deutschland!» Die Partei von Gregor Gysi tauften die Christdemokraten in «Partei des Schießbefehls» um. Beide Argumente flossen im Bundestagswahlkampf 1994 in einer legendären Kampagne zusammen: CDU-Generalsekretär Peter Hintze ließ großflächige Plakate mit «Roten Socken» kleben. Der Slogan lautete: «Auf in die Zukunft, aber nicht auf roten Socken.» Am Ende konnte Kohl zwar seine schwarz-gelbe Koalition fortsetzen, aber beide roten Parteien hatten Stimmen gewonnen. Die hellrote legte gegenüber 1990 um 2,9 Prozentpunkte (im Osten um 11,2 Punkte) zu, die dunkelrote um zwei (im Osten um 8,7 Punkte). Die Ost-CDU lehnte die Plakate damals schon ab, in einigen Ländern wurden sie nie geklebt.

Was der CDU solche Vorhaltungen leichtmacht: Anders als die SPD geht sie keine Koalitionen mit der Linkspartei ein, jedenfalls nicht in den Ländern – unterhalb dieser Ebene wird indes in vielfältiger Weise mit den vermeintlichen Schmuddelkindern kooperiert. Zudem duldet die CDU keine Mandatsträger mit MfS-Vergangenheit, jedenfalls nicht im Bundestag und in Landtagen.[26] Bei allen Unterschieden zu SPD und Linkspartei bringen sich die Christdemokraten mit ihrem «Rote Socken»-Argument dennoch regelmäßig in die Bredouille, denn sie verschweigen die große Zahl einstiger SED-Vasallen in ihrer Partei.

Ein Beispiel lieferte im Sommer 2008 der Entwurf zu einem Manifest mit dem Titel «Geteilt. Vereint. Gemeinsam» über «Perspektiven für den Osten Deutschlands», das der Stuttgarter Bundesparteitag dann Anfang Dezember verabschiedete. Es war gespickt mit Vorwürfen gegen die rückwärtsgewandte Linkspartei und gegen eine geschichtsvergessene Sozialdemokratie. Dumm nur, dass der Entwurf mit keinem Wort die einst staatstragende Rolle der DDR-CDU streifte.

Als sich Kritik regte, versprach CDU-Generalsekretär Ronald Pofalla, das Papier nachzubessern.[27] Da ahnte er noch nicht, wie dringend nötig das sein würde. Denn die verdrängte Vergangenheit der CDU als Sammelbecken für «Blockflöten» bekam plötzlich ein prominentes Gesicht. Die Angaben des sächsischen Ministerpräsidenten Stanislaw Tillich zu seiner politischen Karriere vor 1989, so stellte sich zehn Tage vor dem Parteitag heraus, waren mehr als unvollkommen: Mit fortgesetzt geschöntem Werdegang hatte er gleich mehrere Parlamente systematisch in die Irre geführt.

Ständig neue Ungereimtheiten kamen ans Licht. Deshalb musste der Nachfolger von Kurt Biedenkopf und Georg Milbradt, bei dem offenbar ein schwerer Fall von retrograder Amnesie vorlag, sogar seine Vita auf der Internetseite der Staatskanzlei berichtigen. Die «Biographie-Affäre» traf die CDU, die stets mit dem Finger auf andere gezeigt hatte, gänzlich unvorbereitet. Einer der ranghöchsten Politiker der Bundesrepublik ramponierte sein Ansehen und zugleich das seiner Partei. Dabei galt der fast 1,90 Meter große Tillich zunächst als Hoffnungsträger. Ihm traute man nach Skandalen in Sachsen um dubiose Verfassungsschutzakten über mutmaßliche Rotlichtaffären bis hin zum Notverkauf der beinah abgestürzten

Landesbank zu, den Ruf des Freistaates als Musterland des Ostens wiederherzustellen.

Stanislaw Tillich, Jahrgang 1959, entstammt einer sorbischen Familie. In seiner Heimat, der zweisprachigen Lausitz, ist die Bevölkerung in der Regel katholisch. Der Pfarrer ist die höchste Autorität, nicht der Bürgermeister. Traditionell hält die sorbische Minderheit eher Abstand zur Staatsmacht. Das Elternhaus von Tillich bildete eine Ausnahme: Sein Vater war SED-Funktionär in Panschwitz-Kuckau, er gehörte der Ortsleitung der Staatspartei an. Der «rote Rudi» bestätigte als Mitglied der Wahlkommission die Ordnungsmäßigkeit der DDR-Scheinwahlen und bekleidete hohe Ämter in der Domowina, dem Dachverband der sorbischen Vereine und Vereinigungen mit Sitz in Bautzen. Das erklärt, warum Sohn Stanislaw anders als die meisten Altersgenossen in seiner Schule an der Jugendweihe teilnahm und nach dem Abitur als Gefreiter in den Grenztruppen diente. Nach dem Studium an der TU Dresden arbeitete der Ingenieur als Konstrukteur im VEB Plastelektronik und Spezialwiderstände. Der Junior trat nicht der SED, sondern der CDU bei. Im Oktober 2008, einen Monat bevor die «Biographie-Affäre» ins Rollen kam, verriet der Regierungschef, warum: «Mit Politik hatte ich wenig zu tun. In die Blockpartei CDU bin ich eingetreten, damit ich Ruhe vor der SED hatte. Ich war kein Oppositioneller, sondern habe es wie viele andere gemacht, mir eine Nische gesucht und mich in meinem Heimatdorf in eine kleine Gemeinschaft zur Kirche zurückgezogen.»

Das Abseits als sicherer Ort, die Kirche als Rückzugsraum, Abstinenz von der Politik: So erzählte der Ministerpräsident seine Geschichte. Seine früheren Unionsfreunde erzählen eine andere. Die geht so: Die CDU suchte für einen wichtigen Posten im Staatsapparat, den ihr die SED zugestanden hatte, einen tüchtigen Perspektivkader. Tillich sollte im Kreis Kamenz Stellvertretender Vorsitzender des Rates werden und sich dort um Handel und Versorgung kümmern. Zuvor musste der Kandidat für die Partei bei den Kreistagswahlen antreten, denn formal handelte es sich bei der Tätigkeit um eine Wahlfunktion. Es winkte ein Traumsalär von über 2000 DDR-Mark – ähnlich gut entlohnte die Staatssicherheit ihre

Offiziere. Auf Tillich waren die CDU-Funktionäre aufmerksam geworden, weil seine Ehefrau bei der Partei als Instrukteurin arbeitete. Ihr Ehemann soll zunächst um Bedenkzeit gebeten haben, angeblich, weil ihm eine Offerte der SED vorlag. Dann willigte er ein, trat im März 1987 in die CDU ein und fing im Oktober 1987 im Rat des Kreises als «politischer Mitarbeiter» an. Für die höheren Weihen musste sich Tillich nun anderthalb Jahre qualifizieren. Dazu gehörte, gewissermaßen als krönender Abschluss, ein «Lehrgang für bestätigte Reservekader für Wahlfunktionen» von Januar bis März 1989 an der Akademie für Staat und Recht in Potsdam – hier bekamen angehende Staatsfunktionäre den letzten Schliff. Die meisten Teilnehmer stellte die SED. Der gehörte auch Genossin Regina Schulz an, die mit Tillich die Kaderbank drückte. Die Linke brachte es später bis zur Vizepräsidentin im sächsischen Landtag.

Im August 2008, Tillich war gerade ein Vierteljahr Ministerpräsident, erhielt er Post. Einem einst DDR-kritisch eingestellten Bürger waren Widersprüche in der Biographie des Landesvaters aufgefallen, und auch von der Kaderschulung hatte er gehört. Er schrieb an «Herrn MP Tillich/persönlich» und bat um Auskunft. Die Antwort war ausweichend. Die Staatskanzlei teilte mit, dem Regierungschef sei die Teilnahme an dem Lehrgang «nicht mehr erinnerlich. Er kann aufgrund seiner Erinnerung diese Frage weder abschließend bejahen noch verneinen.»[28] Anfragende Journalisten wurden ebenfalls hingehalten – die retrograde Amnesie ließ grüßen.

Wie geplant hatte CDU-Mann Tillich am 7. Mai 1989 in seinem Wahlkreis auf Listenplatz 1 für den Kreistag kandidiert. Vater Rudi trat für die SED an. Auf dem Wahlzettel betrug der Abstand zwischen ihren Namen nicht mehr als fünf Zentimeter – so groß war in der DDR auch der Abstand zwischen SED und CDU. In der Familie Tillich konnte das gemeinsame Vorankommen im «Demokratischen Block» sogar am Frühstückstisch abgestimmt werden. Daran wollte sich der Ministerpräsident später nicht mehr erinnern. Auf einer Veranstaltung der Konrad-Adenauer-Stiftung warnte er: «Wir müssen aufpassen, dass die Wölfe nicht die Geschichte der Lämmer umschreiben.»

Am 25. Mai 1989 hatte das CDU-Lamm sein Ziel erreicht: Tillich wurde als Stellvertretender Vorsitzender des Rates des Kreises bestätigt. Damit gehörte er zur sogenannten B-Struktur der SED, die im Krisenfall unauffällig die Macht sichern sollte. Er wurde als Geheimnisträger verpflichtet. Das Gesetz verpflichtete ihn, die «auf das Wohl des Volkes gerichtete Politik der SED tagtäglich» zu verwirklichen. Nur ein halbes Jahr später fiel die Mauer, und nun drohte nach dem rasanten Aufstieg ein abrupter Abstieg. Der Vater zweier Kinder ahnte, dass er mit seiner Kaderbiographie in der Politik keine Zukunft haben würde. Mit einem Bekannten bereitete er die Gründung einer Firma vor – im Mai 1990 wurde der Gesellschaftervertrag geschlossen, im Juli 1990 die «Clauß und Tillich GmbH» ins Handelsregister Dresden eingetragen. Hier würde die Geschichte enden, hätte nicht Helmut Kohl für das sensationelle CDU-Ergebnis bei der Volkskammerwahl gesorgt. Davon profitierte auch der angehende Unternehmer Tillich. Er marschierte von einem vermeintlich aussichtslosen Listenplatz direkt ins Parlament.

Derart beschenkt, entfaltete er Eigeninitiative und gab ein Beispiel für die Geschichtsschreibung der Wölfe. Der Volksvertreter mutierte in seinem Volkskammer-Lebenslauf zum «Verwaltungsangestellten», seine Funktion als Stellvertretender Ratsvorsitzender ließ er unerwähnt, und die Zeit als «politischer Mitarbeiter» im Rat von 1987 bis 1989 dichtete er flugs zum «Teilstudium» um.

Pfarrer Rainer Eppelmann hatte fest an die Erneuerungsfähigkeit der Ost-CDU geglaubt, nachdem er ihr selbst beigetreten war: «Wer aus unserer Partei in der früheren DDR auf einem Paradepferd durchs Ziel geritten ist», verkündete er, «muss heute auf einen Esel umsteigen.»[29] Stanislaw Tillich sattelte auf ein noch edleres Paradepferd um. Darauf ritt er ins Europäische Parlament, zunächst 1990 als Beobachter und 1994 als Abgeordneter. Nun galt es, erneut an der Vita zu feilen. Den Beginn seines kaum ausgeübten Broterwerbs als «selbständiger mittelständischer Unternehmer» hatte Tillich gegenüber der Volkskammer noch mit «Mai 1990» angegeben. Für Straßburg wurde er ins Revolutionsjahr 1989 zurückverlegt. Statt 1988, wie gegenüber der Volkskammer behauptet, wollte er nun auch erst im Umbruchsjahr Mitglied des CDU-Kreisvorstands geworden sein.

So gestylt, erschien der Mann aus Sachsen als einer jener Helden, die im Herbst 1989 in der DDR die Verhältnisse zum Tanzen gebracht hatten. Tillich narrte auf diese Weise ein weiteres Parlament und führte zudem Grundsatzbeschlüsse seiner Partei ad absurdum.

Die sächsische Union hatte im Oktober 1991 auf ihrem Görlitzer Parteitag («Vergangenheit aufarbeiten – Zukunft gewinnen») festgestellt: «Zum Zwangssystem der SED-Herrschaft gehörte die organisierte Lüge. Nur durch rückhaltlose Offenheit können die Folgen dieser jahrzehntelangen Unterdrückung der Wahrheit überwunden werden.»

Im Oktober 1999 rief Regierungschef Biedenkopf den Parteifreund zurück nach Dresden und machte ihn zum Europaminister seines Kabinetts. Ein Jahr später erklärte Tillich auf einer Tagung der Hanns-Seidel-Stiftung: «Ich bin in der Bundesrepublik erst angekommen, als ich im Jahr 1999 die Ernennungsurkunde zum Minister in meinen Händen hielt.»[30] So gewiss dieses Selbstzeugnis das ungeschminkte Bekenntnis eines Karrieristen war, so ungewiss sind die genauen Umstände dieser Ankunft. Für den Stuhl am Kabinettstisch musste Tillich eine dienstliche «Erklärung» abgeben und einen dreiseitigen Fragebogen ausfüllen. Dort hätte er etwa die Kaderschulung vermerken müssen, dazu alle seine Mandate und Funktionen in der Partei – mit exakten Zeitangaben. Ebenso dienstliche Kontakte zur Stasi, die den CDU-Funktionär mindestens zweimal besucht hatte. Wegen Falschangaben hat Sachsen Tausende Staatsdiener fristlos entlassen.

Antwortete Tillich wahrheitsgemäß? Das behauptet seine Staatskanzlei. Doch kennt die überhaupt die Wahrheit? In den variantenreichen Biographien, die Tillich als Politiker vorgelegt hat, finden sich ganz viele Wahrheiten.

Die Linke in Sachsen warf dem Regierungschef Doppelmoral vor. Fraktionschef André Hahn erklärte im Landtag: «Wer für die SED im Rat des Kreises Kamenz saß, musste sich nach der Wende bei einem Wach- und Sicherheitsdienst in Bayern verdingen. Wer auf dem Ticket der Block-CDU am Tisch neben dem SED-Mann saß, durfte ins Europaparlament und ist jetzt Ministerpräsident.»[31] Zunächst hatte sich Tillich bedrückt gezeigt: «Dieser Tage wird mir meine DDR-Vergangenheit vorgehalten.» Dabei wurde ihm weniger diese Vergangenheit vorgehalten als sein Umgang damit. Immerhin versprach der Regierungschef nun Glasnost. Er legte ihn betreffende Stasi-Papiere vor und gab eine Erklärung ab: «Ich gehe immer ganz offen damit um.»[32] Sein Regierungssprecher ließ verlauten, der Ministerpräsident habe «alle Fragen zu seiner Biographie beantwortet und wird dies auch weiter tun».[33] Der CDU-Landesverband meinte, Tillich sei es immer wichtig gewesen, dass «zu jedem Zeitpunkt Klarheit über seine Biographie» bestanden habe.[34]

Nach nur einer Woche endete die Tauwetterperiode, ohne dass Klarheit hergestellt worden wäre. Die Nachrichtenagenturen meldeten: «Tillich zieht Schlussstrich unter seine Zeit in der Ost-CDU.» Journalisten teilte die Staatskanzlei mit, die dienstrechtliche Erklärung von 1999 bleibe unter Verschluss. Bei einer Offenlegung befürchte man, dass «vermutete Widersprüche in einzelnen Details» einseitig «zu Lasten der Integrität des Ministerpräsidenten» interpretiert und publizistisch ausgewertet würden. Weitere Fragen wurden mit dem Argument abgeschmettert, man habe «keine definitiven Kenntnisse» über den Werdegang von Tillich. Und: «Ein presserechtlicher Auskunftsanspruch besteht nicht.»[35]

Dabei ist das sächsische Pressegesetz eindeutig. Es stammt von 1992 und atmet noch den Geist der Revolutionszeit, in der die neuen ostdeutschen Parlamente der staatlichen Unterdrückung von Nachrichten und der Beschönigung der Verhältnisse ein Ende setzen wollten: «Alle Behörden sind verpflichtet, den Vertretern der Presse und des Rundfunks ... die der Erfüllung ihrer öffentlichen Aufgabe dienenden Auskünfte zu erteilen.» Doch Sachsens erster Repräsentant scheint außerhalb des Gesetzes zu stehen. Seiner Staatskanzlei verlieh die Landespressekonferenz Sachsen, eine Arbeitsgemeinschaft von rund 80 Journalisten im Freistaat, deshalb einen Preis, den keiner haben will – die «Tonstörung 2008». Das Informationsrecht der Öffentlichkeit sei, begründete die Jury, «in mehreren Fällen verletzt worden. Auskünfte wurden zum Teil grundsätzlich verweigert.» So sieht Pressefreiheit auf Sächsisch aus: Antworten gibt es nach Gutsherrenart.

Ausgehebelt wurde gleich noch die parlamentarische Kontrolle.

Der SPD-Landtagsabgeordnete Karl Nolle, der mit seiner Publikation «Sonate für Blockflöten und Schalmeien» die «Biographie-Affäre» mit angestoßen hatte, stellte mehrere «Kleine Anfragen». Wieder schaltete die Staatskanzlei auf taub.[36] Zur Begründung hieß es, man kommentiere nicht Sachverhalte, die zeitlich vor dem Inkrafttreten der sächsischen Verfassung lägen. Das war schon deshalb dreist, weil der Ministerpräsident die meisten Lebensläufe erst nach Inkrafttreten der Landesverfassung vorgelegt hatte. Davon abgesehen: Würde dieser Maßstab, den die Regierungszentrale wünscht, allgemein gelten, wäre jegliche Aufarbeitung einer Diktatur unmöglich. Die Geschäftsordnung des Sächsischen Landtags misst dem Fragerecht der Volksvertreter große Bedeutung bei, weil man einst von Scheinparlamenten genug hatte. Salto mortale zurück: Die Blockflöten empfinden das Regelwerk einer Demokratie als Zumutung.

Kaum im Amt, hatte Regierungschef Stanislaw Tillich sein Kabinett umgebildet. Für die acht Ministerposten der CDU nach strenger Parität: vier West-Importe und vier Blockflöten. Zu letzteren zählte neben Tillich die Sozialministerin Christine Clauß, CDU-Mitglied seit 1984. Dann der Landwirtschaftsminister Frank Kupfer, CDU-Mitglied seit 1982 und einst Vize-Kreissekretär. Der Innenminister Albrecht Buttolo, CDU-Mitglied seit 1987 und einst Mitglied der «Kampfgruppen der Arbeiterklasse», was peinlicherweise die NPD ans Tageslicht brachte. Und Fraktionschef Steffen Flath? Auch eine Blockflöte, CDU-Mitglied seit 1983 und einst Ortsverbandschef. Der parlamentarische Geschäftsführer der Landtagsfraktion Heinz Lehmann? CDU-Mitglied seit 1979. Die CDU-Abgeordneten, die Sachsen in Brüssel von 2004 bis 2009 vertreten haben? Ausnahmslos Blockflöten. Der neue Spitzenmann im Europa-Parlament Hermann Winkler? CDU-Mitglied seit 1988. Die Bundestagsfraktion? In der 15. Wahlperiode (2004 bis 2009) war jeder vierte Mandatsträger aus Sachsen eine Blockflöte. Die Landtagsfraktion? 23 Blockflöten in der 4. Periode (2004 bis 2009), was einer Quote von 41 Prozent entspricht. Die maßgeblichen Leute im Landesvorstand? Drei der sechs Christdemokraten gehören dem Lager der Blockflöten an.[37]

Und Landtagspräsident Erich Iltgen? Er ist keine Blockflöte. Im

Herbst 1989 war er Moderator des Runden Tisches im Bezirk Dresden. Kein Wunder, dass er sich zu Wort meldete, als Wladimir Putin im Januar 2009 in Sachsen eine besondere Ehre erfuhr: Der Verein Semperopernball verlieh ihm den «Sächsischen Dankorden» – den erhalten Persönlichkeiten, die «unbeirrt und voller Mut» Besonderes für Sachsen geleistet haben. Der russische Premier war von 1985 bis 1990 als Resident des sowjetischen Geheimdienstes KGB in Dresden stationiert. Tillich war sofort bereit, ihm das Metall im Rahmen einer pompösen Zeremonie umzuhängen. Parteifreund Iltgen machte Bedenken geltend, schließlich wollte ein Amtsträger im Namen Sachsens ohne gesetzliche Grundlage eine private Auszeichnung vergeben. Es half nichts – die sächsische Blockflöte spielte für den russischen Tschekisten auf, beim Opernball waren sozusagen zwei lupenreine Demokraten unter sich.

Landespolizeipräsident Bernd Merbitz war einst ein regimetreues SED-Mitglied. Der Major der Kriminalpolizei und Diplom-Staatswissenschaftler, Absolvent der Offiziersschule «Wilhelm Pieck» des DDR-Innenministeriums sowie der Volkspolizei-Hochschule «Karl Liebknecht», wurde 2000 von der CDU aufgenommen. Seinem Aufstieg schadete das nicht: Merbitz wurde für die neue sächsische Staatspartei Kreisvorsitzender und Fraktionschef eines Kreistages, er sitzt noch immer im Landesvorstand. Wohl kein anderer SED-Mann kann auf einen solchen Durchmarsch in der CDU verweisen. Dabei hatte die sächsische Union 1991 auf ihrem Görlitzer Parteitag beschlossen: «Die Aufnahme ehemaliger SED-Mitglieder in die CDU ist grundsätzlich nicht möglich.» Doch Merbitz ahnte schon im Sommer 1990, dass solche Regeln nicht von Dauer sein würden. Damals sagte er der «Süddeutschen Zeitung»: «Ich bin davon überzeugt, dass die Umstellung auf den neuen Staat Leuten wie mir leichter fällt als den Menschen, die im Herbst die Revolution gemacht haben. Die werden auch in Zukunft nur Außenseiter bleiben.» [38]

Eine zentrale Stellung im sächsischen CDU-Geflecht nimmt auch Joachim Dirschka ein. Der Unionsfreund saß einst sogar im Hauptvorstand der Blockpartei. Er ist Mitglied des geschäftsführenden Präsidiums des Zentralverbands des Deutschen Handwerks, Präsident des Sächsischen Handwerkstages und Präsident der Leipziger Handwerkskammer und begehrter Talkshow-Experte.[39] Der Ministerpräsident zeigt sich gern mit ihm, wie im Januar 2009 bei einem Neujahrsempfang in Leipzig. Dabei ist seit August 2007 Dirschkas Vergangenheit als Stasi-Zuträger bekannt. Die Birthler-Behörde stuft ihn als Inoffiziellen Mitarbeiter ein, obwohl in seinem Vorgang die Verpflichtungserklärung fehlt. Aber Dirschka gab laut Akte «bereitwillig Auskunft» – von Februar bis September 1989 traf er sich mindestens sechsmal mit einem MfS-Leutnant. Der Christdemokrat erklärte dazu: «Ich habe mit Leuten gesprochen, die an der Macht waren – so wie ich das heute auch tue.» Sachsens CDU-Generalsekretär Michael Kretschmer stellte anlässlich des Aktenfundes klar, wie in Sachsen Ehre buchstabiert wird: «Ich halte Herrn Dirschka für einen ehrenvollen Mann, der sich große Verdienste um das Handwerk und die Stadt Leipzig erworben hat.»[40]

Nach der friedlichen Revolution hat sich im Freistaat Sachsen still und leise eine Restauration vollzogen: An den Schalthebeln der Macht sitzen wieder die alten Kräfte. Sie geben sich nicht als solche zu erkennen und behaupten sogar, auf der Seite jener zu stehen, die im Herbst 1989 mutig die einst von ihnen repräsentierte Ordnung wegdemonstriert hatten. Das seien Tage und Wochen von herausragender historischer Bedeutung gewesen, beteuern sie heute, nachdem das Gespenst der Erneuerung gebannt ist. Nicht nur in Sachsen, dem Kernland der Revolution, auch in Brandenburg, Mecklenburg-Vorpommern, Sachsen-Anhalt und Thüringen haben die Stützen und Helfershelfer der alten Ordnung den Sieg davongetragen.

Um zu verstehen, wie das geschehen konnte, hilft es, sich in die Zeit des Aufbruchs zurückzuversetzen. Im Januar 1990 schrieb Konrad Weiß, der Sprecher der DDR-Bürgerrechtsbewegung «Demokratie Jetzt», an Bundeskanzler Helmut Kohl einen Offenen Brief, in dem er ihn nachdrücklich vor einem «schlichten Zusammengehen» mit der Blockpartei warnte: «Auch diese Partei ist in den zurückliegenden Jahrzehnten politisch und moralisch verkommen und hat die Untaten der SED mitgetragen und gestützt. Es ist eine Schande, dass sie sich noch christliche Partei nennen darf. Es ist beschämend, dass die CDU auf ihrem jüngsten Parteitag nicht einmal den Versuch unternommen hatte, sich ehrlich mit der eigenen schuldbeladenen Vergangenheit auseinanderzusetzen. Sie, Herr Bundeskanzler, und Ihre Parteifreunde aber suchen unbekümmert um das Vergangene den Kontakt zu Gremien und Funktionären dieser Partei und verhelfen ihr so zu neuem Ansehen.»[41] Auf solche Vorhaltungen reagierte die CDU gereizt. Selbst Generalsekretär Volker Rühe, Schöpfer des Bonmots vom Misthaufen, verteidigte reflexhaft die ostdeutschen Unionsfreunde. Als er im Juni 1990 gefragt wurde, warum sich die Partei mit einer Blockpartei vereinigen wolle, platzte ihm der Kragen: «Das ist eine Beschimpfung der Wähler in der DDR, die zu 40 Prozent eine reformierte Partei mit neuen Leuten gewählt haben.»

Reformierte Partei? Neue Leute? Fast zwei Dutzend Abgeordnete in der Volkskammer waren Stasi-Spitzel. General Rühe aber schwärmte davon, dass von der C-Parteien-Vereinigung Reformimpulse ausgehen würden. «Es kommen rund 20 Prozent zusätzliche Mitglieder. Das ist nicht alles. Die Partei wird nördlicher, östlicher, protestantischer und auch jünger.» Schließlich wagte Rühe einen kühnen Blick in die Zukunft: «Meine These ist: Die CDU der DDR wird sich durch den Zusammenschluss mit uns und durch die Veränderungen in der DDR zu einer breiten Volkspartei entwickeln.»[42]

Rühe lag mit der Verheißung noch gründlicher daneben als Kohl mit seinen «blühenden Landschaften». Das Debakel beim parteiinternen Aufbau Ost hat die vereinigte CDU im vereinten Land geschwächt – der dritte dicke Brocken im Marschgepäck der «Partei der deutschen Einheit».

Die Geschichte der ostdeutschen CDU ist schon zahlenmäßig die eines dramatischen Niedergangs. Im April 1990 gehörten der Partei unter de Maizière rund 134 000 Mitglieder an. Ende Dezember, als Kohl den Stab übernommen hatte, waren es 129 500 Mitglieder. Der Schwund von gut drei Prozent ist deshalb bemerkenswert, weil der Demokratische Aufbruch im August 1990 mit damals 3200 Mitgliedern die Fusion mit der CDU beschlossen hatte. Ferner waren die gut 70 000 Mitglieder der Bauernpartei zum Übertritt aufgefordert worden. Doch die Blutzufuhr blieb ohne Wirkung, stattdessen setzte die Auszehrung ein – bereits Mitte der neunziger Jahre hatten sich die Landesverbände Brandenburg und Mecklenburg-Vorpommern halbiert, die anderen folgten. Mit der CDU im Osten ging es steil bergab. Ende 2008 zählte die Bundespartei 529 000 Mitglieder. Davon stellten die fünf neuen Länder knapp neun Prozent oder 46 400 Mitglieder. Selbst wenn Berlin mit seinen 12 600 Mitgliedern einbezogen wird, sieht es kaum besser aus – dann liegt der Anteil Ost bei elf Prozent. Nordrhein-Westfalen, Baden-Württemberg, Niedersachsen, Rheinland-Pfalz und Hessen haben jeweils mehr Mitglieder als alle fünf neuen Länder zusammen. Der Stadtstaat Hamburg steht besser da als Sachsen-Anhalt, Brandenburg oder Mecklenburg-Vorpommern. Auch verglichen mit der enormen Zahl von 165 000 CSU-Mitgliedern ist der Osten konservatives Ödland. In Westdeutschland haben, Bayern ausgenommen, rund 0,68 Prozent der Bürger ein CDU-Parteibuch – in den neuen Ländern sind es 0,35 Prozent (jeweils ohne Berlin). Die rote Laterne halten Sachsen (0,31 Prozent) und Brandenburg (0,27 Prozent). Unionsfreie Landstriche von Greifswald bis Gotha, das hatte sich Volker Rühe nicht träumen lassen. Und es kommt noch ärger. Wie bei der Linkspartei ist die Mitgliederbasis bei der CDU überaltert, und beiden Parteien sterben die Mitglieder weg. Im Konrad-Adenauer-Haus rechnet die CDU-Spitze damit, dass sich die Mitgliederzahlen Ost bis 2019 halbiert haben werden. Dann stehen einem ostdeutschen Parteifreund wohl mindestens 15 im Westen gegenüber.

Die Christdemokraten trifft der späte Fluch der Übernahme einer Blockpartei. Degeneriert die Partei im Osten zum Verein weniger Mandats- und Funktionsträger? Verkommt die CDU zur westdeutschen Regionalpartei? Selbst hinsichtlich der Wahlergebnisse muss sich die Führung ernstliche Sorgen machen. Im Osten hat die Partei bei den Bundestagswahlen, gemessen an der Zustimmung im Westen, erheblich an Attraktivität eingebüßt, wie die nachfolgenden Ergebnisse zeigen. Bundestagswahl 1990: 44,3 Prozent im Westen, 41,8 Prozent im Osten (ergibt eine Differenz von 2,5 Prozentpunkten). Bundestagswahl 1994: 42,1 Prozent im Westen, 38,5 Prozent im Osten (Differenz: 3,6 Punkte). Bundestagswahl 1998:

37,1 Prozent im Westen, 27,3 Prozent im Osten (Differenz: 9,8 Punkte). Bundestagswahl 2002: 40,8 Prozent im Westen, 28,3 Prozent im Osten (Differenz: 12,5 Punkte). Bundestagswahl 2005: 37,5 Prozent im Westen, 25,3 Prozent im Osten (Differenz: 12,2 Punkte). Im Marschgepäck der «Partei der deutschen Einheit» hat sich einiges angesammelt: das Debakel beim Aufbau Ost, die Last der alten Kader, die schrumpfende Parteiorganisation. Gleichwohl hat der Beiname, auf den die CDU so stolz ist, auch neuen Glanz erhalten: durch die Person der Parteivorsitzenden und Bundeskanzlerin.

Angela Merkel symbolisiert für die Bundesrepublik, wofür in den Vereinigten Staaten ein schwarzer Präsident steht: eine Kulturrevolution, eine historische Zäsur. Erstmals rückte eine Frau an die Spitze einer Volkspartei und der Regierung. Weil Deutschland anders als die USA kein Pathos liebt, sagte niemand: «Change has come to Germany.» Dass noch dazu eine Ostdeutsche an die Spitze rückte, änderte nichts daran. Dabei wäre, wer das ein Jahrzehnt zuvor prophezeit hätte, für verrückt erklärt worden. Und dass eine solche Veränderung mit der konservativ-bürgerlichen Partei im Land verbunden war, hätte sich ebenfalls keiner vorstellen können.

Merkel startete in der CDU als «Kohls Mädchen» und distanzierte sich von ihrem Ziehvater, als der Spendenskandal die Partei zunehmend bedrohte. Heute sagt sie, ihr gehe es nur gut, wenn es dem Land und auch ihrer Partei gutgehe. Die CDU habe «programmatisch drei Wurzeln – eine konservative, eine liberale und eine christlich-soziale –, die gleichermaßen lebendig gehalten werden müssen.»[43] Diese drei Flügel zusammenzuhalten, fällt ihr zunehmend schwerer. Inmitten der Wirtschaftskrise, so der Vorwurf, agiere sie wie eine Moderatorin – und nicht als Macherin. Immerhin verfügt sie über die Fähigkeit zum intelligenten Kompromiss, was womöglich auf ihr Leben in der DDR verweist. Merkels Karriere als Physikern erforderte ein Arrangement mit den Verhältnissen. Wie weit es ging, versuchten Historiker und Journalisten genauer zu erkunden – in der Birthler-Behörde stapelten sich die Anträge. Belastende Papiere fanden sich allerdings nicht.

Oskar Lafontaine fühlte sich berufen, ihr immer wieder schrille Vorhaltungen zu machen. Der Chef der Linkspartei stichelte: «Und was Frau Merkel angeht: Ich habe das FDJ-Hemdchen nicht getragen, sie hat es getragen!» Er lästerte: «Eine ehemalige FDJ-Sekretärin für Agitation und Propaganda ist heute Kanzlerin. Hätten Sie das für möglich gehalten?» Er höhnte: «Ich will Sie mal aufklären. Sie haben eine Jungkommunistin, eine überzeugte Jungkommunistin zur Kanzlerin gewählt. Ist Ihnen das überhaupt klar?»[44] Zutreffend ist, dass Merkel nach ihrem Physikstudium an der Leipziger Karl-Marx-Universität an der Akademie der Wissenschaften in Berlin-Adlershof der FDJ-Leitung angehörte. «Ich war Kulturbeauftragte», beteuert sie.[45] In dieser Funktion will sie lediglich Theaterkarten besorgt und Buchlesungen organisiert haben. Bislang sind keine Unterlagen aufgetaucht, die belegen würden, dass sich die junge Forscherin als Propagandistin engagiert hätte. In der FDJ will Merkel vor allem Freundschaften mit Gleichaltrigen gesucht haben. «Auch 70 Prozent Opportunismus» seien dabei gewesen.[46]

Lafontaines verbale Attacken muten seltsam an. Denn als Juso-Chef in Saarbrücken empfing er 1968 gern Reisekader der FDJ. Damals ließ das SED-Zentralkomitee 2000 staatstreue Nachwuchskräfte gen Westen ausschwärmen, um Kontakte zu «progressiven Kräften» zu knüpfen. Zwei FDJ-Emissäre aus Cottbus bat der 25-jährige Physikstudent Lafontaine um «Zusendung der Bände Geschichte der deutschen Arbeiterbewegung und Marx/Engels-Gesamtausgabe». Seine Meinung zur Niederschlagung des Prager Frühlings hielten die Freunde von «drüben» so fest: «Er brachte zum Ausdruck, dass er für das Eingreifen der verbündeten sozialistischen Länder Verständnis habe.» Als die sowjetischen Panzer am 21. August 1968 rollten. war die Kanzlerin 14 Jahre alt und in den Sommerferien bei ihrer Ost-Berliner Großmutter. Die Neuigkeit hörte sie im Radio: «Russische Truppen sind in Prag einmarschiert. Das war ein wirklicher Tiefschlag, hammerhart. Und dazu waren es noch Truppen gewesen, die aus der DDR in die Tschechoslowakei einmarschiert sind. Ich habe mich gegenüber den Tschechen dafür sehr geschämt.»[47]

Später wurde Lafontaine ein Duz-Freund von Erich Honecker, nun ist er in seiner Partei und Fraktion von «Spitzelbuben» umgeben, wie die Kanzlerin jene Politiker der Linken nennt, die einst dem MfS dienten. Die Stasi hatte versucht, auch sie anzuwerben.

Aus «Gründen des Schutzes ihrer Privatsphäre» gewährt Merkel keinen Einblick in die vom Geheimdienst über sie angelegten Papiere. Sie sei von zwei MfS-Mitarbeitern angesprochen worden: «Ich habe von meinen Eltern gelernt, Stasi-Leuten immer zu antworten, dass ich meinen Mund nicht halten kann. Also sagte ich damals, dass ich nicht wisse, ob ich schweigen kann, und bestimmt meinem Mann davon erzählen werde.»[48]

Merkels Vater Horst Kasner siedelte wenige Wochen nach der Geburt seiner Tochter von Hamburg in die DDR über. Ohne Sympathie für das sozialistische Experiment im anderen Teil Deutschlands dürfte das nicht geschehen sein. Der Templiner Gemeindepfarrer wurde «roter Kasner» genannt und gehörte dem Weißenseer Arbeitskreis an. Zahlreiche Mitglieder dieser theologischen «Bruderschaft», die sich von Aktivitäten oppositioneller Geistlicher distanzierte, waren der Staatssicherheit zu Diensten. Zu Merkels Vater, dem einflussreichen Leiter des Pastoralkollegs der Evangelischen Kirche Berlin-Brandenburg, ist in der Birthler-Behörde ebenfalls keine IM-Akte überliefert. Eine MfS-Einschätzung von 1970 sortiert Kasner in die Reihe der «progressiven Synodalen» ein und bescheinigt ihm, dass er in kirchenpolitischen Fragen die vom Staat erwünschten Positionen vertreten habe.[49] Merkel sagt, ihr Vater habe die DDR-Verhältnisse «etwas milder» als sie beurteilt. Ihr späterer Ehemann Joachim Sauer, den sie schon Anfang der achtziger Jahre kennenlernte und im Dezember 1998 heiratete, war hingegen ein dezidiert DDR-kritischer Zeitgenosse.

Als die Mauer fiel, war Angela Merkel 35 Jahre alt. Erst danach engagierte sie sich politisch. Mitte Dezember 1989 besuchte sie eine Veranstaltung der SDP, der späteren Ost-SPD. Dort behagte ihr aber die Atmosphäre nicht. Beim Demokratischen Aufbruch war das anders, sie wurde Pressesprecherin und landete schließlich bei der CDU. «Vor allem natürlich aber auch das Jahr 1989 hat unter anderem mich als Bundeskanzlerin möglich gemacht», sagte Merkel einmal, die sich selbst nie zur Widerstandskämpferin stilisierte. Anders als die Blockflöten ihrer Partei ließ sie sich nicht in das SED-System einbinden. Ihr Biograph Gerd Langguth berichtet, wie sie sich zunehmend von ihrem Vater emanzipierte und den realsozialistischen Mief als beengend empfand. Als CDU-Politikerin hat sie immer den Eindruck vermittelt, sie wisse den Wert der Freiheit besonders zu schätzen. Bei ihren ersten Auslandsreisen als Bundeskanzlerin traf sie sich in Moskau und Peking demonstrativ mit Regierungskritikern. Sie empfing den Dalai-Lama im Kanzleramt, gegen den Willen der SPD. Mit der Blockflötenfraktion hat Merkel nichts zu schaffen. Vielleicht rümpft die CDU-Chefin sogar die Nase, wenn wieder einmal eine biographische Täuschung publik wird. Aber an Aufklärung hat sie bisher auch kein Interesse gezeigt. Insofern ist sie «Kohls Mädchen» geblieben.

Sozialdemokraten auf Geisterfahrt

Manchmal bedarf es nur eines einzigen Satzes, um einer ganzen Epoche Ausdruck zu verleihen. Fünf Wörter genügten, um die Ära des Sonnenkönigs Ludwig XIV. zu beschreiben: «L'État c'est moi.» 75 Jahre nach dem Ableben des Herrschers läutete die auf Pariser Hausfassaden gemalte Parole «Liberté, Égalité, Fraternité» eine Zeitenwende in Europa ein. Nochmals 175 Jahre später prangerte ein amerikanischer Präsident mit vier legendären Wörtern am Ende eines langen Satzes die Spaltung eines ganzen Kontinents an: «All free men, where ever they may live, are citizens of Berlin, and, therefore, as a free man, I take pride in the words: ‹Ich bin ein Berliner›!» John F. Kennedy bekannte das am 26. Juni 1963 vor dem Schöneberger Rathaus.

Just an diesem Ort wurde eine weitere Formel von historischer Erhabenheit geprägt, die zugleich die bekannteste Wortschöpfung eines deutschen Sozialdemokraten ist. Auf der Großkundgebung vor dem Rathaus nach Öffnung der Berliner Mauer sprach Willy Brandt am 10. November 1989 von den Winden der Veränderung, die seit einiger Zeit über Europa zogen und auch über Deutschland hinwegfegten. Den gut 30 000 Zuhörern aus West und Ost rief er zu: «Jetzt wächst zusammen, was zusammengehört.»

Das Zitat findet sich in allen zeitgeschichtlichen Chroniken, und es dient der SPD als Zeugnis für ihre deutschlandpolitische Weitsicht. Die fünf stolzen Wörter haben nur einen kleinen Schönheitsfehler: Brandt hat sie nicht gesagt. Jedenfalls nicht am 10. November vor dem Schöneberger Rathaus. In den Aufzeichnungen seiner Rede fehlt die entscheidende Passage. Mitschnitte belegen vielmehr, dass Brandt damals noch nicht die Einheit der deutschen Nation im Sinn hatte – er glaubte lediglich, das geteilte Europa werde nun enger zusammenrücken. Das aber war wenig spektakulär und entsprach der Linie seiner Partei, die kurz nach dem Mauerfall Flugblätter verteilen ließ, in denen ebenfalls das «Zusammenwachsen Europas» begrüßt wurde. In einer vom Parteivorstand herausgegebenen Version der Rede wird Brandts Äußerung so wiedergegeben: «Jetzt erleben wir, und ich bin dem Herrgott dankbar dafür, dass ich dies miterleben darf, dass die Teile Europas zusammenwachsen.»[50] Die «Berliner Morgenpost» berichtete am 11. November 1989 über ein Gespräch mit Brandt, der festgestellt habe, dass in der gegenwärtigen Situation «wieder zusammenwächst, was zusammengehört. Das gilt für Europa im Ganzen.» Wer die Aussage als Erster mit dem Ende der deutschen Teilung verbunden hat, lässt sich nicht eindeutig feststellen. Vermutlich war es Brandt selbst, vielleicht hat das Volk zugespitzt.

Sicher ist dagegen, dass der SPD-Ehrenvorsitzende die Formel nachträglich in den Text seiner Rathausrede hineinredigiert hat. Er bereicherte damit den im März 1990 abgeschlossenen Sonderdruck «... was zusammengehört», der «Reden zu Deutschland» versammelt. «Wir fanden gemeinsam, in der Redaktion frei sein zu dürfen», gestand Brigitte Seebacher-Brandt später dem Journalisten Daniel Friedrich Sturm.[51] Selbst wenn die Worte, die einer Epoche Ausdruck verliehen, vordatiert worden sind – Brandt bekannte sich zu ihnen. Der SPD-Patriarch, der noch 1988 von der Wiedervereinigung als «Lebenslüge der zweiten deutschen Republik» gesprochen hatte, fühlte und begrüßte, was die Stunde schlug. Sechs Tage nach der Rathausrede sagte er im Bundestag: «Die Einheit wächst von den Menschen her, auf eine Weise, die so kaum jemand vorausgesehen hat.» Unmissverständlich sprach er nun von «der staatlichen Einheit oder von der Neuvereinigung», wenn dies die Menschen in der DDR so wollten: «Ich würde keine Option ausschließen, keine Option abweisen.»[52] Damit war Brandt unerhört schnell, schneller als der CDU-Kanzler Helmut Kohl.

Am 18. Dezember prangte seine Formel «Jetzt wächst zusammen, was zusammengehört» dann auch an der Stirnwand des Saales im Berliner Kongresszentrum ICC, wo die SPD ihren Programmparteitag abhielt. Er sollte ursprünglich in Bremen stattfinden. Wegen der revolutionären Ereignisse im Ostblock hatte die Partei im November zunächst beschlossen, den Konvent um eine Podiumsdiskussion mit «DDR-Gruppen» zu ergänzen. Vorausgegangen war massiver Druck des Gewerkschaftsflügels, der es als «absurd» bezeichnete, jetzt noch «irgendwelche Silbenstechereien» über ein Programm zu veranstalten.[53] Als dann die Mauer fiel, ging man nach Berlin. Brandt, der an diesem Tag 76 Jahre alt wurde, trat ans Rednerpult und prophezeite den Delegierten: «Erneut wird ein Jahr 89 – 1989 wie 1789 – als ein großes Jahr eingehen in die europäische Geschichte.» Die Zeit werde neu vermessen. Nichts werde wieder, wie es gewesen sei. Das berühre die «nationalen Fragen» der Deutschen, auch wenn dies «einige Statusdiplomaten» im eigenen Land und in anderen Ländern aufscheuche. Brandt bekräftigte seine Position: Nirgends stehe geschrieben, dass die Deutschen «auf einem Abstellgleis zu verharren haben, bis irgendwann ein gesamteuropäischer Zug den Bahnhof erreicht hat».[54]

Am nächsten Tag – Kohl war in Dresden und verkündete vor der Ruine der Frauenkirche: «Mein Ziel bleibt, wenn es die geschichtliche Stunde zulässt, die Einheit unserer Nation» – hatte die Parteitagsregie den Brandt-Satz aus dem Tagungssaal verbannt. «Das Programm» war nun an der Wand zu lesen. Während draußen die Welt aus den Fugen geriet, widmeten sich die Delegierten den Grenzen des Wachstums. Es war der Tag von Oskar Lafontaine, dem saarländischen Regierungschef und künftigen Kanzlerkandidaten. Der «Enkel» Brandts lehnte die Einheitsoffensive des «Großvaters» strikt ab und stellte das Signal für den deutschen Zug auf Rot. Die Nation sei «nicht in den Grenzen der DDR und der Bundesrepublik zu definieren», meinte er und zog gegen «historischen Schwachsinn» und «nationale Besoffenheit» zu Felde. Mit einer «Berliner Er-

klärung», an der im SPD-Präsidium und im Parteivorstand wochen-
lang gefeilt worden war, unterstrich der Parteitag: «Wir wollen
nicht zurück in das Zeitalter der Nationalstaaten, in dem diese Staaten um vermeintlich nationaler Interessen willen in Europa blutige
Bürgerkriege ausgetragen haben.»
Schon vor dem Mauerfall hatte Lafontaine für eine «Begrenzung
des Zuzugs von DDR-Bürgern» plädiert. Noch danach sprach er sich
für die Anerkennung der DDR-Staatsbürgerschaft aus, um Kosten
von den Westdeutschen abzuwälzen. Als der Einheitszug kräftig
Fahrt aufgenommen hatte, wollte Lafontaine ihn noch immer stoppen. Er machte ein Nein der Partei zur Wirtschafts-, Währungs- und
Sozialunion zur Bedingung seiner Kanzlerkandidatur. Da er nach
einem Messerattentat im April 1990 das Krankenbett hüten musste,
pilgerte die Spitze der SPD immer wieder nach Saarbrücken und versuchte, ihn umzustimmen. Brandt schrieb ihm handschriftliche
Briefe.[55] Als auch das nicht half, redete der Friedensnobelpreisträger
auf die SPD-Bundestagsfraktion ein, die daraufhin mehrheitlich damit einverstanden war, dass der Zug endgültig in das Hauptgleis ein-
bog. Lafontaine drohte mit Rücktritt und musste zum Weitermachen überredet werden. Neben dem von Gerhard Schröder regierten
Niedersachsen stimmte allein sein Saarland im Juni 1990 im Bundesrat gegen den von den Ostdeutschen ersehnten Staatsvertrag.
Als am 3. Oktober 1990 um Mitternacht die Glocken läuteten
und in Berlin das «Fest der Einheit» gefeiert wurde, reichte Brandt
auf der Treppe zum Reichstag allen die Hand: Helmut Kohl, Richard von Weizsäcker und Norbert Blüm, seinen Genossen. Nur Lafontaine verweigerte er den Handschlag. Der Enkel war enterbt.
Mit 33,5 Prozent für die SPD erhielt er bei der Bundestagswahl zwei
Monate später auch vom Wähler die Quittung. Es ist das schlech-
teste Ergebnis der SPD bei Bundestagswahlen seit 1961 geblieben.
Willy Brandt erteilte kurz vor seinem Tod im Oktober 1992 Kanzler
Kohl, bei dem er sich bitter über das politische Versagen seiner Ge-
nossen beklagte, den Auftrag, sein Ableben bekannt zu geben und
Einzelheiten der Trauerfeier zu regeln.[56] Der bedeutendste Sozial-
demokrat der Bundesrepublik wollte sich nicht von der eigenen
Partei vereinnahmen lassen.

Mauerfall und deutsche Einheit haben die sozialdemokratische Partei kalt erwischt. Die maßgeblichen Genossen entwickelten kein Gespür für die Umbruchssituation. Damals geriet die SPD außer Tritt. Kaum war die deutsche Teilung überwunden, offenbarte sich die innere Spaltung entlang einer neuen Front: Sollte man mit den Erben der SED gemeinsame Regierungen bilden? Anfangs war die Antwort ein kategorisches Nein. Dann hieß es: in den neuen Ländern ausnahmsweise. Mit Beginn des Jahrtausends wurde die Ausnahme auf das West-Ost-Biotop Berlin ausgeweitet. Seit die Linkspartei im Westen angekommen ist, lautet die Parole: in den Ländern ja, im Bund nein. Ob Rot-Rot die SPD stärkt oder schwächt, ist Gegenstand eines Glaubenskrieges.

Die Auseinandersetzung trägt oft irrationale Züge, wie zuletzt in Hessen besichtigt werden konnte. Teilweise entlud sich blanker Hass. Genossen beschimpften einander als Verräter, als Abweichler und Schande für die Demokratie. Der einen Seite geht es in diesem Gefecht um Macht, der anderen um Identität. Beide Positionen sind unvereinbar, dieses Schisma lähmt die SPD seit nunmehr zwei Jahrzehnten.

Zwischen 1998 und 2005 überdeckte das «rot-grüne Projekt» die Misere. Als die Koalition zerbrach, hatten sich die Probleme der SPD potenziert. Der Politikwissenschaftler Franz Walter vermisst bei den Sozialdemokraten «mittlerweile all das, was einst noch ihre Stärke und Anziehungskraft ausgemacht hat: drängelnder Führungsnachwuchs, Leidenschaft, Imagination von Zukunft, der Impetus für die Aktion». Ihre Batterien seien leer.[57] Hinzu kommt: Inzwischen spaltet der Streit um Schröders Agenda zur Reform des Sozialstaates die Partei. Seit die Linkspartei davon profitierte, tobt der alte Glaubenskrieg in neuer Schärfe.

In der SPD zerlegen sich nicht nur zwei Flügel, auch die Basis schwindet. Ende 1990 zählte die Partei noch 943 400 Mitglieder, Ende 2008 waren es noch knapp 521 000 Genossen – das entspricht fast einer Halbierung.[58] Um die desolate Lage der Sozialdemokratie seit der Wiedervereinigung zu erkennen, reicht es, die Vorsitzenden zu zählen. Von Hans-Jochen Vogel (1987–91) bis Franz Müntefering (seit Oktober 2008) waren es insgesamt elf. Das ergibt eine durchschnittliche Verweildauer von knapp 20 Monaten.[59] Viermal musste die Partei kommissarisch geführt werden, weil Vorsitzende abrupt das Handtuch warfen. Brandt stand der Partei 23 Jahre vor, länger als alle seine Nachfolger zusammen.

Was sich Willy Brandt für ganz Deutschland gewünscht hat, funktionierte nicht einmal innerhalb seiner eigenen Partei – das Zusammenwachsen von Ost und West. In der Berliner Golgatha-Kirche riefen am 26. August 1989 die Pfarrer Markus Meckel und Martin Gutzeit vor 400 Menschen zur Gründung einer sozialdemokratischen Partei in der DDR auf. Sechs Wochen später, am 7. Oktober, dem 40. Gründungstag der DDR, nahm das Projekt Gestalt an. An diesem Tag bejubelte die sieche Staatsführung in Berlin sich selbst, während die Züge mit den Botschaftsflüchtlingen aus Prag durch Dresden rollten. Und im gelbgetünchten Gemeindesaal der Kirche von Schwante, 20 Kilometer nördlich von Berlin, unterzeichneten 43 junge Leute die Gründungsurkunde der Sozialdemokratischen Deutschen Partei (SDP).[60]

Aus Sicht der Honecker-Partei SED war das eine Provokation ohnegleichen: Die neue Partei sprach ihr das sozialdemokratische Erbe ab. Es war, so formulierte Meckel, längst von der SED «totgemacht» worden. In Schwante wurde die Uhr der Geschichte weit zurückgestellt: ins Jahr 1946, als Ulbrichts KPD die ostdeutsche SPD erst in eine Einheitspartei gezwungen hatte und dann 200 000 Sozialdemokraten aus der Partei ausschloss, maßregelte und zur Flucht trieb. Rund 6000 kamen in Haft, 400 verloren ihr Leben.[61]

Der Ingenieur Stephan Hilsberg wurde zum Sprecher der neuen Ost-Sozialdemokratie, Meckel zu seinem Stellvertreter. Kaum einer der in Schwante versammelten Parteigründer hatte damit gerechnet, dass das Treffen ohne Eingreifen des MfS über die Bühne gehen würde. Einige Teilnehmer waren schon bei der Anreise durch Kontrollen behindert worden. Notfalls wollte man durch eine Hintertür über einen Friedhof entkommen. Doch die Stasi musste nicht einschreiten, denn sie war auf andere Weise präsent: Manfred «Ibrahim» Böhme, von Februar bis März 1990 amtierender SDP-Chef, berichtete als IM «Maximilian» von dem denkwürdigen Ereignis. Das MfS verzichtete auf weiter gehende Schritte, es hatte längst kapituliert, wie das Protokoll einer Dienstberatung vom 21. September verrät. Dort heißt es zur geplanten SDP-Gründung: «Voranstellend wurde eingeschätzt, dass sich oppositionelle Bestrebungen so entwickelt haben, dass sie nicht mehr ohne weiteres liquidiert werden können.» Illegal war die Gründung ohnehin nicht. Artikel 29 der DDR-Verfassung gestand den Bürgern das «Recht auf Vereinigung» zu – auch in politischen Parteien. Zehn der 43 Gründer waren Theologen; so gut wie alle waren in philosophischen Freundeskreisen, in kirchlichen Friedens-, Umwelt- und Menschenrechtsgruppen organisiert.

Das Kürzel SDP war wohlüberlegt. Es betonte die sozialdemokratische Tradition, aber auch die Eigenständigkeit gegenüber der SPD im Westen. Als einen «Tritt gegen das Knie» der SPD bezeichnete Meckel den Namen, «wegen der Kontakte zu den Machthabern in der DDR». Die Parteigründer informierten die Bonner SPD-Spitze per Brief. Er wurde noch am 7. Oktober von einem Korrespondenten der «Süddeutschen Zeitung» zusammen mit einer Presseerklärung, einer Videokassette und anderen Materialien in den Westen geschmuggelt.[62] Um 17 Uhr lief die Nachricht im RIAS Berlin. Anderntags flimmerten die Bilder von der Parteigründung in einem ARD-«Brennpunkt».

Das SPD-Präsidium brauchte bis zum 9. Oktober für eine Reaktion. Die Gründung der jungen Partei, die sich die «soziale Marktwirtschaft» ins Programm geschrieben hatte, wurde nicht ausdrücklich begrüßt. Stattdessen lobte die Parteispitze den Umstand, dass sich in der DDR immer mehr Menschen «zur Friedenssicherung und zu den übrigen Prinzipien des demokratischen Sozialismus bekennen».[63] West-Berlins Regierender Bürgermeister Walter Momper zum Beispiel hatte schon Ende August auf die Nachricht von der Gründungsidee ablehnend reagiert: «Mit Parteigründungen durch kleine Gruppen», belehrte er via «Tageszeitung», könne in der DDR «jetzt gar nichts bewegt werden.» Der Politiker war überzeugt: «Die SED hat in der DDR tatsächlich die Macht, und sie wird sie in absehbarer Zeit behalten.»

In der Minderheit waren Sozialdemokraten wie Norbert Gansel. Der Vorsitzende des SPD-Parteirates hielt seit einem Jahr Kontakt zu DDR-Oppositionellen und mahnte nun seine Genossen: «Fototermine mit den Betonköpfen der SED sind Bärendienste für den inneren Wandel in der DDR.» In der «Frankfurter Rundschau» verlangte er, die SPD müsse alles unterlassen, was Reformunwilligen dort zusätzliche Legitimation verschaffe. Geboten sei ein Kurswechsel vom bisher praktizierten «Wandel durch Annäherung» zum «Wandel durch Abstand».[64]

Der Deutschland-Politiker Egon Bahr, Erfinder der Formel «Wandel durch Annäherung», ließ sich nicht beeindrucken: «99,5 Prozent der Bevölkerung bleiben in der DDR.» Außerdem bekannte er: «Ich kann über einen Zusammenbruch der DDR nicht nachdenken.»[65] Schon im Sommer 1989 ging durch die SPD ein tiefer Riss. Die meisten Politiker wollten nicht wahrhaben, dass es um den anderen deutschen Staat geschehen war – sie standen weiterhin für den Weg eines «Wandels durch Anbiederung» und verhielten sich wie Komplizen der Staatspartei SED.

Die Tradition der Komplizenschaft reicht weit zurück. Der damalige Juso-Vorsitzende Karsten Voigt ließ sich schon 1970 von Walter Ulbricht in Karl-Marx-Stadt (Chemnitz) zum zweistündigen Ideenaustausch empfangen – ausgerechnet am 17. Juni, dem Jahrestag des Volksaufstandes. Selbst Juso-Vorstandskollegen wetterten über diese Geschmacklosigkeit. Auch ein anderer einst prominenter Juso streckte früh seine Fühler nach Ost-Berlin aus. Zwischen 1982 und 1989 traf Oskar Lafontaine den SED-Generalsekretär Erich Honecker neunmal. 1984, ein Jahr nach Lafontaines Einzug in die Staatskanzlei, stiegen die saarländischen Exporte in die DDR um 165 Prozent von 51 auf 135 Millionen D-Mark. Ost-Berlin half damit dem befreundeten Sozialdemokraten, die Arbeitslosigkeit in seinem Land zu bekämpfen. 1987 gratulierte Lafontaine Honecker auf sieben «Spiegel»-Seiten überschwänglich zum 75. Geburtstag.

Zwei Tage nach Honeckers Geburtstag, am 27. August 1987, druckten das «Neue Deutschland» in Ost-Berlin und überregionale westdeutsche Blätter ein gemeinsames Grundsatzdokument von SPD und SED ab. Das Papier mit dem Titel «Der Streit der Ideologien und die gemeinsame Sicherheit» war Resultat eines vierjährigen

Dialogs zwischen den Theoretikern beider Parteien: «Keine Seite darf der anderen die Existenzberechtigung absprechen», war darin zu lesen. Und weiter: «Unsere Hoffnung kann sich nicht darauf richten, dass ein System das andere abschafft. Sie richtet sich darauf, dass beide Systeme reformfähig sind …» Die Sozialdemokraten hatten die Einheitssozialisten als Partner auf Augenhöhe akzeptiert. Altkanzler Helmut Schmidt sprach von einem «moralisch und politisch abwegigen Pamphlet» – aber erst knapp zehn Jahre später in seinen Erinnerungen.

Ende Oktober 1989 empfing Parteichef Hans-Jochen Vogel schließlich in Bonn den SDP-Emissär Steffen Reiche. Das Vorstandsmitglied war mit einem Visum in die Bundesrepublik gereist, das auf den 80. Geburtstag seiner Oma ausgestellt war. Über das Ergebnis des sozialdemokratischen Ost-West-Gipfeltreffens berichtete Reiche: «Die größte westdeutsche Volkspartei erklärte, dass von diesem Tag an nicht mehr die Kontakte zur SED mit ihren über zwei Millionen Mitgliedern im Mittelpunkt standen, sondern dass der Vorzugskontakt ab sofort den 50 ostdeutschen Sozialdemokraten galt.»[66] Zum Berliner SPD-Parteitag im Dezember wurden aber auch Vertreter der SED eingeladen. Willy Brandt erinnerte an die Zwangsvereinigung von KPD und SPD und warnte vor «Gedächtnisschwund»: Gravierendes Unrecht müsse im Rahmen des Möglichen wiedergutgemacht werden. Mit «ein bisschen Namensergänzung», sagte er unter Anspielung auf die nun unter SED/PDS firmierende Partei, lasse sich ein erneuter Führungsanspruch nicht rechtfertigen. Brandt träumte von einer Renaissance der sozialdemokratischen Tradition in Ostdeutschland. «Ich sage: Die SPD ist wieder da, auch in Sachsen, Sachsen-Anhalt, in Thüringen, in Mecklenburg und in dem, was von Preußen übrig geblieben ist.» Er forderte: «Deutschland braucht *eine* sozialdemokratische Bewegung.»[67] Der Parteitag erkannte die SDP offiziell als Schwesterpartei an.

Trotz dieses Beschlusses suchten hochrangige SPD-Politiker weiterhin den Schulterschluss mit alten Partnern. Egon Bahr traf sich mehrfach mit dem Dresdner Oberbürgermeister Wolfgang Berghofer. Den SED/PDS-Vize betrachtete er als Hoffnungsträger, eine Art Bergatschow der DDR. Der Sachse bot an, mit fast 300 000 Genossen in die SDP einzutreten. Doch die fürchtete eine feindliche Übernahme und zimmerte einen Abgrenzungsbeschluss: Für die erste Legislaturperiode war Ex-SED-Genossen eine Kandidatur für Ämter und Mandate prinzipiell versagt, bei Neugründungen von Ortsverbänden durfte ihr Anteil 30 Prozent der Mitglieder nicht überschreiten. Eine kategorische Aufnahmesperre verhängte die junge Partei erst, als die CDU im Volkskammer-Wahlkampf Plakate mit Slogans wie «SED-PDS-SPD» klebte. Sie wurde Mitte 1990 allerdings für einfache Ex-SED-Mitglieder wieder aufgehoben.

Holger Hövelmann, seit 1993 SPD-Mitglied und seit 2006 Innenminister von Sachsen-Anhalt, hat eine SED-Biographie. Bekannt wurde dies aber erst im Vorfeld seiner Wahl zum Landesvorsitzenden 2004. Der ehemalige Politoffizier hatte die Parteimitgliedschaft ebenso wie sein Studium an der Offiziershochschule der Nationalen Volksarmee in Zittau wegretuschiert und selbst den Landesvorstand über seinen wahren Lebenslauf getäuscht. Seine Partei verzieh ihm das. Dem Ressortchef wurde anfangs in der Region zugutegehalten, dass er sich immer wieder öffentlich gegen rechte Gewalt stellte. Sachsen-Anhalt hält den bundesweiten Rekord bei Straftaten mit rechtsextremistischem Hintergrund, weshalb Hövelmann die Kampagne «Hingucken & Einmischen» auflegte.

Wegen Wegsehens geriet sein Ministerium bald darauf in die Schlagzeilen: Geschönte Kriminalstatistiken reduzierten das Problem im Land, die Zahl der Fälle war drastisch um 55 Prozent zurückgegangen. Hövelmann versicherte, er habe von dieser Retusche nichts gewusst. Als auch noch herauskam, dass aus Westdeutschland stammende Fahnder gemobbt worden waren, setzte der Landtag einen Untersuchungsausschuss ein. Er will Ende 2009 die Ergebnisse seiner dann zweijährigen Arbeit vorlegen.

In Sachsen bekleidet mit Eva-Maria Stange ebenfalls eine frühere SED-Genossin ein Ministeramt, sie ist zuständig für Wissenschaft und Kunst. Stange stand ab 1997 als erste Ostdeutsche einer Gewerkschaft vor, der größten europäischen Bildungs- und Lehrergewerkschaft GEW. Dort stritt sie für die Akzeptanz «ostdeutscher Biographien» und bezeichnete Stasi-Überprüfungen im Öffentlichen Dienst als «Inquisition». Stange gibt an, als Dozentin der Pädagogischen Hochschule Dresden 1988 aus der SED ausgetreten zu sein.[68] 1998 trat sie in die SPD ein.

Bei dieser Ministerin war der Schriftsteller Erich Loest an der falschen Adresse, als er darum bat, die Universität Leipzig davon abzuhalten, das eingemottete Propaganda-Denkmal «Karl Marx und das revolutionäre, weltverändernde Wesen seiner Lehre» wieder aufzustellen. Das Bronzerelief, sieben mal 14 Meter groß und 33 Tonnen schwer, sollte nach dem Umbau der innerstädtischen Universität auf dem Sportcampus einen neuen Standort finden. Das sei eine «Schande für die Stadt des freiheitlichen Aufbruchs von 1989», schrieb der einstige Bautzen-Häftling Loest, es demütige alle, «die unter dem Klassenkampfregime gelitten oder zu seiner friedlichen Überwindung beigetragen haben». Stange unterstützte die Aufstellung der Marx-Platte mit 300 000 Euro. In ihrer Dissertation hatte sie 1985 bedauert, dass es noch nicht gelungen sei, «eine geschlossene marxistisch-leninistische Lerntheorie zu entwickeln».[69]

Insgesamt fanden aber nur wenige frühere SED-Mitglieder den Weg in die SPD, nachdem im Jahr 1990 Massenübertritte abgewehrt worden waren. Auch im Rückblick hält SDP-Urgestein Stephan Hilsberg die damalige Entscheidung für richtig: «Das wäre das Aus der Ost-SPD gewesen. In der SED gab es nie einen sozialdemokratischen Flügel.» Die Gründer der ostdeutschen Partei hatten es in der gesamtdeutschen SPD, mit der sie sich im September 1990 vereinigten, nicht gerade einfach. Trotz bekannter Stasi-Kontakte hatte Gerhard Schröder keine Probleme, den Brandenburger SPD-Politiker Manfred Stolpe als Vertreter der Ostdeutschen an seinen Kabinettstisch zu holen. Die Tradition der Komplizenschaft saß tief. Vergeblich protestierten viele Sozialdemokraten der ersten Stunde im Osten gegen die PDS-tolerierte Minderheitsregierung in Sachsen-Anhalt von 1994 bis 2002 und gegen die rot-rote Regierung in Mecklenburg-Vorpommern von 1998 bis 2006. Hilsberg, der nach zwanzig Jahren aus dem Bundestag ausscheiden wird, mahnte Anfang 2009: «Es ist überhaupt falsch, nur in Koalitionen zu denken. Die SPD muss sich zuerst auf ihre eigene Identität besinnen.»[70]

Für die SPD war Rot-Rot lange ein Thema, das nur den Osten betraf. Nach der hessischen Landtagswahl im Januar 2008 änderte sich das. Spitzenkandidatin Andrea Ypsilanti ließ sich als Wahlsiegerin feiern, obwohl ihre Partei das zweitschlechteste Ergebnis der Nachkriegsgeschichte eingefahren hatte. Aber Ypsilanti wollte die Macht um jeden Preis. Dafür war sie auch bereit, ihr zentrales Versprechen zu brechen, das sie am Wahlabend nochmals erneuert hatte: «Es bleibt definitiv dabei, mit der Linkspartei wird es keine Zusammenarbeit geben – weder so noch so.» Was folgte, war eine politische Geisterfahrt – 265 Tage lang.

Sie begann am 11. Februar im Willy-Brandt-Haus. In der Berliner SPD-Zentrale legte Ypsilanti ihrem Parteichef Kurt Beck unter vier Augen dar, sie wolle sich notfalls mit den Stimmen der sechs Linken-Abgeordneten zur Regierungschefin wählen lassen. Beck billigte den Plan. Am 3. November folgte das Desaster: Vor der Presse kündigten die vier SPD-Abgeordneten Carmen Everts, Dagmar Metzger, Silke Tesch und Jürgen Walter an, sie würden Ypsilanti bei der am Folgetag geplanten Wahl die Ja-Stimme verweigern. Die Rebellen machten Gewissensgründe geltend und nannten eine linkstolerierte rot-grüne Minderheitsregierung ein unkalkulierbares Wagnis für den Wirtschaftsstandort Hessen. Vor allem aber monierten sie das «gespaltene bis ablehnende Verhältnis» der Linken zur Demokratie. So hatte deren Fraktionschef Willi van Ooyen, einst Spitzenfunktionär der von der DDR finanzierten Deutschen Friedensunion, den Verfassungsschutz mit der Staatssicherheit gleichgesetzt oder Landtagsabgeordnete als «schießwütige Schreibtischtäter» verunglimpft.

Nach dem Auftritt der «Phantastischen Vier» («Frankfurter Allgemeine») musste Ypsilanti endgültig ihre Ambitionen zur Ablösung von Roland Koch begraben. Es war der zweite Rückzieher der wegen ihres Wortbruchs als «Tricksilanti» karikierten Politikerin. Im April hatte ihr zunächst die Abgeordnete Metzger die Gefolgschaft verweigert. Damals schien Ypsilanti das Risiko zu hoch. Sie hätte nur eine Mehrheit von einer Stimme gehabt. Dann siegte Hybris über politische Vernunft. Bei der hessischen Neuwahl im Januar 2009 sackte die SPD um 13 Punkte auf 23,7 Prozent ab, so tief wie nie nach 1945. Der Wähler hat die Partei abgestraft. Die Linke hingegen sitzt erneut mit sechs Leuten im Landtag. Grüne und FDP haben so gut wie nie zuvor abgeschnitten. Die CDU stellt den Ministerpräsidenten. Die hessische SPD, die das Land 49 Jahre regierte, liegt am Boden. Lädiert ist auch die Bundespartei.

Kurt Beck warf im September 2008 den Parteivorsitz hin. Sein Nachfolger Franz Müntefering hatte acht Monate vor seiner Inthronisierung den Wortbruch noch gerügt. «Der Fehler ist gemacht», kritisierte er Beck in einem Strategiepapier. Nun gelte es, den Schaden zu begrenzen. Kaum hatte er das Kommando übernommen, sah die Schadensbegrenzung so aus: Erstens ließ er den hessischen Geisterwagen weiterrollen und tolerierte damit seinerseits den Wortbruch. Zweitens gab er allen Landesverbänden freie Fahrt für rot-grüne Bündnisse.

Kurt Beck war weg, das Problem ist geblieben: Wie hält es die SPD mit der Linken? Der Nachfolger hat keine anderen Antworten als sein Vorgänger. Er will sich Machtoptionen im Fünf-Parteien-System sichern, der Rest bleibt vage: Er glaube, formulierte Müntefering, dass es der Partei «sogar mehr hilft, denn schadet, wenn es gelingt, mehr sozialdemokratische Ministerpräsidenten zu stellen». Déjà-vu-Erlebnisse sind also nicht ausgeschlossen: im Saarland, in Nordrhein-Westfalen oder in Schleswig-Holstein.

Zumindest eine Botschaft ist angekommen: Wortbruch zahlt sich nicht aus. Mit anderen Schlüssen tut sich die Partei schwer. So blieb der Rat des SPD-Altvorderen Klaus von Dohnanyi ungehört: «Mit Parteien, die einen für das Land gefährlichen Unsinn vertreten, kann man nicht koalieren.»[71]

Ganz anderer Ansicht ist der Regierende Bürgermeister von Berlin. Klaus Wowereit verteidigte sogar den hessischen Weg. Man müsse «endlich mal dieses blöde Tabu wegkriegen». Er ließ sich im Juni 2001 mit Hilfe der PDS zum Chef des Roten Rathauses wählen. Nach Magdeburg und Schwerin installierte er in der einstigen Frontstadt das dritte Bündnis. Mittlerweile ist der Ruch des Unanständigen geschwunden.

Wowereit denkt nicht nur in den Grenzen seines Stadtstaates, er steht perspektivisch für eine neue Farbenlehre im Bund. Nicht ausgeschlossen, dass er 2013 von der SPD auf den Schild des Kanzlerkandidaten gehoben wird. Die Linke würde das begrüßen. Sie sieht in dem eloquenten Juristen, der sich zuletzt erkennbar mühte, seinen Ruf als «Partybürgermeister» loszuwerden, den Wegbereiter für eine «linke» Regierungsmehrheit. «Mit Menschen wie Wowereit», ließ der Linken-Multifunktionär Bodo Ramelow schon 2006 verlauten, sei das machbar. Schließlich habe der es in Berlin geschafft, «eine Integrationsfähigkeit jenseits der CDU zu organisieren».[72] Auch der linke Flügel in der SPD kann solchen Gedankenspielen viel abgewinnen. «Wenn der Altmännergeruch von Leuten wie Oskar Lafontaine erst mal weg ist – warum sollen die für uns nicht koalitionsfähig sein?», fragt der Europa-Fraktionschef Martin Schulz, der im SPD-Präsidium sitzt.[73] Für die Sozialdemokratie bleibt die Linkspartei ein wiederkehrendes Gespenst.

In Ostdeutschland, wo das Bündnisdilemma seinen Anfang nahm, ist keine andere Partei so schlecht aufgestellt wie die SPD. Ende 2008 hatte sie 38 100 Mitglieder – das entspricht 7,3 Prozent der Parteibasis. Doch da sind die Zahlen der von Ernst Reuter, Willy Brandt und Klaus Schütz geprägten West-Berliner Organisation enthalten. In den neuen Bundesländern allein sind es gerade einmal 22 200 Mitglieder – das entspricht vier Prozent der eingeschriebenen Genossen. In keinem Bundesland ist die SPD mitgliederstärker als die CDU oder die Linkspartei. In Brandenburg, mit knapp 6600 Genossen im Ost-Maßstab fast so etwas wie eine Hochburg, liegt sie mit der Union fast gleichauf. Die «männlichsten» SPD-Landesverbände sind Sachsen (Frauenanteil 24 Prozent) und Sachsen-Anhalt (27 Prozent). Im Osten ist es, als ob August Bebel sein berühmtes Buch «Die Frau und der Sozialismus» nie geschrieben hätte. Mag die SPD in Mecklenburg-Vorpommern auch den Ministerpräsidenten stellen: Sein Landesverband bietet ein Bild des Jammers. Auf 8,3 Quadratkilometer kommt ein Genosse, macht zusammen knapp 2800. Gut 21 800 Mitglieder hat der Landesverband Saar, obwohl das Saarland ein gutes Drittel weniger Einwohner zählt.

Dies verweist direkt auf das Kernproblem der Sozialdemokraten: Bevor die SPD zur westdeutschesten aller überregionalen Parteien wurde, war sie dort bärenstark, wo sie heute beklagenswert schwach ist. Ohne die Kernländer Sachsen und Thüringen lässt sich sozialdemokratische Geschichte überhaupt nicht schreiben. In

Leipzig gründete Ferdinand Lassalle 1863 den Allgemeinen Deutschen Arbeiterverein, den ersten Vorläufer der Partei. In Eisenach unterzeichneten 1869 August Bebel und Wilhelm Liebknecht die Gründungsurkunde der Sozialdemokratischen Arbeiterpartei, des zweiten Vorläufers der Partei, bis sich beide 1875 in Gotha vereinigten. 1890 gab man sich den Namen SPD und verabschiedete ein Jahr später das Erfurter Programm.

Als Willy Brandt nach dem Mauerfall die Geburtsstätten der Sozialdemokratie besuchte, hatte er Tränen in den Augen. Diese Tradition war für ihn noch lebendig. Trotz des «Gesetzes gegen die gemeingefährlichen Bestrebungen der Sozialdemokratie» von Otto von Bismarck, das zwölf Jahre bis September 1890 galt, zählte die sächsische SPD am Vorabend des Ersten Weltkriegs schon wieder mehr als 177 500 Mitglieder. Trotz SPD-Verbots im Juni 1933 und brutaler Verfolgung während der Nazi-Diktatur waren Ende 1945 wieder 407 600 Mitglieder in der SBZ organisiert, nur rund 110 000 weniger als heute in ganz Deutschland. Allein in Dresden bekannten sich im April 1946 rund 35 000 Bürger zur SPD.

Im Freistaat Sachsen hütet Landeschef Thomas Jurk, Vize-Premier und Wirtschaftsminister der schwarz-roten Koalition, mittlerweile weniger als 4300 sozialdemokratische Schäflein. Gelegentlich schwärmt er noch vom «roten Sachsen». Bei der Landtagswahl 1922 sammelte seine Partei 41,8 Prozent der Stimmen ein. Als zweitstärkste Kraft kam die Deutschnationale Volkspartei auf 19,0 Prozent, die KPD landete abgeschlagen bei 10,5 Prozent. Ohne die SPD ging nichts.

Im September 2004 musste SPD-Hirte Jurk ein Ergebnis von 9,8 Prozent verkraften. Noch nie nach 1945 hat die SPD bei einer Landtagswahl so schlecht abgeschnitten, selbst nicht in der bayerischen Diaspora, wo man 2008 mit 18,6 Prozent immerhin fast doppelt so stark war. Wenn die grüne Spitzenfrau Antje Hermenau über Koalitionen nachdenkt, gerät sie ins Grübeln: «Die sächsische SPD ist so schwach, dass bei dem Wunsch nach Rot-Grün in Sachsen frühestens unsere Enkel eine Aussicht auf Erfolg haben.»[74]

Die sozialdemokratische Tradition in Sachsen und ganz Ostdeutschland wurde von der SED eliminiert. Ungeachtet dessen muss die SPD bis heute die Häme der Linkspartei ertragen. Ausgerechnet der Konvertit Oskar Lafontaine behauptete im September 2008, die Wahrnehmung der SPD, sie sei mit der KPD zwangsvereinigt worden, zeuge von «völliger Unkenntnis». Nach 1945 hätten viele Sozialdemokraten die «Vereinigung der Arbeiterbewegung» selbst gewollt.

In der SPD gab es nach Lafontaines geschichtspolitischer Attacke nur ein kurzes Aufheulen – man wollte in Hessen die Stimmen der Linkspartei. Die Abgeordnete Metzger stoppte das Vabanquespiel auch deshalb, weil in ihrer Familie die Drangsalierung der Sozialdemokraten durch die SED noch in Erinnerung war. Wieder stand in der SPD Macht gegen Identität. Fritz Erler, eine der großen Gestalten der Nachkriegs-SPD, sagte mit dem Pathos der fünfziger Jahre: «Die Sozialdemokratie atmet nur auf einem Lungenflügel, solange ihre Hochburgen in Mitteldeutschland nicht wieder am Leben der Partei beteiligt sind.»[75] Brandts Enkel und viele Kinder der Enkel kümmert das nicht mehr, zumindest sind kaum ernsthafte Bestrebungen der ältesten Partei Deutschlands zu erkennen, den Lungenflügel wieder zum Atmen zu bringen.

Unter dem Aspekt des Machtgewinns, der aus Sicht der Parteizentralen an erster Stelle steht, ergibt sich ein anderes Bild. Nach dem Fehlstart im Jahr 1990 hat die SPD im Osten, gemessen am Zuspruch im Westen, vergleichsweise gut abgeschnitten. Im Jahr 2002 erzielte sie sogar bessere Ergebnisse: Bundestagswahl 1990: 35,7 Prozent im Westen, 24,3 Prozent im Osten (ergibt eine Differenz von 11,4 Prozentpunkten). Bundestagswahl 1994: 37,5 Prozent im Westen, 31,5 Prozent im Osten (Differenz: 6,0 Punkte). Bundestagswahl 1998: 42,3 Prozent im Westen, 35,1 Prozent im Osten (Differenz: 7,2 Punkte). Bundestagswahl 2002: West 38,3, 39,7 Prozent im Osten (Differenz: minus 1,4 Punkte). Bundestagswahl 2005: 35,1 Prozent im Westen, 30,4 Prozent im Osten (Differenz: 4,7 Punkte). Bemerkenswert: Bei den Wahlen ab 1998 lag die SPD im Osten klar vor der CDU. Ein klein wenig Rot schimmert noch.

Und immer wieder werden in der SPD ostdeutsche «Hoffnungsträger» ausgerufen. Dort, wo die Personaldecke extrem dünn ist, rutschen Politiker rasch in eine solche Rolle. Doch nirgendwo ver-

145

glühen Kometen schneller als am ostdeutschen Firmament. Die vier bekanntesten Gesichter der Ost-SPD wurden allesamt zu Hoffnungsträgern auserkoren. Nach wie vor nimmt das Quartett eine exponierte Rolle in der Partei sowie in der Bundespolitik ein. Wenn der Eindruck nicht täuscht, haben sie aber allesamt den Höhepunkt ihrer politischen Karriere hinter sich: Matthias Platzeck und Jens Bullerjahn sowie Wolfgang Tiefensee und Wolfgang Thierse.

Brandenburgs Ministerpräsident Platzeck, Jahrgang 1953, trat als Parteivorsitzender 147 Tage lang in die Fußstapfen von Kurt Schumacher, Erich Ollenhauer und Willy Brandt. Kurz vor dem Osterfest 2006 legte er das Amt nieder. Er hat zwei Rekorde aufgestellt: Er war der am kürzesten amtierende SPD-Chef der Nachkriegszeit und der «zweitbeste Genosse» – auf dem Karlsruher Bundesparteitag stimmten 512 von 515 Delegierten mit Ja. Das entsprach 99,4 Prozent. Besser war nur Schumacher 1947 und 1948.

Ausdrücklich bekannte sich Platzeck, der schon in der DDR des Jahres 1988 mit Gleichgesinnten eine Umweltschutz-Bürgerinitiative gegründet und nach dem politischen Umbruch am Runden Tisch mitgewirkt hatte, zu seinen ostdeutschen Wurzeln: «Ich habe die ersten 35 Jahre meines Lebens in einer vollständig anders organisierten Gesellschaftsordnung verbracht. Das ist nicht zu ändern. Und daran würde ich auch nichts ändern, selbst wenn ich es könnte.» Seine Rede enthielt auch etwas, was in der SPD außer Mode gekommen ist, nämlich einen Schuss Patriotismus: «Ich möchte mein Land, unser Deutschland, gegen kein anderes Land der Welt eintauschen.»

Platzeck, ein Ingenieur, war die sozialdemokratische Antwort auf Angela Merkel. Im Jahr 2005, auf dem Höhepunkt der Proteste gegen die Sozialstaatsreformen, schienen die unideologischen Pragmatiker, die sich keinem innerparteilichen Flügel zuordnen ließen, die Politiker der Stunde. Doch ausgerechnet Platzecks Vorgänger und Nachfolger, Bundesarbeitsminister Franz Müntefering, machte ihm das Leben als Parteichef schwer. Nach zwei Hörstürzen sowie einem Kreislauf- und Nervenzusammenbruch beendete Platzeck die Passion: «Ich habe meine Kräfte überschätzt.»

Platzeck eng verbunden ist Sachsen-Anhalts Vize-Regierungschef Jens Bullerjahn, der mit dem Brandenburger Freund das Leitbild eines «vorsorgenden Sozialstaates» teilt. Die Idee ist interessant: Der Sozialstaat soll weniger Reparaturbetrieb als vielmehr Prophylaxestation sein. Das kann bedeuten, dass sich der Staat zum Beispiel in elterliche Erziehungsaufgaben einmischt, wenn Kindern wegen mangelhafter Förderung eine dauerhafte Benachteiligung in der Gesellschaft droht. Das Konzept vom «vorsorgenden Sozialstaat» ist in der SPD verkümmert, selbst wenn es Einzug in das Hamburger Programm von 2007 gefunden hat. Bergmannssohn Bullerjahn, der als Finanzminister in Magdeburg einen harten Sparkurs fährt, verlor unter Kurt Beck im Rahmen einer Verkleinerung des Parteivorstandes seinen Stellvertreterposten. Dabei hat er sich wie kein zweiter Genosse mit der Zukunft des Ostens beschäftigt und dafür eine eigene «Agenda 2020» entwickelt. Diese Expertise verschmäht die Partei. Der gelernte Elektromonteur, Jahrgang 1962, ist Verfechter einer Fusion der Länder Sachsen, Thüringen und Sachsen-Anhalt. Wie Platzeck hatte er mit einer längeren Krankheit zu kämpfen; seine bundespolitischen Ambitionen hat er aufgegeben.

Bundesverkehrsminister Wolfgang Tiefensee, designierter Chef des marginalisierten «Forums Ostdeutschland der Sozialdemokratie», erscheint vor allem in den Schlagzeilen, wenn sich Deutschland wieder einmal über eine Affäre von Bahnchef Helmut Mehdorn aufregt. Dann fordert der Ressortchef den Lenker des Staatskonzerns regelmäßig auf, für Klarheit zu sorgen. Berüchtigt ist der von Tiefensee errichtete «Friedhof der Staatssekretäre». Schon sechs Spitzenbeamte seines Hauses versetzte er seit seinem Amtsantritt Ende 2005 in den einstweiligen Ruhestand. Oft hatten die hochdotierten Frühpensionäre ihren Kopf für die Fehler anderer hinhalten müssen. Schon als Leipziger Oberbürgermeister fiel der musikalische Katholik durch seinen egozentrischen Führungsstil auf. Bundesweiten Bekanntheitsgrad erlangte Tiefensee im Frühjahr 2003 mit einem Cellosolo, das Leipzigs Bewerbung für Olympia 2012 begleitete. Die Kandidatur endete in Stasi- und Finanzaffären. Sein Wechsel nach Berlin, wo er auch für den «Aufbau Ost» zuständig ist, galt im hochverschuldeten Leipzig als Flucht.

Das «frechste Mundwerk Ostdeutschlands» fand Anfang 1990 zur SPD. Wolfgang Thierse, Jahrgang 1943, hat es in der Politik unter allen gelernten DDR-Bürgern am weitesten gebracht – als Bundestagspräsident ins zweithöchste Staatsamt. Als die CDU im Oktober 2005 den Posten mit Norbert Lammert besetzte, blieb Thierse Stellvertreter, ein Sonderfall im Parlamentsbetrieb. Wie Tiefensee ist der studierte Germanist Thierse Katholik. In der SPD zählt er zum linken Flügel. Als einer der ersten Ostdeutschen plädierte er für rot-rote Bündnisse. Wenig Gefallen fanden einige Genossen 1996 an seinem Thesenpapier, in dem zu lesen war: «Im Zuge des Transformationsprozesses sind neue Probleme entstanden, die das politische und gesellschaftliche Verhalten der Menschen in Ostdeutschland heute ebenso prägen wie die Auswirkungen der SED-Herrschaft.» Später sorgte seine Analyse, dass der Osten «auf der Kippe» steht, für Furore.

Der bekannteste SPD-Politiker, der mittlerweile im Osten seine politische Heimat gefunden hat, stammt aus dem Westen. Im Sommer 2007 bekamen die Genossen im Ortsverein der 4300 Einwohner zählenden Gemeinde Kirchmöser willkommene Verstärkung. Als Mitglied Nummer 19 schrieb sich Frank-Walter Steinmeier ein. Der Außenminister, damals noch nicht Kanzlerkandidat, will von hier aus erstmals in den Bundestag einziehen. Das ehemalige Bauerndorf Kirchmöser, ein Ortsteil der Stadt Brandenburg an der Havel, hat einen Wasserturm, eine schmucke neue Brücke und liebevoll restaurierte historische Fabrikgebäude. Auf der Homepage ist nachzulesen, was sich die örtlichen Unternehmer von Steinmeier erwarten: «vor allem neue Chancen, dem Standort mehr internationales Gewicht zu verleihen». Der Außenminister ist der gute Botschafter von Kirchmöser, das aber nicht allein aus altruistischen Gründen: Er möchte sein Image als kalter Technokrat loswerden und stärker als Parteimensch mit Seele wahrgenommen werden.

Gemeinsam mit Parteichef Müntefering ist es Frank-Walter Steinmeier vorerst gelungen, die Flügelkämpfe in der Zankpartei beizulegen. Auf einem Parteitag im Berliner Estrel-Hotel im Dezember 2008 zitierte Steinmeier in einer einstündigen Rede Willy Brandt, um den Seinen Mut zu machen. «Sozialdemokratie ohne

Hoffnung ist wie Kirche ohne Glauben», sagte er. Unter der Formel «wachstumsstarke Solidargesellschaft» brachte er vieles unter einen Hut: Agenda-Reformen und Schutz des Sozialstaates, Große Koalition und den angestrebten Regierungswechsel in Berlin. Steinmeier geht für seine Partei als Außenseiter ins Rennen. Was aus ihm wird, wenn er gegen Merkel unterliegt, steht in den Sternen. Vielleicht bleibt er Vizekanzler einer Großen Koalition, vielleicht wird er Oppositionsführer. Vielleicht sucht sich die Partei einen neuen Spitzenmann. Vielleicht verliert sogar der Ortsverein Kirchmöser sein prominentes Mitglied wieder. Die Zukunft der SPD ist ungewisser denn je.

Neue Linke auf alten Pfaden

Es war ein Stakkato der Parolen, eine mit aggressiver Leidenschaft gehaltene Rede. In ihr wurden zitiert: Theodor W. Adorno, Reichskanzler Max von Baden, Willy Brandt, Friedrich Ebert, Friedrich Engels, Johann Wolfgang von Goethe, Michail Gorbatschow, der Brecht-Schüler Peter Hacks, Sebastian Haffner, Max Horkheimer, Karl Liebknecht, Rosa Luxemburg, Karl Marx und der Industriepionier Werner von Siemens. Ferner das Godesberger Programm der SPD, die Freiburger Thesen der FDP und das Kommunistische Manifest.

Die Botschaft der fulminanten Ansprache, die immer wieder von starkem Beifall unterbrochen wurde, kulminierte in einer dem deutsch-jüdischen Philosophen Walter Benjamin entlehnten Metapher: «Wir haben den Wind der Geschichte in unseren Segeln», feuerte ein entfesselter Oskar Lafontaine am 24. Mai 2008 die 562 Delegierten in der stimmungsvoll abgedunkelten Cottbuser Messehalle an. Hinter ihm leuchtete in großen weißen Lettern auf rotem Grund: «Widerstehen. Sagen, was ist. Die Politik verändern.» Die Linke hatte knapp ein Jahr nach der Fusion von PDS und WASG zu ihrem ersten Parteitag geladen. Ein neues Kapitel in der politischen Chronik der Bundesrepublik wurde aufgeschlagen. Im Umkreis von 70 Kilometern gab es kein freies Hotelbett mehr.

Vor Lafontaine hatte der andere Parteichef gesprochen. Es war eine für Lothar Bisky typische Rede, bedächtig, ohne Höhen und Tiefen, vom Blatt abgelesen. Sein Gesicht verfärbte sich nicht rot vor lauter Anspannung. Der ehemalige SED-Kulturkader, zuletzt Rektor der Potsdamer Hochschule für Film und Fernsehen, kam mit Jürgen Habermas, Immanuel Kant und Gerhard Schröder aus. Er erwähnte noch den sorbischen Schriftsteller Juri Brezan. Bisky referierte über die ungebrochene Erwerbsneigung ostdeutscher Frauen und die gedeihliche Mitgliederwerbung auf der Hochseeinsel Helgoland. Er berichtete von der Aktion «Senftenberg liest». Er erklärte, die deutsche Linke habe viele Jahre die Solidarität linker Parteien in Europa genossen und werde diese nun in guten Zeiten zurückgeben. Verhaltener Beifall.

Bei Lafontaine, der erst die drastische Selbstmarginalisierung der Schwesterparteien in Italien, Spanien und Frankreich geschildert hatte, überschlug sich die Stimme: «Viele in Europa blicken jetzt auf uns und hoffen und bangen mit uns, dass dieses Projekt, die Linke in Deutschland, zum Erfolg geführt wird. Wir tragen nicht nur nationale Verantwortung, wir tragen europäische Verantwortung!» Der Saal kochte.

Ganz vorn in Europa, und der Wind der Geschichte sorgt für Fahrt: Wann hat jemals eine Partei links von der SPD derart vor Selbstbewusstsein gestrotzt? Dazu muss man tief in den Keller der Vergangenheit steigen. Dort stößt man auf die von SPD-Abtrünnigen gegen Ende des Ersten Weltkriegs gegründete USPD, der Max Hoelz, Karl Kautsky, Franz Mehring, Wilhelm Pieck, Ernst Reuter, Ernst Thälmann und Clara Zetkin sowie Rosa Luxemburg und Karl Liebknecht angehörten. Bei der Reichstagswahl im Juni 1920 kam die USPD auf 18,8 Prozent, die SPD landete bei 21,6 Prozent. Doch die sozialdemokratische Abspaltung zerbrach an Grabenkämpfen.

Die KPD, die im ersten deutschen Bundestag 15 Abgeordnete stellte, hatte sich noch selbst zerlegt. Ihr Verbot im Jahr 1956 war überflüssig. Rot war tot, die 1968 gegründete DKP, eine von Ost-Berlin gepäppelte Marionettenpartei, brachte es bei keiner Bundestagswahl auf 200000 Stimmen. Dann kam Lafontaine. Mit einem scharfen Konfrontationskurs zur SPD führte deren einstiger Chef die Linke zu ungeahnten Höhen. 8,7 Prozent, gut 4,1 Millionen Zweitstimmen bei der vorgezogenen Bundestagswahl 2005. Fast aus dem Stand heraus erzielte die Partei im Westen 4,9 Prozent. Ein Ruck ging durch das Land, ein Linksruck.

Dabei hatte man der Vorgängerin PDS schon das Totenglöckchen geläutet. 1990 und 1994 zog sie nur dank einer Sonderregelung in den Bonner Bundestag ein. Es reichte, die Fünf-Prozent-Hürde im Osten zu nehmen. 1998 endete die Zitterpartie mit 5,1 Prozent. Vier Jahre später zogen nach miserablen vier Prozent nur zwei direkt gewählte Abgeordnete ins Hohe Haus ein. Dort lernten Gesine Lötzsch und Petra Pau die Einsamkeit von Hinterbänklern ohne Fraktionsstatus kennen, bei Übertragungen schwenkte die Kamera manchmal mitleidvoll zu ihren Plätzen am hinteren Rand des Abgeordnetenrundes. Viele Beobachter frohlockten: Für die PDS, vorgestrig wie die DDR, sei im Parteiengefüge kein Platz. Vielleicht könne sie sich noch eine Weile als Regionalpartei halten, schrieben die Leitartikler – als Kummerkasten im Beitrittsgebiet, aber das Zeug zur CSU des Ostens habe sie nicht.

Dann beschenkte Gerhard Schröder die PDS mit seiner Agenda 2010 reich. Die Reform trieb ihr in den neuen Ländern Wähler zu und bescherte ihr einen Bündnispartner, der vor allem im Westen agierte: die neugegründete WASG, die Wahlalternative für Arbeit und Gerechtigkeit. Ihr trat Lafontaine im Juni 2005 bei – um die große PDS zu entern. Der Machtmensch, in dem Willy Brandt eine «gelungene Mischung aus Napoleon und Mussolini» erkannte, wusste: Sein Weg zurück ins Rampenlicht der Republik führt über den Osten. Das entbehrte nicht der Ironie. Denn die Revolution in der DDR war Lafontaine suspekt, die Menschen im Osten waren ihm fremd.

Mit der Wiedervereinigung änderten sich die Lebensumstände radikal – für die Ostdeutschen. Für die Westdeutschen blieb, abgesehen vom Solidaritätszuschlag, fast alles beim Alten. Die Ankunft der parteipolitischen Hinterlassenschaft des real existierenden Sozialismus änderte das gründlich: Seit dem Einzug der durch eine westdeutsche Mini-Partei aufgewerteten PDS in die Landtage von Bremen, Niedersachsen, Hessen und Hamburg existiert erstmals seit mehr als einem halben Jahrhundert wieder eine ernstzunehmende linkssozialistische Kraft mit gesamtdeutschem Anspruch. Dabei übt die Linke mehr Einfluss aus, als es ihrem Prozentanteil entspricht. Ihre Forderungen – unter anderem die Rücknahme der Agenda 2010 – und ihr Erfolg irritierten die anderen Parteien. Selbst der Marktliberale Guido Westerwelle musste lernen, soziale Gerechtigkeit zu buchstabieren. «Regiert Oskar Lafontaine schon?», fragte die «Frankfurter Allgemeine» besorgt vor Cottbus. Der erklärte: «Wir zeigen gerade, dass man aus der Opposition heraus regieren kann.»[76]

In einem Punkt ist die Linke schon die stärkste der Parteien – bezogen auf ihren Frauenanteil von fast 40 Prozent. Nach der Mitgliederzahl steht sie hinter CDU, SPD und CSU immerhin auf Platz vier. Ende 2008 zählte die Linke gut 76000 Genossen, rund 50000 im Osten und 26000 im Westen. Damit steht sie zwar auf zwei Beinen, doch nicht sonderlich stabil. Denn die Beine sind ungleich lang. In den neuen Ländern und Berlin haben 30 von 10000 Bürgern ihr Parteibuch, in den alten Ländern lediglich vier. Gleichwohl gedeiht die Linke im Westen prächtig. Im Osten verkümmert sie. Dort hat sie seit 1991 mehr als 120000 Mitglieder verloren. Die Schrumpfkur hat sich seit der Fusion mit der WASG verlangsamt, doch bei der Schwindsucht ist es geblieben. In den ersten drei Quartalen 2008 verzeichnete die Partei im Osten ein Minus von 600 Mitgliedern, während der Westen ein Plus von 4900 meldete.[77] Würde das Wachsen und Schrumpfen so weitergehen, stünde die Partei im Jahr 2012 auf zwei gleich starken Beinen.

Aber selbst im Karl-Liebknecht-Haus glaubt kaum jemand, dass der Aufholprozess West seine Dynamik behält. In Baden-Württemberg und Bayern zum Beispiel schimmert das Dunkelrot matt. Dort könnte man sämtliche Parteimitglieder leicht auf einem größeren Dorfmarktplatz unterbringen. Wo die Bundesrepublik am erfolgreichsten und vielleicht auch am bürgerlichsten ist, bekommt die Linke keinen Fuß auf den Boden. Eine auffällige Sonderstellung nimmt die Saarlinke ein. Im Juli 2008 sorgte der Landesverband für Schlagzeilen, als ihm 221 Busfahrer auf einen Schlag beitraten. In Lafontaines Heimattruppe waren im September 2008 schon 27 von

10 000 Saarländern und damit siebenmal mehr als im Westen üblich eingeschrieben. Damit hatte sie, kaum zu glauben, mit Sachsen-Anhalt (24 Mitglieder je 10 000 Bürger) sogar den ersten ostdeutschen Landesverband überflügelt. Im Osten stehen aber noch die stärksten Bastionen der Linken – in Mecklenburg-Vorpommern (35) und in Brandenburg (36). Nach der Mitgliederzahl liegt Sachsen mit 12 800 Genossen vorn, gefolgt von Berlin mit 9400. Sachsen und Berlin – das sind knapp 30 Prozent der gesamten Parteibasis. Allerdings schimmert im Osten das Dunkelrot grau. Dort ist nicht der ungebändigte Kapitalismus, sondern die Gerontokratie der Hauptfeind der Partei. Das Durchschnittsalter liegt bei knapp unter 70 Jahren (West: unter 50 Jahren). Einige Mitglieder haben noch die Zwangsvereinigung von KPD und SPD im Jahr 1946 miterlebt, die meisten Aufstieg und Fall von SED und SED/PDS hinter sich gebracht. Solchen Genossen muss immer häufiger die letzte Ehre erwiesen werden.

Nach Ost und West unterscheidet sich auch die Wählerschaft der Linken. Zwar eint die Anhänger der Umstand, dass sie sich Sorgen machen – größere als der sogenannte Durchschnittsbürger. Doch nach einer Studie, die das Deutsche Institut für Wirtschaftsforschung Berlin im Oktober 2008 veröffentlichte,[78] liegt selbst in dieser Gemeinsamkeit Trennendes. Der typische Linken-Anhänger im Osten sorgt sich zunächst um die allgemeine wirtschaftliche Entwicklung, dann um den Frieden und erst an dritter Stelle um die eigene soziale Lage. Im Westen, wo der potenzielle Wähler stärker ideologisiert ist als im Osten, steht die Angst um die Sicherheit des eigenen Arbeitsplatzes ganz vorn. In Deutschland-Ost gehört die größte Gruppe der Sympathisanten der gehobenen Mittelschicht an, in Deutschland-West der unteren Mittelschicht.

Nicht etwa Prekariat und Proletariat blasen Wind ins Segel der Geschichte, mehrheitlich sind es «Aufsteiger», die das Schiff der Linken vorantreiben. Ihr Anteil ist höher als bei jeder anderen Bundestagspartei. Am meisten Kopfzerbrechen bereitet den linken Parteistrategen allerdings die im Westen rare Spezies des Stammwählers. Während im Osten auf 30 Prozent aller Parteianhänger Verlass war, brachte man es 2008 im Westen auf eine Sympathisantenschar von drei Prozent. Dauerhaften Erfolg garantiert das nicht, auch wenn es bisher gut lief. Die Abgeordneten der Linken sitzen im Europäischen Parlament, im Bundestag und in zehn Landtagen. Damit hielt die Partei im Februar 2009 fast jedes zehnte der insgesamt 2534 Mandate, die bundesweit zu vergeben sind. Die Reihenfolge: SPD (825 Sitze), CDU (798 Sitze), Linke (242 Sitze), CSU (235 Sitze), Grüne (206 Sitze) und FDP (200 Sitze).

«Nichts ist erfolgreicher als der Erfolg», feiert Oskar Lafontaine den Marsch in die Parlamente. Den Delegierten auf dem Cottbuser Parteitag rief er zu, die Linke sei «das erfolgreichste Parteiprojekt der letzten Jahrzehnte». Dem «Projekt» gehören indes so viele Strömungen an, dass jederzeit erbitterte Flügelkämpfe ausbrechen können. Deshalb kommt man ohne ein Programm aus, höchst ungewöhnlich für eine linke Partei. Bisky behauptet, die Linke sei «erfolgreich gegen den tödlichen Spaltpilz geimpft». Dabei hört er sich wie ein Magier an, der ein Gespenst bannen will, das in seiner Partei umgeht. Im Angebot sind «Programmatische Eckpunkte», die sich durch buntschillernde Unschärfe auszeichnen. Man will eine Partei sein, «wie es sie in Deutschland noch nicht gab – Linke einigend, demokratisch und sozial, ökologisch, feministisch und antipatriarchal, offen und plural, streitbar und tolerant, antirassistisch und antifaschistisch, eine konsequente Friedenspolitik verfolgend». Ein Parteiprogramm steht frühestens 2010 auf der Agenda. Lafontaine hat eine erste Vorgabe gemacht: Es soll «zwei bis drei Passagen aus dem Kommunistischen Manifest» enthalten.[79]

Mit der programmatischen Armut korrespondiert die Maßlosigkeit linker Patentrezepte zur Weltverbesserung. Einige davon stehen im Cottbuser Leitantrag, der Lafontaines Handschrift trägt. Eine große Wundertüte: die Rückkehr zur alten Rentenformel, kürzere Arbeitszeit bei vollem Lohnausgleich, ein gesetzlicher Mindestlohn von zehn Euro. Um das alles zu finanzieren, will Lafontaine die Steuer- und Abgabenlast «der Reichen» um 120 Milliarden Euro erhöhen. Gemessen etwa am Bundeshaushalt 2008 mit mehr als 280 Milliarden Euro ist das ein gigantischer Betrag. Davon soll ein Investitionsprogramm von 50 Milliarden Euro pro Jahr finanziert werden. Genau diese Idee trieb parteiintern ostdeutsche Finanzexperten und Realpolitiker, die von orthodoxen Umverteilungsphantasien geheilt sind, auf die Barrikaden. Als «zutiefst unseriös» tadelten sie die Pläne in einem Brandbrief an den Vorstand. Dafür stünden «schlichtweg keine Finanzmittel zur Verfügung». Seitdem sind Lafontaines Luftschlösser sprichwörtlich. Lothar Bisky wurde in Cottbus mit 81,3 Prozent als Parteichef bestätigt. Ein respektables Ergebnis. Lafontaine hingegen bekam den Unmut der Delegierten zu spüren: 78,5 Prozent Ja-Stimmen waren ein Dämpfer, fast zehn Prozentpunkte weniger als bei der Fusion im Jahr zuvor. Er hatte wohl 85 plus x erwartet, insgeheim vielleicht sogar auf 90 Prozent gehofft. Schon am Anfang seiner mitreißenden Rede musste sich der Saarländer allerdings gegen den Vorwurf wehren, er sei als Vorsitzender ein Alleinherrscher, gar ein Stalinist. Der «Stern» hatte die Stimmung unter Ost-Genossen erkundet und die «Diktatur des Oskariats» geschildert. Der Parteichef wütete und versicherte, die Linke sei eine demokratische Partei. Bevor er dann auf den Wind der Geschichte und richtig gesetzte Segel zu sprechen kam, war noch ein zweiter Satz nötig. «Wir sind an diesem Tag besonders die Partei von Gregor Gysi», sagte Lafontaine, «die Angriffe der Öffentlichkeit auf ihn weisen wir ganz entschieden zurück!»

Gregor Gysi, der mit Lafontaine der Bundestagsfraktion vorsteht, war wieder einmal in Bedrängnis. Ohne den begnadeten Selbstdarsteller und Talkshowkönig wäre der Erfolg der Linken bei der Bundestagswahl 2005 nicht denkbar gewesen. Dabei hatte sich Gysi Anfang des Jahres schon verabschiedet: Nach einem Herzinfarkt und einer Gehirnoperation, der ein zweiter Herzinfarkt folgte, wollte er kürzertreten. Doch dann wurde der Bundestag vorzeitig aufgelöst, und Lafontaine, nach 39 Jahren aus der SPD ausgetreten, bot an, bei einem Linksbündnis mitzumachen. Gysi, der mit seiner Strategie der Westausdehnung der PDS gescheitert war, erkannte die günstige Gelegenheit. Er trat im Osten als Spitzenkandidat an, Lafontaine im Westen. Seitdem präsentieren sich die beiden Egomanen, der eine eher intellektueller Schwadroneur, der andere eher derber Genussmensch, als harmonisches Führungsduo. Ihre Büros im Bundestag liegen nebeneinander, eine Durchgangstür verbindet sie. Im Plenum sitzen sie in der zweiten Reihe, der Einzelplatz in der ersten Reihe bleibt leer. So kann nicht der Eindruck entstehen, es gäbe eine Nummer eins und eine Nummer zwei. In Cottbus war das anders. Schuld daran waren neue Stasi-Vorwürfe gegen Gregor Gysi. Der Anwalt war schon 1992 in Verdacht geraten, Zuträger gewesen zu sein. Seitdem hat sich für ihn die Faktenlage nicht gebessert. Kurz vor dem Parteitag gab es wieder einmal neues Material. Zwar nur fünf Blatt Papier, die waren jedoch von solcher Brisanz, dass Gysi versucht hatte, der Birthler-Behörde die Herausgabe per Gericht zu untersagen. Als ihm auch in zweiter Instanz eine Niederlage drohte, machte er einen Rückzieher. Die Unterlagen geben Auskunft über ein Treffen im Jahr 1979 bei Robert Havemann in Grünheide. Teilnehmer waren: der Regimegegner selbst, Ehefrau Katja, der Schriftsteller Thomas Erwin und Gregor Gysi. Nach den MfS-Dokumenten nahm «der IM» Thomas Erwin in seinem Auto mit zurück nach Berlin. Erwin, der heute Klingenstein heißt, erklärte, Gysi habe ihn mitgenommen. Gysis Erläuterungen, warum er nicht der IM gewesen sein könne, klangen wenig überzeugend. In Cottbus war der Liebling der Partei von der Rolle und ließ sich stundenlang nicht im Plenum sehen.

Die Linke wird den Geruch der Diktaturpartei nicht los, mag Lafontaine auch «von ollen Kamellen» sprechen und von dem Versuch, «uns die alten Geschichten an die Backe zu kleben». Die Partei steuert dagegen, indem sie sich nach viermaliger Umbenennung wechselweise zur «neuen» oder zur «jüngsten» Partei stilisiert, im Oktober 2008 sogar per Vorstandsukas. Er galt einer Geschichtskonferenz mit dem staatstragenden Titel «60 Jahre Grundgesetz – offen für eine neue soziale Idee». Man will sich als geläuterte Kraft präsentieren. Der Beschluss zeigte, was die Partei fürchtet: «Verschiedene Jahrestage» bis hin zum zwanzigsten der Wiedervereinigung würden «absehbar» instrumentalisiert, und zwar mit Hilfe «systematischer Ausblendung der in der PDS stattgefundenen Auseinandersetzung um die eigene Geschichte».[80] Die vorausschauende Offensive war nicht neu: 2001, kurz vor dem 40. Jahrestag des Mauerbaus, erklärte der Parteivorstand, die PDS habe «sich vom Stalinismus der SED unwiderruflich befreit». Der Betonkopf-Fraktion bei den Linkssozialisten sind solche Distanzierungen regelmäßig suspekt. Die anderen Genossen halten es meist dialektisch mit der Diktaturgeschichte. Die Auseinandersetzung damit wird ständig reklamiert – allerdings vor allem, um die Vergangenheit besser bewahren zu können.

Schon der Blick aufs Spitzenpersonal lässt erkennen, dass die Linke noch jedem Stasi-Spitzel eine Heimat bietet. Allein im 16. Deutschen Bundestag (2005–2009) weisen sechs der 53 Abgeordneten eine – juristisch vorsichtig formuliert – große Nähe zum ehemaligen Staatssicherheitsministerium auf. Die Fraktion ist stärker mit Mielkes Leuten durchsetzt, als es prozentual gesehen die DDR-Bevölkerung war, im Öffentlichen Dienst hätten einige dieser Parlamentarier keine Chance gehabt.

Selbst Westdeutsche haben nicht zwangsläufig eine weiße Weste. Diether Dehm, Jahrgang 1950, dichtete einst als Rockmanager und Barde SPD-Hymnen («Das weiche Wasser bricht den Stein»), organisierte Konzerte gegen Nachrüstung, managte Katarina Witt und saß im Bundesvorstand der Sozialdemokraten. 1998 lief er nach 33 Jahren zur PDS über. Die nahm ihn auf und machte ihn zum Parteivize. Den Posten musste er 2003 räumen – Dehm hatte die Realos allzu energisch bekämpft und allzu forsch die Enteignung der Banken gefordert. Schon im Alter von 20 Jahren war Dehm während seiner Ferien in einem DDR-Jugendlager von einem MfS-Mitarbeiter angesprochen worden. Ein Jahr später erklärte er laut Akte seine Bereitschaft zur Kooperation. Seit 1996 darf man ihn «Stasi-Informant» nennen. Dazu bedurfte es allerdings einer Gerichtsentscheidung. Trotzdem bestreitet der Abgeordnete unverdrossen seine inoffizielle Karriere. In seiner 400 Seiten dicken Akte ist zu lesen: «Auf eigenen Wunsch wählte sich der IM den Decknamen ‹Willy›». Zwischen 1971 und 1978 gab der Spitzel Auskunft über SPD-Genossen und auch über Wolf Biermann. Während er für den Liedermacher Konzerte organisierte, wertete die Stasi seine Berichte aus: «Biermann benimmt sich ... wie ein politisches Kind ...»[81] Biermann nannte Dehm «halsbrecherisch clever».

Dehm, europapolitischer Sprecher der Linksfraktion, steht dem niedersächsischen Landesverband vor. In dieser Funktion verhalf er dem DKP-Mitglied Christel Wegner zu einem Listenplatz der Linken bei der Landtagswahl. Die Kommunistin plädierte Anfang 2008 für «revolutionären Umsturz» und einen neuen Stasi-ähnlichen Geheimdienst. Künstleragent Dehm mahnte seinen Schützling zu öffentlicher Reue: «Hör zu, es wäre gut, du würdest denen da irgendeine Erklärung geben.»[82] Wegner verweigerte die Canossa-Geste und wurde auf Druck der Berliner Zentrale aus der Fraktion ausgeschlossen. Ihr Landtagsmandat gab sie nicht zurück – es ist bislang das einzige Mandat, das ein aktives Mitglied der DKP errungen hat.

Der niedersächsische Linksfraktionschef Manfred Sohn kennt die DKP aus früheren Zeiten, als er dem Parteivorstand angehörte. Noch 2006 ärgerte er sich, dass sofort die SED-Keule zum Einsatz komme, sobald eine «ungewohnte schlichte Wahrheit» ausgesprochen werde – «dass die DDR über vierzig Jahre lang der friedlichere und sozial gerechtere Teil Deutschlands war».

Ebenso wie Dehm bestreitet Fraktionskollege Roland Claus eine Stasi-Verstrickung. Sein Weg führte über die Staatsjugend FDJ, für die er als hauptamtlicher Bezirkssekretär in Halle wirkte, auf den Spitzenposten als 1. Sekretär der SED-Bezirksleitung im Herbst 1989. Die Auslandsspionageabteilung HVA führte ihn zwischen 1977 und 1985 als IM «Peter Arendt». Sie nutzte Claus laut Unterlagen «zur Erarbeitung von Kaderhinweisen» und schätzte ihn «in seiner Arbeit als IM als positiv» ein. «Eine Tätigkeit für die HVA des MfS habe ich weder angestrebt noch ausgeführt», teilte der Spitzenpolitiker mit, als das herauskam. Der Bundestags-Immunitätsausschuss hingegen sah mehrheitlich die Spitzelei als erwiesen an.[83] Anders als Dehm ist Claus bekennender Realo. Zu einer Geste mit Seltenheitswert für einen Linkspartei-Politiker fand er in einem «Phoenix»-Talk im Herbst 2008: Einem Stasi-Opfer gestand Claus, er fühle sich «beschämt», weil er für die Verhältnisse in der DDR mitverantwortlich gewesen sei.[84]

Der Abgeordnete Lutz Heilmann, der erste hauptamtliche MfS-Mann im Hohen Haus, hat seine Vergangenheit wie kein anderer publik gemacht – allerdings unfreiwillig. Weil das Online-Lexikon Wikipedia, wie er fand, Unwahres über ihn verbreitete, ließ er im

November 2008 den deutschen Zugang gerichtlich sperren, sehr zum Verdruss der User. In nur zwei Tagen verzeichnete der Eintrag, der über einen Server in den USA weiter abrufbar war, eine halbe Million Klicks – Rekord für einen Hinterbänkler. Er habe wohl «zu kurz gedacht und die Folgen nicht überschaut», entschuldigte sich Heilmann und ließ die Sperrung kleinlaut aufheben. «Stasi-Mann blockiert die virtuelle Welt» – solche und ähnliche Schlagzeilen missfielen den Genossen. Bundestagsvizepräsidentin Petra Pau ging hart mit dem Kollegen ins Gericht: «Wir kämpfen seit Jahren gegen immer wieder mal geäußerte Bestrebungen, das Internet zu zensieren.» Der in der Schwulenbewegung engagierte Heilmann stammt aus Sachsen, baute in Mecklenburg-Vorpommern den PDS-Jugendverband auf und zog schließlich als einziger Kandidat der Landesliste Schleswig-Holstein in den Bundestag. Obwohl auf seiner Internetseite in eigener Sache detailfreudig – «1967–1973 Besuch der Kinderkrippe/des Kindergartens» –, hatte er seine Beschäftigung als Personenschützer beim MfS verschwiegen. Sein Landesverband fühlte sich getäuscht. Einen Misstrauensantrag überstand er knapp: 47 Stimmen für Heilmann, 42 gegen ihn.

Zum unendlichen Kapitel «Partei der Spitzel», wie manche das Kürzel PDS auflösen, gehört auch eine Rarität: der Mandatsverzicht. Kaum gewählt, zog sich die Bundestagsabgeordnete Kerstin Kaiser 1994 wieder zurück, allerdings erst, nachdem 24 Fraktionskollegen sie dazu aufgefordert hatten. Der Schriftsteller Stefan Heym erklärte sogar, er werde nicht neben Kaiser im Bundestag Platz nehmen. Zwar hatte die Genossin «Kontakte» zum MfS eingeräumt, aber ihre aktive Mitarbeit verschwiegen. Unter dem Decknamen «Kathrin» denunzierte Kaiser während des Studiums in Leningrad reihenweise Kommilitonen, etwa wegen des Tragens von «unsauberen Jeans» oder weil sie Westsender einschalteten. «Zeugnisse kleingeistiger Petzerei», befanden Zeitungen – aber nützlich für die spätere Karriere als Russisch-Dozentin an der Parteihochschule des SED-Zentralkomitees.

Nach einer Warteschleife meldete sich Kaiser 1999 als Mandatsanwärterin zurück und zog prompt in den Brandenburger Landtag ein. 2005 rückte sie an die Spitze der Fraktion. Mit Widerspruch des

Brandenburger Linkspartei-Chefs Thomas Nord war nicht zu rechnen – als Jugendclub-Leiter in Ost-Berlin stand dieser selbst in inoffiziellen MfS-Diensten. Die Landtagswahl im September 2009 möchte Kaiser für den nächsten Karriereschritt nutzen: «Ich habe die Herausforderung als Spitzenkandidatin angenommen und will Ministerpräsidentin werden.»[85] Auf einer Delegiertenversammlung erklärte sie Genossen den perfekten Umgang mit der Geschichte: «Wir haben gelernt, dass es allemal besser ist, die Dinge zu benennen, als sie unter den Teppich zu kehren. Wir haben dabei Federn gelassen und uns trotzdem kein dickes Fell zugelegt.»[86]

Mit solchen Sätzen soll das nebenberufliche Denunziantentum als Teil «ostdeutscher Biographien» salonfähig gemacht werden. Kaisers Karriereknick war ein Versuch der PDS vorausgegangen, den lästigen Enthüllungen anders als durch Wegsehen zu begegnen. 1991 verabschiedete der zweite Parteitag eine Resolution «Zur konsequenten offenen und öffentlichen Auseinandersetzung der PDS mit der Problematik Staatssicherheit». Einstige MfS-Mitarbeiter, die sich um Mandate oder Parteiämter bewarben, sollten sich der Partei offenbaren – bei Verstößen sollten die Gremien über Mandatsentzug entscheiden. Daraufhin musste der Berliner PDS-Chef Wolfram Adolphi zurücktreten. Sein Nachfolger wurde André Brie, der Adolphis Unehrlichkeit scharf kritisiert hatte. «Nur über die Wahrheit (zu der die Leistungen der DDR gehören) stärken wir unser Selbstvertrauen», erklärte Gysi.[87]

Im weiten Feld zwischen «Wahrheit» und «Leistung» erwies sich Brie als Prüfstein. Als seine fast zwei Jahrzehnte während IM-Laufbahn 1992 aufflog, bat der PDS-Vorstand den Landeschef und Parteivize überraschend, doch bitte im Amt zu bleiben. Brie hatte Gysi vertraulich eingeweiht, der aber hatte das der Partei verschwiegen. Konsequenzen wollte Gysi nicht ziehen, statt seiner zog sich Brie zurück. Von offensivem Umgang mit dem Thema wollte spätestens im Januar 1993 keiner mehr etwas wissen. Stattdessen übte man «Selbstkritik» am Stasi-Beschluss und verwahrte sich gegen «alle Formen der pauschalen und sozialen Ausgrenzung von hauptamtlichen und inoffiziellen Mitarbeiterinnen und Mitarbeitern des ehemaligen MfS».

Auch auf ihren «kritischen Vordenker» Brie verzichtete die Partei nicht. Er behielt seinen Posten als Leiter der Grundsatzkommission, 1999 schickte die PDS ihn ins Europaparlament. Spannungen gab es erst, als er dort 2006 einer Resolution zustimmte, in der die Menschenrechtslage in Kuba verurteilt wurde. Als Brie dann auch noch den genussfreudigen Oskar Lafontaine einen «Luxuslinken» nannte und ihm Feindschaft zur SPD aus persönlichen Motiven vorwarf, war es um den einstigen Chefideologen geschehen. Für die Europawahl 2009 landete er auf einem aussichtslosen Listenplatz.

In den ostdeutschen Ländern ist das demonstrative Bekenntnis vieler Parlamentarier zu ihrer MfS-Vergangenheit längst Teil der Geschichtsarbeit der Linkspartei. Einer der Ersten, der dies vorexerziert hat, war der sächsische Abgeordnete Volker Külow. Dafür gab es großes Lob von einem Stasi-Hardcoreclub mit ehemaligen Obristen, dem MfS-Insider-Komitee: «Nicht einer der zur öffentlichen Hinrichtung geführten Mandatsträger, die man in die Nähe des MfS gerückt oder gar der inoffiziellen Mitarbeit bezichtigt hatte, besaß die Courage zu erklären: Jawohl, ich wollte immer einen besseren Sozialismus ... Nein, ein Einziger war doch mutig: der Leipziger Historiker Volker Külow.» [88] Seine Tätigkeit als Reisekader für die Auslandsspionage hatte Külow vor der Landtagswahl 2004 offensiv gerechtfertigt: «Ich fand es in Ordnung, und ich finde es auch heute noch.» Unappetitlichere Details seines Doppellebens als IM «Ostap» kamen erst ans Licht, als es der Birthler-Behörde 2007 gelang, zerrissene Spitzelberichte zu rekonstruieren. Danach verriet der angehende Lehrer für Marxismus/Leninismus kritische Studenten und Professoren der Leipziger Universität. Sozialistischer Internationalismus bedeutete für ihn auch, einen afghanischen Studenten zu denunzieren. Külows Berichte umfassen meist viele engbeschriebene Seiten und sparen kaum eine Banalität aus. Fraktionschef André Hahn nahm den Kollegen in Schutz: Mit den Enthüllungen solle doch nur «von den tatsächlichen Problemen der Gegenwart» abgelenkt werden. Külow zeigte für einen kurzen Augenblick Reue und räumte zerknirscht ein, «die vom menschlichen Anstand gebotenen Grenzen klar überschritten» zu haben. Gut zwei Monate später lud er in Dresden zur Veranstaltung «Die Akte. Das Leben. Die Wahrheit» und verteidigte sich gegen «Stasi-Vorwürfe». Im vereinten Deutschland, behauptete Külow, habe er keine Chance, sich offen und ehrlich mit der Vergangenheit auseinanderzusetzen.

Als das Sächsische Verfassungsgericht Ende 2008 einen vom Parlament mit Zweidrittel-Mehrheit beantragten Mandatsentzug aus formalen Gründen ablehnte, war IM «Ostap» mit der Bundesrepublik versöhnt: «Mein Vertrauen in den Rechtsstaat ist mit diesem Urteil gestärkt worden.» Zugleich vergab er den Kollegen, die versucht hatten, ihn mit Hilfe des Artikels 118 der Landesverfassung, wie es ihn nur in Sachsen gibt, aus dem Parlament zu klagen. Külows Pendant in Sachsen-Anhalt ist Gudrun Tiedge. In ihrem Fall hatten sich die Mitglieder des Landtags 1998 zu einem Schritt durchgerungen, der in der jüngeren Parlamentsgeschichte als einmalig gilt: Mit reichlicher Zweidrittelmehrheit wurde Tiedge als Vorsitzende des Verfassungs- und Rechtsausschusses abgelöst. Damals trat der heutige Ministerpräsident Wolfgang Böhmer (CDU) ans Rednerpult und forderte seine Kollegen auf, ein klares Zeichen gegen «moralische Beliebigkeit» zu setzen. Als IM «Rosemarie» hatte Tiedge von 1971 bis 1977 gespitzelt. Selbst das Parteiblatt «Neues Deutschland» fand die Akte unerträglich: «An dem Tag, an dem Gudrun Tiedge ihre Verpflichtungserklärung unterschrieb, lieferte sie schon den ersten Bericht über eine Mitschülerin, die Westfernsehen guckte und sich abfällig über den Staatsbürgerkundeunterricht geäußert habe.» Der Artikel schloss mit dem Satz: «Sie war Gläubige einer Staatsreligion, die viele Opfer gekostet hat.» Tiedge wurde nach ihrer IM-Karriere Staatsanwältin und war daran beteiligt, dass Jugendliche wegen versuchter «Republikflucht» ins Gefängnis wanderten.

Gelernt ist gelernt, mag sich ihre Fraktion gedacht haben: Sie machte die ehemalige SED-Juristin zur rechtspolitischen Sprecherin. Als die Linkspartei Tiedge in den Rat der Gedenkstättenstiftung des Landes entsandte und sie damit auch zur Wächterin über das richtige Erinnern an die sozialistische Diktatur bestellte, hagelte es Proteste von Opferverbänden. Tiedge beeindruckte das wenig, zumal ihre Partei wie ein Mann zu ihr stand: Sie gehöre schon deshalb in den Stiftungsrat, hieß es, weil sie den «Erfahrungshintergrund vieler DDR-Bürger» repräsentieren könne. Alle anderen Fraktionen im Magdeburger Landtag zogen daraufhin ihre Abgeordneten aus dem Beirat ab – weil man nur auf diesem Weg Tiedge loswerden konnte. Für 2009, zur 20-jährigen Wiederkehr des Mauerfalls, plante die Abgeordnete eine Podiumsdiskussion der besonderen Art: «60 Jahre DDR – war die DDR ein Unrechtsstaat?» Die DDR brachte es auf 40 Jahre – einigen Genossen fällt es schwer, das zu akzeptieren.

Realitätsverweigerer sind auch die rund 40 000 Mitglieder der Vereine, die im Ostdeutschen Kuratorium der Verbände (OKV) zusammengeschlossen sind. Die Vereinigung ist mehr als eine Vorfeldorganisation der Partei, in ihr wohnt gewissermaßen die Seele der Linken, jedenfalls im Osten. Das Kuratorium mobilisiert die alte SED-Funktionselite, pensionierte Wissenschaftler, ehemalige MfS- und Armeeangehörige, arbeitslos gewordene Staatskünstler – Menschen, die sich der verblichenen DDR stärker verbunden fühlen als der Bundesrepublik. Viele von ihnen sind Genossen, der Anteil der Linkspartei-Wähler dürfte knapp unter 100 Prozent liegen. Im Berliner Kino «Kosmos» in der früheren Stalinallee veranstaltet das OKV alljährlich seine «Alternative Einheitsfeier». Im Oktober 2008 verständigten sich 500 Versammelte rasch auf ein Motto für die Veranstaltung im Folgejahr: «Mein Leben im ‹Rechtsstaat› – DDR-Bürger berichten über 20 Jahre Leben in der BRD». Auch der Linkspartei-Bundestagsabgeordnete Norman Paech war gekommen und sagte die Unterstützung der Partei zu. Mit offensiver Volkspädagogik sowie einer Reihe von Publikationen und Veranstaltungen will das OKV einer «Verleumdung» und «Diffamierung» der DDR entgegentreten. Präsident Siegfried Mechler, ehemals Professor an der Humboldt-Uni, hat vor der Bundestagsfraktion schon über «eklatante Verstöße gegen die Menschenrechte in der BRD» referiert. Sein Vize ist der Ex-Bundestagsabgeordnete und Jurist Uwe-Jens Heuer, Sprecher des Marxistischen Forums der Linken. Manche verspotten die dem Kuratorium zugehörigen Vereine als nostalgische Rentnercombos. Solcher Hochmut ist den Parteichefs Bisky und Lafontaine fremd – sie hofieren die Diktaturverherrlicher. Als auf dem Gründungsparteitag ein OKV-Glückwunschschreiben eintraf, bedankten sie sich für den «Vertrauensvorschuss», immer habe man sich «auf die konstruktive Mitarbeit der Verbände des OKV verlassen können». Hemmschwellen gibt es kaum. Im Vorstand der «Gesellschaft zum Schutz von Bürgerrecht und Menschenwürde» (GBM) beispielsweise sitzt der Parteifunktionär Gerd Buddin – einträchtig neben dem einstigen HVA-Offizier Klaus Eichner, dem Sprecher des MfS-Insider-Komitees. Der in der Bundesgeschäftsstelle für Organisation und Dienstleistung zuständige Buddin versichert, «dass die GBM als Menschenrechtsorganisation mit dem Engagement und der Solidarität der Linkspartei rechnen kann». Die GBM wiederum unterstützt parlamentarische Initiativen der Linkspartei, etwa zur Rentenangleichung Ost. Rund 40 Ortsgruppen bieten bundesweit ihre Beratungsdienste an, in Sachsen fördert das Sozialministerium solche Projekte finanziell. Mit dem guten Rat vermittelt die Gesellschaft auch gleich die richtige Einstellung, wie auf ihrer Webseite nachzulesen ist: «Dass die untergegangene DDR verunglimpft, ihre Geschichte verunstaltet oder totgeschwiegen wird, sind wir seit langem gewohnt; ebenso lange kämpfen wir mit unserem Bemühen, ein wahrheitsgetreues Bild der DDR-Vergangenheit zu vermitteln, dagegen an.» Wegen «fortgesetzter Diskriminierung von DDR-Bürgern» richtete der Verein fünf Beschwerden an die UNO.

Eine andere Organisation mit langem Namen hat sich ebenfalls dem Kampf gegen das «Rentenstrafrecht» verschrieben: die «Initiativgemeinschaft zum Schutz der sozialen Rechte ehemaliger Angehöriger bewaffneter Organe und der Zollverwaltung der DDR» (ISOR). Als 2008 auffiel, dass der Verein in Brandenburg für seine Versammlungen landesweit die Büros der Linken nutzt, bescherte das der Partei böse Schlagzeilen. Der ISOR gilt das MfS als ganz normaler Geheimdienst, die DDR wird als Rechtsstaat bezeichnet. Ihre zentrale Geschäftsstelle betreibt sie im Gebäude der Zeitung «Neues Deutschland», deren Herausgeber Linkspartei-Chef Bisky ist. Das legt Synergien frei. Vor der Bundestagswahl 2005 rief die Initiativgemeinschaft ihre Mitglieder und Sympathisanten «ohne Wenn und Aber» zur Stimmabgabe für die Linke auf. Auf einer Vollversammlung nach dem Urnengang bedankten sich frischgewählte

Abgeordnete für die freundliche Unterstützung, wie die ISOR-Webseite vermeldete: «Wir beglückwünschen ganz besonders die heute unter uns weilenden Vertreter dieser Partei, die Mitglieder des Bundestages, Dr. Martina Bunge und Dr. Gesine Lötzsch.» Selbstverständlich trat auch Gregor Gysi schon vor den wackeren Kämpfern gegen das Rentenstrafrecht auf.

In der Linken steckt mehr als «DDR light» – kalkuliert bedient sie sich der Einsatzfreude hartgesottener SED-Altkader. Stramm revisionistisch agiert die «Gesellschaft zur rechtlichen und humanitären Unterstützung» (GRH). Sie postuliert: «Solange die DDR als ‹Unrechtsstaat› diskreditiert wird, melden wir uns weiterhin als Zeitzeugen offensiv zu Wort.» Die GRH residiert ebenfalls im Gebäude des «Neuen Deutschland» und sammelt Richter und Juristen, MfSler und Offiziere. Sprecher ist Hans Bauer, einst Vize-Generalstaatsanwalt der DDR. Prominentestes Mitglied ist Egon Krenz, ein ebenso gerngesehener Gast wie der letzte MfS-Chef Wolfgang Schwanitz. Da darf einer nicht fehlen: der langjährige PDS-Ehrenvorsitzende und überführte Dresdner Wahlfälscher Hans Modrow, Vorsitzender des Ältestenrates der Linkspartei. Mit einem Offenen Brief an Bundespräsident Horst Köhler brachte der Parteisenior im Januar 2009 sein Missfallen zum Ausdruck. Köhler hatte in einem Gespräch mit Schülern davor gewarnt, die DDR zu verklären. Stattdessen solle das Staatsoberhaupt lieber «einem politischen Gebrauch» verschiedener Jahrestage entgegentreten, meinte Modrow, denn damit werde «die Würde von Menschen im östlichen Teil des Landes verletzt und ihnen die Achtung verweigert».[89]

Die Altkader-Vereine schaffen «kulturelle Hegemonie», wie es Antonio Gramsci einmal genannt hat. Die Linke weiß das zu schätzen, camoufliert aber die Vernetzung mit dem Milieu. Hinter der Fassade einer vermeintlich geläuterten Partei sieht es finster aus.

Hingegen präsentiert sie die Gesichter der extremistischen Flügel ganz ungeniert – als Ausweis für innerparteiliche Toleranz und Diskussionskultur. Sahra Wagenknecht, Vorzeigefrau der größten Gruppe, der 850 Mitglieder starken Kommunistischen Plattform (KPF), sitzt seit Juni 2007 im Parteivorstand. An ihrem Ziel lässt die KPF keine Zweifel aufkommen: «Der Kapitalismus entblößt sein asoziales, weil ausbeuterisches, aggressives und kulturfeindliches Wesen täglich mehr. Letztlich muss er überwunden werden.» Da das nach marxistischem Verständnis über Regierungsbeteiligungen kaum zu bewerkstelligen ist, polemisieren Wagenknecht & Co. unablässig gegen die Realos in der Partei, getreu dem Motto «Opposition zuerst». Höhepunkt im politischen Kalender der KPF ist die von ihr alljährlich angemeldete Liebknecht-Luxemburg-Demo zur Gedenkstätte der Sozialisten auf dem Friedhof Berlin-Friedrichsfelde. Unter den mehreren tausend Teilnehmern erschallen verlässlich Rufe wie «Marx, Engels, Lenin, Stalin – Viva! Viva! Viva!». Auch das hat Wagenknecht den Spitznamen «stalinistische Rosa» eingebracht. «Das Einzige, was an Rosa Luxemburg nicht mehr aktuell ist», findet die kommunistische Galionsfigur der Linken, «sind ihre Hüte.» Wie ihr großes Vorbild kann Wagenknecht dem Parlamentarismus wenig abgewinnen, was sie nicht daran gehindert hat, als Abgeordnete ins Europäische Parlament einzuziehen. Die Tochter einer Deutschen und eines Iraners trat 1989 in die SED ein, musste den Mauerfall miterleben und bedauert seither, dass es «wirkliche Demokratie im Kapitalismus so wenig gibt wie in der DDR». 2008 sah sie in der Finanzkrise eine Chance für die Überwindung des Systems: «Das gesamte Finanzsystem muss in öffentliche Hand überführt und die Geschäftspolitik der Banken demokratisch gesteuert werden. Nur so kann gewährleistet werden, dass die Banken ihre Kreditpolitik künftig am Gemeinwohl ausrichten.»

Die Bundestagsabgeordnete Ulla Jelpke, die einst dem Kommunistischen Bund und dann der Grün-Alternativen Liste angehörte, zählt ebenfalls zu den radikaleren Vertretern der Partei. Die Diplom-Soziologin und Volkswirtin sowie gelernte Friseurin, Kontoristin und Buchhändlerin schreibt häufig für das Stalinisten-Blatt «Junge Welt», deren Innenpolitik-Ressort sie einige Jahre geleitet hat. Ihr bevorzugtes Thema sind Neonazis und «Antifaschismus». Schon zwischen 1990 und 2002 versuchte sie, durch eine große Zahl von «Kleinen Anfragen» den Bundesregierungen Untätigkeit im Kampf gegen Rechts nachzuweisen. Was sie unter «Antifaschismus» auch versteht, zeigte schon 2001 eine von ihr unterstützte Demo in Dresden mit dem Slogan: «Deutschland den Krieg erklären! Den zivilgesellschaftlichen Militarismus und die neue Weltordnung angreifen!» Der Linkspartei dient sie als innenpolitische Sprecherin. Jelpke hält außerdem Verbindung zum linkssektiererischen Milieu.

Sie verteidigt die kurdische PKK und geißelt «CIA-Folter mit braunen Wurzeln», sie nimmt das Regime in Kuba in Schutz und verehrt den venezolanischen Präsidenten Hugo Chavez: «Venezuela zeigt erstmals seit dem Ende der Sowjetunion, dass der scheinbar weltweite Triumph des neoliberalen Kapitalismus gestoppt werden kann.»[90] Journalisten, die über ihr radikales Gebaren berichten, wirft sie «Psychiatrisierung politisch Andersdenkender» vor.[91] In einer Bundestagsdebatte um neue Befugnisse für das Bundeskriminalamt rückte sie die Behörde in die Nähe der Gestapo: «Was da geschaffen wird, ist eine geheim ermittelnde Staatspolizei.» Abgeordnete von der CDU bis zu den Grünen waren empört, die SPD verlangte eine Entschuldigung und meinte, die Linkspolitikerin sei entweder «böswillig oder nicht zurechnungsfähig». Im Frühjahr 2008 sympathisierte Jelpke mit der «Konferenz für Aktionseinheit gegen Neofaschismus und Krieg, für Frieden, Demokratie und sozialen Fortschritt», die sich einer «breiten Front» gegen «die herrschende Klasse» verschrieben hatte und der Bundesrepublik «Faschisierungstendenzen im Vorgehen gegen alle oppositionellen Kräfte» bescheinigte. Wenig zimperlich zeigt sich Jelpke auch in ihrer Kritik an Israel. Sie hält es «für legitim, gegen Zionismus zu sein». Anfang 2009 initiierte sie mit acht Fraktionskollegen eine Demonstration, auf der «Tod, Tod, Israel» skandiert wurde. Kurz zuvor hatte Tel Avivs Botschafter in Berlin Gregor Gysi wegen antiisraelischer Ressentiments in der Bundestagsfraktion zum klärenden Gespräch gebeten. Nach einer im Januar 2009 veröffentlichten Forsa-Umfrage stellen 13 Prozent der Deutschen das Existenzrecht Israels in Frage. Bei den Anhängern der Linkspartei tun dies 28 Prozent.[92]

Demonstranten, die Israel den Tod wünschen, setzt der Berliner Landeschef Klaus Lederer mit Holocaust-Leugnern gleich. Der promovierte Jurist, dem Jelpke, Wagenknecht & Co. «Anbiederung an den herrschenden Mainstream» vorwerfen, gehört zum gemäßigten Flügel der Partei. Als er 1987, im zarten Alter von 13 Jahren, von der «Jungen Welt» nach seiner Zukunft gefragt wurde, träumte er von der Weltrevolution: «Wenn ich groß bin, werde ich ein Kommunist.» Heute singt das Nachwuchstalent im Szenestadtteil Prenzlauer Berg in der A-cappella-Combo «Rostkehlchen» und schmettert die Genossen aus der ideologischen Rostfraktion öffentlich ab, wenn sie zu Treffen mit Stasi-Veteranen bitten: «Wir werden nie vergessen, dass Menschen, die für Demokratie, Meinungs-, Presse- und Reisefreiheit eintraten, verfolgt, überwacht und drangsaliert wurden.» In der Kaderhochburg Berlin gilt das als Ketzerei. Nicht nur dort, auch dem Realpolitiker Bodo Ramelow, der aus dem Westen stammt und als Spitzenkandidat bei der Landtagswahl in Thüringen antritt, gehen solche Abgrenzungen zu weit. Für ihn war die DDR «kein Rechtsstaat, aber auch kein Unrechtsstaat».[93] Nach Protesten relativierte er seine Position – so handhabt das die Linke oft.

Linke-Chef Lederer sitzt im Berliner Abgeordnetenhaus und ist rechtspolitischer Sprecher seiner Fraktion. Er gilt als Meister des Spagats, der es versteht, die rot-rote Senatspolitik nach allen Seiten zu verteidigen. Seine alte PDS hatte ab 2001 den Konsolidierungskurs der überschuldeten Hauptstadt mitgetragen. Auf «Sparen, bis es quietscht» reagierten die Wähler mit Liebesentzug: Die Linkspartei sackte 2006 auf 13,4 (2001: 22,6) Prozent ab. In Ost-Berlin verlor man fast jeden zweiten Wähler. Für die Neuauflage des Bündnisses reklamiert Lederer inzwischen: «Rot-Rot II trägt unsere richtigrote Handschrift.» Seine Partei setzte Hilfen für Kinder aus Hartz-IV-Familien und stabile Preise für das Sozialticket durch. Die Definitionshoheit über «richtigrot» behält sich allerdings das Karl-Liebknecht-Haus vor. In der Parteizentrale muss der Landeschef antanzen, wenn die Stimme Berlins im Bundesrat gefragt ist. «Der Bundesvorstand», meint Lederer selbstbewusst, «muss akzeptieren, dass die Partei bunter ist.» Es reiche nicht aus, nur «gesellschaftliche Unzufriedenheit» zu bündeln. So stimmten die Berliner Genossen Ende 2008 mit für das milliardenschwere Bankenrettungspaket – das die Bundestagsfraktion gegeißelt hatte.

Rückhalt findet Reformgenosse Lederer im Forum Demokratischer Sozialismus, dem Gegenspieler der Kommunistischen Plattform. Der Realo-Zusammenschluss verabschiedete im April 2008 ein Manifest, in dem es heißt: «Die Linke ist aus unserer Sicht mehr als eine Protest-Partei. Ein großer Teil der Bevölkerung meint, dass wir wichtige Probleme der Menschen ansprechen, aber nur ein kleiner Teil meint, dass wir auch entsprechende Lösungsvorschläge hätten. Diese Diskrepanz gilt es schrittweise zu schließen. Fordern kann man sehr viel.» Der Titel des Papiers war eine kleine Provokation: «Freiheit und Sozialismus».

Oskar Lafontaine hatte ein knappes Jahr zuvor radikaler formuliert und «Freiheit durch Sozialismus» verlangt – in einem Namensbeitrag für die «Frankfurter Allgemeine». Darin forderte er gesellschaftliche Kontrolle der «Schlüsselbereiche» der Wirtschaft, Wiederverstaatlichung der Energiewirtschaft und Auflösung «wirtschaftlicher Machtgruppen». Der «Freiheit *durch* Sozialismus» «Freiheit *und* Sozialismus» entgegenzustellen klingt wie eine semantische Stichelei – im linken Koordinatensystem liegen dazwischen Welten. An der innerparteilichen Realität ändern die theoretischen Streitereien ohnehin wenig: Den Kurs gibt immer stärker Lafontaine vor. Er hat das Schiff PDS geentert und hält das Steuer fest in den Händen. Der brave Parteisoldat Lothar Bisky, den es ins Europaparlament zieht, geht 2010 von der Kommandobrücke und kandidiert nicht mehr für den Vorsitz. Laut Satzung soll es dann statt einer Doppelspitze nur einen Parteichef geben. Zwar kämpft der Reformflügel dafür, dass die Linke auch künftig von einem Duo geführt wird. Doch selbst wenn der sich durchsetzen würde – wer könnte neben Oskar Lafontaine bestehen? In ihm hat selbst Gregor Gysi seinen Meister gefunden. Der zweite Fraktionschef schreitet nur noch gelegentlich ein, wenn wieder einmal die Gefahr droht, dass eine rote Linie überschritten wird. Das war der Fall, als Lafontaine den iranischen Präsidenten Mahmud Ahmadinedschad, der Israel von der Landkarte tilgen möchte, in Teheran besuchen wollte. Und das war zuletzt der Fall, als Sahra Wagenknecht, die nicht nur für Luxemburg, sondern auch für Lafontaine schwärmt, in Cottbus für das Amt der Stellvertretenden Parteichefin kandidieren wollte. Anfang 2009 drohte er linken Sektierern aus den westdeutschen Verbänden, die seinen Traum von der Verankerung im Westen gefährden könnten, mit Ausschluss: «Wir müssen nicht jeden Spinner akzeptieren.» Doch Gysi verblasst in der Partei.

Zu den alten Kadern hat Lafontaine, der für Wählerstimmen auch rechte Ressentiments bedient und gegen «Fremdarbeiter» oder «Plapperfritzen» im Bundestag vom Leder zieht, ein instrumentelles Verhältnis. Sie sind wohlgelitten, weil sie ihn unterstützen. Hans Modrow hat er schon früh umworben. Als der zu seinem 80. Geburtstag das Buch «In historischer Mission» vorlegte, schrieb Lafontaine dafür das Vorwort. Das Alterswerk erschien im Verlag «edition ost», der Plattform der Stasi-Obristen. Unter Lafontaine ist mit Erneuerung nicht zu rechnen. Solange es sich für ihn lohnt, wird der Techniker der Macht im Trüben fischen und mit ihm seine Linkspartei.

Teil III
DAS ÜBERLEBEN DER ELITEN

Das Kreuz mit dem Bundesverdienstkreuz

Kritiker rümpften die Nase, doch das Buch wurde ein Bestseller: «Großes Bundesverdienstkreuz» ist alten Nazis gewidmet, die unter der Maske von Biedermännern in der Bundesrepublik zu höchsten Ehren kamen. Im Zentrum steht der Industrielle Fritz Ries, den der Autor Bernt Engelmann als «Arisierungs-König» sowie als Kohl- und Strauß-Finanzier vorstellte. Reißenden Absatz fand das Werk auch in der DDR, die seinem Schöpfer den renommierten Heinrich-Heine-Preis verlieh. Kein Wunder, war doch SPD-Mitglied Engelmann, Vorsitzender des Verbandes deutscher Schriftsteller von 1977 bis 1984, dem anderen deutschen Staat auf besondere Weise verbunden: Nach der Wiedervereinigung wurde bekannt, dass er mit – vermutlich frisiertem – Material des Ost-Berliner Geheimdienstes gearbeitet hatte. In einem Vermerk brüstete sich das MfS damit, dass «der in der BRD im Herbst 1974 erschienene Tatsachenroman ‹Großes Bundesverdienstkreuz› zu einem wirksamen Beitrag zur Unterstützung progressiver Kräfte bei der Bekämpfung rechtskonservativer entspannungsfeindlicher Kreise in der BRD werden konnte».[1] Ferner kam heraus, dass die Stasi den Schriftsteller auf «ideologischer Basis» als IM «Albers» angeworben hatte. Auch das erklärte, warum Engelmann gemeinsam mit SED-Kulturkadern den jüdischen Schriftsteller Manès Sperber verunglimpft hatte, nachdem dieser 1983 mit dem Friedenspreis des Deutschen Buchhandels ausgezeichnet worden war. Sperber, einst selbst Kommunist, hat mit der autobiographisch geprägten Trilogie «Wie eine Träne im Ozean» einen Epochenroman über kommunistische Verblendung verfasst.

Mag Engelmann sich auch diskreditiert haben: Seine Idee, am Beispiel der höchsten Auszeichnung, die die Republik zu vergeben hat, eine fatale Elitenkontinuität nachzuzeichnen, war ein Kunstgriff. Nach dem Untergang der SED-Diktatur kam niemand auf eine solche Idee. War das vielleicht überflüssig, weil man nach 1990 mit Preisverleihungen sensibler umging? Eine Bemerkung von Sachsen-Anhalts Ministerpräsident Wolfgang Böhmer (CDU) legt diesen Schluss nahe: «Wir haben bei uns Leute, die in den letzten 15 Jahren sehr aktiv am wirtschaftlichen Transformationsprozess mitgearbeitet haben und bei denen wir uns erkenntlich zeigen wollen. Da kommen dann gelegentlich Vorschläge, den einen oder anderen dem Bundespräsidenten für eine hohe Auszeichnung vorzuschlagen. Zu diesen Vorschlägen gehört immer noch, und ich hoffe, dass das so bleibt, die Regelüberprüfung bei der Stasi-Unterlagenbehörde. Ich bin erschüttert, was da in Einzelfällen herauskommt, bei Menschen, bei denen ich das nie vermutet hätte.»[2]

Böhmers Bekenntnis stammt aus dem Mai 2006. Wen genau der Regierungschef gemeint hatte, behielt er für sich. Ein Jahr später kam es trotzdem heraus. Ein Mitarbeiter der Magdeburger Staatskanzlei – jedenfalls stellte er sich als solcher vor, ohne seinen Namen zu nennen – schickte an «Spiegel» und «Welt» einen Brief: Er sei empört über «das Wie des Umgangs mit der DDR-Vergangenheit und neu entstehende Abhängigkeiten von Politik, Wirtschaft und Medien». Der Absender nannte den Namen des Präsidenten der Magdeburger Industrie- und Handelskammer (IHK), eines Unternehmers. Der war zugleich Ehrensenator der Universität in der Landeshauptstadt und gehörte als einziger Ostdeutscher der Ludwig-Erhard-Stiftung an. Helmut Kohl hatte ihn auf Auslandsreisen mitgenommen, Gerhard Schröder berief ihn zum Regierungsberater einer Aufbau-Ost-Kommission. Diese hochangesehene Persönlichkeit, beteuerte der anonyme Briefschreiber, habe eine dicke Stasi-Akte. Alle wüssten dies: der Ministerpräsident, Unternehmerkollegen und ein Mitarbeiter der örtlichen Zeitung. Doch die Ehefrau des Chefredakteurs schreibe gut honoriert im IHK-Journal, womöglich werde deshalb nicht über die IM-Vergangenheit des IHK-Präsidenten berichtet.

Die meisten Behauptungen ließen sich belegen, auch das Engagement der Chefredakteursgattin. Und tatsächlich gab es zu IHK-

Chef Klaus Hieckmann, wie der Ostdeutsche mit der Bilderbuch-karriere hieß, eine Akte mit rund 150 Seiten. Er hatte von 1986 bis 1989 als IM «Stahl» erst der Auslandsspionage und dann der «Absicherung der Volkswirtschaft» gedient. Den Dokumenten zufolge traf er sich mindestens siebzehn Mal mit MfS-Offizieren und lieferte neun handschriftliche Berichte. Einen Kollegen schwärzte der Abteilungsleiter eines volkseigenen Betriebs am 6. Juni 1988 mit folgenden Worten an: «Übertrieben freundlich, nicht offen, hinterhältig, berechnend.» Nach seiner Enttarnung erklärte der Kammerfunktionär: «Entscheidender Gradmesser für mich ist mein Gewissen. Ich habe ein gutes!» Der frühere SED-Genosse ließ eine IHK-Vollversammlung einberufen, die sich mit 85-prozentiger Mehrheit hinter ihn stellte – allerdings fehlten 25 von 67 Mitgliedern bei der Abstimmung. Regierungschef Böhmer betonte: «Wir müssen das Ergebnis respektieren.» Damit war die Affäre aber noch nicht erledigt – weitere Präsidiumskollegen von Hieckmann, so stellte sich heraus, hatten ebenfalls eine MfS-Biographie. Die altehrwürdige Magdeburger Kammer entpuppte sich damit als alte Stasi-Zelle. Nach quälenden Debatten und Protesten aller Landtagsparteien zogen sich die Spitzel von der IHK-Spitze zurück. Der Ruf der Wirtschaft des Landes hatte Schaden genommen.

Der Briefschreiber behauptete sogar, Böhmer habe dem Bundespräsidenten vorgeschlagen, den Mann mit dem guten Gewissen «wegen seiner Verdienste um den Aufbau Ost mit dem Bundesverdienstkreuz auszuzeichnen». Ob das wahr ist, ließ sich nie aufklären – entsprechende Anfragen blieben unbeantwortet, weil Ehrungsverfahren vertraulich sind. Publik wurde aber, dass schon die Staatskanzlei von Böhmer-Vorgänger Reinhard Höppner (SPD) über die Verstrickung im Bilde war. Ein Geheimnis aus der Diktatur-Ära wurde auch in Zeiten der Demokratie mit freundlicher Unterstützung höchster Stellen streng gehütet. Deshalb ist die Vermutung keineswegs abwegig, dass Böhmer mit der Ehrung einverstanden war und erst die Ordenskanzlei von Horst Köhler den Plan stoppte. In einem anderen Fall hatte das Staatsoberhaupt dann allerdings keine Einwände.

Im September 2007 wurde der Musiker Ludwig Güttler mit dem

Großen Verdienstkreuz des Verdienstordens der Bundesrepublik Deutschland bedacht. Sachsens damaliger Regierungschef Georg Milbradt (CDU) überreichte ihm stellvertretend die Insignien. Der international bekannte Trompeter Güttler hat sich um das vereinte Deutschland verdient gemacht: Er zählte zu den 22 Unterzeichnern, die im Februar 1990 den spektakulären «Ruf aus Dresden» in die Welt sandten – diesem Appell ist der Wiederaufbau der Dresdner Frauenkirche zu danken, die im Februar 1945 nach alliierten Luftangriffen ausgebrannt und eingestürzt war. Am 30. Oktober 2005 feierten 1800 geladene Gäste mit einem Festgottesdienst ihre Wiederauferstehung. Der Bundespräsident würdigte das bürgerschaftliche Engagement – gut 100 Millionen Euro, fast 60 Prozent der gesamten Kosten, stammten aus Spenden, Schenkungen, Zuwendungen und Erbschaften. Güttler, der unermüdlich für das Projekt geworben hatte, erklärte, die Kirche sei Symbol «nicht nur der Einheit, sondern der Einigkeit» der Deutschen: «Mit dem Wiederaufbau der Frauenkirche lassen Deutsche Schatten und Fluch der Vergangenheit hinter sich.»[3]

Den Schatten der eigenen Vergangenheit hatte Güttler da schon abgestreift. Nachdem 1992 eine ihn betreffende IM-Akte gefunden worden war, ließ er dem Konvolut in der Stasi-Unterlagenbehörde eine 22 Seiten umfassende «Persönliche Stellungnahme und Gegendarstellung» hinzufügen. Ein Fazit: «Zu keiner Zeit wurde durch mich die Bereitschaft erklärt, für das Ministerium für Staatssicherheit Informationen zu sammeln und diese weiterzugeben.»[4] Diese Lesart setzte sich durch. Die «Tageszeitung» berichtete unter Berufung auf Güttlers ehemaligen Führungsoffizier, der Musiker sei wohl nur ein Phantom-Mitarbeiter der Stasi gewesen.[5] Der Hauptamtliche hatte gesagt, eine richtige Zusammenarbeit sei nie zustande gekommen. Die «Zeit» titelte: «Mit dubiosen Stasi-Papieren wird der Trompeter Ludwig Güttler als Spitzel denunziert.»[6]

Angesichts des Inhalts der Akte verblüffen solche Bewertungen. Im Original umfasst sie 266 Seiten, von denen die Birthler-Behörde 168 Seiten freigegeben hat. Güttler wurde danach am 18. September 1979 in der konspirativen Wohnung «May» als IM «Friedrich» geworben. Der Vorgang endet im Januar 1983. In seiner Stellungnahme bestreitet der Musiker nicht, dass er unter konspirativen Umständen mehrfach die von der Stasi genutzte Wohnung in der Dresdner Wallstraße 17 aufgesucht hat. Aber er leugnet, dass er dort über Schwächen von Bekannten («Früher hat er dem Alkohol ganz schön zugesprochen»), Hintergründe der «Republikflucht» von Musikern oder Erkenntnisse von Konzertreisen berichtet hat. Und doch enthält die Akte einen schwer widerlegbaren Beweis für die Verstrickung: zwei handschriftliche Berichte. Sie sind undatiert, stammen aber offenkundig aus dem Jahr 1980. Güttler war in Verdacht geraten, gegen Zollbestimmungen verstoßen und in großem Stil illegal Taschenrechner in die DDR eingeführt zu haben. Sein Auto wurde durchsucht. «Ich wurde fast wie ein Angeklagter behandelt», beschwerte er sich in einem Bericht, der die Überschrift «Betrifft: Vernehmung durch Zollorgane» trägt. Darin versicherte er: «Ich bin trotz allen Momenten in meiner Grundüberzeugung Staatsbürger der DDR und bin mir meiner hohen politischen Verantwortung und dem Vertrauen insb. durch das MfS bewusst.» Beide Berichte sind persönlich unterschrieben – und das mit dem Decknamen «Friedrich». Im November 1992 sprach Güttler von einer Fälschung und erstattete Strafanzeige. Dresdner Staatsanwälte stellten das Verfahren ein und erklärten, die Papiere hätten sich als echt erwiesen.[7]

Zu DDR-Zeiten war Güttler ein geschätzter Staatskünstler. Am 7. Oktober 1989, als die DDR im Palast der Republik pompös ihren letzten Geburtstag feierte, musizierte der Sachse mit seinem Blechbläserensemble für das Politbüro und dessen internationale Gäste – das «Neue Deutschland» druckte das Bild des Trompeters gleich unter dem von Erich Honecker. Auf seiner Visitenkarte prangte der Titel «Nationalpreisträger». Als es mit dem sozialistischen Staat zu Ende ging, gab Güttler den am 7. Oktober 1985 verliehenen Preis 1. Klasse zurück und schrieb dem Staatsratsvorsitzenden Egon Krenz in einem Offenen Brief, er halte die «Ausgabe jeglicher Preise, Auszeichnungen und Prämien für eine gezielte Vertuschung nicht vorhandener ökonomischer Erfolge».[8]

Weitere Recherchen bei der Birthler-Behörde haben neues Material zum IM «Friedrich» ans Licht gebracht. In Akten des Führungsoffiziers, der konspirativen Wohnung und verschiedener Opfer fanden sich weitere 19 Seiten, die den Träger des Bundesverdienstkreuzes belasten. «Diese Unterlagen runden das Bild ab», teilte die Behörde mit. Für sie ist unstrittig: «Nach archivischer Betrachtungsweise handelt es sich dabei eindeutig um Unterlagen zu einem Inoffiziellen Mitarbeiter.»[9]

Schon 2002 hatte ein Kammermusiker, auch eng mit dem Frauenkirchenprojekt verbunden, wegen Güttlers MfS-Karriere an den Dresdner Oberbürgermeister, den sächsischen Ministerpräsidenten, die Kulturstaatsministerin der Bundesregierung und den Bundeskanzler geschrieben. Die Politiker ließen den Brief freundlich beantworten – jeweils kommentierten sie das dort auch angesprochene Problem des Einbaus einer rekonstruierten Silbermann-Orgel, der Stasi-Hinweis hingegen wurde ausnahmslos ignoriert.

Als die sächsische Staatskanzlei dann Güttler dem Bundespräsidenten für die Ehrung vorschlug, wurde ganz auf eine weitere Prüfung der Vorwürfe verzichtet. Der dafür zuständige Stasi-Landesbeauftragte Michael Beleites jedenfalls versichert: «Ich habe die IM-Akte nie in Händen gehalten.» Fürchtete man die Aussagen eines Gutachtens? Sie wären auch aus einem anderen Grund heikel gewesen: Güttler trägt einen Professorentitel – der Freistaat hat bis Oktober 2006 diesen Titel siebzehn Mal wegen MfS-Tätigkeit entzogen.[10] Zumindest informierte der Freistaat das Amt von Horst Köhler über die Existenz der IM-Akte. Dessen Sprecher teilte mit: «Vor der Vergabe staatlicher Ehrungen findet grundsätzlich und in jedem Einzelfall ein umfassender Prüfungs- und Abwägungsprozess statt.» Im konkreten Fall sei «die Existenz einer Stasi-Akte auch der breiten Öffentlichkeit bekannt» gewesen.[11]

Die Verleihung des Großen Bundesverdienstkreuzes an Ludwig Güttler ist ein Präzedenzfall. Denn die Ehrung ist erstmalig einer Persönlichkeit zuteilgeworden, von der alle Beteiligten wussten, dass sie nach den Kriterien der Birthler-Behörde für die Staatssicherheit tätig war. Vom 3. Oktober 1990 bis Oktober 2008 haben mehrere Bundespräsidenten das Verdienstkreuz an insgesamt 61 530 verdiente Frauen und Männer des Volkes vergeben, darunter 57 580 Westdeutsche und lediglich 3950 Ostdeutsche und West-Berliner. Abgesehen von dem auffälligen Missverhältnis: Es würde sich lohnen, genauer hinzuschauen. Beispiele für fatale Elitenkontinuität sind unter den Geehrten womöglich keine Seltenheit. Es muss ja nicht immer gleich ein Stasi-Spitzel sein.

Das Schweigen der Journalisten

Alle Zeitungen wurden eingestellt, die Journalisten erhielten Berufsverbot: In den westlichen Besatzungszonen machten die alliierten Siegermächte im Jahr 1945 Ernst mit ihrer Idee von der Umerziehung der Deutschen. Drei Monate lang galt im Grunde ein Publikationsverbot für sämtliche Druckerzeugnisse. Dann gaben die Militärverwaltungen eigene Blätter heraus. Schließlich wurden Lizenzen an politisch unverdächtige und sorgfältig ausgewählte Persönlichkeiten vergeben – sie waren zunächst nur Treuhänder ihrer Zeitungen, nicht Eigentümer. Mit diesem Dreistufenprogramm wollten die Alliierten für eine Zäsur sorgen und eine Presse «neuen Typs» schaffen. In den Redaktionen sollte niemand mehr mitwirken, der an der Verbreitung von Nazi-Propaganda beteiligt war. Die «Aachener Zeitung» erhielt in der britischen Zone die erste Lizenz; die Amerikaner genehmigten zunächst die «Frankfurter Rundschau», die Franzosen das «Badener Tagblatt». Alle Zeitungen mussten am Tag ihres Erscheinens Presseoffizieren zur Begutachtung vorgelegt werden. Als im September 1949 die Phase der Lizenzpflicht endete, waren 169 Zeitungen zugelassen. Sie bildeten die Grundlage für die pluralistische und demokratische Presselandschaft der Bundesrepublik.

Ganz anders in Ostdeutschland ab 1990: Die Zeitungen erschienen wie gewohnt weiter, sie wurden von denselben Journalisten gemacht. In den neuen Ländern galt es, Betriebe einer Branche zu privatisieren, die mehr Rendite versprachen als jede Schraubenfabrik. Sie wurden auch wie Schraubenfabriken verscherbelt. PDS-Chef Gregor Gysi preschte voran. Im Juni verkaufte er die «Berliner Zeitung» und den Boulevardableger «BZ am Abend» (später «Berliner Kurier») für 275 Millionen D-Mark an den Hamburger Zeitschriftenkonzern Gruner + Jahr.[12] Beide Blätter waren als Nachkriegsgründungen im Besitz der SED-Nachfolgepartei verblieben. Die Treuhandanstalt erledigte bis Ende 1991 das restliche Geschäft: An westdeutsche Verlage verkaufte sie 14 Regionalblätter, die wegen ihrer Rolle als Organe der SED-Bezirksleitungen zwar diskreditiert waren, dafür aber rund zwei Drittel der gesamten Tageszeitungsauflage hielten.[13] Die «Freie Presse», mit mehr als 660 000 gedruckten Exemplaren in der DDR das auflagenstärkste Regionalblatt, machte im Oktober 1990 den Anfang. Sie ging an die Ludwigshafener Medien-Union; ihr war Kanzler Helmut Kohl eng verbunden. Den Zuschlag für die «Mitteldeutsche Zeitung» in Halle/Saale, nach Auflage die Nummer zwei, erhielt im Dezember der Kölner Verlag DuMont; mit ihm war Außenminister Hans-Dietrich Genscher gut verdrahtet. Offiziell zählten drei Kriterien: Verkaufserlöse, Investitionszusagen und Arbeitsplatzgarantien.

Zwei Stunden null – sie könnten unterschiedlicher nicht sein. Nach 1989 wurde kaum ein Gedanke an die Bedeutung der Presse für den Wandel zur Demokratie verschwendet. Für einen Neuanfang fehlten politische Vorgaben und verlegerischer Mut.

Die außerordentlich hohen Auflagen der ehemaligen SED-Blätter und ihre regionalen Monopole übten auf westdeutsche Pressehäuser eine magische Anziehungskraft aus. Kontinuität lautete die Devise. Das galt auch für das Personal. Man brauchte die Ost-Journalisten, die sich mit der Mentalität der Leser auskannten. Fragen nach der Vergangenheit in der Staatspartei oder gar bei der Staatssicherheit blieben den «Genossen Journalisten» deshalb meist erspart. Selbst Belegschaften von Stadtreinigungsfirmen wurden in der Regel gründlicher durchleuchtet als die Redaktionen. Auch in den drei westlichen Zonen lief nach 1945 nicht alles perfekt. Schon in seinen ersten Jahren wurde das Sturmgeschütz der Demokratie, Rudolf Augsteins «Spiegel», von Redakteuren durchgeladen, die ehemals der Gestapo gedient hatten. Braunes Gedankengut floss wieder in Druckerschwärze. Das aber war eher die Ausnahme.

In Ostdeutschland hingegen konnte nach 1989 kaum eine andere Berufsgruppe so unbehelligt weitermachen wie die der Journalisten. Die Redakteure der gewendeten SED-Bezirksorgane

gewannen sogar noch an Einfluss: Weil überregionale Qualitäts-
blätter im Osten kaum Käufer finden, bedienen sie heute rund
94 Prozent des gesamten Marktes für Abonnementzeitungen. Bezogen auf die Einwohnerzahl liegt ihre Auflage um rund 40 Prozent
höher als im Westen. Ihre Redaktionen beschäftigten Ende 1992
knapp 2100 der insgesamt 4800 festangestellten Journalisten in
Ostdeutschland. Sieben von zehn waren schon in der DDR dabei.
Über 60 Prozent waren es noch Anfang des Jahrhunderts, bei knapp
18 Prozent «West-Importen».[14]
Dabei waren Journalisten unentbehrliche Stützen des Systems.
Nicht nur galten sie als Propagandisten der SED – sie verstanden
sich auch meist selbst so. Im «Wörterbuch der sozialistischen Journalistik» hieß es: «Der sozialistische Journalist ist Funktionär der
Partei der Arbeiterklasse, einer anderen Blockpartei bzw. einer gesellschaftlichen Organisation, der mit journalistischen Mitteln an
der Leitung ideologischer Prozesse teilnimmt.» Nach einem bis zuletzt gültigen Politbüro-Beschluss aus dem Jahr 1972 waren die sozialistischen Massenmedien die «scharfe Waffe in unserem
Kampf».[15] Einmal wöchentlich gab die Abteilung Agitation und Propaganda beim Zentralkomitee der SED sogenannte Argumentati-
onshilfen, die Anweisungen waren und selbst einzelne Wörter auf
den Index setzten. Was dabei herauskam, war noch im Herbst 1989
nachzulesen.

Die «Leipziger Volkszeitung» übermittelte ihrer Leserschaft drei
Tage vor der entscheidenden Montagsdemonstration am 9. Oktober
eine inzwischen legendäre Drohung. Der «organisierte Stand-
punkt» des Kommandeurs der Kampfgruppe «Hans Geiffert» kündigte an: «Wir sind bereit und willens, das von uns mit unserer
Hände Arbeit Geschaffene wirksam zu schützen, um diese konterrevolutionären Aktionen wirksam und endgültig zu unterbinden.
Wenn es sein muss, mit unserer Waffe in der Hand!» Empörte Le-
seranrufe nahm die Redaktion auf Tonband auf, die Stasi richtete
eine Fangschaltung ein. Die «Berliner Zeitung» nutzte am 10. Oktober gleich drei Zeitungsspalten, um treuen Genossen unter der
Überschrift «Der Sozialismus bleibt unantastbar» Raum zu geben
für auftragsgemäß empörte Zuschriften über «antisozialistische

Ausschreitungen» am Rande der Feiern zum 40. Jahrestag der Staatsgründung. Im redaktionellen Teil hieß es: «Wir haben so viel vor mit unserem Land – das lassen wir uns nicht kaputt machen von randalierenden Trittbrettfahrern.»[16] Noch Anfang November verteidigte der Chefredakteur das Wirken der SED-Journalisten: «Ehrlichkeit und Engagement für eine gute Sache» müssten ihm und seinesgleichen «unbedingt unterstellt» werden.

Zentrale Kaderschmiede für Journalisten war das «Rote Kloster» an der Leipziger Karl-Marx-Universität. Seine Ursprünge gehen auf die sowjetische Besatzungsmacht zurück. An die Spitze des Instituts für Publizistik und Zeitungswissenschaft berief sie den Leipziger Professor Gerhard Menz. Er war unter den Nazis Schriftleiter des Börsenblatts des deutschen Buchhandels und galt auch den neuen Machthabern als nützlich.[17] Im Jahr 1954, Menz war verstorben, wurde ein eigenständiges Institut für Journalistik gegründet, aus dem später die Sektion Journalistik wurde. Das vierjährige Studium war, neben einem dreijährigen Fernstudium an der Fachschule für Journalistik, ebenfalls in Leipzig, die einzige Möglichkeit, den in der DDR staatlich geschützten Titel «Journalist» zu erwerben. 35 Jahre lang steuerte die Partei ihr liebstes akademisches Kind: Auch die Sektion war direkt der Abteilung Agitation und Propaganda beim SED-Zentralkomitee unterstellt. 100 Dozenten, von denen 1989 nur drei nicht der SED angehörten, bildeten Jahr für Jahr 120 neue Studenten aus, 5000 insgesamt, nach Prinzipien, die schon Lenin postuliert hatte. Das wichtigste hieß «Parteilichkeit», es stand über dem der «Wahrhaftigkeit». Ein Journalist sollte «kollektiver Propagandist, Agitator und Organisator» sein, um dem Volk die Beschlüsse der Partei nahezubringen und es in diesem Sinne zu «mobilisieren». Gelernt wurde in festen Seminargruppen, es gab Anwesenheitskontrollen, einen Stundenplan. Mit einem Seminar namens «APA» startete die Woche – das Kürzel stand für «Aktuell politisches Argumentieren». Am Ende des Studiums war die Zahl der Parteilosen verschwindend gering.

Die Sektion entließ Handlanger der Macht, Überzeugte und Opportunisten, aber keine Kontrolleure der Mächtigen, wie die Demokratie sie braucht. Nicht wenige sind später trotzdem dazu geworden. Handwerklich war die Ausbildung in Leipzig solide, Talente gab es auch. Manche Absolventen sind inzwischen als Journalisten hoch geachtet – ZDF-Moderatorin Maybrit Illner steht exemplarisch dafür. Andere Abgänger erinnern daran, wie gründlich nach 1989 der Elitenwechsel in diesem sensiblen Ausschnitt der Gesellschaft misslungen ist. In Leipzig wurden nicht nur Tausende Journalisten ausgebildet, sondern auch eine stattliche Schar von Agenten. Erst spät fiel auf, dass kaum ein anderer Berufsstand so stark mit Inoffiziellen Mitarbeitern durchsetzt war. Die prinzipielle Staatstreue der Redakteure, so dachte man lange, habe intensive Überwachung durch den Geheimdienst überflüssig gemacht. «Die Stasi hatte in den Medien ein Heimspiel», erklärte noch 2001 ein Abteilungsleiter der Birthler-Behörde.[18] Er verwies auf die geringe Zahl von hauptamtlichen Führungsoffizieren zur «Absicherung» der Redaktionen. Doch das MfS war aus anderen Gründen interessiert: Es galt, systematisch das Wissen einer Zunft abzuschöpfen, deren Angehörige aus professionellen Gründen neugierig sind, ständig neue Kontakte knüpfen, Gespräche führen und Informationen sammeln. Ausnahmslos alle Studenten der Sektion Journalistik waren im Visier.

Den Erstzugriff behielt sich die Auslandsspionage vor. Sie erfasste akribisch die Neuzugänge der Sektion und ließ sie für andere Diensteinheiten sperren. «Das stellte sicher», verriet Günter Bohnsack, Oberstleutnant der für «Aktive Maßnahmen» (Desinformation) in der BRD zuständigen Abteilung X der Auslandsaufklärung, «dass sich die HVA das Recht vorbehielt, über den Einsatz als IM zu entscheiden.»[19] Die Kollaboration von Journalisten mit der Staatssicherheit ist kein abgeschlossenes Kapitel, weil die Unterlagen der HVA und ihrer rund 10000 ostdeutschen Spitzel im Sommer 1990 fast vollständig im Reißwolf landeten. Viele sind bis heute nicht enttarnt. Neuere Erkenntnisse der historischen Forschung lassen vermuten, dass mehrere hundert Medienschaffende unter demokratischen Vorzeichen das Prinzip der Konspiration weiter pflegen. Jedes Mal, wenn ein solcher Fall publik wird, ist die Betroffenheit groß. Dann zeigt sich auch, dass die am «Roten Kloster» gelehrte Kunst des Beschönigens, Verstellens und Verbergens noch immer hoch im Kurs steht.

Ein Meister in diesem Fach war Hagen Boßdorf, Sportkoordinator der ARD. 14 Jahre dauerte es, bis seine Akte vollständig rekonstruiert war. Am Ende ergab sie das Bild eines kaltschnäuzigen Zuträgers. Der Leipziger Student zögerte keinen Moment, als die Stasi auf ihn zukam. Den Unterlagen zufolge wollte Boßdorf die Kooperation schon beim zweiten Kontaktgespräch im Januar 1988 vertraglich fixieren. So viel Kalkül verblüffte sogar seinen späteren Führungsoffizier. Er wies das ungewöhnliche Ansinnen zurück und vermerkte im Treffprotokoll: «Hinsichtlich der Frage nach einem Vertrag über die Zusammenarbeit wurde zunächst einmal hervorgehoben, dass die bewusste und freiwillige Bereitschaft zur Zusammenarbeit das Fundament bilden und dass dies auch ohne Vertrag als verbindliche Zusage gewertet werden kann.» Dem angehenden Journalisten wurde angeboten, ihn zu einem späteren Zeitpunkt schriftlich zu verpflichten – «wenn die Zusammenarbeit konkrete Züge angenommen hat». Nach den Unterlagen erklärte Boßdorf, er betrachte eine Unterstützung des MfS nicht als Spitzeldienst. Die Konspiration sei für ihn «eine legitime Form des Klassenkampfes und der Sicherung der Macht der Arbeiterklasse». Am 1. November 1988 wurde das SED-Mitglied ausweislich der Akte als IM «Florian» geworben. Zu diesem Zeitpunkt hatte er für die Auslandsspionageabteilung XV der Leipziger Bezirksverwaltung, die der HVA unterstand, schon etliche Aufträge erledigt.

Boßdorf hat in der Branche einen Spitznamen: «Hagen der Lügner». Im Januar 2009 ließ das Landgericht Hamburg eine Anklage wegen Abgabe mehrerer falscher eidesstattlicher Versicherungen gegen ihn zu. Erste Hinweise auf seine Vergangenheit lagen 1993 vor, als in der Gauck-Behörde eine Karteierfassung entdeckt wurde. Seitdem hat der geschulte Ost-Journalist Boßdorf ständig neue Versionen seiner Verstrickung aufgetischt und sie den jeweils aktuellen Aktenfunden angepasst. Mal bestritt er, dass er Geld bekam, um «operative Aufträge» während seiner Hochzeitsreise nach Budapest auszuführen; mal räumte er die Annahme des Geldes ein. Boßdorf bestreitet auch, dass er mit allen Tricks versuchte, eine Göttinger Studentin als Agentin zu werben; auf sie war er laut Akte schon während einer ersten Begegnung von Nachwuchsjournalisten aus

Ost und West in Leipzig angesetzt. Die privaten Briefe der Westdeutschen händigte «Florian» seinem Führungsoffizier aus. Auch das bestreitet er, doch so steht es in den Dokumenten, die nach und nach auftauchten – 2002, 2005 und 2007 fast die komplette Akte. Bis dahin war Boßdorf harsch gegen jede Berichterstattung darüber vorgegangen, er erwirkte mehrere Gegendarstellungen mit Hilfe etlicher eidesstattlicher Versicherungen.

Unabhängig vom Ausgang ist das Gerichtsverfahren in erster Linie für die ARD eine Blamage – der Senderverbund hat planvoll alle Anhaltspunkte für die IM-Vergangenheit seines Angestellten ignoriert. Man schickte das Talent aus dem Osten auf die Karriereleiter: Sportreporter beim Ostdeutschen Rundfunk Brandenburg (ORB), Sportchef, ORB-Chefredakteur und der erste ostdeutsche innerhalb der ARD, schließlich Sportkoordinator aller Anstalten. Zuletzt verlängerten die Intendanten den Vertrag mit ihrer Führungskraft im September 2006 um fünf Jahre. Dass Boßdorf die Birthler-Behörde einen «Jagdverein gegen Ostdeutsche» genannt hatte, irritierte sie ebenso wenig wie ein wissenschaftliches Gutachten zu IM «Florian», das sie selbst in Auftrag gegeben hatten. Es ließ an Eindeutigkeit nichts zu wünschen übrig. Sportjournalisten, Wissenschaftler und Sportfunktionäre hatten mit einer Anzeige in der «Frankfurter Allgemeinen» gegen eine Vertragsverlängerung protestiert: «Ein Ja zu Boßdorf käme einem Nein zu verantwortungsvollem kritischem Journalismus gleich.»[20] Dagmar Reim, Chefin des Berlin-Brandenburger RBB, war gegen einen neuen Vertrag. Ihre Kollegen aber überschlugen sich mit Ehrenbezeugungen. Der ARD-Vorsitzende Thomas Gruber sagte, Boßdorf sei kein «böser Bube». Der WDR-Intendant Fritz Pleitgen warnte vor «tapferen Vorverurteilungen». ARD-Programmdirektor Günter Struve, Boßdorfs mächtiger Mentor, lobte einen «sehr geschätzten Kollegen». Seine Leistungen seien «so überdurchschnittlich, dass es nur Gründe gab, den Vertrag zu verlängern». Keine vier Wochen nach den bizarren Statements wurde die Reißleine gezogen. Nun warf man Boßdorf vor, in einen Fall von Schleichwerbung verwickelt zu sein. Dabei habe er die «notwendige journalistische Professionalität» vermissen lassen. Es ging um Werbefilmchen für Margarine, knapp 250 000 Euro teuer. Mit der Ausstrahlung im Vorabendprogramm sei gegen die Richtlinien zur Trennung von Werbung und Programm verstoßen worden, teilte die ARD mit. Boßdorf wurde mit einer Abfindung von rund 300 000 Euro verabschiedet. Dabei war die Vermischung von Promotion und Programm seit Jahren seine – von der ARD geschätzte – Spezialität.

Boßdorf besetzte im Ersten den Stuhl des Live-Reporters bei der Tour de France. Für die Tour hatte die ARD nicht nur die Übertragungsrechte erworben, dem Team Telekom war sie auch als Trikotsponsor verbunden. Diese Konstellation beförderte nicht gerade journalistische Distanz. Die Partnerschaft begann ausgerechnet 1998, im Jahr der Dopingrazzien bei dem sportlichen Großereignis. Der Sportreporter Boßdorf aber schwärmte weiter von den «Helden der Landstraße»: Stets zu Jahresbeginn stellte er die Berufs-Radfahrer der Telekom der Öffentlichkeit vor. Für die ARD handelte er mit seinem Freund Jan Ullrich einen dubiosen Sondervertrag aus: Der sicherte dem Profi jährlich mindestens 195 000 Euro Gebührengeld zu, damit er seinem Sponsor ARD unter anderem Interviews gab. Privat verdiente Boßdorf als Moderator in der Telekom-Lounge im Stadion von Bayern München und als Co-Autor der Biographie von «Ulle». Als der Tour-Held 2002 positiv getestet wurde, beharrte Boßdorf: «Sagt die Telekom, es gibt keinen Dopingfall, dann gibt es auch keinen Dopingfall für die ARD.» Als der Heidelberger Dopingaufklärer Werner Franke die Radsportberichterstattung der ARD «Beteiligung an systematischer Lüge» und «öffentlich-rechtliche Prostitution für Kohle» nannte, klagte nicht nur Hagen Boßdorf wegen Rufschädigung, sondern alle neun Sendeanstalten mit ihm. Der Prozess endete mit einem Vergleich: Franke nahm den Vorwurf der aktiven Fälschung zurück, er durfte aber weiter behaupten, dass die ARD die Dopingrealität ausklammere und so am System des Verschweigens beteiligt sei.

Hagen Boßdorf hat nach seinem Rausschmiss die Seite gewechselt, er arbeitet für einen Hamburger Sportrechtevermarkter, zu dessen Kunden die ARD gehört. Einen eleganteren Seitenwechsel hat Bernd Runge hingelegt. Im Januar 2009 kündigte der langjährige Deutschland-Chef des Condé-Nast-Verlags («Vogue», «Glamour») per Mail seinen Rücktritt an. «Es gibt Zeiten im Leben», ließ der Ostdeutsche seine Mitarbeiter wissen, «in denen Innehalten und Reflektieren und das Suchen nach neuen Herausforderungen immer mehr an Bedeutung gewinnen.» Der gebürtige Rostocker, der in Moskau Journalistik und Internationale Beziehungen studiert hat und nach 1989 eine Blitzkarriere machte, will nun in London ein Kunstauktionshaus leiten. Zwei Ereignisse haben dem «Genossen Glamour», wie er in Anspielung auf seine frühere SED-Mitgliedschaft sowie seine Vorliebe für die Catwalks in Paris und Mailand genannt wird, nachhaltig Schlagzeilen beschert. Er brachte im Februar 2007 eine deutschsprachige Ausgabe des US-Gesellschaftsmagazins «Vanity Fair» heraus – ein sündhaft teures Abenteuer, das trotz Investitionen von rund 100 Millionen Euro kurz nach Runges Abgang beendet wurde. Noch mehr Aufmerksamkeit wurde dem «Medienmann des Jahres 2003» zuteil, als im Mai 2004 über sein verschwiegenes Vorleben berichtet wurde. Die IM-Akte «Olden» beginnt mit der Kontaktierung durch das MfS im Jahr 1981. Es folgt die Werbung im Juni 1984: «Er wurde während seines Studiums überwiegend zur Personeneinschätzung von Mitstudenten eingesetzt.» Der Vorgang endet erst 1989. Da war Runge, nach Redakteursstationen in Dresden und Berlin, Korrespondent der DDR-Nachrichtenagentur ADN in Budapest und kannte seinen Wert. Sein Führungsoffizier zahlte ihm in zehn Monaten mehr als 12000 ungarische Forint für Geschenke, Bewirtungen und an Prämien, umgerechnet etwa 3000 Mark der DDR. Am 3. November, sechs Tage vor dem Mauerfall, fragte Runge seinen Instrukteur eher beiläufig, ob das MfS in der Lage sei, rechtzeitig seine Unterlagen zu vernichten. Daraus wurde nichts, weshalb man nachlesen kann, dass der mit der Tochter eines DDR-Generalmajors verheiratete IM offenbar auch bereit war, «ohne Ansehen der Person» zu berichten, darunter «ausführlich über den Verlauf des Übersiedlungsersuchens seiner Schwester und deren Kontakt zu einem BRD-Bürger».

«Was war wirklich schuldhaft? Wenn du dich im Spiegel ohne große Gewissensbisse anschauen kannst, dann kann man damit auch umgehen», sagte Runge im Februar 2009 dem Magazin der «Süddeutschen Zeitung». In dem «Gespräch über einen deutsch-

deutschen Lebenslauf» erörterte der weltläufige Medienmanager, er habe «als junger Mann an viele Ideale der kommunistischen Ideologie geglaubt», dazu sei «Opportunismus im Spiel» gewesen. «Ich war immer sehr erfolgshungrig», gibt er zu.

Seinen Bekannten in der DDR, jedenfalls Älteren in verantwortlicher Position, hätte ohnehin klar sein müssen: «Wenn du als Korrespondent der DDR im Ausland warst, dann hast du Kontakte zur Staatssicherheit – in welcher Form auch immer.» Im vereinten Deutschland habe direkt «niemand gefragt, auch aus Respekt und Anstand» ihm gegenüber. Im wichtigsten Punkt hält Runge das, was in seiner Akte steht, für falsch: «Personeneinschätzungen und Ähnliches habe ich abgelehnt.»[21]

Journalisten urteilen mitunter gnadenlos über Zeitgenossen, mögen es aber weniger, wenn sie selbst zum Gegenstand kritischer Berichterstattung werden. Mit einem Drohbrief, aufgesetzt von einem für rüde Methoden bekannten Presseanwalt, versuchte Thomas Leinkauf im März 2008 noch im letzten Moment den Artikel «Der Weg eines Stasi-Agenten in die Redaktionsspitze» zu verhindern.[22] Präsentiert wurde das gesamte Folterinstrumentarium – der Hinweis auf mögliche Ansprüche auf Unterlassung, Gegendarstellung, Widerruf, Schmerzensgeld und Schadenersatz im Fall einer Berichterstattung. Doch die veritable Akte der Auslandsspionage mit der Registriernummer XV 4650/75, die überraschend in Archiven der Birthler-Behörde gefunden worden war, ließ sich damit nicht mehr aus der Welt schaffen. Sie löste in der «Berliner Zeitung», für die Leinkauf mit dem Reportageressort «Seite 3» und der Wochenendbeilage «Das Magazin» gleich zwei Aushängeschilder verantwortete, ein mittleres Erdbeben aus.

In einer ersten Stellungnahme würdigte Chefredakteur Josef Depenbrock Leinkauf noch als «geschätzten und hochqualifizierten Kollegen». Seine «nur vorübergehende Beziehung zur Staatssicherheit» liege schon lange zurück. Deshalb sehe er keinen Anlass für «Berichterstattung in der eigenen Zeitung». Genau dort teilte er zwei Tage später mit, man werde «die jetzt aufgetauchte Akte sichten und bewerten». Über das Ergebnis würden die Leser informiert. Nochmals zwei Tage später widmete der Chefredakteur der «Glaubwürdigkeit als höchstes Gut» ein Stück auf der «Seite 3», die nun nicht mehr von Leinkauf verantwortet wurde, weil der sich hatte beurlauben lassen. «In eigener Sache», stand in der Unterzeile des Artikels, der eine große Untersuchung ankündigte. Zu diesem Zeitpunkt hatten Medien bundesweit über die Vorgänge im Plattenbau am Alexanderplatz berichtet. Die Redaktion wollte Transparenz. Das Gleiche verlangten Hunderte Leser, die auf der Internet-Seite der Zeitung in einem eigens eingerichteten Blog debattierten. Im November 2008 wurden sie informiert: Von 132 Redakteuren waren neun durch Stasi-Verbindungen belastet.

Leinkauf, Diplomatensohn und Student für Marxismus-Leninismus an der Humboldt-Universität Berlin, arbeitete zwischen 1975 und 1977 als IM «Gregor» für das MfS. Schon beim ersten Treffen war er nach Aktenlage überaus aufgeschlossen. Es sei für ihn «selbstverständlich, das Ministerium für Staatssicherheit zu unterstützen», heißt es in einem Bericht. Ein halbes Jahr und etliche Treffen später verpflichtete sich Leinkauf auch schriftlich zu «hoher Einsatzbereitschaft». Sie richtete sich vor allem gegen Freunde und Bekannte. Über eine Studentin führte «Gregor» aus, sie suche West-Kontakte wahrscheinlich «aufgrund finanzieller Probleme, ihrem Interesse an guter Kleidung». Zu den Männerfreundschaften einer Kommilitonin notierte Leinkauf, sie müsse es lernen, «nicht immer gleich intimere Beziehungen aufzunehmen, wenn man mal ein paar Schluck getrunken hat». Kühl diagnostizierte der Spitzel, «dass dieses Problem psychologische Ursachen hat». Doch solche Einschätzungen fielen nur nebenbei ab. Im Jargon der HVA war Leinkauf ein «Werber» – er sollte einen Studenten der Freien Universität in West-Berlin als IM gewinnen, den er zu sich in die Wohnung einlud, wo versteckt ein Tonband installiert werden sollte. Das MfS beendete die Kooperation, weil Leinkauf nicht die nötige Disziplin an den Tag legte. Das SED-Mitglied trat 1979 in das außenpolitische Ressort der «Berliner Zeitung» ein. Dort galt er als verlässliche Stütze. In den Zeiten des politischen Umbruchs stieg er zu einem der wichtigsten Leitartikler auf, im vereinten Deutschland zum Leiter der Reportergruppe, dann zum Ressortchef.

Er sei jung gewesen, begründete Leinkauf im März 2008 seine Spitzeltätigkeit. In der Redaktion herrschte Entsetzen. Christian

Bommarius, ebenfalls Leitender Redakteur, schrieb in einer internen E-Mail, was die «Berliner Zeitung» bis 1989 vom «Neuen Deutschland» unterschieden habe, sei nur «der geringere Grad ihrer Verlogenheit» gewesen. Ihre neuerarbeitete Glaubwürdigkeit und ihren Ruf als einzigartiges Ost-West-Labor habe sie auch der unvoreingenommenen Auseinandersetzung mit der DDR-Vergangenheit zu verdanken: «Das 18 Jahre lange Schweigen Thomas Leinkaufs droht diesen Erfolg schlagartig zunichte zu machen.» Von Journalisten sei ein gutes Gedächtnis in eigener Sache schon deshalb zu verlangen, «weil sonst jedes kritische Wort über Angelegenheiten Dritter unlauter, ja verlogen erscheint».[23]

Heikel war die Enthüllung, weil der frühere IM «Gregor» häufig selbst über die Staatssicherheit geschrieben hatte. Schon am 2. Oktober 1990 kommentierte er auf der Titelseite das Staatsbegräbnis der DDR und stellte fest, die Zeit sei immer knapper geworden, sich mit der eigenen Vergangenheit, mit Fehlern und Irrtümern auseinanderzusetzen: «Manches Wichtige blieb auf der Strecke – Stasi steht dafür nur als – wenngleich drängendstes – Beispiel.»[24] Am 17. Juni 2006 druckte Leinkauf ein mit Marianne Birthler geführtes Interview. Er fragte die Leiterin der Stasi-Unterlagenbehörde nach «ehemaligen Kampfgefährten» und wählte ein Zitat von ihr als Überschrift: «Menschen, die ehrlich zu sich selbst sind, finde ich lebendig.»[25] Redaktionsintern hatte Leinkauf viele Kollegen mit einer Doppelseite im Magazin gegen sich aufgebracht. Es handelte sich um eine Attacke gegen den Direktor der Gedenkstätte Berlin-Hohenschönhausen, Hubertus Knabe, die im Januar 2008 ins Blatt gehievt wurde, obwohl es schon vorab kritische Nachfragen gab. Das Stück eines freien Autors, das sich wie eine Stasi-Zersetzungsmaßnahme las, enthielt zahlreiche Falschbehauptungen. Die «Berliner Zeitung» musste eine der umfangreichsten Gegendarstellungen ihrer Geschichte drucken und in sieben Punkten eine Unterlassungserklärung abgeben.[26]

In einer hitzigen Redaktions-Vollversammlung, die über den Fall von IM «Gregor» diskutierte und eine freiwillige Selbstüberprüfung beschloss, gestand Ingo Preißler, stellvertretender Ressortleiter Politik, eine ins Jahr 1978 zurückreichende Spitzeltätigkeit als IM «Peter». Seine Beichte schloss er mit den Worten: «Ich schäme mich. Es tut mir sehr leid.» In seiner größtenteils vernichteten Akte, die erst später herausgegeben wurde, stand, dass er als Auslandskorrespondent der Nachrichtenagentur ADN von 1986 bis 1988 in Washington auch Informationen über das Pentagon und die NATO geliefert hatte. Ein von Chefredaktion und Redaktionsausschuss eingesetzter Ehrenrat behandelte Leinkauf und Preißler gleich. Er empfahl, beide weiterzubeschäftigen, sie aber von ihren Leitungsfunktionen zu entbinden. Zur Begründung hieß es: «Beide haben sich mit ihrer Vergangenheit ernsthaft und nach Meinung des Ehrenrats aufrichtig auseinandergesetzt.»[27] Der Politikredakteur Roland Heine und der Lokalredakteur Christian Morgenstern, beide an der Sektion Journalistik als IM geworben, verließen die Redaktion. Dass fünf weitere Redakteure befristet im Stasi-Wachregiment «Feliks Dzierzynski» gedient hatten, wurde vermerkt.

Der erste Neuherausgeber der «Berliner Zeitung», der frühere «Spiegel»-Chefredakteur Erich Böhme, bis 1994 im Amt, hatte noch eine große Flut herbeigewünscht, um die Stasi-Akten wegzuspülen. Mitte der neunziger Jahre entließ das Blatt zwölf einstige IM. Eine seinerzeit von der Personalabteilung eingeleitete Überprüfung musste allerdings auf Druck von Rechtsanwälten abgebrochen werden. Der Ehrenrat erklärte nun, damals seien Fehler gemacht worden. Die Redaktion habe es zu lange versäumt, «sich mit dem Aspekt der Vergangenheit und den Lebenswegen ihrer Mitarbeiter auseinanderzusetzen».[28]

Seit Anfang 2009 hat die «Berliner Zeitung» mit DuMont Schauberg einen neuen Verleger, der den Chefredakteur auswechselte. Der Kölner Konzern kaufte den ganzen Berliner Verlag, zu dem auch das Boulevardblatt «Berliner Kurier» gehört. Nach dem Wirbel nebenan hatte die «Kurier»-Chefredaktion das Thema MfS ebenfalls auf die Agenda gesetzt. Alle Redakteure wurden aufgefordert, sich gegebenenfalls zu offenbaren. Dass dieser Appell wenig fruchtete, zeigte sich im Januar 2009, als ein Spitzel durch den Anruf eines Bespitzelten enttarnt wurde. Der Sportredakteur Jörg Leißling hat dem MfS laut Akte von 1977 bis 1989 als IM «Jörg» gedient. Bei seiner Werbung versicherte der damalige Redakteur der Erfurter SED-

Zeitung «Das Volk»: «Ich sehe diese Zusammenarbeit als meine patriotische Pflicht an.»

Manchmal saßen die einstigen Zuträger direkt in der Chefredaktion. Gerd Spilker dirigierte von 1990 bis 2005 die Rostocker «Ostsee-Zeitung». Fast ebenso lange, von 1967 bis 1980, unterstützte der Journalist als IM «Siegfried Reger», wie er bei seiner Verpflichtung versprach, «freiwillig das Ministerium für Staatssicherheit im Kampf gegen alle Feinde unseres Staates». Grotesk vor diesem Hintergrund: Im Dezember 1996 trat der frühere SED-Genosse im Bundestag als Zeitzeuge der Enquete-Kommission «Überwindung der Folgen der SED-Diktatur im Prozess der deutschen Einheit» auf. Über den Fall berichtete ausgerechnet die «Welt», die wie die «Ostsee-Zeitung» vom Verlag Axel Springer herausgegeben wird.[29] Schon 1995 musste Peter Mugay alias IM «Albert» den Chefredakteurssessel der «Märkischen Allgemeinen» (MAZ) in Potsdam räumen. Bis dahin durfte der einstige Redakteur des CDU-Blatts «Neue Zeit» ungestört ostdeutsche Bürgerrechtler attackieren, die über die Biographien von Brandenburger Politikern publizierten. Die unter dem Verlagsdach der «Frankfurter Allgemeinen» erscheinende MAZ ließ sich noch 2008 für 478 000 Euro im Jahr Lokalsportseiten von einer Medienagentur zuliefern, deren wichtigster Mitarbeiter ein MfS-Hauptmann war. Manfred Mohr erwarb seine Qualifikation als Journalist mit der Überwachung westdeutscher Korrespondenten in der DDR. Nachdem das ARD-Medienmagazin «Zapp» darüber berichtete, wurde die Geschäftsbeziehung aufgelöst.

Die Stasi-Akte «Anne» gehörte zu Sabrina Stechel, der Vize-Chefin der «Super Illu» – das meistgelesene Magazin in Ostdeutschland wird vom Münchener Burda-Verlag herausgegeben. Auf Geheiß von Helmut Markwort, dem Chefjournalisten des Konzerns, wurde Stechel von ihrer Aufgabe entbunden. «Super-Illu»-Chef Jochen Wolff beteuerte: «In einem Blatt, das politische Themen behandelt, sind Stasi-Leute nicht tragbar.» Das Bürgerkomitee Leipzig monierte sogleich, das Fachblatt für die Ost-Stars zeige «ungewöhnlich starkes Verständnis» für ehemalige IM. Doch das war nur halb richtig, denn manchmal deckt das Blatt auch MfS-Biographien auf.

Gleich zweimal, 1999 und 2001, trennte sich Deutschlands größtes Boulevardblatt «Bild» von Klaus-Dieter Kimmel, einst Lebensgefährte von Stechel und «Sportecho»-Chefredakteur, dann verantwortlich für die ostdeutschen Regionalausgaben von «Bild». Der Journalist, vom MfS als IM «Fuchs» und IM «Manfred Meinel» geführt, hatte sich unter anderem das Vertrauen eines in Ost-Berlin akkreditierten Korrespondenten der «Rheinischen Post» erarbeitet. Der erzählte ihm, dass er von ostdeutschen Verwandten über die Verhältnisse in der DDR informiert werde – die Verwandten wurden daraufhin beruflich kaltgestellt. 2003 produzierte Kimmel die sechsteilige MDR-Ostalgie-Show «Ein Kessel DDR». Für «Bild» ist er als Berater tätig.

Woran andere Redaktionen bis heute scheitern, das gelang der in Cottbus ansässigen «Lausitzer Rundschau». Sie beauftragte zwei Wissenschaftler der Viadrina-Universität in Frankfurt/Oder mit einer Studie, um reinen Tisch zu machen. Im März 2003 lag das Ergebnis vor – eine Liste mit zahlreichen Deck- und Klarnamen sämtlicher Journalisten, die seit Bestehen der Zeitung als nebenberufliche Denunzianten aktiv waren. Sie wurde vollständig veröffentlicht, ebenso wie die Studie.[30] Das zur Stuttgarter Holtzbrinck-Gruppe gehörende Blatt trennte sich von drei Mitarbeitern, zwei Lokalchefs verloren ihre Leitungsaufgabe. Zur radikalen Transparenz entschloss man sich aus gutem Grund – die Redaktion hatte sich mit hartnäckigen Enthüllungen über Filz und Korruption bei einigen Honoratioren höchst unbeliebt gemacht. In Cottbus, einst der Bezirk mit der größten Dichte an MfS-Mitarbeitern, wirkte rund um die stadteigene Gebäudewirtschaft ein undurchsichtiges Geflecht von Firmen, die sich Aufträge zuschanzten. Gesellschafter waren oft Ehefrauen von Geschäftsführern städtischer Unternehmen und ehemalige hauptamtliche Stasi-Leute. Der wichtigste war MfS-Hauptmann und Neu-Unternehmer Helmut Rauer, Sponsor der Kicker von Energie Cottbus und Finanzier des Stadtkanals Lausitz-TV. Der Lokalsender knüpfte sich die Lokalzeitung vor. Der Chefredakteur der «Lausitzer Rundschau» sprach von «Versuchen, die Berichterstattung der Zeitung mit dem Wissen um vermeintliche IM-Tätigkeit einzelner Redakteure zu beeinflussen». Seither ist ein halbes Jahrzehnt vergangen. Über Ex-Geheimdienstmann

Rauer wird wieder neutral berichtet – etwa über seine Rolle als Präsident der deutschen Sektion im Verband europäischer Karneval-Städte. Rauer war früher Leiter des «Volkskunstkollektivs Cottbuser Karneval».

Die «Lausitzer Rundschau» konnte ihre Studie erst in Auftrag geben, nachdem die Redaktion ihr Einverständnis erklärt hatte. Der Grund: Das Gesetz verbietet es Verlagen, solche wissenschaftlichen Untersuchungen für eine verdeckte Überprüfung ihrer Angestellten heranzuziehen. Nicht nur bei der Neuordnung der Presse in Ostdeutschland ließ die Politik Sensibilität vermissen, sie erschwerte auch die Aufdeckung von MfS-Verstrickungen. Sie installierte ein Zweiklassenrecht, das zwischen privat geführten Unternehmen und dem Öffentlichen Dienst unterschied. Deshalb konnten Zeitungen und Privatsender ausschließlich Führungskräfte überprüfen lassen. In öffentlich-rechtlichen Sendern hingegen war das bei ausnahmslos allen Mitarbeitern möglich. Damit galt für einen Politikredakteur von Sat 1 eine völlig andere Regel als für einen Politikredakteur bei ARD oder ZDF. Allerdings wollten die öffentlich-rechtlichen Sender die gesetzliche Privilegierung eher nicht beanspruchen.

Als beispielsweise der Mitteldeutsche Rundfunk, die Dreiländeranstalt mit Sitz in Leipzig, zum zweiten Mal alle Mitarbeiter überprüfen ließ, stellte sich im Jahr 2002 heraus, dass gegen 4,3 Prozent der Festangestellten ein Stasi-Verdacht vorlag – zwölf Jahre nach der friedlichen Revolution war das ein peinlich hoher Wert. Der erneute Check entsprang auch keinem freiwilligen Selbstreinigungsimpuls, er war Folge einer Reihe von Zeitungsartikeln, in denen über mehr als drei Dutzend belastete Journalisten detailliert berichtet wurde. Der MDR war monatelang wie gelähmt – ihm haftete das Image eines «Stasi-Stadels» an. Zeitweilig herrschte Moderatorenmangel, viele prominente Gesichter verschwanden vom Bildschirm. «Es ist richtig, dass wir derzeit ein Stasi-Problem haben. Wir bemühen uns redlich, dieses Problem aufzuarbeiten und führen – auch wenn es für uns schmerzhaft ist – darüber nach innen und außen eine offene Diskussion», schrieb der Intendant Udo Reiter im März 2001 nach der Enthüllungsserie.[31]

Dabei war der Gründungsintendant, er kam vom Bayerischen Rundfunk, selbst ein Teil dieses Problems. Mit Reiter wurde der größte anzunehmende Sündenfall im öffentlich-rechtlichen System Wirklichkeit. Zunächst hatte er sich noch wacker um Aufklärung bemüht. Schon am 7. August 1991 – der Sendebetrieb wurde am 1. Januar 1992 aufgenommen – schrieb Reiter an den Sonderbeauftragten Joachim Gauck und bat um Überprüfung seiner Sekretärin und seines Fahrers. Deren Aktenlage war eindeutig: Die Sekretärin diente dem MfS hauptamtlich als Feldwebel, sie war Gattin des ehemaligen Stellvertretenden Leiters der Leipziger MfS-Bezirksverwaltung; der Fahrer war ebenfalls belastet. Reiter behauptete ein gutes Jahrzehnt nach Antragstellung, er habe nie erfahren, dass «Schild und Schwert der SED» in seiner unmittelbaren Nähe blitzten. Glaubwürdig klang das nicht. Jedenfalls schränkte der Rundfunkrat Anfang der neunziger Jahre prompt den Kreis der zu Überprüfenden ein, Auskünfte wurden nur zu journalistischem Personal angefordert. Sekretärin und Fahrer blieben dem Intendanten erhalten.

Der MDR reichte Listen mit 1206 Angestellten bei der Stasi-Unterlagenbehörde ein. Nach zuverlässigen Informationen kamen bis Mitte der neunziger Jahre 110 «Positivbescheide» zurück. Der MDR räumte 2001 lediglich 76 Stasi-Fälle ein, die zu 52 «Einzelfallprüfungen» geführt hätten. Dieser Aufgabe widmete sich ein vom Rundfunkrat eingesetzter Personalausschuss unter Leitung des Thüringer Kirchenmanns Horst Greim. Die Kriterien des Ausschusses sind in einem Protokoll des Rundfunkrats von März 1997 vermerkt: «Erstens, liege ein vor einem deutschen Gericht bestehendes Vergehen vor, weil Menschen zu Schaden gekommen seien. Zweitens, zeige der Mitarbeiter, dass er aus den gemachten Erfahrungen gelernt habe. Und drittens, schade oder nutze dem MDR die Weiterarbeit dieses Mitarbeiters».[32] Zwei Mitarbeiter mussten gehen. Dutzende hochgradig belastete Journalisten, die im Öffentlichen Dienst ihren Stuhl hätten räumen müssen, durften bleiben. Darunter war der Moderator eines Reisemagazins, mit dessen Hilfe es der Staatssicherheit gelungen war, «mehrere Feinde der DDR zu inhaftieren». Mit diesem Vorgehen tolerierte der MDR zugleich Betrug, denn alle Mitarbeiter hatten bei der Einstellung einen Fragebogen zur Vergangenheit ausgefüllt und per Unterschrift akzeptiert, dass unrichtige Angaben «zur sofortigen Beendigung des Arbeitsverhältnisses» führen. Die meisten Zuträger hatten ihre MfS-Biographie verschwiegen.

Als dieses Versagen im Herbst 2001 öffentlich wurde, reagierten die Verantwortlichen im MDR gereizt. Intendant Reiter beschwerte sich, dass eine Stasi-Debatte angefacht worden sei, «die ich in dieser Schärfe nicht mehr für möglich gehalten habe».[33] Rundfunkrat Greim schrieb an die Belegschaft: «Wir leben in einem Rechtsstaat, in dem auch elf Jahre nach der Wende Verdächtigung und Beschuldigung nach schmerzlicher Überprüfung nicht neues Misstrauen aufkommen lassen sollen. Das wäre ein Rückfall in den Kommunismus.» Er schloss mit der Aufforderung: «Geben Sie Brunnenvergiftern keine Chance!»[34] Unterstützung erhielten Reiter und Greim von unerwarteter Seite. Zum einen forderten 23 hochkarätige Stasi-Obristen in der «Jungen Welt» die sofortige Einstellung der «Hexenjagd» gegen IM im MDR.[35] Zum anderen verteidigte Alexander Osang, Absolvent des «Roten Klosters», Ex-SED-Mitglied, Zögling von Thomas Leinkauf und preisgekrönter «Spiegel»-Redakteur, in der «Berliner Zeitung» die Zustände im Sender. Seine Lobrede auf den MDR: «Womöglich drückt er die Wünsche und Sehnsüchte der Menschen adäquat aus. Womöglich kann man hier sogar studieren, was eine Konföderation gebracht hätte. Vielleicht geht der Mitteldeutsche Rundfunk den dritten Weg, von dem ich mal geträumt habe. Vielleicht ist er das Modell, vielleicht auch nur die Nische. Eine gemütliche Ecke, von Feinden umstellt, aber warm.»[36]

Nachdem der MDR einmal an den einstigen Zuträgern in Kenntnis ihrer Vita festgehalten hatte, waren nach dem zweiten Stasi-Check die arbeitsrechtlichen Möglichkeiten für Kündigungen gering. Der Sender trennte sich von etlichen freien Journalisten – und arbeitete größtenteils mit den belasteten Festangestellten weiter. Daran vermochte auch ein neuer Personalausschuss nichts zu ändern, dem einige Journalisten als «nicht zumutbar» galten. Der Intendant, dem das Dilemma bewusst war, erklärte: «Sollten wir uns von einem Mitarbeiter, der gravierend belastet ist, aus arbeitsrechtlichen Gründen nicht trennen können, dann wird er auf keinen Fall mehr dort eingesetzt, wo er unserer Glaubwürdigkeit schadet.» Niemand habe einen Rechtsanspruch darauf, auf dem Bildschirm zu erscheinen oder vor dem Mikrophon zu sitzen: «Da sind wir vielleicht heute strenger als früher.» Was von solchen Ankündigungen zu halten war, konnte das Publikum am 13. August 2001 live am Bildschirm miterleben, als des 40. Jahrestages des Mauerbaus gedacht wurde. Den Hauptbeitrag sprach die wegen der IM-Akte «Christine» suspendierte Fakt-Moderatorin Sabine Hingst, der prominenteste Stasi-Fall im MDR. Sie sagte: «Ein Vergessen darf es nicht geben, darin sind sich Opferverbände, CDU und SPD einig.»

Inzwischen haben sich fast alle wieder im MDR eingerichtet, mehrheitlich hinter den Sendestudios. Ganz vorn steht nach wie vor der Unterhaltungschef Udo Foht, vom MfS als IM «Karsten Weiß» geführt und schon «Leiter des Bereichs Unterhaltung» beim DDR-Fernsehen. Er garantiert Reiter, was ihm am liebsten ist: Quote. Foht bestreitet bis heute und hat entsprechende eidesstattliche Versicherungen vorgelegt, doch eine IM-Akte belastet ihn. Dennoch behauptet der Intendant in Gegendarstellungen, der Eindruck, der MDR stelle sich in diesem Fall schützend vor einen IM, sei unzutreffend. Eine Spitzeltätigkeit seines leitenden Angestellten, sei «bis zum heutigen Tage nicht nachgewiesen». Dumm nur, dass selbst eine von der ARD in Auftrag gegebene Studie den König der Schunkelshows in der Rubrik «Inoffizieller Mitarbeiter» einstuft. Foht wurde laut Akte per Handschlag verpflichtet und berichtete mündlich. Weil es keine handschriftlichen Belege gibt, bleiben Restzweifel an seinem Wirken als treuer Vasall an der geheimen Front. Sie liegen im Promillebereich.

Wie Foht bewies auch MDR-Fernsehdirektor Wolfgang Vietze schon beim DDR-Fernsehen in Berlin-Adlershof ausgeprägtes Sendungsbewusstsein. In Versammlungen des Parteikollektivs schurigelte der stramme Leitungskader schon mal Kollegen, die ideologisch nicht auf Linie lagen. Heute sorgt Vietze manchmal für ausgezeichnete Fernsehdokumentationen. Außerdem sorgt er als Fachmann für Ost-Gewohnheiten dafür, dass am Montagabend ein DDR-Film läuft – so wie im DDR-Fernsehen am Montagabend ein

UFA-Film lief. Oder dafür, dass das DDR-Fernsehballett nun als MDR-Fernsehballett weitertanzt, Motto: «Der Rhythmus, mit dem man mitmuss.» Den Rhythmus in Reiters Büro bestimmt ein persönlicher Referent, der schon für Heinz Adameck arbeitete. Adameck, der Herrscher von Adlershof, war der längstgediente Fernsehintendant der Welt, im Amt von 1954 bis zum Untergang der DDR. Udo Reiter ist von der «Frankfurter Allgemeinen» der Titel «der ewige Intendant» verliehen worden: Im Jahr 2008 wählte der Rundfunkrat, das Kontrollgremium aus Politik und sonstigen Honoratioren der Gesellschaft, Reiter in die vierte Amtsperiode bis 2015. Der Osten weiß, was er an diesem Intendanten hat.

Durchmarsch der Staatsdiener

Kleine Anfragen bringen manchmal großen Erkenntnisgewinn. Die FPD-Fraktion wollte von der Bundesregierung wissen, wie viele ehemalige Stasi-Mitarbeiter in einzelnen Ministerien und oberen Bundesbehörden tätig sind und wie viele davon eine leitende Tätigkeit ausüben. «In der gewünschten detaillierten Aufschlüsselung» und «in der zur Verfügung stehenden Zeit» sei keine Auskunft möglich, teilte die Regierung mit. Ohnehin könnten die erbetenen Zahlen nur ressortbezogen ermittelt werden. Das war im Februar 2007. Im Mai fragten die Abgeordneten nochmals nach, dieses Mal konkret nach dem Innenressort. Nun hieß es, eine Auskunft sei «praktisch nicht leistbar». Zum Teil seien die Daten nicht erfasst und Akten auf Grundlage von Aufbewahrungspflichten schon vernichtet. 1993 war die Bundesregierung auskunftsfähiger – aber erst, nachdem das Parlament einen Untersuchungsausschuss eingesetzt hatte. Damals wurden 2597 einstige MfS-Mitarbeiter beim Bund eingeräumt. Da war schon fast jeder Fünfte unkündbar ins Beamtenverhältnis überführt worden. Und 40 014 Beschäftigte waren überhaupt nicht überprüft.[37]

So gut wie keine Kenntnis hatte man damals über DDR-Spione mit westdeutschem Pass. Allein die Auslandsspionage führte seit den sechziger Jahren rund 6000 Mitarbeiter in der Bundesrepublik.

Kurz vor dem Mauerfall gab es 449 «Objektquellen», die Top-Kategorie unter den Agenten – sie waren in «feindlichen» Einrichtungen aktiv. Nicht zuletzt saßen sie in Ministerien und Behörden, Bares war ihnen wichtiger als der Amtseid. Anfang der neunziger Jahre gerieten einige von ihnen ins Visier der Staatsanwaltschaften, doch die dürftige Quellenlage bewahrte damals die meisten vor einer Anklage und dem Arbeitsplatzverlust. Seitdem hat niemand mehr so richtig hingeschaut. Heute wird ein ehemaliger Geheimdienstmitarbeiter nur enttarnt, wenn ein Forscher bei Recherchen auf seine Geschichte stößt und dann auch noch zufällig Interesse für den beruflichen Verbleib der Person entwickelt. Das kommt ausgesprochen selten vor. Deshalb rief es die FDP-Fraktion erneut auf den Plan, als im Jahr 2008 gleich zwei solcher Stecknadeln aus dem Heuhaufen auftauchten.

Danach beließen die Liberalen es nicht mehr bei einer Kleinen Anfrage. Sie stellten gleich einen umfassenden Antrag. Nach ihrem Willen soll der Bundestag die Regierung verpflichten, eine wissenschaftliche Studie in Auftrag zu geben. Das Ziel: endlich herauszufinden, wie viele ehemalige Mitarbeiter des Staatssicherheitsdienstes in den Bundesministerien und Bundesbehörden «arbeiten und welche Entscheidungs- und Einflussmöglichkeiten diese Mitarbeiter heute noch haben».[38] Verwiesen wurde ausdrücklich auf die Fälle von IM «Konrad» und IM «Helene»: Unter diesen Decknamen führte das MfS zwei «Objektquellen», die den gleichen Namen und das gleiche Geburtsdatum haben wie zwei an sensibler Stelle tätige Beamte – ein Ministerialrat im Reich von Finanzminister Peer Steinbrück (SPD) und eine Sachbearbeiterin im gehobenen Dienst bei Wirtschaftsminister Karl-Theodor zu Guttenberg (CSU).

Die brisanten Dokumente, die IM «Helene» zwischen 1973 und 1985 über die Bonner Wirtschaftspolitik beschaffte, interessierten sogar den KGB. Die Stasi stufte die Agentin, die unter der Nummer XV/447/71 registriert war, als absolut zuverlässig ein. Um die Quelle nicht zu gefährden, wurde eigens ein Instrukteur eingeschaltet, der die Verbindung pflegte. Ihre Akte füllte einst elf Bände mit etwa 3300 Seiten. Acht Lieferungen hatten die höchste Geheimhaltungsstufe, mindestens vier erreichten den sowjetischen Geheimdienst.

Vom Verrat der Dienstgeheimnisse waren viele Minister betroffen: Hans Friderichs, Otto Graf Lambsdorff (beide FDP), Manfred Lahnstein (SPD) und Martin Bangemann (FPD). Die Quelle in Bonn gab beispielsweise Auskunft über Organisationspläne des Ministeriums, seine Personal- und Strukturpolitik sowie über Forschungsaufträge, die Finanzierung des Osthandels, Kredite für sozialistische Länder und die jeweils neuesten internen Wirtschaftsdaten.

Angeworben wurde die Top-Agentin schon 1970, als sie bei einem Verlag arbeitete. Erst 1972 wechselte sie ins Ministerium. In der Sprache des Geheimdienstes erfolgte die Kontaktaufnahme «unter fremder Flagge» – ihr Werber hatte sich unter einer Legende vorgestellt. Ob es bei der Unkenntnis blieb, erschließt sich aus den Unterlagen nicht. Vermerkt ist hingegen, dass die Zusammenarbeit auf «materieller Basis» erfolgte, also vermutlich eine Menge Geld floss. Als IM «Helene» führte die Auslandsspionage Helga Z.[39] – gegen sie leitete die Staatsanwaltschaft Düsseldorf Anfang der neunziger Jahre ein Ermittlungsverfahren wegen des Verdachts der Agententätigkeit ein. Damals standen drei Blatt Papier aus dem Stasi-Nachlass zur Verfügung. Heute sind es 110 Seiten. Doch die Sache ist verjährt.

Der Ministerialrat Hermann-Josef Rodenbach bestreitet energisch eine wissentliche Zusammenarbeit mit der Stasi. Er behauptet, dass er «lediglich über Jahre hinweg Kontakt mit einem vermeintlichen Mitarbeiter eines schwedischen Industrieverbands» hatte, der Stasi-Offizier gewesen sei. Jedem, der behauptet, er sei IM gewesen, droht er rechtliche Schritte an.[40] Auch das Ermittlungsverfahren gegen ihn wurde Anfang der neunziger Jahre eingestellt. Laut Akte trat das MfS 1974 mit Rodenbach in Kontakt, ohne dabei den geheimdienstlichen Hintergrund erkennen zu lassen. Zehn Jahre später wurde der Vorgang umregistriert, der Deckname «Konrad» und die Registriernummer XV/1671/84 vergeben. Die Akte wuchs rasch an, im Dezember 1987 wurde der achte Arbeitsband angelegt. Nach dem elektronischen Posteingangsbuch der Stasi waren bis dahin mindestens 116 Informationen geliefert worden, von denen 25 als «wertvoll» und eine sogar als «sehr wertvoll» eingestuft wurden. Damals stand der Schreibtisch des Juristen in einer

Einrichtung, die den Gedanken an das Wiedervereinigungsgebot des Grundgesetzes wachhalten sollte – im 1969 gegründeten Gesamtdeutschen Institut.

Das Institut ist stasitechnisch gesehen ein Sonderfall unter den Bundesbehörden. Das hat mit einem Mann zu tun, der 1972 zum Präsidenten berufen wurde und diese Funktion bis zur Auflösung des Hauses Ende 1991 ausübte – mit dem Juristen Detlef Kühn. Als Pensionär waren seine Ambitionen nicht erloschen, er wollte vielmehr ganz genau wissen, welchen Loyalitäten seine einstigen Kollegen verpflichtet waren, und stellte fleißig Forschungsanträge bei der Birthler-Behörde. Zuletzt stieß er bei seinen Recherchen auf den Klarnamen von IM «Konrad» – zuvor hatte er die Fälle IM «Berger», IM «Christoph», «Claudia», IM «Töpfer», IM «Talar», IM «Fichtel», IM «Kleinert», «Moritz», IM «Dr. Luther», IM «Zady» und IM «Erich» aufgedeckt. Alle diese Agenten waren gegen das Gesamtdeutsche Institut eingesetzt. Kühn sagt: «Diese Liste erhebt keinen Anspruch auf Vollständigkeit.»

Vielleicht sollte die Bundesregierung doch einmal genauer hinschauen.

Die Länder halten es inzwischen wie der Bund, auch sie sind wenig auskunftsfreudig. Dafür haben sie gute Gründe. Ausgerechnet am Jahrestag des Volksaufstandes, am 17. Juni 1992, schickte das Sächsische Staatsministerium des Innern eine «vertrauliche Personalsache» an den Landespolizeipräsidenten. Ihm wurde mitgeteilt, dass der CDU-Innenminister seine Position hinsichtlich stasibelasteter Polizeibediensteter insoweit geändert habe, dass diese «weiterhin für die Polizei zu verwenden sind. Sie müssten allerdings ‹versteckt› werden (Beschäftigung in nichtöffentlichkeitswirksamen Bereichen, z. B. Stäben).»[41] Als das Versteckspiel publik wurde, stellte die SPD-Fraktion im Landtag eine Große Anfrage. Dabei kam heraus: Gleich in Kompaniestärke waren Stasimitarbeiter, angeführt von Oberstleutnanten und Majoren, in sächsische Polizeistuben einmarschiert.[42] Als der Bundestag 1997 wissen wollte, wie viele Polizisten eine MfS-Biographie hatten, war Sachsen als einziges unter den neuen Ländern nicht auskunftsfähig. Offenbar hatte man den Überblick verloren.

Einige der Ordnungshüter beziehen ihr staatliches Ruhegeld, andere warten noch darauf: Nach Erkenntnissen der Stasi-Unterlagenbehörde waren Ende 2006 in den Polizeibehörden von Bund und Ländern insgesamt rund 1500 und beim Bundesgrenzschutz etwa 300 frühere MfS-Mitarbeiter beschäftigt.

Und wer musste eigentlich gehen? In Brandenburg kaum jemand. Denn dort wurde schon 1995 unter Ministerpräsident Stolpe die Regelanfrage per Kabinettsbeschluss abgeschafft. Das hieß in der Praxis: Neue Mitarbeiter im Öffentlichen Dienst wurden nur dann auf eine Stasi-Verstrickung überprüft, wenn gegen sie ein dringender Verdacht vorlag oder wenn ihnen eine wichtige Leitungsfunktion übertragen werden sollte. Das rot-rot regierte Mecklenburg-Vorpommern folgte 1998 dem Brandenburger Beispiel. Sachsen, Thüringen und Sachsen-Anhalt hingegen ließen nach der Jahrtausendwende einen Teil ihrer Landesbeschäftigten nochmals von der Stasi-Unterlagenbehörde checken – Anlass waren die ab 2003 verfügbaren Dateien der Auslandsspionage.

Bund, Ländern und Kommunen blieb es von Anfang an selbst überlassen, ob und wie sie Verwaltungen, Hochschulen, Polizei, Lehrerschaft oder Justiz durchleuchten und welche Konsequenzen sie daraus ziehen wollten. Kein einziges Bundesland trennte sich von mehr als der Hälfte der enttarnten Stasi-Zuträger im Öffentlichen Dienst. Mit Nachsicht wurden nicht nur Pförtner oder Köche behandelt: So trug die im Brandenburger Ministerium für Bildung, Jugend und Sport angesiedelte Abteilung zur Koordination der Lehrer-Überprüfungen zwar den großspurigen Titel «Referat für Vergangenheitsaufarbeitung/Förderung demokratischer Kultur», doch von 1139 MfS-belasteten Pädagogen kündigte man gerade einmal 397 und verabschiedete 218 mit einem Auflösungsvertrag.

Solche Zahlen zum Elitentausch hat die zweite Enquete-Kommission des Deutschen Bundestages zur «Überwindung der Folgen der SED-Diktatur im Prozess der deutschen Einheit» systematisch zusammentragen lassen.[43] Die Daten für einige Berufsgruppen reichen nur bis Ende 1996, dennoch handelt es sich um eine Art Bilanz: Schon zu diesem Zeitpunkt galten die Überprüfungen der Landesbeschäftigten als größtenteils erledigt. Dabei ging es nicht allein um das Thema Stasi. Nach dem Einigungsvertrag konnten auch kompromittierte SED-Funktionäre entlassen werden. Als «besondere Kündigungsgründe» galten bis Ende 1993 mangelnde fachliche Qualifikation oder mangelnde persönliche Eignung. Das Beispiel der Lehrerschaft zeigt, dass dieses Instrumentarium durchaus genutzt wurde: Im Auftrag der ostdeutschen Kultusministerien (ohne Berlin) prüften Personalkommissionen 220000 Angestellte im Schulbetrieb. Sie kündigten 19500 Lehrern, lediglich zehn Prozent davon wegen MfS-Mitarbeit. Häufiger scheiterten Pädagogen an mangelnder fachlicher Qualifikation oder weil sie bei ihrer Einstellung unwahre Angaben über ihre Vergangenheit gemacht hatten. In Sachsen mussten alle Lehrer gehen, die ausschließlich Staatsbürgerkunde unterrichtet und den Schülern den richtigen Klassenstandpunkt beigebracht hatten. Mecklenburg-Vorpommern hingegen verpflichtete diese Lehrer zu Schulungen, danach unterrichteten sie sogleich Gesellschaftskunde.

Besonders rigorose Kriterien stellte das CDU-regierte Thüringen auf: Die Personalkommissionen sollten sich nicht nur ein Bild von der Vergangenheit eines jeden Lehrers verschaffen, vielmehr sollte geprüft werden, ob seine aktuelle Haltung ihn befähige, «entsprechend dem Grundgesetz junge Menschen zu bilden und zu erziehen». Einstigen hauptamtlichen Parteifunktionären, Schulräten, Parteisekretären, Pionierleitern und langjährigen Direktoren sowie Lehrern für Staatsbürgerkunde oder Wehrkunde wurde das nicht unbedingt zugetraut. Der Vorsitzende des Bildungsausschusses im Landtag monierte allerdings, nach diesen Maßstäben würden «auch Mitglieder der Landesregierung» durchfallen.[44] Der Name des Parlamentariers: Dieter Althaus, vormals Mathematik- und Physiklehrer, seit 1985 CDU-Mitglied. Als er Anfang 1992 das Kultusministerium übernahm, erinnerten sich ehemalige Schüler, dass er sich als stellvertretender Schulleiter lautstark für den «Erhalt des Sozialismus» eingesetzt habe.

Eine zentrale Kommission in Thüringen bezweifelte zunächst die persönliche Eignung von rund 4500 der 40000 Thüringer Lehrer, dann lud sie 3000 Pädagogen zu mündlichen Anhörungen, die Kündigung erhielten schließlich 1400. Wegen ungenügender fach-

201

licher Eignung mussten rund 1900 Pädagogen gehen. Dazu trafen bis Ende 1996 aus der Gauck-Behörde 1270 «Positivbescheide» ein. Nur 329 dieser Lehrer verließen den Schuldienst. Die Landesregierung von Sachsen-Anhalt, die nicht so laut getönt hatte wie die Thüringer, kündigte 466 von belasteten 1140 Pädagogen, das waren zumindest vier von zehn.

Angesichts solcher Zahlen schwante dem Berichterstatter der Enquete-Kommission nichts Gutes: Schüler hätten ein Recht auf Lehrer, die sie «mit der ganzen Vergangenheit» konfrontierten. Er befürchtete, dass an vielen Schulen «der alte Stil mit Erziehung zur Denunziation, mit drillähnlichen Veranstaltungen, mit Missachtung der christlich-abendländischen Tradition» weitergepflegt würde.

Am konsequentesten wurde gegen die SED-Justizfunktionäre vorgegangen. Die DDR kam gerade mal mit 3018 Richtern und Staatsanwälten aus, das waren bezogen auf die Einwohner nicht einmal halb so viele wie in der Bundesrepublik. Alle Mitarbeiter der «Rechtspflegeorgane» hatten, so die einschlägige Richtlinie, der «sozialistischen Staats- und Rechtsordnung» zu dienen. Es gab keinen einzigen Staatsanwalt ohne Parteiabzeichen am Revers. Noch dazu gehörten viele von ihnen Kreis- oder Bezirksparteileitungen der SED an. Auch 96 Prozent der Richter waren SED-Genossen. Weil mit diesen Juristen kein Rechtsstaat zu machen war, handelte bereits die letzte DDR-Regierung: Jeder fünfte Staatsanwalt und jeder sechste Richter musste gehen – viele dieser Leitungskader schafften allerdings den Übergang in den Stand der freien Rechtsanwälte. Außerdem verabschiedete die Volkskammer ein Richterwahlgesetz, für Staatsanwälte galt es entsprechend, nach dem die rund 2300 Verbliebenen einzeln auf ihre Weiterverwendung überprüft werden sollten. Diese Idee fand Eingang in den Einigungsvertrag und stellte die neuen Länder alsbald vor ein Dilemma: Die «roten Juristen» mussten auf ihre «Treue zum freiheitlichen Rechtsstaat» und ihre «moralische und politische Integrität» überprüft werden. Doch schon für die Ausschüsse zur Richterwahl und zur Staatsanwaltsberufung, in denen in jedem der früheren DDR-Bezirke acht Juristen aus Ostdeutschland mit entscheiden sollten, fand sich kaum unbelastetes Personal. Brandenburg suchte noch im April 1991 nach geeigneten Juristen. Mecklenburg-Vorpommern warf die Bestimmungen des Einigungsvertrages kurzerhand über Bord und ließ Richter und Staatsanwälte durch den Rechtsausschuss des Landtages bestimmen. Tempo war vonnöten: Viele Bürger nahmen die diskreditierte Justiz nicht mehr ernst, Zeugen erschienen nicht vor Gericht, Angeklagte ignorierten die Vorladung. Sachsens Justizminister Steffen Heitmann beklagte «chaotische Zustände», sein anhaltischer Kollege Walter Remmers sah die Rechtsprechung gar «vor einem Kollaps».

Eine Minderheit von rund 35 Prozent der ostdeutschen Bewerber überstand schließlich die Auslese. Berufen wurden 399 Staatsanwälte und 681 Richter, letztere waren zumeist im Zivil-, Familien- und Arbeitsrecht eingesetzt. Die Übernahmequoten nach Ländern: Mecklenburg-Vorpommern 34 Prozent, Sachsen-Anhalt 35 Prozent, Thüringen 39 Prozent und Sachsen 47 Prozent. Den Schnitt nach unten drückte das Land Berlin, wo die Senatsverwaltung erst einmal sämtliche Juristen in den Wartestand schickte. Die Hürden für den Weg zurück nahmen ganze 33 Richter (11 Prozent) und nur zehn Staatsanwälte (vier Prozent). Hingegen galt in Brandenburg die «Gnade der regionalen Geburt», dort wurden so viele SED-Juristen übernommen wie sonst nirgendwo – 55 Prozent der Staatsanwälte und 45 Prozent der Richter. Der Potsdamer Justizminister Hans Otto Bräutigam, zuvor zehn Jahre in Bonns Ständiger Vertretung in Ost-Berlin, meinte dazu lapidar: «Es muss deutlich werden, dass Loyalität auch in einem Unrechtssystem nicht als verwerflich angesehen werden kann.»

Die vereinte Doping-Republik

Der Sport vermittelt schöne Bilder. Er ist eine Traumfabrik, die noch echte Helden fabriziert, samt großer Taten, Tragödien und Legenden. Es scheint, als gehe es aufrecht zu, nach klaren Regeln, und am Ende gratuliert der Verlierer fair dem Sieger. Die innere Logik des Spitzensports sieht anders aus: Für den Sieg ist alles erlaubt, auch wenn es nicht erlaubt ist – solange es nicht auffällt. Denn die Logik des Spitzensports kennt nur Sieg oder Niederlage, der Zweite ist schon der erste Verlierer. Die Bundesrepublik war lange ein Verlierer. Weil die ostdeutsche Hymne so oft gespielt wurde, ging sie in den Stadien der Welt als die deutsche durch. Ulbrichts «Diplomaten im Trainingsanzug» brachten die DDR auf die politische Weltkarte – noch vor der diplomatischen Anerkennung durch die UNO musste auf Geheiß des Internationalen Olympischen Komitees ausgerechnet bei den Spielen in München erstmals die Hammer-und-Zirkel-Flagge gehisst werden. Gemessen an der Bevölkerungszahl war die DDR mit einer Bilanz von 572 olympischen Medaillen die erfolgreichste Sportnation der Welt.

1990 empfingen die westdeutschen Funktionäre die Experten aus dem Osten mit offenen Armen. Über deren Vorreiterrolle beim Doping hatten sie zwar detaillierte Informationen. Aber nach der Logik des Spitzensports waren kriminelle Trainer nur erfolgreiche Trainer und kriminelle Ärzte nur gute Ärzte. Die vereinte Nation kannte keine Dopingfachleute und keine gedopten Sportler, sie kannte nur Sieger. Die Aufarbeitung des ostdeutschen Erbes ist in dem Bereich, der angeblich Vorbilder für die Jugend produziert, nicht etwa versäumt worden – sie war unerwünscht. Und das ist nur ein Teil der Wahrheit: Vertuscht wurde auch die Vergangenheit des westdeutschen Spitzensports. Denn in den siebziger Jahren hatte die Bundesrepublik den Systemwettbewerb in den Arenen angenommen. Seither dominiert gesamtdeutsch eine Gesinnung, die Doping als Teil des Erfolgs akzeptiert. Seither ist der Sport eine Enklave für belastete Trainer und Mediziner, nicht nur aus dem Osten. Doch gelegentlich wird ihm die Debatte aufgezwungen, die er seit zwanzig Jahren zu verhindern sucht.

Bundestrainer Werner Goldmann, zu DDR-Zeiten Betreuer von Olympiasiegern, konnte wütend werden, wenn ihn jemand auf Doping ansprach: «Das Ding ist erledigt», sagte er dann. Auf die Frage, ob er meine, dass seine früheren Athleten gesund seien, erklärte er: «Na selbstverständlich.»[45] Goldmann empfahl auch seinen Sportlern, mit Journalisten, die nach Doping fragen, nicht zu sprechen.

Sein Selbstvertrauen kam nicht von ungefähr: Er war einer der wichtigsten Männer für die deutsche Leichtathletik. Wenn es Medaillen zu vermelden gab in der olympischen Kernsportart, dann oft von Athleten aus seinem Fachgebiet, den Wurf- und Stoßdisziplinen. Der Berliner Robert Harting zum Beispiel, der Goldmann auch als Heimtrainer vertraut, holte bei der Weltmeisterschaft in Osaka 2007 überraschend Silber mit dem Diskus.

Vor den Olympischen Spielen in Peking unterzeichnete Goldmann, wie vom Sportdachverband, dem Deutschen Olympischen Sportbund (DOSB), gewünscht, eine sogenannte Ehrenerklärung. Damit bestätigte der Trainer, er habe niemals Dopingsubstanzen an Athleten «weitergegeben, zugänglich gemacht, rezeptiert oder appliziert oder Methoden angewandt, die gegen die jeweils gültigen nationalen Anti-Doping-Bestimmungen verstoßen haben». Politiker, Sportfunktionäre, Trainerkollegen, Athleten – alle wussten, dass das eine Lüge war, denn Goldmanns Mitwirken am DDR-Staatsdoping war bekannt. «Wie kann», regten sich 20 deutsche Spitzenwerfer Anfang 2009 in einem Offenen Brief auf, «der DOSB einem sportverrückten Trainer eine Ehrenerklärung vorlegen, von der man weiß, dass sie nicht erfüllt werden kann?» In dem Schreiben war von einer «Bauernopferjagd» die Rede, ein Leben werde zerstört, das einer Passion gewidmet sei. Goldmanns Arbeitsvertrag war vom Deutschen Leichtathletik-Verband (DLV) nicht verlängert worden. Dass er gelogen hatte, störte die Athleten nicht.

Wie Goldmann unterschrieben weitere belastete Trainer die «Ehrenerklärung». Ihre Namen sind in einst geheimen Dopingstudien aufgeführt, die schon 1991 veröffentlicht wurden. Die Dokumente waren Teil des Staatsplans 14.25, der perfidesten Variante des globalen Dopingschwindels. Das Regierungsprogramm – es verstieß sogar gegen DDR-Recht – trat 1974 in Kraft, als weltweit Wettkampfkontrollen eingeführt wurden. Funktionäre, Wissenschaftler, Ärzte und Trainer organisierten «Bestlösungen» für die flächendeckende Verabreichung von Anabolika, kraftfördernden männlichen Hormonen. Und sie sorgten dafür, dass der Betrug nicht auffiel. Aus 12 000 Athleten, auch Kindern, machte der Masterplan Probanden eines gigantischen Menschenexperiments, oft ohne deren Wissen und immer ohne Aufklärung über gesundheitliche Risiken. Ärzte setzten Spritzen, Trainer wie Goldmann verteilten die «Blauen», das DDR-eigene Anabolikum Oral-Turinabol. Deshalb stehen ihre Namen auch in Vernehmungsprotokollen der Zentralen Ermittlungsgruppe für Regierungs- und Vereinigungskriminalität (ZERV). Ende der neunziger Jahre akzeptierte Goldmann einen Strafbefehl, damit sein Verfahren eingestellt wurde. Im Jahr 2000 wurden er und andere Trainer erneut aktenkundig. Nun tauchten ihre Namen in der Anklageschrift gegen die Drahtzieher des DDR-Dopings auf. Der wichtigste Prozess – wegen Beihilfe zur Körperverletzung bei minderjährigen Athleten standen Sportführer Manfred Ewald, Mitglied des SED-Zentralkomitees, und Chefmediziner Manfred Höppner vor Gericht – endete mit Bewährungsstrafen.

Die Trainer durften weiterarbeiten, subventioniert vom Bundesministerium des Innern (BMI), dem Hauptfinanzier des Spitzensports. Dabei enthalten die Verträge zwischen dem BMI und den Sportfachverbänden Anti-Doping-Klauseln. Sie besagen, dass Steuergelder nicht an Ärzte, Trainer oder sonstige Betreuer fließen dürfen, die mit Doping zu tun hatten. Im Juli 2007 schien es, als ob die Toleranz ein Ende finden würde. Eine nach diversen Radsport-Skandalen eingesetzte ministerielle «Task Force» stellte fest, dass «in Dopingpraktiken verwickelte» Angestellte noch immer massiv «mittelbar von Bundeszuwendungen» profitieren.[46] Im Oktober, ein knappes Jahr vor den Pekinger Spielen, berichtete der «Spiegel», was er schon wiederholt gemeldet hatte: Mindestens vierzehn belastete ostdeutsche Ärzte und Trainer, unter ihnen Werner Goldmann, würden weiter aus öffentlichen Mitteln finanziert. Innenstaatssekretär Christoph Bergner (CDU) kündigte eine Prüfung an: «Gerade dort, wo auch der Tatbestand der Körperverletzung erfüllt ist, sollten wir das, was geschehen ist, in keiner Weise bagatellisieren.» Peter Danckert (SPD), der Vorsitzende des Sportausschusses im Bundestag, sah «erheblichen Aufklärungsbedarf».[47]

Doch der olympische Zweck heiligte die Mittel – wie schon im Fall vieler Trainer bei vier Olympischen Sommerspielen seit der Wiedervereinigung. Stets lautete die Devise: Es muss nicht Doping gewesen sein, was als Doping dokumentiert ist. Mit diesem Verwirrspiel sprachen Sportpolitiker und Sportfunktionäre die Betrüger frei, sofern diese den Betrug nur leugneten. Das wäre auch 2008 so gelaufen. Doch dann meldete sich während der Olympischen Spiele ein Dopingopfer, einer von vielen Langzeitpatienten aus dem Erbe des DDR-Sports, und beschuldigte Goldmann öffentlich. Dem Kugelstoßer war ein Spenderherz eingepflanzt worden. Seine Aussage bei der ZERV lag seit 1998 ebenso vor wie die von zwei anderen Athletinnen gegen den Coach. Als hätte es die Ankündigung des Staatssekretärs, Goldmann und weitere Trainer zu überprüfen, nie gegeben, beteuerte in Peking Innenminister Wolfgang Schäuble (CDU): «Wenn wir das gewusst hätten, wären sie nicht hier – wenn es so sein sollte.»[48] Nach den Spielen sollte der Trainer Goldmann seine Lüge nur bedauern, aber er hatte auch vor einer DOSB-Kommission nichts zuzugeben oder zu bereuen. Anwalt Danckert, der mehrere Stasi-Offiziere vertrat, unter ihnen den DDR-Devisenbeschaffer Alexander Schalck-Golodkowski, stellte nun Aufklärung hintan: «Wir brauchen eine Amnestie für diese Trainer.»

Der Vorgang reflektiert die Mentalität, die den deutschen Spitzensport seit langem prägt: Offiziell gilt er als Symbol für Fair Play und Leistungsstreben. Diese Werte legitimieren seine Förderung aus Steuergeldern. Solange das Publikum daran glaubt, sind sie auch seine Geschäftsgrundlage – die Vergangenheit stört da nur, sie trübt den Glanz der Branche, in der sich Moral und Geld so gut verbinden lassen wie nirgendwo sonst. Deshalb investieren die Beteiligten viel Energie in allerlei Pseudoaktivitäten. Wie in diesem Fall: Nie ist im Sport etwas anderes praktiziert worden als eine Amnestie für Dopingtäter.

Daran haben auch einige Aufklärer nichts geändert. 1990 rettete das Heidelberger Ehepaar Brigitte Berendonk, frühere Olympia-Diskuswerferin, und Werner Franke, Professor am Deutschen Krebsforschungsinstitut, 30 Dissertationen aus dem Staatsplan 14.25 vor dem Reißwolf. Sie waren Grundlage für das Buch «Dopingdokumente – von der Forschung zum Betrug» und für die Prozesse gegen die DDR-Doper. Den Enthüllungen begegnete der Sport immer gleich: mit unverbindlichen «Anti-Doping-Grundsatzerklärungen» oder mit «Anti-Doping-Kommissionen» zur Aufklärung der Vergangenheit. Geklärt haben sie nichts.

Für den Geist, der den Verbänden die Integration der ostdeutschen Doper ermöglichte, steht ein unvergessenes Zitat des ehemaligen Innenministers Manfred Kanther. Es zeugt zudem von der Ignoranz der Politik gegenüber der kriminellen Substanz des DDR-Erbes: «Sportmedaillen sind ein nationales Anliegen», sagte der CDU-Politiker 1997. «Sie sind Ausweis des Leistungsvermögens eines Volkes.» Bis heute wird die Höhe der staatlichen Fördergelder an Medaillen geknüpft. Im Herbst 2008 erklärte Wolfgang Schäuble, Deutschland müsse Konkurrenzfähigkeit «im Wettbewerb mit staatlichen Systemen» zeigen, und begründete so die Aufstockung der Verbandsfördermittel auf 136 Millionen Euro im Jahr 2009. Der Minister bekundete Unmut über den fünften Platz bei den Sommerspielen in Peking und forderte den Sport auf, künftig «das Optimale» zu tun, damit die Förderung aus Steuergeldern «weiterhin zu rechtfertigen» sei.[49] Politiker stiften zwar nicht zum Doping an, aber sie tragen dazu bei, die Logik des Spitzensports zu entfesseln.

Mit den Olympischen Spielen 1976 begann das kalkulierte Wegsehen im Westen, das anderthalb Jahrzehnte später den reibungslosen Transfer der ostdeutschen Experten ermöglichen sollte. Montreal brachte die Erkenntnis, dass der Siegeszug des Pharmasports unaufhaltsam war. Die Athleten-Konkurrenz aus der DDR, mit der Order ins Rennen geschickt, «weitere Beweise für die Überlegenheit des Sozialismus» zu erbringen, eroberte neunzig Medaillen, erstmals lag die DDR in der Nationenwertung vor den USA. Allein im Schwimmen räumten Mädchen mit breiten Kreuzen und Bariton-Stimmen sechzehn Plaketten ab. 1977 kam es zu einem denkwürdigen Hearing im Sportausschuss des Bundestages, dem ersten zum Thema Doping. Auch damals sorgte sich Wolfgang Schäuble um Konkurrenzfähigkeit. Der junge CDU-Abgeordnete regte an, Athleten die verbotenen Anabolika zu verabreichen. Zwar «sehr eingeschränkt» und unter «Kontrolle der Sportmediziner», aber doch – weil ansonsten «der leistungssportliche Wettbewerb in der Weltkonkurrenz nicht mehr mitgehalten werden kann». Unterstützung erhielt er vom Sportmediziner Alois Mader. Wärmstens empfahl der Doktor den leistungssteigernden Effekt der männlichen Hormone besonders bei Frauen und versicherte, das sei ungefährlich.[50] Mader hatte bis 1974 in Halle/Saale die Anabolika-Vergabe gesteuert. Die Deutsche Sporthochschule in Köln stellte ihn sofort nach seiner Flucht ein.

So entstand auch in der Bundesrepublik ein Klima, in dem die nationale Medaillenjagd wichtiger war als die Gesundheit der Athleten. Was der Westen gegen die chemische Aufrüstung des Ostblocks setzte, ist nicht lückenlos dokumentiert, allerdings gibt es genug Belege dafür, dass er es tat – nicht staatlich gelenkt, aber in vielen hochkarätigen Dopingzirkeln. 1977 beispielsweise sorgten bei den Leichtathleten die Aussagen eines Dopingkontrolleurs für Aufsehen: «Ich stelle fest, dass mit Wissen des DLV-Präsidenten DLV-Trainer Anabolika an Jugendliche verteilen, ohne sich verantworten zu müssen. Ich stelle fest, dass die DLV-Ärzte Dr. Keul, Dr. Klümper und Dr. Kindermann nach ihren eigenen Aussagen an Athleten Anabolika verabreichen, um – wie sie betonen – die Athleten vor Selbstmedikation zu schützen.»[51] Joseph Keul, bis zu seinem Tod im Jahr 2000 Olympia-Chefarzt, betrieb in Freiburg auch Dopingforschung. Zu Armin Klümpers Schützlingen gehörte die Siebenkämpferin Birgit Dressel, die 1987 an einem Drogenkollaps starb. Klümper lebt heute in Südafrika, wo auch deutsche Athleten gern trainieren. Von Wilfried Kindermann, bis Ende 2008 an der Universität des Saarlandes, sind bis in die jüngste Zeit zumindest missverständliche Äußerungen zum Doping überliefert. Der emeritierte Professor war lange Leitender Mediziner des Deutschen Fußball-Bundes und sitzt heute in vielen Gremien, vor allem aber ist er Leitender Olympia-Arzt des DOSB.

1987 wechselte der letzte hochkarätige Überläufer die Seiten: der Jenaer Hartmut Riedel, Chefarzt der DDR-Leichtathletik, frisch habilitiert mit einer Arbeit zur Wirkung anaboler Steroide auf die Leistungen von mehr als 200 Kaderathleten. Die Universität Bayreuth berief ihn 1989 zum Professor, obwohl keine schriftlichen Zeugnisse seiner wissenschaftlichen Qualifikation vorlagen. Der Berufungsausschuss hielt jedoch fest, Riedel habe «wesentliche Erkenntnisse» in der Hormonforschung erarbeitet. Nach einer Konsultation bei dem Fachmann jubelte der Leistungssportchef der Leichtathleten: «Jetzt wissen wir endlich alles, was die drüben gemacht haben.»[52]

«Deutschland soll die Sportnation Nr. 1 in der Welt werden», tönte der Generalsekretär der Deutschen Sporthilfe 1990. Damals bezahlte der westdeutsche Spitzensport gerade einmal 117 Bundestrainer, noch einmal so viele arbeiteten für Landessportbünde und Verbände, 400 weitere auf Honorarbasis. Die DDR beschäftigte 5000 Trainer im Leistungssport. 520 von ihnen wurden übernommen. Dem Ost-Berliner «Sportecho» waren das zu wenige, es fragte: aus West «mittelmäßige Trainer», aus Ost erfolgreiche Athleten? «Sport Bild» stimmte zu: «In der DDR leben die besten Leichtathletik-Trainer Europas. Sie müssen deshalb auch Bundestrainer werden.» Schwimmer-Präsident Harm Beyer wähnte 1993 ein Potenzial von deutschen Athleten im Anmarsch, «das in seinem Ausmaß unübertroffen sein dürfte». Der Fehler vieler Sportfunktionäre sei es, «den Spitzensport wie die übrigen Bereiche des Sports unter Beachtung idealistischer Prinzipien wie Ethik, Moral, Fairness, Edelmut, Sauberkeit, Ehrlichkeit etc. führen zu wollen. … Nur der Beste ist erfolgreich, und um Bester zu sein, muss alles ausgenutzt werden, was das Erreichen dieses Ziels ermöglicht.»[53]

Zwanzig Jahre später würde kein Sportfunktionär mehr so reden. Doch am Prinzip hat sich nicht allzu viel geändert. Politiker wollen Erfolg. Funktionäre, Trainer und Ärzte fordern Siege, weil nur dann die Steuer- und Sponsorengelder reichlich fließen. Die Sportler wollten Anerkennung und Geld, die Zuschauer Dramatik – und Doper machen gute Geschäfte. Die Bundesrepublik hat, anders als Frankreich oder Italien, noch immer kein Antidoping-Gesetz. DOSB-Präsident Thomas Bach, zugleich Vizepräsident des Internationalen Olympischen Komitees und weltweit vernetzter Wirtschaftslobbyist, verkündet offiziell eine «Null-Toleranz»-Linie gegen Sportbetrug – zugleich ist er der strikteste Gegner eines Gesetzes, das Athleten für den Betrug haftbar macht. DOSB und BMI schließen mit den Sportverbänden sogenannte Zielvereinbarungen für Olympische Spiele, deren Inhalt geheime Verschlusssache ist. Der Bund gibt zwar Steuermittel für die Dopingbekämpfung. Dabei ist er allerdings deutlich sparsamer als bei der Belohnung von Spitzenleistungen, weshalb die Nationale Anti-Doping-Agentur, verantwortlich für alle Trainingskontrollen, unter chronischer Unterfinanzierung leidet. Noch sparsamer sind Politiker mit ihrem wirksamsten Instrument – mit dem Entzug von Fördergeldern, wenn ein Sportverband die Anti-Doping-Richtlinien nicht einhält. Solche Eingriffe sind auch dem Deutschen Leichtathletik-Verband erspart worden. Dass es dabei bleibt, ist keine allzu gewagte Prognose: Den Sporthöhepunkt des Jahres 2009, die Weltmeisterschaften in Berlin, will schließlich keiner verderben. Deshalb hat der Fall Goldmann die Verantwortlichen aufgeschreckt. Einige Trainer planten im Februar 2009 eine Erklärung zu ihrer längst aktenkundigen Dopingvergangenheit. BMI und DOSB wirkten mit bei der Formulierung des Papiers – es sollte vor allem Weiterbeschäftigung sichern. Forsch wurde die Sache als «Beginn der Aufarbeitung» verkauft. Verbandspräsident Clemens Prokop, im Hauptberuf Richter, sprach von einem «Präzedenzfall für den ganzen deutschen Sport». Es war auch ein Präzedenzfall dafür, wie man zwanzig Jahre Leugnen zweckdienlich aus der Welt zu schaffen versuchte.

Der Leichtathletik-Verband bestätigt allerdings die übliche Verdrängungsmentalität gleich dreifach. Er ist nicht nur Arbeitgeber für belastetes Spitzenpersonal. Noch dazu sitzt der DLV auf Dopingmedaillen, die einem dieser Trainer zu verdanken sind – dass sie nach internationalem Sportrecht abzugeben wären, verheimlicht er. Und schließlich beharrt der Verband auf Dopingrekorden der ostdeutschen Sportelite – statt sie zu annullieren.

Das Personal: Drei verstrickte Bundestrainer arbeiten allein im Fachgebiet Wurf/Stoß, deutsche Paradedisziplinen, die sporthistorisch betrachtet seit den sechziger Jahren Vorreiter des Anabolikadopings sind. Speerwurf-Expertin Maria Ritschel aus Halle an der Saale, als Meistermacherin der Olympiasiegerin von 1992 Silke Renk geschätzt, ist seit dem Hauptprozess um das DDR-Doping aktenkundig. Bei der von ihr gedopten Nebenklägerin Yvonne Gebhardt wurde 1997 Brustkrebs diagnostiziert, eine Folge der Steroide. Davon unbeeindruckt kürten Kollegen Ritschel im Jahr 2004 zur «Nachwuchstrainerin des Jahres» – eine ihrer Sportlerinnen war Junioren-Weltmeisterin geworden. Kollege Gerhard Böttcher, Bundestrainer der Diskuswerferinnen und Betreuer der 96er-Olympiasiegerin Ilke Wyludda, war in der DDR für die hochgedopte Kugelstoßerin Helma Knorscheidt zuständig. Beide Trainer gehören dem Verein Halle'sche Leichtathletikfreunde an. Als solche organisieren sie alljährlich ein Werfermeeting. 2007 boykottierten einige Sportler das «Familientreffen», weil dort auch ein als Anabolikakonsument überführter Slowake geladen war. 2008 wurde Mikulas Konopka als Wiederholungstäter lebenslang gesperrt.

Kugelstoß-Bundestrainer Klaus Schneider aus Magdeburg betreute unter anderen Nadine Kleinert, Olympiazweite von 2004. Die «Blauen» vergab er an Kathrin Neimke, Olympiazweite von 1988. Vier Jahre später holte Neimke in Barcelona Bronze für die Bundesrepublik, Ende der Neunziger sagte sie vor Gericht gegen Schneider aus. Ritschel, Böttcher, Schneider: Die Liste ließe sich verlängern. Zum Sittengemälde der deutschen Leichtathletik gehört, dass keiner dieser Trainer sich jemals bei den Opfern der Anabolika-Mast entschuldigt hat. Glaubwürdig macht das die Medaillenschmiede nicht – auch wenn keiner von ihnen nach 1990 in einen Dopingfall verwickelt war.

Es gibt dennoch Gründe, berufsmäßigen Dopern zu misstrauen. Thomas Springstein ist dafür ein gutes schlechtes Beispiel. Der Diplomsportlehrer aus Leipzig hat sich in der weltweiten Schattenchronik des Sports als einer der skrupellosesten Kriminellen verewigt. Im Prozess gegen ihn wurde der erste Hinweis auf eine Gendoping-Substanz aktenkundig und damit ein neues Zeitalter: die Ankunft des Stadion-Cyborgs, der sein Erbgut für den Sieg dauerhaft verändert. Dass Springstein über anderthalb Jahrzehnte ungestört Athletinnen manipulieren durfte, erhellt das Versagen der Funktionäre. In den achtziger Jahren soll er Minderjährige in Neubrandenburg mit Oral-Turinabol gedopt haben.[54] 1992 hieß die Substanz seiner Wahl Clenbuterol – mit dem Tiermastmittel fielen seine Stars Katrin Krabbe und Grit Breuer auf. 1997 bekannte Springstein unverblümt, Sport ohne Doping sei «ein Traum, das wird man nicht erreichen». Geläutert klang das nicht, doch seine Läuferin Grit Breuer («Ich habe mich meinem Trainer ausgeliefert») garantierte auf ihrer Paradestrecke, den 400 Metern, deutsche Siege. Der Verband begnadigte den Coach aus Magdeburg und ehrte ihn als «Trainer des Jahres 2002». Wahrscheinlich würde er heute noch bejubelt, hätte nicht eine 16-Jährige, die dem rüden Schleifer misstraute, die Dopingkonstante durchbrochen. Der Hürdensprinterin Anne-Kathrin Elbe hatte Springstein ein angeblich harmloses Vitaminprodukt gegeben – in Wirklichkeit handelte es sich um den anabolen Schnellmacher Andriol. Der Verband erstattete Anzeige.

Ermittler stießen im Haus von Springstein/Breuer, auch privat ein Paar, auf ein ganzes Arsenal von Dopingmitteln: Steroide, Wachstumshormon, Insulin, Aufputschmittel. Sie beschlagnahmten außerdem den E-Mail-Verkehr des Trainers mit dem spanischen Dopingarzt Miguel Angel Peraita. Darin fand sich der Gendoping-Hinweis, außerdem fachsimpelte das Duo über Dopingpläne und Dosierungen, zumeist für «G.», «Grit» oder «G.B.» – über 100 Seiten zur perfekten pharmakologischen Programmierung auf Sieg mit allem, was der Drogenmarkt hergab. Im Prozess, der für Springstein mit einer Bewährungsstrafe endete, dementierten seine Anwälte, dass die Kürzel Grit Breuer meinen. Das Gegenteil ist in den Unterlagen evident: Der spanische Doping-Guru stellte mehrere Rechnungen zwischen 467 Dollar und 8470 Mark für «Beratung» von «Gritt Breuer» aus.[55]

Der DLV entschied sich dennoch für die bequemste Lösung – und gegen ein Sportrechtsverfahren. Breuer war schließlich zurückgetreten und musste nicht mehr gesperrt werden. Wie sauber ihre deutschen Medaillentriumphe waren, ist bis heute kein Thema. Mit Breuers Hilfe ersprintete die Bundesrepublik im Jahr 2001 Weltmeisterschaftssilber mit der 4x400-Meter-Staffel und Gold bei der Europameisterschaft des Folgejahres. Dopingvergehen verjähren erst nach acht Jahren. Nach sieben Jahren zum Beispiel erkannte das Internationale Olympische Komitee Marion Jones, der fünffachen Medaillengewinnerin von Sydney 2000, sämtliche Plaketten ab. Auch vom einstigen US-Sprintstar existierte kein einziger positiver Dopingbefund – Jones war 160-mal durch die Tests geschlüpft. Die unzulänglichen Kontrollen liefern auch Breuer kein wirkliches Alibi. Die sie betreffenden Unterlagen aus dem Zeitraum 1998 bis

2003 dokumentieren, dass WM-Gastgeber Deutschland auf ergaunerten Medaillen sitzt. So geht es in einer Mail vom 23. März 2001, im WM-Jahr, um die Gaben von Nandrolon und Wachstumshormon an «G.». Aus dem April 2002, dem EM-Jahr, ist eine Rechnung über 2644 Dollar überliefert. Für den DLV scheint die Sache abgehakt. In der Causa Jones war Verbandspräsident Prokop energischer auf internationales Fair Play bedacht. Als Victor Conte, der Gründer des kalifornischen Balco-Labors und Drogenlieferant für die Weltstars der Tartanbahn, in einer ARD-Reportage Medikationspläne seiner Kunden in die Kamera hielt, schickte Prokop sogleich ein Fax an den Weltverband IAAF. Falls der interessiert sei – «etwa, um einen juristischen Vorgang einzuleiten» –, wolle er gern versuchen, eine Kopie der Aussage zu besorgen.[56]

Mit einer Reihe prominenter Ex-Athleten, die nicht nur in Ostdeutschland als Helden gefeiert werden, ist ein weiterer offener Vorgang verbunden, die dritte Nagelprobe für den Umgang mit der kriminellen Vergangenheit der Leichtathletik. In der Rekordliste des Verbandes steht eine ganze Latte von Uralt-Bestmarken aus Zeiten des Staatsplans 14.25 – 19 anabolverdächtige Weltrekorde und 135 deutsche Rekorde in verschiedenen Altersklassen. Mehr als 80 leuchten bei Junioren- und Jugendwettkämpfen auf den Anzeigetafeln – ein Dopingmaß, an dem sich der Nachwuchs orientieren muss. 2005 stellte die einst in das Zwangsdoping eingebundene Sprinterin Ines Geipel den Antrag, ihren Namen aus dem seit 1984 gültigen Weltrekord der Vereinsstaffeln zu streichen. Der DLV rang sich auch zu einer halbherzigen Prüfung durch – und erklärte nach einem Jahr, die vergifteten Bestmarken dürften ohne positiven Dopingtest nicht annulliert werden. Seither hält eine Präambel zur DLV-Rekordliste fest, dass auch solche Rekorde ein Wert des Sports sind, die im Resultat «strafrechtlich relevanter Körperverletzung» zustande kamen. Ganz wohl ist dem Verband dabei nicht, weshalb der Deutsche Olympische Sportbund aufgefordert wird, «eine für den gesamten deutschen Sport umsetzbare Lösung zu entwickeln». Dem ist allerdings nichts gefolgt – auch nicht, nachdem eine Stuttgarter Sportrechtskanzlei, die sonst für die Welt-Anti-Doping-Agentur arbeitet, nachwies, dass Rekordlöschung juristisch doch möglich ist.

Mit Empörung reagierten diejenigen auf die Debatte, deren Bilder noch immer die Ehrengalerien auf den Fluren ostdeutscher Sportgymnasien bestücken – die Stars des DDR-Sports. Marlies Göhr, nachweislich gedopte Inhaberin eines Staffel-Weltrekordes, behauptete, sie habe mit ihren schnellen Rennen «Deutschland Ehre gemacht». Marita Koch, die seit 1985 den Fabelweltrekord über 400 Meter hält, blieb dabei, sie habe nichts als Vitamine genommen. Dabei sind ihre Anabolika-Dosierungen dokumentiert. Überliefert ist zudem die Antwort auf eine Beschwerde an den VEB Jenapharm, den Hersteller der DDR-Dopingmittel – die Rostockerin nahm daran Anstoß, dass eine Konkurrentin aus Jena angeblich besondere Anabolika bekam. Koch drohte im Fall von Rekordaberkennung Klage an. Ihr Ehemann und einstiger Trainer Wolfgang Meier sprach vom Neid der Wessis. Marita Koch, vielfache «Sportlerin des Jahres» in der DDR, gilt bis heute als großes Vorbild. Einmal im Jahr wird in Rostock ein nach ihr benannter Förderpreis für den Leichtathletik-Nachwuchs vergeben.

Betroffen ist auch Heike Drechsler, die Weitsprung-Olympiasiegerin der Jahre 1992 und 2000. Sie sitzt mit vielen Prominenten im Kuratorium der Weltmeisterschaft in Berlin und vertritt die deutsche Leichtathletik in der Frauenkommission des Weltverbandes. Drechsler hält mehrere Rekorde, alle aus DDR-Zeiten. 2007 äußerte die einstige Volkskammerabgeordnete aus Jena, die als IM «Jump» vom MfS geführt wurde, dass sie Staatssicherheit und Dopingpraktiken inzwischen für «menschenverachtend» halte und «aufs schärfste» verurteile. Ihre eigene anabole Vergangenheit bezweifelte sie, trotz vieler Belege dafür. Drechsler sagte nur, sie könne Doping «nicht mehr ausschließen». Diese Erkenntnis war ihr schon 1992 juristisch aufgezwungen worden. Damals bezichtigte Drechsler die Buchautorin Brigitte Berendonk der Lüge, nachdem diese auch über sie Doping-Dokumente veröffentlicht hatte. Drechsler verlor und war damit eine vorbestrafte Prozessbetrügerin. Betrug war auch ihr seit 1983 gültiger Weitsprung-Juniorenweltrekord von 7,14 Meter. Aufzeichnungen belegen, dass sie bis elf Tage vor dem

Wettkampf Oral-Turinabol schluckte. Einen Grund, auf solche Rekordehren zu verzichten, sieht die Sportfunktionärin jedoch nicht. Lieber ist sie als Fair-Play-Missionarin in Schulen unterwegs. Als der Deutsche Sparkassen- und Giroverband sie Ende 2007 mit einem «Vorbild-Preis» ehrte, lobte die Laudatio eine Sportlerin, die sich «in besonderer Weise als Identifikationsfigur für junge Sportler hervorgetan» habe.

Würde sich der DLV ernsthaft mit der Streichung von Rekorden befassen, zöge er nicht nur den Zorn der auf ihre manipulierten Höchstleistungen noch immer stolzen Ost-Stars auf sich. Ihm stünde auch ein unerfreulicher Rückblick in die westdeutsche Leichtathletikgeschichte bevor. In der westfälischen Provinz stand 1994 ein Sportfreund vor Gericht, der heute im Osten ein wichtiger Mann ist: Jochen Spilker, Vizepräsident des Landessportbundes Thüringen. Ihm verdankt eine Damen-Staffel aus Hamm einen Hallen-Weltrekord über 4 × 200 Meter, der noch immer deutsche Bestmarke ist. Nach den Gerichtsunterlagen regte Spilker, Cheftrainer in Hamm und Sprint-Bundestrainer, die «Möglichkeit einer medikamentös bedingten Leistungsverbesserung» an. Das Amtsgericht Hamm verurteilte ihn wegen der Weitergabe des in Deutschland nicht zugelassenen Steroids Anavar zu einer Geldstrafe. Anwalt Spilker schwieg in diesem Prozess, und so hält es der nunmehrige Sportfunktionär aus der Heimat der deutschen Wintersport-Asse bis heute.

Nach dem Mauerfall wurde das Sporterbe der DDR zum Exportschlager – auch in anderen Ländern hatte man keine Skrupel, sich der Fachkunde von einschlägig erfahrenen Trainern und Sportärzten zu bedienen. Nur ein Beispiel aus einer langen Liste: In Österreich gilt Bernd Pansold als Guru. Der Mediziner leitet das Trainingszentrum des Getränkeherstellers Red Bull in Thalgau – 400 Athleten aus aller Welt, auch deutsche, pilgern zu ihm. Früher steuerte Pansold beim SC Dynamo Berlin das Drogenprogramm, er war einer der Ersten, der wegen Beihilfe zur Körperverletzung zu einer Geldstrafe verurteilt wurde. Pansold zog bis vor den Bundesgerichtshof, der das Urteil aber bestätigte und Minderjährigendoping zudem als «schwerwiegenden Rechtsbruch» einstufte. 18 Jahre lang war er überdies als IM unter dem Decknamen «Jürgen Wendt» aktiv. Als solcher berichtete Pansold über die Anwendung eines «Hirnhormonpräparats» bei Mädchen und befand sogar selbst, dass derartige Dopingversuche «kriminellen Vergehen gleichkommen». Was ihn freilich nicht davon abhielt, weiterhin daran mitzuwirken. Immerhin verzichtet der Österreichische Skiverband inzwischen offiziell auf seine Mitarbeit – für diesen verarztete er einige Jahre den Olympiasieger Hermann Maier, der als «Herminator» auf den alpinen Strecken Wundertaten vollbrachte. «Austria is a too small country to make good doping», teilte ein Sportfunktionär leutselig im Jahr 2006 Medien mit. Kurz danach beschlagnahmten Carabinieri bei den Winterspielen in Turin Spritzenbestecke im Mannschaftsquartier.

Fast ebenso zahlreich wie die Leichtathletik hat das deutsche Schwimmen einstige Kinderdoper resozialisiert. Stefan Hetzer trainierte Kristin Otto, die 1988 mit sechs Goldenen zur «Königin der Spiele von Seoul» avancierte. Auch die ZDF-Sportmoderatorin gehört zu den Stars, die Dokumentiertes als persönlichen Angriff interpretieren – sie will bis heute von Doping nichts wissen. Ihr Name steht in gleich zwei Urteilen, gegen Hetzer und gegen ihren früheren Arzt. Hetzer zahlte 15 000 Mark Geldstrafe und coacht heute in Bayern auch Olympiastarter.

Als Bundestrainer bezahlt der Deutsche Schwimm-Verband (DSV) Norbert Warnatzsch, den Betreuer von Britta Steffen, Doppel-Olympiasiegerin von Peking. Er kümmerte sich schon 1980 beim SC Dynamo Berlin um den Olympiasieger Jörg Woithe. Wegen «geringer Schuld» stellte die Staatsanwaltschaft 1997 die Ermittlungen gegen ihn ein, obwohl sich, wie damals mitgeteilt wurde, «der Tatverdacht teilweise bestätigt» habe. Später arbeitete Warnatzsch mit Franziska van Almsick, die sich, inzwischen Vize-Chefin der Deutschen Sporthilfe, 2009 in die Trainer-Debatte einmischte: «Will man diese Leute ewig verteufeln?» Belegt ist Warnatzschs Beteiligung an einem Großversuch 1977, als die Wirkung von Anabolika und eines Neurohormons bei 76 zum Teil minderjährigen Schwimmern getestet wurde. In dem Bericht, den der Chefarzt der Schwimmer alias IM «Rolf» dazu hinterließ, heißt es: «Bei Sportlern unter

18 Jahren wird die Legende Verabreichung von Vitaminen angewendet, d.h., alles geschieht ohne Wissen der Betreffenden.»[57] Einer der sieben Schwimmer aus der «Trainingsgruppe Warnatzsch» erinnert sich noch gut an die Wirkung: «Uns haben sie damals aus der Schwimmhalle tragen müssen.»[58] Auch Warnatzsch unterschrieb vor den Pekinger Spielen eine «Ehrenerklärung».

Dabei ist am Beispiel dieses Trainers ein anhaltender Grundsatzkonflikt deutlich geworden, den der Sport mit einem Tabu belegt hat. Berliner Nachwuchs-Schwimmer wehrten sich noch im Jahr 2005 vehement dagegen, dass sie zu Warnatzsch wechseln sollten. «In seiner Trainingsgruppe sind gehäuft Krankheitsfälle aufgetreten, bis hin zur Bulimie», begründete das der Vater eines Jugendlichen in der «Berliner Zeitung». Es war nicht der erste Protest dieser Art. 1997 schlossen sich mehrere Dutzend Eltern zu einer Initiative zusammen und verlangten Mitspracherecht über die Trainer. Sie stellten eine einfache Frage, die nach der Fürsorgepflicht der Sportorganisationen für ihnen anvertraute Kinder und Jugendliche: Kann man Trainern, die Minderjährige geschädigt haben, so ohne weiteres wieder Minderjährige anvertrauen? «Solange der Dopingverdacht nicht von diesen Trainern genommen ist, wird meine Tochter nicht bei ihnen trainieren», gab seinerzeit die einstige Speerwerferin Brigitte Michel zu Protokoll.[59] Drei schwerbelastete Trainer waren im Berliner Schwimmen angestellt. Auch sie hatten unterschrieben, dass sie nie am Staatsdoping beteiligt waren. Später wies die ZERV allen dreien das Gegenteil nach.

Klaus Rudolph gehörte zu den wenigen ostdeutschen Experten, die ihre Schuld einräumten. Er bekannte sich Ende der neunziger Jahre dazu, als einstiger Cheftrainer des SC Empor Rostock für Körperverletzung verantwortlich gewesen zu sein. Daraufhin, hieß es, sei er von Ost-Kollegen als «Verräter» geschnitten worden. Rudolph war 1992 zum Olympiastützpunkt Hamburg gewechselt. 2001, nach Bekanntwerden seiner Aussage, stellte das Bundesinnenministerium die Co-Finanzierung seiner Planstelle ein. Der Hamburger Senat übernahm. Mit Rudolph ist eine weitere ziemlich einmalige Episode verbunden: Die DDR schickte ihn 1986 als Entwicklungshelfer nach China, wo die roten Mandarine gerade den

Sport als Instrument für außenpolitischen Prestigegewinn entdeckten. Rudolph machte seine Sache so gut, dass er bald zurückbeordert wurde. Eine Athletin berichtete über seine Hinterlassenschaft: «Sein Training brachte Muskelzuwachs … Wir konnten plötzlich in sechs Monaten so viel trainieren wie zuvor in einem Jahr.»[60] Das Zitat entstammt dem Buch einer chinesischen Soziologin, die untersucht hat, wie Dopingpraktiken ins Reich der Mitte gelangten. Qian Hong war 1992 eine von vier chinesischen Olympiasiegerinnen, die wie aus dem Nichts auftauchten. In den Folgejahren brachten es Chinas Schwimmerinnen auf über 40 positive Proben – mehr als der Rest der Welt zusammen. Der DSV hielt Rudolph bis Ende 2008 als Lehrwart für geeignet. Als solcher war er zuständig für die Ausbildung der Spitzentrainer.

Zuletzt verlieh der Deutsche Ruderverband (DRV) der Mentalität des Sports mit einem personellen Re-Import eine neue Note. Nach dem als «schlimmsten Schiffbruch seit 52 Jahren» titulierten Abschneiden der deutschen Flotte in Peking meldete der DRV im September 2008 stolz einen Neuzugang: Hartmut Buschbacher trat als Cheftrainer an. «Die Ruderer sind dann gut, wenn alle in einem Boot sitzen», ließ der wissen. In Deutschland werde das Potenzial nicht ausgenutzt. Der Verbandspräsident assistierte: In London 2012 wolle er «viermal die deutsche Nationalhymne hören». Buschbacher hatte sich Anfang der Neunziger zunächst in die USA verabschiedet. Zuletzt setzte er erstaunliche Potenziale bei den chinesischen Ruderern frei. Er trainierte das Nationalteam gemeinsam mit dem Litauer Igor Grinko, der selbst in China für seine Methoden berüchtigt war und freimütig bekannte: «Die Chinesen machen das, was die DDR in den 70er und 80er Jahren getan hat.»[61] Bei der Vorstellung von Buschbacher teilte der DRV auch mit, dieser habe als Trainer des Frauen-Nationalteams der DDR «zwischen 1987 und 1990 große Erfolge» gefeiert. Nach Aktenlage war schon Ende der siebziger Jahre die gesamte Ruder-Auswahl gedopt. Für den «Olympiazyklus 1984–1988» liegt die letzte Doping-Bilanz vor, in der auch der Einsatz verbotener Substanzen im Rudern rapportiert wird.[62] Den drastischen Dopingzwang in dieser Sportart belegen zudem zahlreiche Aussagen von Athleten. Cheftrainer Buschbacher wird nun vom DOSB bezahlt – damit fließen Bundesmittel an ihn. Das Bundesministerium des Innern nahm an dieser Personalie keinen Anstoß. In gewisser Hinsicht hat sich das BMI als Kontrolleur selbst disqualifiziert. Denn auch im direkten Zuständigkeitsbereich des Ministeriums finden Dopingverstrickte ihr Auskommen. Zum Beispiel im Institut für Angewandte Trainingswissenschaft (IAT) in Leipzig, das als Serviceeinrichtung für wissenschaftliche Trainingsempfehlungen und als Ratgeber für sportmedizinische Therapien mit fünfzehn Sportverbänden kooperiert. 1990 setzte sich der Bund für den Erhalt des als «Giftküche» desavouierten Laboratoriums des DDR-Sports ein. Seither finanziert das BMI diese Einrichtung mit rund fünf Millionen Euro im Jahr. Bis 1989 war das frühere Forschungsinstitut für Körperkultur und Sport (FKS) mit 600 Mitarbeitern, zumeist Trainingsmethodikern, so geheim, dass weder ein Türschild noch eine Nummer im Telefonbuch auf seine Existenz verwiesen. In der geheimsten Abteilung des FKS, im endokrinologischen Labor, tüftelten sogenannte Wissenschaftler an immer neuen Dopingsubstanzen und -methoden. Allein im letzten «Olympiazyklus 1984 bis 1988» betrieb die DDR 21 Dopingforschungsprojekte, die meisten am Leipziger Institut. Jährlich investierte der wirtschaftlich marode SED-Staat dafür rund fünf Millionen Mark. Die beteiligten Professoren und Doktoren wurden nach 1990 fast alle entlassen. Ihre Titel dürfen sie auch im vereinten Deutschland führen. Keinem der beteiligten Mediziner entzog eine Ärztekammer die Approbation. Nach deutschem Recht konnten die intellektuellen Täter nicht angeklagt werden, weil sie die Drogen zumeist nicht selbst verabreichten.

Die frühere Turn-Verbandsärztin Gudrun Fröhner hat auch das getan, aber sie wirkt noch immer im Fachbereich Sportmedizin des IAT. Als Fröhner gegen Behauptungen bezüglich ihrer Täterschaft klagte, bescheinigte ihr das Kammergericht Berlin, dass sie «Mittel verabreicht hat, die in der Dopingliste aufgeführt» waren. Auch habe Fröhners Prozessbevollmächtigte eingeräumt, darunter könnte «das in der ehemaligen DDR nicht zugelassene Mittel STS 646 gewesen sein».[63] Hinter der Abkürzung verbarg sich eine besonders starke Steroidsubstanz, die «höhere Belastbarkeit» garantierte. Das Engagement dieser Ärztin ist auch anderweitig belegt, so als Mitwirkende an einem FKS-«Ergebnisbericht», dessen Titel sich selbst kommentiert: «Zur Anwendung von Steroidsubstanzen im Training und Tierexperiment sowie zur Qualitätsprüfung der STS-Präparate». Darin geht es um Versuche mit Athleten aus zehn Sportarten, auch minderjährigen Turnerinnen. Parallel liefen weitere Tests – an Mäuseböcken.

Das ansonsten diskret arbeitende IAT geriet 2007 im Zuge des Skandals um Freiburger Sportärzte in die Schlagzeilen. Wie sich herausstellte, leitete Lothar Heinrich, gegen den die Staatsanwaltschaft Anfang 2009 noch immer wegen Beteiligung am Doping im Profiradsport ermittelte, nebenbei am Leipziger Institut den Fachbereich Sportmedizin. Nach seiner Suspendierung gaben Prüfer des BMI Entwarnung: Am IAT sei «die sportmedizinische Versorgung durch die stellvertretende Leiterin»[64] dieses Bereichs weiter gewährleistet. In dieser Position arbeitet Gudrun Fröhner.

Die Enthüllungen um die Freiburger Universitäts-Mediziner nach dem Geständnis des Radprofis Patrik Sinkewitz jagten eine regelrechte Schockwelle durch den deutschen Sport. Heinrich, lange Betreuer des Telekom-Rennstalls mit Jan Ullrich, und andere praktizierten jahrelang Doping im Radsport. Manche sahen darin ein Exempel für den Verlauf der Sport-Vereinigung: die neudeutsche Art des staatlich geförderten Sportbetrugs. Auch der Olympia-Arzt des DOSB, Georg Huber, gab zu, einst jungen Radsportlern das Hormon Testosteron verabreicht zu haben. Huber hatte es auf zwölf Olympia-Einsätze gebracht, er arbeitete seit 1982 als Leitender Arzt des Bundes Deutscher Radfahrer, er saß im medizinischen Expertengremium der Nationalen Anti-Doping-Agentur. Der DOSB reagierte, indem er jene «Ehren- und Verpflichtungserklärung» als Voraussetzung für eine Olympia-Nominierung erfand, wie sie dann die Trainer Goldmann oder Warnatzsch unterschrieben.

Als Anfang 2009 über eine Amnestie für diese Trainer debattiert wurde, meldeten sich auch die zu Wort, die als Muskelmaschinen für die DDR an- und dann als Sportinvaliden abtraten, die Dopingopfer: «Die Schäden, die durch den systematischen Dopingmissbrauch des DDR-Systems entstanden sind, verjähren moralisch nicht, da nie ein Täter-Opfer-Ausgleich stattgefunden hat», erklärte Andreas Krieger. «Nicht, weil die Geschädigten dieses nicht wollten, sondern weil die dopingbelasteten Trainer durch beharrliches Leugnen, bewusstes Lügen, taktisches Kleinreden ihrer Vergangenheit deutlich signalisierten, dass sie sich ihrer Verantwortung und ihrem Versagen nicht stellen wollen.»[65] Krieger gewann als Heidi Krieger 1986 Europameisterschafts-Gold. Die extensiven Hormonverabreichungen – bei der Kugelstoßerin begannen sie im Alter von 15 Jahren – führten mit zur Geschlechtsumwandlung.

Man kann nicht sagen, dass den Geschädigten – es sind einige hundert, und einige Dutzend waren Nebenkläger in den Prozessen gegen Verantwortliche des DDR-Sports – gar keine Aufmerksamkeit zuteilgeworden wäre: Der Bundestag, der DOSB und der einstige Dopingmittelproduzent Jenapharm fanden die früheren Athleten mit Einmalzahlungen ab. Dann stellte eine Studie signifikante Langzeitschäden fest: eine überdurchschnittliche Häufigkeit von Krebs- und Herzmuskelerkrankungen, Leber- und Skelettschäden. Jeder Dritte ist nur eingeschränkt arbeitsfähig. Angesichts bleibender Schäden wurde über bleibende Hilfe, eine Rente, debattiert. Ein Gutachten ergab, dass dafür nur eine winzige Lücke im Gesetz zu schließen wäre, da Zwangsdoping unter SED-Unrecht fällt.[66] Bei der Formulierung der sogenannten Rehabilitierungsgesetze war schlicht nicht an medizinische Verbrechen, die eine ganze Gruppe zu Menschenmaterial degradierten, gedacht worden. DOSB-Generaldirektor Michael Vesper versprach auch sofort Einsatz des Sports: «Um die Opfer in ein Gesetz aufzunehmen, werden wir gern initiativ bei Bundestag und Regierung.» Das war im Jahr 2007. Seither war viel über Dopingtrainer zu hören – aber nichts mehr von einer Rente für die Opfer.

Teil IV
KOMBINAT ERINNERUNGSWESEN

Die Diktatur als Bagatelle

Der Aufbau Ost ist ein Werk großer Zahlen. Mit deutscher Gründlichkeit und kolossalen Geldbeträgen wurde eine Region, die zweieinhalbmal so groß ist wie die Niederlande, auf Vordermann gebracht. Im Eiltempo wurde abgerissen, renoviert, saniert und gebaut. Mittlerweile finden sich kaum noch Ecken, die ahnen lassen, in welch marodem Zustand sich die DDR an ihrem Ende befand. Einst verfallene Stadtviertel sind heute stattliche Gründerzeitquartiere, aus baufälligen Fabriken sind moderne Produktionsstätten und noch öfter elegante Lofts geworden, Tagebaulöcher haben sich in attraktive Freizeitlandschaften verwandelt. Und die Infrastruktur ist so großzügig ausgebaut, dass der Westen dagegen mancherorts ziemlich alt aussieht. Mehrere hundert Milliarden Euro hat diese Erneuerung verschlungen.

Ein Werk großer Zahlen ist auch die sogenannte Aufarbeitung der SED-Diktatur. Um der kommunistischen Vergangenheit gerecht zu werden, betrieb das vereinte Deutschland einen einzigartigen politischen und wissenschaftlichen Aufwand. Archive wurden geöffnet, Gesetze verabschiedet, Kommissionen eingesetzt, Staatsdiener überprüft. Gefängnisse, Gebäude der Staatssicherheit, Hinrichtungsstätten, Geheimbunker wurden zu Gedenkstätten und Museen. Selbst das 50-Seelen-Dorf Mödlareuth zwischen Thüringen und Bayern, das die Amerikaner «Little Berlin» nennen, weil es wie das große Berlin durch eine Mauer getrennt war, beherbergt ein «Deutsch-deutsches Museum». Mit derselben Logik, die der Beseitigung der sichtbaren Schäden zugrunde lag, hoffte man, die demokratische Erneuerung zu befördern und autoritäres Gedankengut abzutragen. Auch das hatte seinen Preis.

Allein in die Erinnerungs- und Aufarbeitungslandschaft sind seit der Vereinigung weit über zwei Milliarden Euro geflossen. Aktuell dürften es mindestens 130 Millionen Euro im Jahr sein, davon beansprucht die Stasi-Unterlagen-Behörde rund 100 Millionen Euro. 2008 verabschiedete der Bund ein neues «Gedenkstättenkonzept», das künftige Zuschüsse auf 35 Millionen Euro im Jahr verdoppelt. Das Geld ist für die Erinnerung an beide deutsche Diktaturen bestimmt. Acht Gedenkstätten, die Aspekte der SED-Herrschaft veranschaulichen, erhalten institutionelle Hilfe. Außerdem fördert der Bund Projekte von über zwanzig Vereinen. Rund fünf Millionen Euro stehen der 1998 gegründeten Bundesstiftung zur Aufarbeitung der SED-Diktatur zur Verfügung. Vier ostdeutsche Bundesländer und Berlin zahlen für ihre Landesbeauftragten für die Stasi-Unterlagen jährlich zwischen 380 000 Euro (Mecklenburg-Vorpommern) und über 500 000 Euro (Thüringen). Brandenburg, das als einziges Ost-Land ohne einen solchen Beauftragten auskommt, sagte im Januar 2009 die Einrichtung einer Anlaufstelle für die Opfer zu. Das Land Berlin gibt 2009 für die Gedenkstätte Hohenschönhausen, den Verein Berliner Mauer und die Erinnerungsstätte im einstigen Notaufnahmelager Marienfelde im Westteil der Stadt 1,3 Millionen aus. Sachsen, Sachsen-Anhalt und Brandenburg haben eigene Gedenkstätten-Stiftungen eingerichtet.

In den Nachfolgestaaten des einstigen sowjetischen Imperiums staunt man über die opulente Infrastruktur, die sich der «Weltmeister der Aufarbeitung» (Timothy Garton Ash) auch fürs mentale Wohlbefinden zugelegt hat. Manchmal kommt sogar Neid auf: Ungarn, schrieb zum Beispiel der renommierte Zeitgeschichtler Krisztián Ungváry, hatte nicht das Glück, «mit einer gestandenen Demokratie» zu verschmelzen.[1] Der Wissenschaftler wird häufig vor Gericht gezerrt, weil er die Geheimdienstvergangenheiten von Politikern oder Kirchenmännern aufdeckt. Das ist in Ungarn eine riskante Angelegenheit. Auch die Polen waren vom Aufwand, den die Deutschen trieben, zunächst beeindruckt. In jüngster Zeit sind kritischere Töne zu hören. Der Warschauer Deutschlandkenner Kazimierz Wóycicki, der viele Jahre das Polnische Institut in Leipzig leitete, begründet seine Skepsis so: «Die Akzeptanz für die Demokratie schwankt in Polen zwischen 70 und 80 Prozent. In Ostdeutschland sind es hingegen nur 30 Prozent.» In Deutschland, so scheine es, sei «das ursprüngliche Aufarbeitungsprojekt gescheitert».[2] Das Wort «Scheitern» hört man hierzulande nicht gern. Gleichwohl mussten die Deutschen von einer Illusion Abschied nehmen. Es war die Illusion, dass mit Geld zu reparieren ist, was die SED-Diktatur hinterlassen hat. Beim Aufbau Ost ist trotz Hunderter Milliarden kein selbsttragender Wirtschaftskreislauf in Gang gekommen. Ganz ähnlich verhält es sich mit der Aufarbeitung Ost: Aufklärung haben die Milliarden kaum bewirkt. Dabei sind seit 1990 mehr als 53 000 Veröffentlichungen, darunter etwa 8800 Bücher, über die Themen Ostdeutschland und Wiedervereinigung erschienen – 1,6 pro Tag.[3] Die DDR ist analysiert, seziert und eingeordnet: Vom Funktionieren der Machtzentrale Politbüro bis zur Bedeutung des Goldbroilers fürs Konsumverhalten des einstigen Staatsvolkes Ost ist so gut wie alles erforscht. An Erkenntnissen mangelt es also nicht. Sie kommen nur nicht an. Und zugleich wird die Sehnsucht nach der «guten alten Zeit» stärker.

«Honecker – who?»[4] titelten die Zeitungen im Sommer 2008. Anlass war eine Studie zum DDR-Bild von Schülern in Ost- und Westdeutschland. Jeder zwölfte Schüler in den zehnten und elften Klassen kannte Erich Honecker nicht; jeder sechste Realschüler hielt ihn für einen bundesdeutschen Politiker. Adenauer und Brandt hingegen gingen nicht selten als SED-Größen durch. Nur jeder Dritte wusste, dass die DDR die Mauer gebaut hatte. Mit dem fehlenden Faktenwissen korrespondierte die Idealisierung der verflossenen Arbeiter-und-Bauern-Republik: Die meisten Schüler fanden es gut, dass es den Rentnern früher besser gegangen sei als heutzutage, auch die Umwelt sei sauberer gewesen. Die wenigsten wussten, dass die DDR bankrott war. Die Hälfte der ostdeutschen Jugendlichen sah in der DDR keine Diktatur. Die meisten kannten nicht einmal die Unterschiede zwischen Diktatur und Demokratie, zeigten sich jedoch skeptisch gegenüber dem politischen System der Bundesrepublik. Der Vergleich zwischen den vier beteiligten Bundesländern ergab, dass Bayerns Schüler am besten informiert waren, gefolgt von Nordrhein-Westfalen. Bei den Wenigwissern lagen Berlin und Brandenburg vorn – dort hielt mehr als die Hälfte der befragten Schüler die Staatssicherheit für einen Geheimdienst, wie es ihn auch anderswo gibt.

Die Studie löste eine Schockwelle aus. Parlamente in Ost und West debattierten das Problem. Man stritt im ganzen Land über Lehrpläne und im Osten über SED-treue Lehrer. Von denen allerdings konnten die Schüler ihre Ideen vom besseren Deutschland kaum haben, da die DDR im Unterricht so gut wie nicht behandelt wird.

Schon 1992 verbanden einer Allensbach-Umfrage zufolge nur 36 Prozent der Ostdeutschen negative Gefühle mit dem Sozialismus, den sie erst erlebt und dann abgeschafft hatten. Gut eine Dekade später, 2004, zum 15. Jahrestag der friedlichen Revolution, hatten laut Forsa zwölf Prozent der Ostdeutschen einen speziellen Wunsch zum Jubiläum: Sie wollten die Mauer zurück.

Mochten solche Umfragen auch mit Vorsicht zu betrachten sein, ignorieren konnte man sie nicht. Periodisch brachen deshalb ähnliche Debatten aus wie im Jahr 2008. Soziologen deuteten die Befunde als Form der Heimatsuche, nachdem die Staatsheimat verschwunden ist, als Ausdruck gezielt geschürter antiwestlicher Ressentiments und immer wieder auch als Generationenfrage. Letztere Vermutung erschien lange besonders plausibel. Mit der Schülerstudie des Jahres 2008 musste sie ad acta gelegt werden: Die DDR, der Staat, der als Utopie gescheitert ist, hat sich bei erstaunlich vielen Jungen, die ihn nicht einmal aus eigenem Erleben kannten, als Utopie eingenistet.

Geschichtsbilder können nicht verordnet werden, und jede Aufklärung hat Grenzen. Der Rückblick auf die alte Bundesrepublik zeigt, dass auch dort eine klare Distanz zur NS-Diktatur lange auf sich warten ließ. Noch 1968 brachte eine Untersuchung ganz ähnliche Ergebnisse wie die aktuelle Schülerstudie. 43 Prozent der 17- bis 24-Jährigen, auch sie Nachgeborene, bejahten damals die Aussage: «Der Nationalsozialismus war eine gute Idee, die nur schlecht ausgeführt wurde.» In der Eltern- und Großelterngeneration stimmte jeder Zweite zu.[5] Gleichwohl begannen damals solche Einstellungen zu schwinden. In den zwanzig Jahren seit der friedlichen Revolution hingegen ist der Aufklärungskonsens der Verklärung gewichen. Anfangs herrschte die Furcht, allzu viel Beschäftigung mit der SED-Diktatur könnte die Verbrechen des nationalsozialistischen Deutschlands relativieren. Inzwischen ist allerdings der umgekehrte Prozess eingetreten: die Bagatellisierung der zweiten Diktatur. Sie ist sogar politikfähig. Die Vorreiterrolle übernahm dabei der Landtag von Sachsen-Anhalt. Gedrängt auch von der Linkspartei, unterschied er im neuen Gedenkstättengesetz zwischen «einzigartigen Menschheitsverbrechen der NS-Diktatur und den Menschenrechtsverletzungen in der DDR». Auf diese Weise hat der Gesetzgeber auch Opfer erster und zweiter Klasse geschaffen.

Ohnehin fehlt dem deutschen Aufarbeitungsprojekt ein wichtiger Teil. Nach 1990 beschränkte sich die Vergangenheitsaufklärung vornehmlich auf das Gebiet der DDR und deren Bürger. Die Schieflage ist offensichtlich: Je älter die alte Bundesrepublik wurde, umso schöner redete sie die DDR. Während viele Ostdeutsche sich nach dem Fall der Mauer einem beträchtlichen Rechtfertigungsdruck ausgesetzt sahen, hielten viele Westdeutsche jede Selbstbefragung für gänzlich überflüssig. Der deutsch-deutschen Kumpanei wird das kaum gerecht.

Die Staaten in Mittel- und Osteuropa sammeln derweil eigene Erfahrungen. In Polen benötigte es eine ganze Zeit, bis man sich der Vergangenheit systematisch zuwandte. Es gab keinen reichen Bruder, der bei der Organisation des Gedenkens behilflich war. Erst im Jahr 1997, als sich eine gewisse ökonomische Prosperität einstellte, begannen beispielsweise im Öffentlichen Dienst zaghafte Stasi-Überprüfungen. Zehn Jahre später befürworteten 70 Prozent der Polen genauere Durchleuchtungen. Eine so breite Zustimmung gab es in Deutschland längst nicht mehr. Mit Unterstützung der Opposition verschärften die Kaczynski-Brüder das entsprechende Gesetz. Etwa 700 000 Staatsdiener wurden überprüft.

Bei den Tschechen hat sich die Aufklärung zunehmend radikalisiert. Anders als die Polen nutzten sie schon ab 1991 die Akten des Geheimdienstes StB für Überprüfungen. Etwa drei Prozent der Überprüften wurde der Zugang zu öffentlichen Funktionen verwehrt. Hauptamtliche mussten allerdings keine Konsequenzen fürchten, ihre Akten gelten als Personalunterlagen und sind bis heute gesperrt. 2002 reagierte Prag entschlossen, als gefälschte Spitzellisten kursierten. Das Innenministerium stellte kurzerhand die Namen aller 75 000 Zuträger ins Internet. Dem «Institut für die Erforschung der totalitären Regime», dem tschechischen Pendant zur Birthler-Behörde, ersparte das viele Millionen Kronen und viel Aufwand mit den Akten. Die Bürger haben fast unbegrenzten Zugang zu den StB-Dossiers, das gilt auch dann, wenn man sich nur über andere informieren will. So viel Transparenz wäre in Deutschland, wo Richter die namentliche Nennung von Stasi-Mitarbeitern in Medien verbieten, unvorstellbar.

Behörde mit Geburtsfehler

Wie schwer sich das vereinte Land mit rückhaltloser Aufklärung tut, zeigt schon jene Institution, die nur noch selten nach ihrem ersten Amtsleiter Joachim Gauck genannt wird – aus der Gauck-Behörde ist längst die Birthler-Behörde geworden. Ihr guter Ruf in der Öffentlichkeit stand allzu oft in krassem Widerspruch zu der Rolle, die sie tatsächlich gespielt hat. Nicht nur erwies sich schnell, wie wenig Interesse vor allem westdeutsche Politiker an der Arbeit der Behörde hatten – der Umgang mit der MfS-Hinterlassenschaft hat inzwischen auch die Glaubwürdigkeit der Aktenverwalter erschüttert.

Dabei war Marianne Birthler sichtlich zufrieden, als sie Ende Januar 2006 in Berlin vor die Presse trat. Soeben war sie vom Bundestag wiedergewählt worden, bei nur 60 Gegenstimmen – die meisten stammten von der Linkspartei. Diese breite Unterstützung hatte sich Birthler gewünscht, und dafür war die einstige Grünen-Politikerin ein Risiko eingegangen: Statt sich vor der Bundestagswahl noch rasch von der scheidenden rot-grünen Regierung im Amt bestätigen zu lassen, wollte sie fraktionsübergreifenden Rückhalt vom neuen Parlament. «Weiterentwickeln» wolle sie ihre Behörde, kündigte Birthler nun selbstbewusst an. Das Bundestagsvotum sei eine klare Botschaft: «In diesem Land ist die Auseinandersetzung mit der SED-Diktatur gewollt.»

Birthler verwaltet die Hinterlassenschaft des Ministeriums für Staatssicherheit, jenes Geheimdienstes, der gemessen an der Bevölkerungszahl der größte der Welt war. Sie umfasst 1,3 Millionen Fotos, Tausende Filme, Tonträger, Magnetbänder und rund 180 Aktenkilometer, aneinandergereiht würden sie vom Norden Berlins bis in den Süden Leipzigs reichen. Der Zugang zu diesem einzigartigen Material wurde von den Ostdeutschen nach dem Mauerfall gegen Widerstände der Bonner Regierung erkämpft. Es wird nach strengen gesetzlichen Vorschriften Privatpersonen, Institutionen, Wissenschaftlern und Medien zur Verfügung gestellt. Damit waren Anfang der neunziger Jahre rund 3300 Mitarbeiter beschäftigt. 2010 sollen es noch immer 1600 sein – das Bundesarchiv in Koblenz hat gerade einmal halb so viele Angestellte. Die «Bundesbehörde für die Unterlagen des Staatssicherheitsdienstes der ehemaligen DDR (BStU)», wie sie exakt heißt, betreut ein Archiv wie kein anderes: Es birgt Personendossiers über fast vier Millionen Ostdeutsche und zwei Millionen Westdeutsche, fast immer heimlich und hinterrücks zusammengetragen. Eine Datensammlung, die verrät, wie sich Menschen in und gegenüber Diktaturen verhalten, was sie dazu bringt, sich staatlicher Willkür zu widersetzen oder zu kollaborieren.

Es ist ein kurioser Zufall, dass Marianne Birthler, die einstige Bürgerrechtlerin, ihre schärfsten Widersacher direkt vor Augen hat. Von ihrem Arbeitszimmer im achten Stock der Behörde kann sie direkt und von oben herab auf das Karl-Liebknecht-Haus sehen, das die Zentrale der Linkspartei beherbergt. Immerhin belasten MfS-Unterlagen jeden Zehnten der gut 200 Abgeordneten der Linken im Bundestag und in den ostdeutschen Länderparlamenten. Damit ist der Anteil der Mandatsträger unter Stasi-Verdacht gut dreimal so hoch wie der Anteil von Belasteten an der gesamten DDR-Bevölkerung.[6] Schon Joachim Gauck schmähten die Genossen als McCarthy, Zensor oder Großinquisitor. Auch Birthler kann sich ihrer rigorosen Abneigung sicher sein.

Viele Mandatsträger der Linkspartei wären im Öffentlichen Dienst untragbar. Seit der Wiedervereinigung beantwortete die Behörde gut 1,7 Millionen Überprüfungsanfragen. Lehrer, Polizisten, Beamte, Soldaten, Wissenschaftler mussten den Stasi-Check oft mehrfach über sich ergehen lassen. Obwohl Regelüberprüfung genannt, war er keine Pflicht. Anfragen lagen ebenso im Ermessen des Arbeitgebers wie der Umgang mit den Ergebnissen. Meist blieben sie geheim; längst nicht alle Belasteten verloren ihren Job. Dennoch haben Auskünfte der Behörde Zehntausende Karrieren beendet. Auch das hat ihr Ablehnung eingetragen, beispielsweise bei denen, die meinten, solange die Großen, die Nomenklatura, weitermachen dürften wie bisher, würden die kleinen Spitzel zu Unrecht bestraft. Regine Hildebrandt, die Brandenburger SPD-Sozialministerin, die oft als Anwältin der kleinen Leute gesehen wurde, war immer dafür, die Akten zu schließen. Sie erzählte gern, wie sie von der Volkspolizei schikaniert worden sei, weil ihr langer Name nicht in die Formulare passte: «Die haben mich in meiner Würde mehr verletzt als mancher IM.»

Der wohlwollende Blick auf die Täter hat oft die andere Seite der Behördenarbeit verstellt. Aus dem früheren Herrschaftswissen des Spitzelapparates können die Opfer Klarheit über ihre Biographien gewinnen. Sie lesen nach, wer sie verraten und oft bis ins Intimleben ausgeforscht hat und welche Folgen das hatte: Schulverweise, Schikanen, zerstörte Freundschaften und Ehen, Haftjahre. Noch immer gehen jeden Monat beinahe 10 000 Anträge auf private Akteneinsicht ein. Noch immer kommen Menschen zum ersten Mal in die Lesesäle nach Berlin und in die Außenstellen in den ehemaligen Bezirken der DDR, weil die Vergangenheit sie umtreibt. Sie haben manchmal Jahre gebraucht, um sich die Aktenwahrheit zuzumuten, denn die nebenberuflichen Denunzianten, die Vertrauen missbraucht haben, waren Kollegen, Freunde und sogar Ehepartner.

Die Öffnung der Akten für Bürger und für Überprüfungen, die Herausgabe von Unterlagen an Forscher und Medien sind das Kerngeschäft der Behörde. Doch Marianne Birthler, die einst als Katechetin arbeitete, hatte nie Zweifel daran gelassen, wie sehr ihr die Bildungsarbeit am Herzen lag. Sie sah ihr Betätigungsfeld in der Kooperation mit Kultusministerien und Schulen. Auf der Pressekonferenz Anfang 2006, zu Beginn ihrer zweiten Amtszeit, war davon nicht mehr die Rede. Sie kündigte an, ihre Behörde zu einem «Kompetenzzentrum für MfS-Themen» zu machen.

Doch das Jahr 2006 geriet zum Desaster für Marianne Birthler, es endete mit einer Enthüllung: Die «Welt» berichtete, dass die Behörde heimlich mindestens 54 frühere MfS-Mitarbeiter beschäftigte. Damit war ausgerechnet in der Stasi-Unterlagen-Behörde der Anteil des Personals mit Stasi-Biographie doppelt so hoch wie einst unter den DDR-Bürgern. Die Belasteten, zumeist einstige Offiziere, leiteten Sachgebiete, waren mit der Rekonstruktion vernichteter Unterlagen und mit Erschließung von Akten befasst, sie betreuten Magazine, bewachten Behördengebäude, erledigten Botendienste, verwalteten Liegenschaften, warteten Computer und kümmerten sich um Fragen der Strafverfolgung und der Rehabilitierung. In den Arbeitnehmervertretungen besetzten allein elf Stasi-Kader Schlüsselpositionen und konnten dort personalpolitische und behördeninterne Weichenstellungen beeinflussen.[7]

Ein Sturm brach los. Bundestagsvizepräsident Wolfgang Thierse (SPD) nannte es «beunruhigend», dass ehemalige Stasi-Mitarbeiter in der Behörde die Möglichkeit zur Aktenmanipulation haben könnten. Der CDU-Bundestagsabgeordnete Wolfgang Börnsen meinte, Brandstifter würden zum Feuerlöschen eingesetzt. Hans-Joachim Otto (FDP) fragte, «ob der Birthler-Behörde diese Tatsache aus Nachlässigkeit nicht bekannt war oder ob man sehenden Auges ehemalige Stasi-Mitarbeiter beschäftigt hat» – was «unerträglich» wäre. Entsetzt zeigten sich Aufarbeitungsinitiativen wie das Bürgerkomitee Leipzig: «Dass frühere MfS-Mitarbeiter ungeeignet sind für ein Amt in einer der zentralen Aufarbeitungsinstanzen, steht außer Frage.» Auch behördenintern löste die Nachricht eine scharfe Debatte aus. Ein leitender Mitarbeiter wurde mit dem Satz zitiert: «Da hat unsere Behörde einen Pakt mit dem Teufel geschlossen.» Der Aufruhr rief auch CDU-Kulturstaatsminister Bernd Neumann auf den Plan, dem die Rechtsaufsicht über die Behörde oblag: «politisch kaum vermittelbar» nannte er die Personalien. Er beauftragte die Professoren Hans H. Klein, ehemed Bundesverfassungsrichter, und Klaus Schroeder vom Forschungsverbund SED-Staat mit einer Untersuchung.[8] Im Frühjahr 2007 legten die Prüfer ein 114-seitiges Gutachten vor. Das Ergebnis war schockierend: Jahrelang hatte die Behörde bewusst falsche Angaben über das Ausmaß der Beschäftigung der Stasi-Leute gemacht. Getäuscht wurde sogar das Parlament. 1997 zum Beispiel bereitete die Behörde für die Regierung eine Auskunft an den Bundestag vor. Die Antwort auf eine Kleine Anfrage lautete, man beschäftige wissentlich keinen einzigen früheren Inoffiziellen Mitarbeiter und lediglich «noch 15 ehemalige hauptamtliche Mitarbeiter».

In Wirklichkeit waren es zu diesem Zeitpunkt noch rund 70. In keinem einzigen Fall ließ die Behördenleitung das konkrete Betätigungsfeld der Tschekisten zu DDR-Zeiten überprüfen, obwohl sie dafür sogar ein eigenes Referat eingerichtet hatte. Stattdessen drängte sie über Jahre immer wieder darauf, die zunächst befristet eingestellten MfS-Männer mit unbefristeten Arbeitsverträgen auszustatten. Das Bundesministerium des Innern, damals für die Behörde zuständig, sträubte sich lange – war aber informiert über das Wirken der Geheimdienst-Kader im Hause Gauck.

Der Öffentlichkeit hatte Joachim Gauck nach Gründung der Behörde stets erklärt, bei ihm arbeite nur eine «betont kleine Gruppe» von Offizieren. Sie seien unentbehrlich, um Archiv-Kenntnisse weiterzugeben, dürften jedoch nicht eigenständig mit Akten arbeiten.[9] Auch das entsprach nicht der Wahrheit. Schon 1993 kritisierten Behördenmitarbeiter in einem Offenen Brief, dass frühere MfS-Obristen unkontrolliert auf Akten zugreifen konnten. Mehr noch: «In inhaltlichen Fragen wird ihnen oftmals sogar die entscheidende Deutungskompetenz zugemessen.»[10] Der wortgewandte Gauck hatte Mühe, solchen Ärger zu kanalisieren. Dass er das Personal so vehement verteidigte, schien auch nicht zu passen zum Revolutionspastor, wie er in seiner Heimatstadt Rostock noch immer genannt wurde.

Gauck hatte nach dem Abitur Theologie studiert und viele Jahre als Pfarrer im Neubaugebiet Evershagen gearbeitet. Ein Kindheitserlebnis prägte seinen Lebensweg: Anfang der fünfziger Jahre war Gaucks Vater von der sowjetischen Geheimpolizei verhaftet worden und verschwand vier Jahre in einem sibirischen Zwangsarbeitslager. Der Sohn empfand die Schule als Ort der Repression. Und der christliche Glaube gab ihm Halt. Den «Freiraum Kirche», wie Gauck seine Gemeindearbeit beschrieb, verließ er im Herbst 89. Diese Zeit des Aufbruchs nannte er später die schönste seines Lebens, oft schilderte er sie als «Befreiung von der ständigen Begleiterin Angst». In der Marienkirche predigte Gauck: «Wir brauchen keine Stasi in uns.» Dann trug er den Aufstand als Sprecher des Neuen Forums mit auf die Straße. Als einziger Abgeordneter aus Mecklenburg-Vorpommern zog Joachim Gauck für das Bündnis 90 im März 1990 in die Volkskammer ein. Auch als Spitzenbeamter wirkte er wie ein politischer Missionar. Gauck zitierte Václav Havel oder Karl Jaspers, er fand Formulierungen wie «Verabredung des Vergessens» für jene, die immer mal wieder seine Behörde schließen wollten, oder wies darauf hin, dass die Akten nicht zuletzt Zeugnisse für Zivilcourage seien: «Wir waren kein Volk der Verräter.» Mit dem Satz «Wir träumten vom Paradies und wachten auf in Nordrhein-Westfalen» erklärte er die Ernüchterung, die viele Ostdeutsche nach der Einheit befiel. Nie geriet er in Verlegenheit. Seine Ausstrahlung und sein Auftreten ließen ihn zur Instanz in Sachen Aufarbeitung werden.

Und nun bescheinigten die beiden vom Kulturstaatsminister eingesetzten Gutachter Joachim Gauck «mehr als nur nachlässigen Umgang mit der Wahrheit». Nicht genau klären konnten sie allerdings, wie und auf wessen Betreiben die Tschekisten in die Behörde kamen, wer sie einstellte und zu welchem Zweck: «Es scheint, als ob von Beginn an nicht die Weitervermittlung von ‹Herrschaftswissen› gefragt, sondern die langfristige Bindung ehemaliger MfS-Angehöriger – aus welchen Gründen auch immer – das Ziel ihrer Beschäftigung war.» [11]

Das Rätsel kann zum Teil gelöst werden. Es führt zurück in das Jahr 1990. Im Juni wählte die Volkskammer Joachim Gauck zum Vorsitzenden ihres Sonderausschusses zur Kontrolle der Stasi-Auflösung. Ihm war damit eine schwierige Aufgabe übertragen, denn er hatte starke Gegner. Einer war schnell auszumachen: der Innenminister der Regierung Lothar de Maizière, Peter-Michael Diestel. Der andere Gegner hielt sich dagegen im Hintergrund: eine Gruppe hochkarätiger Stasi-Obristen, die eine Öffnung der Archive um jeden Preis verhindern wollte.

Diestel war im Kabinett für die Auflösung der MfS-Hinterlassenschaft zuständig. Das Parlament misstraute dem gelernten Melker und Justiziar einer Agrar-Industrie-Vereinigung, der im Herbst 89 aus dem Nichts zum Generalsekretär der Deutschen Sozialen Union avanciert war. Erst kündigte Diestel an, er werde «die alten Apparate zerschlagen», dann scharte er treue Vasallen des alten Regimes um sich. Als Polizeistaatssekretär verpflichtete der Minister etwa den früheren Vopo-Chef von Karl-Marx-Stadt und als Berater ausgerechnet den Innenminister des letzten SED-Regenten Hans Modrow. Auch sein Faible für Geheimdienstler sorgte für Erstaunen: Wenn Diestel über die Stasi rede, hieß es bald sogar in Bonn, «kriegt der glänzende Augen».[12] Was diesen Mann antrieb, konnte niemand nachvollziehen, auch Joachim Gauck nicht, der später notierte, dass sich im MfS-Archiv rein gar nichts über ihn fand. Dabei war Diestel nach eigener Aussage in der DDR aus politischen Gründen nicht als Rechtsanwalt zugelassen worden. Befremdlich wirkte auf Beobachter allerdings schon sein Amtsantritt im Innenministerium in der Berliner Mauerstraße. Diestel brachte seinen Vater Hansheinrich mit. ▓▓▓▓▓▓▓▓▓▓▓▓▓▓▓▓▓▓▓▓▓▓▓▓▓▓▓▓▓▓▓ ▓▓ ▓▓▓▓▓▓▓▓▓▓▓▓▓▓▓▓▓▓▓▓▓▓▓▓▓▓▓▓▓▓▓▓▓▓[13]

Die Bürgerkomitees, die im Dezember 1989 die MfS-Bezirksverwaltungen besetzt hatten, um die Aktenvernichtung zu stoppen, wies der Minister an, die Dossiers der Abteilungen XV auszuliefern. Diese Abteilungen – sie waren der Auslandsspionage, also der Hauptverwaltung Aufklärung (HVA) unterstellt – hatten auch innerhalb der DDR an der «Bekämpfung von Feindtätigkeit» mitzuwirken. Außer den Leipzigern übergaben alle das «operative Material». Später wurde es geschreddert.[14] Die Aktion war zugleich ganz im Sinne des «Großen Bruders». Die Sowjets wollten verhindern, dass Informationen über ihr Spionagenetz in der DDR, über gemeinsame Operationen mit dem MfS gegen den Westen, in die Hände feindlicher Dienste fielen. Blankes Entsetzen löste dann die Idee des inzwischen zur CDU übergetretenen Ministers Diestel aus, den langjährigen HVA-Chef Markus «Mischa» Wolf, einen KGB-Intimus, zu seinem Berater zu ernennen. Gegen ihn lag in Karlsruhe ein Haftbefehl vor. Diestels Plan scheiterte.

Joachim Gaucks Ausschuss hingegen wurde ausgebremst, wo es nur ging: «Jeder unserer Schritte», beschwerte sich Gauck, «musste erkämpft werden.» Im September wollte die Volkskammer Diestels Aktionen nicht mehr hinnehmen. Der Sonderausschuss enthüllte, dass er in seinem Ministerium und anderswo Dutzende sogenannter OiBE, MfS-Offiziere im besonderen Einsatz, duldete. Einer dieser im Verborgenen wirkenden Elite-Geheimdienstler leitete sogar sein Büro. «Herr Diestel», bilanzierte Gauck im Parlament, «konnte seine Qualifikation nicht beweisen.» Der Versuch, den Minister abzuwählen, misslang. Die CDU stand hinter ihm.

Dem Ministerium von Diestel unterstellt war Günter Eichhorn. Schon die Regierung Modrow hatte den subalternen Bürokraten, lange Jahre Abteilungsleiter im DDR-Finanzministerium, an die Spitze eines «zentralen Staatsorgans» gesetzt: des Komitees zur Auflösung des Amtes für Nationale Sicherheit (AfNS). Dabei handelte es sich um den Nachfolger eines Nachfolgers – aus dem MfS war erst das AfNS geworden, und als die Stasi nicht mehr zu halten war, wurde im Februar 1990 das Auflösungskomitee installiert. Eichhorn sollte Entlassungen vornehmen, Immobilien und anderes MfS-Eigentum an staatliche Instanzen übergeben, wobei Millionenbeträge in dunklen Kanälen verschwanden. Der Auflöser wirkte häufig überfordert, aber in seinem Komitee gab es genug Expertise – neben 25 Bürgerrechtlern wirkten auch rund 70 hauptamtliche MfS-Offiziere mit.[15] Was damals kaum einer wusste: Auch Eichhorn hatte eine fast zwei Jahrzehnte während IM-Vergangenheit.

Am 1. Oktober 1990 bekam Joachim Gauck, der am Tag darauf von der Volkskammer zum Sonderbeauftragten für die Stasi-Unterlagen gewählt werden sollte, Besuch von Günter Eichhorn. Die Ergebnisse der Besprechung hielt Eichhorn am 4. Oktober in einem Brief fest.[16] Dem «sehr geehrten Herrn Gauck» versicherte er nochmals seine Legitimation – er handle im Auftrag von de Maizières Staatssekretär. Eichhorn schlug Gauck «die Einbeziehung von Mitarbeitern» seines Komitees «in die Tätigkeit Ihrer Behörde» vor. Bei den Personalien «habe ich mich davon leiten lassen», schrieb er, «dass das Wissen und die vorhandenen Erfahrungen aus der Auflösung genutzt oder gegebenenfalls durch eine geordnete Übertragung bewahrt werden müssten». Joachim Gauck sollte den «in der Anlage genannten Personenkreis» einstellen. Exakt 108 Namen waren in dem Brief aufgeführt. Wer welche Positionen in der neuen Behörde einnehmen sollte, war präzise benannt – vom «Leiter des Referates für Personendaten» über den «Sicherheitsinspektor» bis hin zu einem «Leiter des Referates für vernichtungswürdiges Schriftgut». In dem sechsseitigen Dossier standen allein 53 hauptamtliche MfS-Offiziere. Gauck muss gewusst haben, welche Mitarbeiter ihm hier empfohlen wurden. Denn handschriftlich sind hinter den Namen akribisch Hauptabteilungen und Jahresgehälter beim MfS vermerkt.

Dieses bisher unveröffentlichte Dokument ist gewissermaßen die Urkunde für den Geburtsfehler der Behörde. Gauck stellte immerhin elf der ihm angedienten Stasi-Leute ein. Sie gehörten zum Startpersonal der Aufarbeitungsinstitution, die mit gerade einmal 56 Mitarbeitern ihre Arbeit aufnahm. Diese Eichhorn-Liste, der Beginn der Behördengeschichte, ist in keiner Chronik vermerkt. Sie ist auch der Beginn einer Lüge.

Die Namen von drei für ihn vorgesehenen «Beratern» hätten Gauck unbedingt stutzig machen müssen, selbst wenn sie offenbar bei ihm nicht unterkamen: Edgar Braun, Manfred Eschberger und Bernd Fischer – sie gehörten zu Minister Mielkes Tafelrunde. Im Eichhorn-Komitee waren diese drei Obristen die Strippenzieher, und sie handelten noch immer im Auftrag der entmachteten Stasi-Generalität.

Generalmajor Edgar «Ede» Braun, zuletzt Leiter der für Verkehr, Post- und Fernmeldewesen zuständigen MfS-Hauptabteilung XIX, war im Eichhorn-Komitee Chef der nach ihm benannten «Gruppe Braun». Seinen Ruf als «Mielkes Bluthund» hatte er sich bei der Spionageabwehr erworben. Braun jagte MfS-Abtrünnige, zusammen mit Oberst Manfred Eschberger aus der Untersuchungsabteilung IX. Zwischen 1979 und 1981 spürte das Häscher-Duo gleich drei Genossen auf: Gerd Trebeljahr, Winfried Zakrzowski und Werner Teske wurden als Verräter hingerichtet. Der Dritte in der Gruppe Braun, Oberst Bernd Fischer, dirigierte einst für die HVA Spione, die auf das Bundeskanzleramt und die Ministerien am Rhein angesetzt waren.

Über die Jahre spitzelten mindestens 12 000 Westdeutsche, geführt von diversen Abteilungen, für das MfS. Und die Hauptabteilung III hörte eine halbe Million Telefonanschlüsse im «Operationsgebiet» ab, darunter die des Bundeskanzlers und sämtlicher Minister.[17] Dieses Ausmaß bestürzte die Bonner Politiker. Schon im März 1990 wurde der Bundestags-Innenausschuss über die Brisanz der Stasi-Akten informiert. Es bestehe die Gefahr, dass Informationen über Westdeutsche «auch in die Bundesrepublik kämen, und dass Behörden und Nachrichtendienste sie bekämen», teilte der Innenstaatssekretär laut Protokoll mit. Er berichtete von einem Kabinettsbeschluss zur Aktenvernichtung.[18] Bonn war da schon, wie der «Spiegel» Jahre später herausfand, im Besitz von 975 laufenden Aktenmetern – sie wurden «direkt der Papiermühle zugeführt». Bald darauf, ab Mai 1990, konnten Ex-Verteidigungsminister Manfred Wörner, Verfassungsschutzpräsident Gerhard Boeden und andere Persönlichkeiten die Mitschriften eigener Telefonate in einer sechsteiligen Serie der Illustrierten «Quick» nachlesen. Das Blatt zitierte nur andeutungsweise aus einigen hundert Kilogramm erbeuteten Materials, zumeist Schmuddelgeschichten aus dem Privatleben. Auch erfuhren die Leser, dass Franz Josef Strauß Helmut Kohls CDU einen «komischen Faschingszug» genannt hatte. Innenminister Wolfgang Schäuble schäumte und forderte den Chefredakteur auf, die Serie umgehend einzustellen, um der Stasi nicht zu «spätem Triumph» zu verhelfen.

Ende Juni teilte die Innenministerkonferenz mit: «Stasi-Schmutz gehört in den Reißwolf.» Genau dort landeten prompt alle MfS-Akten, die in den Besitz der Verfassungsschutzämter der Länder gelangt waren.[19] Doch so ließ sich das Problem nicht lösen. Schon am 1. Juli titelte die «Bild am Sonntag»: «Stasi-Tonbänder: Schmutzkampagne gegen Kohl?»

Wer hinter dem schwunghaften Handel mit dem kompromittierenden Material stand, lässt sich nicht genau sagen. Gewiss nutzten arbeitslos gewordene Stasi-Leute die Möglichkeit, sich eine goldene Nase zu verdienen. Fest steht aber auch, dass die Gruppe Braun und ihre Genossen vom Auflösungskomitee sich so frei und so kundig wie sonst niemand in den Archiven bewegen konnten. Und innerhalb der Stasi-Generalität grassierte in diesen Monaten die Angst vor bundesdeutschen Ermittlern. Vieles spricht dafür, dass sie ihr Pfand, das Wissen um Bonner Intrigen und Intimitäten, ganz gezielt eingesetzt hat.

Im Frühjahr 1990, das genaue Datum lässt sich nicht mehr rekonstruieren, verfasste die entmachtete MfS-Führung ein Angebot an die Bundesregierung. Edgar Braun übergab es als Bevollmächtigter im Bonner Innenministerium an den Ministerialrat Eckart Werthebach und an Verfassungsschutzchef Boeden. Autor des Papiers war Generalmajor Gerhard Niebling. Als Chef der Zentralen Koordinierungsgruppe sollte er einst die Fluchtwelle aus der DDR eindämmen, nun ging es ihm darum, seinen Genossen Fluchtwege vor der Strafverfolgung zu bahnen. Die MfS-Generalität stellte eine «Loyalitätserklärung gegenüber der BRD» und «Einflussnahme auf die ehemaligen Mitarbeiter zur Wahrung der Geheimhaltung» in Aussicht. Sie regte auch die Sperrung der Akten an, mindestens sollte auf «spektakuläre Offenlegung der Erkenntnisse beider Seiten über die nachrichtendienstliche Tätigkeit der jeweils anderen Seite» verzichtet werden. Dies könne man aber namens der Mitarbeiter nur versprechen, «wenn keine soziale Ausgrenzung, jetzt und in Zukunft, … keine strafrechtliche Verfolgung wegen ihrer staatlichen Tätigkeit erfolgt und sie nicht zu permanenten Objekten von ‹Hexenjagden› gemacht werden». Für ihr Schweigen verlangten Mielkes Leute also selbstverständlich eine Gegenleistung: Die Bundesregierung sollte einen «General-Pardon» für alle hauptamtlichen und Inoffiziellen Mitarbeiter zusagen.[20]

Ministerialrat Werthebach aus dem BMI agierte in diesen Monaten als «Sicherheitsberater» von Peter-Michael Diestel. Das war nicht ungewöhnlich: Jeder Minister der Regierung de Maizière bekam einen Abgesandten der Regierung Kohl zur Seite gestellt. Doch Werthebachs Aufgabe als Bonns Statthalter in Ost-Berlin war zweifellos die brisanteste: Er hatte sich um die Stasi-Hinterlassenschaft zu kümmern. Er war dabei, wenn Diestel mit dem Eichhorn-Komitee etwas zu besprechen hatte. Ganz offiziell beantragte Werthebach, «Akten, die vom ehemaligen MfS über Bürger der Bundesrepublik Deutschland angelegt worden sind, entweder sofort zu vernichten, oder sie ... zur alsbaldigen Verwendung zu übergeben».[21] Diestels Ministerium lehnte das offiziell ab. Verbrieft ist indes eine Aktion von Klaus Eichler, im Stasi-Auflösungskomitee Eichhorns Stellvertreter: Er ließ Siegel von gesicherten Räumen aufbrechen. So beschaffte er Dokumente über MfS-Ausbildungsprogramme für Bombenleger der palästinensischen Fatah: «An dieser Organisation gab es im Fragenkomplex des Bundeskriminalamtes bei Dr. Werthebach besonderes Interesse», berichtete Eichler im Juli 1990 an Minister Diestel.[22] Der wiederum vertraute Gesprächspartnern an: «Die wirklich wichtigen Akten sind alle weg.»[23] Eine Menge Unterlagen gelangte damals auf mysteriösen Wegen nach Bonn. Noch 1993 lagerten 347 laufende Meter bei der Bundesregierung.

Als die Gruppe Braun im Sommer 1990 erfuhr, dass die Volkskammer intensiv an einem Gesetz zur Aktenöffnung arbeitete, wandten sich die Nachlassverwalter des alten Regimes erneut mit einem schriftlichen Vorschlag an Werthebach. Die Idee, übermittelt am 19. August 1990, war überraschend. Diesmal regten die Generale an, die Akten einer zentralen Behörde zu übereignen. Im Stasi-Deutsch las sich das so: «Staatliche Mechanismen der BRD» sollten «Einfluss auf die Sicherung und Hoheit der Akten» garantieren. Am besten wären die Unterlagen doch in «einer deutschen Einrichtung» aufgehoben, «die Kompetenz und Autorität hat». Um die angeblichen Gefahren einer Aktenöffnung zu illustrieren, schürten die Obristen ein letztes Mal die Angst im Bonner Politbetrieb: «Extremistische Kräfte» aus den Bürgerkomitees würden die «spektakuläre Enthüllung und Enttarnung von MfS-Problemen unter gezielter Einbeziehung von BRD-Presseorganen» vorantreiben. Im kommenden Wahlkampf für den ersten gesamtdeutschen Bundestag drohten «Angriffe gegen die regierende CDU, aber auch gegen ein demokratisches Staatswesen sowie gegen die Dienste insgesamt». Als wichtigstes Gegenmittel empfahlen die Geheimdienstler eine «Einflussnahme und Vereinnahmung des Untersuchungsausschusses der Volkskammer und der Person Gauck».[24] Just in diesen Augusttagen sorgte ein Tipp aus MfS-Kreisen dafür, dass der Generalsekretär der Ost-CDU, Martin Kirchner, als Spitzel aufflog.

Werthebach handelte schnell. Zwei Tage nach der Botschaft der

239

Gruppe Braun übermittelte er «die Auffassung der Bundesregierung» für den künftigen Umgang mit den Akten ins DDR-Innenministerium. Sein Fax las sich wie eine Koalitionsvereinbarung von Verschlussbefürwortern der Ost-Berliner MfS-Generalität und Öffnungsgegnern der Bonner Regierung: Die Stasi-Hinterlassenschaft sollte tatsächlich in einer kompetenten Behörde weggesperrt werden – im Koblenzer Bundesarchiv. Das hätte die Sperrung des Materials für die nächsten 30 Jahre bedeutet. Selbst das war Werthebach nicht genug, er verlangte im Namen der Bundesregierung: «Eine differenzierte Vernichtungsregelung wird unbedingt als erforderlich angesehen.»[25]

Schon 1991 machte die Karriere des Ministerialrates einen Sprung: Werthebach stieg zum Verfassungsschutzpräsidenten auf. Auch in diesem Amt hatte er mit General Edgar Braun und Klaus Eichler zu tun – beide waren vom Kölner Bundesamt als V-Männer verpflichtet worden. Braun sollen «existenzsichernde Maßnahmen» zugesagt worden sein. Ende der neunziger Jahre trat er als Immobilienmakler für die bundeseigene Treuhand-Nachfolgerin auf.[26] Von Mielkes Häscher zum Profiteur von Bonns Gnaden – das war ein Tiefpunkt deutsch-deutscher Verbrüderung.

Zurück ins Jahr 1990: Die Volkskammer hatte andere Pläne für den Nachlass der Staatssicherheit. «Das ist unsere Krake gewesen, die haben wir selbst erwürgt, die wollen wir selbst sezieren und danach analysieren», beharrte etwa der Molekularbiologe Jens Reich. «Sonst haben wir überhaupt nichts geleistet», meinte nicht nur der Abgeordnete vom Bündnis 90. Die Archive sollten geöffnet werden – für die Verfolgung der Täter und die Rehabilitierung der Opfer, für Personalüberprüfungen und Forschung. Am 24. August verabschiedete die Volkskammer mit überwältigender Mehrheit ein entsprechendes Gesetz. Es sah die Einrichtung von Sonderarchiven in den künftigen Ländern vor, ihre Parlamente sollten jeweils einen Beauftragten einsetzen und seine Tätigkeit kontrollieren. Ein Sonderbeauftragter sollte das Zentralarchiv in Berlin leiten. Das Gesetz war unter Joachim Gauck erarbeitet worden.

Innenminister Schäuble und der ostdeutsche Unterhändler Günther Krause indes ignorierten die Parlamentsarbeit an der Spree.

Sie strichen das Volkskammer-Gesetz, eines der letzten, kurzerhand aus der Liste der Rechtsvorschriften, deren Fortdauer im Einigungsvertrag garantiert war. Der Passus im deutsch-deutschen Paragraphen-Werk, unterzeichnet am 31. August, spiegelte allein die Bonner Wünsche: Die Akten sollten dem Bundesarchiv in Koblenz zugeschlagen werden und unter Verschluss bleiben. Schon im Mai hatte der Bundestag ein neues Gesetz beschlossen. Es verpflichtete alle staatlichen Behörden, auch das Bundesarchiv, dem Verfassungsschutz jede gewünschte Auskunft zu geben – damit wären die Stasi-Akten zu dessen Beute geworden. Ziemlich schamlos wollte die Bundesregierung ihren Diensten ein auf verbrecherische Weise gesammeltes Geheimwissen zuschanzen.

«Im Staatsvertrag gibt es genaueste Festlegungen über die Maul- und Klauenseuche der Rinder», schimpfte Wolf Biermann, aber nichts «über die Seuche des Stalinismus.» Der Liedermacher gehörte zu den knapp zwei Dutzend Bürgerrechtlern um Bärbel Bohley, die Anfang September die einstige MfS-Zentrale in der Normannenstraße besetzten und in den Hungerstreik traten. Die Aktion unter dem Motto «Meine Akte gehört mir!» rüttelte ganz Deutschland auf. Vor allem durch das künftige Beitrittsgebiet ging ein Ruck: Unterschriftenaktionen, Petitionen, Proteste und Mahnwachen folgten.

Die Volkskammer, die den Kampf schon fast verloren gegeben hatte, griff zum äußersten Mittel. Sie drohte, den gesamten Einigungsvertrag platzen zu lassen. CDU-Parlamentspräsidentin Sabine Bergmann-Pohl und die Vorsitzenden von vier Parteien besuchten die Hungerstreikenden. Regierungschef de Maizière schickte seinen Staatssekretär zur Lageerkundung. Der Bürgermeister von Ost-Berlin, bei dem eine Anzeige gegen den Hausfriedensbruch in der Normannenstraße eingegangen war, versicherte persönlich seine Solidarität. «Wohl nie zuvor in der Geschichte», schrieb der «Spiegel», «brachte das Establishment eines Landes einer Truppe linker Hausbesetzer so viel Respekt entgegen.» Schäuble war völlig überrascht. Um die Einheit nicht im letzten Augenblick zu gefährden, musste er einlenken.

Im Rückblick erstaunt vor allem eines: Ost und West stritten zwar um dieselbe Sache – die Stasi-Akten –, aber beide Seiten verbanden damit komplett unterschiedliche Interessen, und keiner Seite war das wirklich klar. Die Bundesregierung fürchtete Enthüllungen über Westdeutsche – dieser Aspekt spielte für ostdeutsche Parlamentarier und Bürgerrechtler nicht die geringste Rolle. Sie wollten wissen, wie der Unterdrückungsapparat nach innen gewirkt hatte. Die Akten der jeweils anderen interessierten nicht. Ende 1991 schließlich passierte das Stasi-Unterlagen-Gesetz (StUG) den Bundestag. Mit Leidenschaft und Hartnäckigkeit hatten die Ostdeutschen einen Sieg errungen. Nie zuvor in der Weltgeschichte waren die Akten des Geheimdienstes einer Diktatur so schnell für die Opfer geöffnet worden. Dieses Beispiel sollte Schule machen. Anderen Staaten des einstigen sowjetischen Imperiums galt das deutsche Gesetz als Vorbild, auch wenn es zumeist Jahre dauerte, bis ähnliche Regelungen in Kraft traten. Erst mit der Öffnung der Akten in der vereinten Republik endete die friedliche Revolution von 1989.

Einige Bürgerrechtler allerdings fühlten sich über den Tisch gezogen. Denn es entstand, anders als von der Volkskammer vorgesehen, eine Mammutbehörde. Vor der «Macht der Zentrale», deren Kommandobrücke für Joachim Gauck reserviert war, warnte der Chef des Leipziger Bürgerkomitees Konrad Taut: «Den neuen Bundesländern bleibt kaum Einfluss. Sie haben sich zu bescheiden mit Landesbeauftragten und Vertretern in einem Beirat der Stasi-Behörde. … Die Bundesregierung kapert mit dem geplanten Gesetz das alte Herrschaftswissen. Der Beirat darf Gauck beraten und zur Kenntnis nehmen, was die Behörde tut. Anweisungen kommen aus dem Innenministerium in Bonn.»[27]

Im Gesetz fehlte vor allem der von der Volkskammer geplante Passus, Geheimdiensten generell den Zugriff auf die Akten zu untersagen. Begründet wurde dies mit den Interessen der Dienste, beispielsweise potenzielle Überläufer zum KGB zu entlarven. Nur die Opferakten sollten tabu sein.

Zugriff auf Unterlagen aller Art hatten jedoch von Anfang an einstige MfS-Offiziere. Und das hatte mit der ominösen Liste zu tun, die Günter Eichhorn am 4. Oktober 1990 an Joachim Gauck abschickte. Gibt es auch keinen Zweifel daran, dass Gauck elf von mehr als 50 vorgeschlagenen MfS-Offizieren akzeptierte – das Bundesinnenministerium stellte die Arbeitsverträge aus –, so bleiben doch Fragen: Nach welchen Kriterien fiel diese Entscheidung? Was erhoffte man sich von den elf Auserwählten? Darauf gibt es bis heute keine überzeugenden Antworten. Gauck hat die Übernahmen immer mit speziellen und unverzichtbaren Qualifikationen begründet – und stets ist ihm entgegengehalten worden, dass die regionalen Außenstellen seiner Behörde ohne solche Experten bestens zurechtkamen. Dutzende weitere frühere MfS-Mitarbeiter wurden bald eingestellt, die meisten hatten zur Hauptabteilung Personenschutz gehört.

Welcher Pakt mit dem Teufel hier geschlossen wurde, verdeutlichen die Berufsbiographien der beiden hochrangigsten von der Eichhorn-Liste übernommenen Offiziere: Oberstleutnant Bernd Hopfer startete seine hauptamtliche Stasi-Karriere spät, als 32-Jähriger in der Hauptabteilung VII, zuständig für die Sicherung des DDR-Innenministeriums. Ab 1974 war er dort mit der Spionageabwehr betraut. Eine Beurteilung bescheinigte ihm «beständig gute Leistungen» bei der Führung Inoffizieller Mitarbeiter und mehrfach unter Beweis gestellte «operative Beweglichkeit». Geradezu begeistertes Lob seiner Vorgesetzten fanden «intensive Anstrengungen bei der Bearbeitung eines BRD-Bürgers wegen staatsfeindlichen Menschenhandels, die zu dessen Inhaftierung führten».[28] 1982 wechselte Hopfer in die Zentrale Auswertungs- und Kontrollgruppe (ZAIG). Diese Abteilung mit mehr als 400 Hauptamtlichen war gewissermaßen das «Hirn» der Krake – sie filterte die wichtigsten Informationen und wertete sie aus. Ihre Lageeinschätzungen und Vorschläge zur «Feindbekämpfung» gingen an die MfS-Spitze und ans Politbüro der SED. In der ZAIG organisierte Hopfer als SED-Parteileitungsmitglied Vorträge, beispielsweise zur «Vertiefung eines aktuellen Feindbildes».

Hopfers direkter Vorgesetzter war Oberst Gerd Bäcker. Er fing 1965 bei der Spionageabwehr in Cottbus an, erwarb an der MfS-Hochschule in Potsdam-Eiche den Titel eines «Diplom-Juristen» und wechselte 1971 in die ZAIG. Zuletzt stieg Gerd Bäcker sogar zu deren stellvertretendem Leiter auf. Zugleich war er Chef ihrer Kontrollgruppe, die immer dann eingriff, wenn Stasi-Offiziere gegen die Disziplin verstießen oder die Konspiration gefährdeten. An der MfS-Hochschule gehörte Bäcker dem «wissenschaftlichen Beirat» an, was eine besondere Auszeichnung war. Der Mann, von dem es hieß, dass kein Panzerschrank der Stasi ihm verschlossen blieb, war noch nicht am Ende seiner Karriere: Er sollte in den Kreis der 16 MfS-Bezirkschefs aufgenommen werden und die Verantwortung für Erfurt übertragen bekommen. Auf die neuen Verhältnisse stellte sich die Spitzenkraft offenbar schnell ein. Nach Recherchen des Geheimdienstexperten Peter-Ferdinand Koch diente er im Frühjahr 1990 sein Wissen dem Verfassungsschutz an.[29]

Überläufer Bäcker und seinen Kompagnon Hopfer setzte Joachim Gauck in einer sensiblen Truppe ein: in der kleinen Arbeitsgruppe Sonderrecherche. Ausgestattet mit Sonderausweisen, konnten sich diese Mitarbeiter unkontrolliert in den Archiven bewegen und hatten Zugriff auf fast alle Akten. Die privilegierten Sonderrechercheure waren mit Spezialaufgaben betraut. So stellten sie Unterlagen zu prominenten Politikern zusammen und fertigten dazu Gutachten an. Nachweislich waren Bäcker und Hopfer mit zwei brisanten Fällen befasst. Ihre Rolle dabei ist höchst dubios, da es ganz offenbar zu Manipulationen kam. Dass dies mit freundlicher Unterstützung von Gauck geschehen konnte, gehört zu den Schattenseiten der Behördengeschichte. Bäcker und Hopfer waren beteiligt, als es galt, die MfS-Kontakte von Lothar de Maizière und Gregor Gysi zu klären.

Die Aktenlage bei beiden ist ähnlich: Es gibt weder eine persönliche Verpflichtungserklärung noch handschriftliche Berichte. In der Öffentlichkeit sind de Maizière und Gysi meist als politische Kontrahenten wahrgenommen worden. Kaum einer weiß, wie eng sie seit langem verbunden sind. Beide saßen im Rechtsanwaltskollegium der DDR, dem Verein, dem die rund 530 von SED-Gnaden zugelassenen selbständigen Anwälte angehören mussten. Deren zwiespältige Funktion in der «sozialistischen Rechtspflege» brachte Robert Havemann auf eine prägnante Formel: Einem Anwalt, der sein Vertrauen verdiene, sei sein Mandat nicht zuzumuten – und einem Anwalt, dem das zuzumuten sei, dem könne er nicht vertrauen. Gysi und de Maizière waren sogar Freunde, und sie blieben es, als der eine zum CDU-Vorsitzenden und der andere zum Chef der SED-Nachfolgepartei PDS aufstieg. Als im Dezember 1990 kompakte Stasi-Vorwürfe gegen de Maizière laut wurden, verteidigte Gysi seinen Duz-Freund prompt: «So wie ich ihn kenne, kann ich das nicht glauben.»[30]

Eine Spitzeltätigkeit, die bei einem Anwalt besonders schwer wiegt, ist freilich keine Glaubenssache. Schon Gaucks Volkskammer-Ausschuss war der Hinweis auf einen gewissen «Czerny» zugegangen – angeblich de Maizières Deckname. Die Werke des österreichischen Komponisten Carl Czerny (1791–1857) mussten Generationen von Klavierschülern lernen. De Maizière studierte einst an der Musikhochschule in Ost-Berlin. Sein Vater Clemens hatte als IM «Anwalt» drei Jahrzehnte lang über Gott und die Welt an die Stasi berichtet, und der Sohn war beim MfS zunächst unter dem Decknamen «Junior» registriert. Die Volkskammer-Prüfer fanden jedoch kein kompromittierendes Material. Im Dezember 1990, de Maizière war inzwischen «Minister für Sonderaufgaben» im Kabinett Kohl und CDU-Vize, berichtete der «Spiegel» über einen unverhofften Fund in der Behörde. Eine Karteikarte verriet, dass der IM «Czerny» die gleiche Adresse hatte wie Lothar de Maizière.

Ein Ermittlungsbericht der ZAIG, also der Stasi-Abteilung, in der Bäcker und Hopfer wirkten, lieferte weitere Verdachtsmomente. Sie hatte 1988 Major Edgar Hasse überprüft, den Führungsoffizier von «Czerny». Im Bericht dazu notierte einer der Kontrolleure neben dem Pseudonym den bürgerlichen Namen des Zuträgers: Lothar de Maizière. Demnach war «Czerny», der als «ehrlich, treu, zuverlässig» eingestuft wurde, seit 1981 registriert. Ab 1984 wurde er sogar als IMB geführt – das «B» stand für Inoffizielle Mitarbeiter mit Feindverbindung. «Czerny» spähte die Bundessynode der Evangelischen Kirche aus, der de Maizière angehörte, und er sollte die Bonner Ständige Vertretung ins Visier nehmen, zu der de Maizière Kontakte pflegte. Auf die Veröffentlichung reagierte der letzte DDR-Regierungschef gereizt: Das Ganze sei «eine Erfindung» der Stasi: «Ich habe die Nase voll.» Führungsoffizier Hasse hingegen gab bereitwillig über zehn bis zwölf jährliche Treffen mit de Maizière Auskunft. Der entgegnete, er kenne den MfS-Mann nicht.[31] Nur einer der beiden kann die Wahrheit gesagt haben. Aufschluss darüber könnte die Arbeitsakte des IM mit rund 1200 Seiten geben. Doch davon sind nur fünf leere Ordner mit der Aufschrift «Czerny» erhalten. De Maizière trat als Minister zurück, blieb aber Kohl-Vize und brandenburgischer CDU-Chef. Der Kanzler teilte mit, er sei «menschlich tief bewegt». Innenminister Schäuble sprach von einer «Tragödie» und beauftragte die Gauck-Behörde mit einem Gutachten. Als es im Februar 1991 vorlag, gab Schäuble dem Parteifreund Rückendeckung: «Keinerlei zwingender Hinweis» bestehe dafür, dass de Maizière von seiner IM-Erfassung gewusst habe. Im Übrigen sei das, was «Czerny» der Stasi geliefert habe, «in keinem Fall geeignet gewesen», Personen zu belasten.[32]

Zwei Gauck-Mitarbeiter, die Historiker und Bürgerrechtler Armin Mitter und Stefan Wolle, teilten öffentlich mit, Schäuble unterschlage belastende Indizien, seine Auskünfte entsprächen nicht den Erkenntnissen der Behörde. In deren Expertise stand, es könne keinen Zweifel daran geben, dass der IM «äußerst brisante und aktuelle Materialien» über die Evangelische Kirche und «über einflussreiche kirchenleitende Kräfte erarbeitet haben dürfte».[33] Schäubles Darstellung, de Maizière sei womöglich unwissentlich als IM geführt worden, stuften die Experten kurzerhand als «absurd» ein. Damit nicht genug: Die beiden Behördenmitarbeiter griffen auch gleich noch ihren Chef an und forderten ihn zum Rücktritt auf. Sein Mandat sei verspielt, weil er Schäubles eigenwillige Interpretation des Gutachtens unwidersprochen hingenommen habe. Gauck reagierte prompt. Er entließ Wolle und Mitter: «Illoyale Mitarbeiter dulde ich nicht.»

Loyalität im Gauck'schen Sinne zeigten hingegen die Stasi-Offiziere Hopfer und Bäcker. Letzterer allerdings geriet 1994 ins Zwielicht. Der Publizist Koch behauptete in seinem Geheimdienst-Buch «DDR contra BRD», dass Gerd Bäcker seinen Einstand beim Verfassungsschutz im Frühjahr 1990 mit umfangreichem Material zu Lothar de Maizière gab. Erklärt dies das Rätsel der fünf leeren Ordner? Dafür gibt es keinen Beleg. Unabweisbar aber ist, dass Bäcker ein

Spezialist in Sachen de Maizière war. Er hatte den ZAIG-Ermittlungsbericht unterzeichnet, der den CDU-Politiker belastete. Was bleibt, ist ein böser Anschein. Der Verdacht, dass ein herausragender Akteur des deutsch-deutschen Vereinigungsprozesses aus parteipolitischen Erwägungen reingewaschen worden sein könnte – mit Hilfe eines Mannes, der später in der Stasi-Unterlagen-Behörde in privilegierter Position für Aufklärung sorgen sollte. Dass es zu einer solchen Konstellation kommen konnte, muss sich Gauck anrechnen lassen.

Für die These, dass der Verfassungsschutz frühzeitig von de Maizières möglicher Verstrickung wusste, gibt es zwei weitere Kronzeugen. Der Doppelagent Klaus Kuron, der als Verfassungsschützer auch im Stasi-Sold gestanden hatte, ließ Ende 1990 über seinen Anwalt aus dem Gefängnis mitteilen: «Im August 1990 teilte eine als äußerst zuverlässig geltende Quelle mit, dass eine geheime Suchaktion ... stattgefunden habe, mit dem Ziel, alle Herrn de Maizière betreffenden Akten und Hinweise dem MfS-Archiv zu entnehmen.» Diese Darstellung bestätigte ausgerechnet Verfassungsschutzchef Gerhard Boeden: «Alles, was wir wussten, haben wir den dafür zuständigen Stellen zugeleitet.»[34] Die zuständigen Stellen – für SPD-Fraktionschefin Herta Däubler-Gmelin konnten das nur Bundeskanzleramt und Bundesinnenministerium sein. Zeitweilig erwog sie sogar die Einsetzung eines Untersuchungsausschusses. De Maizière bestreitet bis heute, wissentlich und willentlich für die Staatssicherheit gearbeitet zu haben.[35]

Das Gleiche behauptet Gregor Gysi. Wie kein anderer überzieht er Medien, die über ihn als mutmaßlichen IM berichten, mit Prozessen. Diese Strategie hat sich als höchst erfolgreich erwiesen. Weil Journalisten kaum noch durchsehen, welche Behauptung erlaubt ist und welche nicht, verzichten sie oft gleich ganz auf eine Berichterstattung. Im Jahr 1995 legte eine Expertise der Behörde «den Schluss nahe, dass Dr. Gysi als anwaltlicher Vertreter von oppositionellen Bürgern die Interessen des MfS mit durchzusetzen half und mandantenbezogene Informationen an das MfS weitergab».[36] Der Immunitätsausschuss des Bundestages hatte das Gutachten gegen den PDS-Vormann in Auftrag gegeben. Zuvor waren massive Stasi-

Vorwürfe von Bürgerrechtlern erhoben worden, die Gysi nach Lektüre ihrer Opferakten des Mandantenverrats bezichtigten – Gysi ging dagegen sofort juristisch mit Erfolg vor.

Damals waren die Journalisten noch mutiger – sie spekulierten schon über «das Ende von Gysis politischer Karriere». Anlass für diese kühne Prognose bot der 44-seitige Bericht der Behörde. Angefügt waren 125 Dokumente, darunter Gesprächsprotokolle, Treffberichte und das Arbeitsbuch des mutmaßlich für Gysi zuständigen Führungsoffiziers.

Der unter Druck geratene Parteichef erklärte forsch, das MfS habe sich wohl einen Spitzel erfunden. Scharfe Attacken richtete Gysi gegen die Gauck-Behörde. Ihr Gutachten sei nicht nur «manipuliert und schlampig», sondern mehrfach verschärft worden: Es verfolge das Ziel, «mich aus der Politik zu drängen».[37] Erstaunlicherweise konnte der Politiker für seine These internes Material aus der Behörde präsentieren. Er verfügte über frühere Versionen des Gutachtens und den dazugehörigen Schriftwechsel. Die PDS-Bundestagsgruppe druckte Teile davon in der Broschüre «Gysi./.Gauck», mit der ein «amtlich geförderter Rufmord» belegt werden sollte.

Es gab ein Leck in der Behörde. Intern geriet jemand in Verdacht: Bernd Hopfer, der als Experte für Feindbekämpfung laut MfS-Personalakte einen Bundesbürger hinter Gitter gebracht hatte. Amtsleiter Gauck verzichtete auf den Schritt, der zu erwarten gewesen wäre: eine Strafanzeige gegen Unbekannt wegen Verrats von Dienstgeheimnissen. Er löste lediglich die Arbeitsgruppe Sonderrecherche auf.

Sowohl Bernd Hopfer als auch Gerd Bäcker blieben einflussreiche Mitarbeiter der Behörde. Hopfer erarbeitete im Referat Grundsatzangelegenheiten Stellungnahmen für das Innenministerium. Anfang 2007 verabschiedete er sich ins Rentnerdasein. Bäcker wirkte an wichtigen Publikationen wie dem «Wörterbuch der Staatssicherheit» mit. Als er im Juli 2003 unerwartet im Alter von 63 Jahren verstarb, würdigte ihn die Behördenspitze in einer Traueranzeige: «In Herrn Bäcker verlieren wir einen engagierten und zuverlässigen Mitarbeiter, der loyal sein Fachwissen zur Verfügung stellte und sich durch sein freundliches Wesen allgemeiner Wertschätzung erfreute.»

Die MfSler waren nicht die einzige Hypothek, mit der die Behörde an den Start ging. Schon Ende September 1990, als sich abzeichnete, dass für die Verwaltung des Stasi-Nachlasses jede Menge Personal benötigt würde, wurde eine Geheimvereinbarung zwischen Schäuble und Krause bekannt: Die Unterhändler der deutschen Einheit wollten das Personal im Wesentlichen aus dem DDR-Innenministerium rekrutieren. Die Enthüllung verhinderte nicht die Umsetzung des Plans. Alten Stützen des SED-Regimes wurden massenhaft berufliche Wendemanöver zu Stasi-Aufklärern ermöglicht: Zur Behörde stießen Genossen aus Ministerrat, Zollverwaltung, Generalstaatsanwaltschaft oder Nationaler Volksarmee. Bei der Einstellung von mehr als 3300 Mitarbeitern bis zum Jahr 1993 führte anfänglich ein Aufbaustab des Bundesinnenministeriums unter Leitung eines Zivilschutz-Beamten Regie. 12 000 Bewerbungen gingen ein. Die Ausschreibungskriterien waren zugeschnitten auf Staatsdiener: «Alleinerziehende und ältere Arbeitnehmer (über 50 Jahre) aus abgewickelten öffentlichen Einrichtungen der ehemaligen DDR werden bei gleicher Eignung bevorzugt berücksichtigt.»[38] Die westdeutschen Personalberater legten Wert auf Verwaltungserfahrung – nach SED-Mitgliedschaft «durfte nicht gefragt werden», erklärte auch Joachim Gauck. Es war, als ob man mit einer Kompanie von Steuerhinterziehern ein neues Finanzamt aufbauen würde.

Kein Wunder, dass frühere Oppositionelle aus den Bürgerkomitees in diesem Apparat rasch wieder an den Rand gedrängt wurden. Dutzendfach verließen Bürgerrechtler die Berliner Zentrale, wo die Kaderdichte am höchsten war. Die Fotografin Barbara Timm kündigte Ende 1991. Ihr Fazit: «Oberstes Prinzip in der Gauck-Behörde ist und bleibt, Mund halten und Befehle ausführen.»[39]

Für Wirbel sorgte Ende der neunziger Jahre der Fall eines Referatsleiters. Der Verantwortliche für die Personalüberprüfung von Hunderttausenden Beschäftigten im Öffentlichen Dienst stand im Verdacht, belastete Polizisten mit unvollständigen Auskünften zu schützen. Als das herauskam, erklärte der Referatsleiter, «als ausgebildeter Staatsrechtler» kenne er die Rolle der Polizei in der DDR und deren «großzügige Zusammenarbeit» mit dem MfS genau. Ihm gehe es darum, «aufzupassen, dass nicht jemandem zu Unrecht gekündigt wird». Der Mann war aus einer Leitungsposition im Apparat des DDR-Ministerrates in seine Leitungsposition zu Gauck gekommen. Über die Opferakte einer entlassenen Mitarbeiterin machte er sich öffentlich lustig. Der «Staatsrechtler» hatte gegen sämtliche dienstliche Bestimmungen verstoßen, indem er die Akte seiner langjährigen Kollegin erst einsah und dann auch noch daraus eigenwillig referierte.[40] Einzige Konsequenz war, dass der einstige SED-Genosse eine neue Aufgabe erhielt.

Michael Beleites, der zu DDR-Zeiten mit dem Samisdat-Buch «Pechblende» auf die Gefahren des Uranbergbaus hingewiesen hatten, gab nach 14 Tagen entnervt seinen Job in der Behörde auf. Eine SED-Juristin ließ ihn Formulare abschreiben. «Bei Dienstbesprechungen», berichtete er, «hatte sie immer ein paar abfällige Bemerkungen über sogenannte Bürgerrechtler parat.» Der Dame, die über einen Aspekt des Transitverkehrs promoviert hatte, unterstand das Referat, das MfS-Akten über Dissidenten zur Herausgabe vorbereitete. Später stieg sie zur Personalchefin auf und bereitete die falsche Auskunft über die früheren Stasi-Leute in der Behörde an den Bundestag mit vor. Inzwischen ist sie im Organigramm als Organisationschefin ausgewiesen.

Der von ihr drangsalierte Beleites ist heute Sächsischer Landesbeauftragter für die Stasi-Unterlagen. Sein Fazit ist, dass die systemnahen Mitarbeiter nach wie vor «zumindest lähmenden Einfluss» auf die Behördenarbeit haben. Durch «Dienst nach Vorschrift», der personalrechtlich nicht angreifbar sei, werde eine bestimmte Art «passiven Widerstands» ausgeübt. Dadurch werde wirkliches Engagement für «die Aufklärung der repressiven Strukturen des SED-Staates erstickt».[41] Bis März 2007 gehörte Beleites dem Beirat der Behörde an. Als seine Kritik in Protokollen mehrfach inhaltlich verfälscht wiedergegeben wurde, trat er aus dem Gremium aus. Nach siebzehn Jahren war das der zweite Abschied.

Der Schriftsteller und Psychologe Jürgen Fuchs heuerte früh in der Behörde an, weil er unter anderem den Tod von Matthias Domaschk aufklären wollte – der Thüringer Oppositionelle hatte angeblich 1981 kurz vor seiner Entlassung aus der Geraer MfS-Untersuchungshaftanstalt Selbstmord begangen. Dieser von der Stasi in die Welt gesetzten Version schenkte einer wie Fuchs keinen Glauben: Er selbst war 1976 nach der Ausbürgerung von Wolf Biermann verhaftet worden und überstand 200 Verhöre; das MfS drangsalierte ihn noch in West-Berlin. Sein Aufklärungseifer wurde von manchen ebenso belächelt wie sein Verdacht, die Stasi habe Oppositionelle gezielt mit radioaktiver Strahlung verseucht. Im Mai 1999 starb Fuchs im Alter von 48 Jahren an Blutkrebs.

Wie später Beleites verließ auch Fuchs den Beirat der Behörde. Zuvor hatte er immer wieder gegen die Beschäftigung von MfS-Leuten interveniert: «Wenn ein einziger Betroffener von Zersetzungsmaßnahmen der Stasi sagt: ‹Ich halte es nicht aus, wenn heute noch Offiziere der Staatssicherheit in meiner Akte lesen können›, dann muss das ganz ernst genommen werden.» [42] Dem Alltag in der Behörde widmete Fuchs sein letztes Buch, den 500 Seiten starken Roman «Magdalena». Für den Schriftsteller verkörperte der Apparat nichts anderes als die verwaltungstechnische «Zähmung einer Revolution», die Auflösung einer schmerzhaften Vergangenheit in den routinierten Mechanismen von Bürokratie. Die neue deutsche Behörde erschien ihm als Instrument staatlicher Behinderung der Aufdeckung von Stasi-Verbrechen. Gleich im ersten Kapitel sagte Fuchs voraus, was nach der Veröffentlichung passieren würde – er beschreibt detailliert die Aufregung in der Behörde: Abteilungsleiter befragen Mitarbeiter, Aktennotizen werden angelegt, Informanten werden gesucht, die Rechtsabteilung wird eingeschaltet.

Fast genau so kam es. Von der Idee, den Dissidenten vor Gericht zu zerren, wurde am Ende Abstand genommen. Aber Gaucks Rechercheure werteten den Roman akribischer aus als manches MfS-Dossier. Schließlich sind in ihm die Klarnamen von stasibelasteten und einst systemnahen Mitarbeitern genannt und ihr Wirken beschrieben. Ein Referatsleiter musste ein tabellarisches Personenregister anfertigen. Das Papier aus «AU I.1./Grundsatzangelegenheiten» beinhaltete 57 «Erwähnungen von BStU-Bediensteten» einschließlich deren Charakterisierungen im Roman. [43]

Hinter «Gauck, Joachim» steht beispielsweise: «Bundespräsident?» und «Seidenhemden S. 213» – eine Anspielung auf Gaucks Eitelkeit. Diese Passagen haben den Behördenleiter vielleicht noch amüsiert. Richtig getroffen aber hat ihn ein böses Wortspiel. Aus dem «VEB Horch und Guck», wie die Stasi im Volksmund hieß, machte Fuchs den «VEB Horch & Gauck», und das gleich im Untertitel. In dieser Sichtweise stand die Behörde nicht für eine Zäsur, sondern für Kontinuität. «Macht schmeckt mitunter», stichelte Fuchs gegen den Namensgeber der Behörde. Zwei Ostdeutsche, die im Herbst 1989 für die gleiche Sache gestritten hatten, standen sich als Kontrahenten gegenüber. Auch in der Vergangenheit lag keine Gemeinsamkeit mehr. In «Magdalena» heißt es: «Joachim Gauck for Dissident? No. War keiner. Ist keiner.»

Wie Fuchs, der oppositionelle Psychologie-Student aus Jena, gehörte Gauck, der evangelische Pfarrer aus Rostock, zu denen, die in der DDR der Staatssicherheit nicht ausweichen konnten. Fuchs brachte das für neun Monate in das Zentrale MfS-Untersuchungsgefängnis in Berlin-Hohenschönhausen, bevor er unter Androhung langjähriger Haft zur Ausreise in den Westen gezwungen wurde. Auch Gauck wurde drangsaliert. Darüber gibt seine 500 Seiten umfassende Opferakte Auskunft, die er Medien zur Verfügung gestellt hat.[44] Ins Visier des Schnüffelapparates war Gauck schon 1974 geraten. Spitzel berichteten über einen zornigen Pastor, der die Meinung vertrat, «dass bei der Staatssicherheit nur ‹Pack› und ‹Gesindel› beschäftigt ist» und dass an den DDR-Schulen Kinder «gedrillt und verformt» würden. Das hatte 1983 die Eröffnung des Operativen Vorgangs «Larve» zur Folge. Gauck sollten Straftaten nachgewiesen werden, um ihn ins Gefängnis zu bringen. Nicht nur aus Sicht des MfS wiegelte der Pastor Jugendliche gegen Staat, Volksarmee und auch gegen die Staatssicherheit auf. Mehrfach hatte Gauck Gemeindemitgliedern beigestanden, die zum Spitzeln gezwungen werden sollten.

Als Gaucks Söhne Christian und Martin im April 1984 gegen den Willen des Vaters Ausreiseanträge stellten, wurde ihm ein für Pfarrer übliches Privileg gestrichen: die Genehmigung für Westreisen. Zugleich verhängte das MfS gegen Verwandte und Bekannte aus dem westlichen Ausland Einreisesperren. Im Jargon der Stasi wurden solche Eingriffe ins Privatleben zutreffend als «Zersetzung» bezeichnet. Wenige Monate später notierten die Stasi-Offiziere, Gauck habe seine «feindlichen Aktivitäten sowie Inspirationen ... eingeschränkt», er sei «operativ verunsichert». Joachim Gauck hat sein vorsichtigeres Agieren später mit einem ganz anderen Umstand erklärt: «Ich wollte den Kirchentag und musste Kompromisse aushandeln ...»[45] Die mecklenburgische Landeskirche hatte den Pfarrer zum Cheforganisator für das Christentreffen im Frühjahr 1988 in Rostock ernannt.

Seine Söhne durften nach über drei Jahren Wartezeit im Dezember 1987 ausreisen. In einem zehnseitigen Zwischenbericht notierte das MfS schon vorher: In Vorbereitung des Kirchentages sei Gauck «an keinen Themen interessiert», die «sich offen gegen die staatlichen Verhältnisse in der DDR richten». Er bemühe sich, die Basisgruppenarbeit klein zu halten. 1987 hatten die Gruppen in Berlin einen «Kirchentag von Unten» veranstaltet und am Ende mit Transparenten demonstriert, die «Glasnost in Staat und Kirche» forderten. Gauck sei, so übermittelte ein IM, der Ansicht: «Der Kirchentag 1988 ist zum Feiern da und nicht zum Demonstrieren.» Dieses «Versprechen», bilanzierte das MfS nach der Veranstaltung, habe der Pastor «verwirklicht».

Hauptmann Wolfgang Terpe von der MfS-Kreisdienststelle Rostock meldete sich im Juli 1988 bei Gauck zum Gespräch an. Er musste einige Tage auf einen Termin warten, wie gleich zu Beginn seines neunseitigen «Ausspracheprotokolls» nachzulesen ist: «Gauck begründete dies so, dass er persönlich eigene Erfahrungen gemacht hat mit Mitarbeitern des MfS, dass er die Methoden des MfS ablehnt ...» Diese Notizen belegen Gaucks Distanz zur Staatssicherheit. Er beschwerte sich über Repressalien gegen einen Oppositionellen, dem es «letztes Endes doch nur um positive Veränderungen innerhalb unserer Gesellschaft» gehe. Der Kirchenmann lobte daneben den Reformkurs Gorbatschows als Modell, um «eine echte innere Bindung der Menschen an die DDR langfristig zu erzeugen». Und er sagte zu, in seiner Gemeinde darauf hinzuwirken, dass Übersiedlungswillige «in der DDR bleiben». Fast am Ende heißt es: «Gauck wurde durch den Mitarbeiter erklärt, dass der beantragten Einreise seiner in die BRD übergesiedelten Kinder durch die zuständigen staatlichen Organe zugestimmt wird.» Der habe sich daraufhin «sehr bewegt» gezeigt.

Stasi-Besucher Terpe will sogar «gegenseitige Akzeptanz» verspürt haben. Deshalb plädierte er dafür, den OV «Larve» zu beenden und einen IM-Vorlauf anzulegen. Diese Absicht mündete allerdings nicht in eine Werbung. Der Operative Vorgang wurde am 21. November 1988 archiviert.

Peter-Michael Diestel, Gaucks alter Widersacher aus Volkskammer-Zeiten, interpretiert diese Akte als Zeugnis für Kungelei. Er verstieg sich sogar zu der These, Gauck sei «Begünstigter» der Staatssicherheit gewesen. Der Vorwurf wog deshalb so schwer, weil das Stasi-Unterlagen-Gesetz Begünstigte von Opfern unterscheidet.

Trotzdem wollte Gauck sich zunächst nicht mit juristischen Mitteln wehren. Er bezeichnete den Anwalt Diestel als «nicht satisfaktionsfähig». Im Jahr 2000, wenige Monate vor seinem Abschied als Bundesbeauftragter, erwirkte er dann doch eine Unterlassung. Die «ehrverletzenden Äußerungen» von Diestel, begründete Gauck nun, seien geeignet, «die gesamte Arbeit der ihm unterstehenden Behörde in Frage zu stellen». Diestel legte Widerspruch ein und präsentierte acht eidesstattliche Versicherungen – allein fünf stammten von Stasi-Leuten. Einer davon war der Anwalt Wolfgang Schnur, der bis zu seiner Enttarnung mit Helmut Kohl auf Wahlveranstaltungen für das Bündnis «Allianz für Deutschland» geworben hatte. Er rückte Gauck im Zusammenhang mit seinen Söhnen ins Zwielicht – von ihm persönlich, behauptete Schnur, habe er das Mandat erhalten, die Ausreise zu beschleunigen. Gauck bestritt dies. Entgegen den üblichen Gepflogenheiten durften die Söhne schon nach einem Jahr wieder zu Besuch in die DDR kommen. Das Rostocker Landgericht entschied, man dürfe Gauck weiterhin einen «Begünstigten» nennen.[46] Der kündigte Berufung an.

Das Oberlandesgericht Rostock empfahl den Kontrahenten ein «Gespräch unter vier Augen». Der Streit endete im Jahr 2001 außergerichtlich. Die Kosten wurden Diestel aufgebrummt, was den bis heute erzürnt. Denn Gauck zog nach dem Gespräch seine Unterlassungsklage zurück, Diestel aber nicht seine Behauptung. Er erklärte lediglich, für ihn stehe «die persönliche Integrität» Gaucks «außer Frage».[47] Kaum eine Zeitung vermeldete, dass Joachim Gauck darauf verzichtete, die Darstellung, er sei «Begünstigter» des Staatssicherheitsdienstes gewesen, vollständig aus der Welt zu schaffen. Einmal bekannte Gauck, dass auch ihn das System «auf eine Weise geprägt hat, deformiert, wie ich es nie geahnt habe. Aus einer Diktatur kommt keiner heraus.»[48] So klare Bekenntnisse sind selten. Zu den perversen Folgen der zweiten deutschen Diktatur gehört es, dass die Täter keine Scham empfinden, während manche Opfer und auch Mitläufer mit Schuldgefühlen beladen sind. Unbestreitbar hat sich Joachim Gauck um den Aufbau der Demokratie in Ostdeutschland große Verdienste erworben.

Vom Umgang mit den Akten

Von ihrem Vorgänger erbte Marianne Birthler, im Herbst des Jahres 2000 zur Bundesbeauftragten gewählt, die Auseinandersetzung mit Helmut Kohl. Das half der früheren Brandenburger Bildungsministerin und Grünen-Chefin, die für ein paar Jahre aus dem politischen Rampenlicht verschwunden war, rasch im Amt Statur zu gewinnen, und brachte ihr zudem den Beinamen «unbeugsame Marianne» ein. Der Altkanzler wollte die Veröffentlichung der Akten verhindern, die der DDR-Geheimdienst über ihn angelegt hatte, Birthler hingegen beharrte auf der bisherigen Praxis der Behörde. Für sie war Kohl zuerst Person der Zeitgeschichte wie andere Politiker oder Prominente auch – deren Unterlagen waren jahrelang an Forschung und Medien herausgegeben worden. Der Fall entwickelte sich zum Grundsatzstreit über den Umgang mit den Stasi-Akten. Auf der einen Seite das Persönlichkeitsrecht eines mit menschenrechtswidrigen Methoden abgeschöpften Politikers, auf der anderen Seite das Interesse an historischer Aufklärung. Diese Frontstellung geriet schnell zu einem Ost-West-Streit. Denn über Jahre hatte die Behörde Stasi-Akten zu ostdeutschen Personen der Zeitgeschichte, Politikern und Prominenten, zahlreich herausgegeben. Um Informationen aus der Privatsphäre waren sie ohnehin zu bereinigen. Deshalb war nun von der Gnade der westdeutschen Postleitzahl die Rede, ein Argument, das Birthler durchaus zupasskam. Tatsächlich aber lagen längst auch Unterlagen über Herbert Wehner, Willy Brandt oder Helmut Schmidt offen.

In eigener Sache exerzierte Helmut Kohl nun durch, was er und seine Regierung schon 1990 politisch für richtig gehalten hatten: Die Stasi-Erkenntnisse über Westdeutsche sollten verschlossen bleiben. Im Sommer 2004 obsiegte der Altkanzler. Das Bundesverwaltungsgericht verbot die Offenlegung von MfS-Unterlagen über Personen der Zeitgeschichte, sofern sie grundrechtswidrig zustande gekommen waren.

Zur Ironie der Geschichte gehört, dass sich sogar Gregor Gysi auf diese Entscheidung berief, als er versuchte, die Herausgabe von neuen, ihn belastenden Dokumenten zu verhindern. Selbstverständlich ging es bei Kohl nicht um Stasi-Kumpanei. Doch auch er hatte Motive für den Rechtsstreit. Im MfS-Fundus lagerten noch Protokolle abgehörter Telefonate der Jahrgänge 1988/89. Sie waren bei den Schredderaktionen im Jahr 1990 übersehen worden. Insbesondere die Opposition vermutete, dass die Mitschnitte Aufschluss geben könnten über von Kohl geheim gehaltene Parteispender und die schwarzen Kassen der CDU. Der Altkanzler hätte alle Spekulationen ausräumen können. So bleibt der Eindruck, dass er etwas zu verbergen hatte.

Im Zuge des Streits mit Kohl war damit begonnen worden, prominente Persönlichkeiten vor der Aktenherausgabe zu benachrichtigen. Selbst dort, wo Betroffene nach langem Zögern einwilligten, hielt die Behörde Unterlagen zurück. Nach außen gab man sich kampfesmutig, tatsächlich agierte man kleinmütig. Dadurch setzte die Behörde sogar Opfer der Staatssicherheit unberechtigten Verdächtigungen aus. Das illustriert der Fall von Günter Grass. Der Autor der «Blechtrommel» wurde vom DDR-Geheimdienst wie kaum ein anderer westdeutscher Schriftsteller observiert. Gleichwohl war er eher ein Gegner der Öffnung der Archive. Als ein ihn betreffender Forschungsantrag bei der Behörde einging, schrieb er Birthler in einem persönlich gehaltenen Brief, er habe kein Interesse, den früher auf ihn angesetzten Spitzeln zu schaden: «Im Gegenteil: Wenn es irgend geht, möchte ich sie vor öffentlicher Bloßstellung schützen.» Dennoch gab Grass anders als Kohl grünes Licht für die Freigabe seiner Akte: «Was zeitgeschichtlich relevant ist, soll erforscht werden, doch, bitte, keine späte Rache!»[49] Trotzdem hielt die Behörde die Unterlagen zurück. Den Antragstellern machte sie weis, es fehle das Einverständnis des Betroffenen. Womöglich fürchtete man, der wortgewaltige Literaturnobelpreisträger könnte die Offenlegung seiner Opferakte und damit der Identität seiner Überwacher mit Grundsatzkritik an der Behörde verbinden. Diese Blockadehaltung, die nicht in Einklang mit dem Stasi-Unterlagen-Gesetz stand, brachte Grass zeitweise in Verlegenheit. Im Buch «Beim Häuten der Zwiebel» gab er den dunkelsten Punkt seiner Biographie preis: die kurze Vergangenheit als junger Mann in der Waffen-SS. Ausgerechnet die «Frankfurter Allgemeine», die Vorabdruckrechte an dem Roman erworben hatte, verkaufte das in der Tat späte Eingeständnis als reißerische Enthüllungsstory. Nun folgerten Medien, der Schriftsteller habe aus gutem Grund seine Stasi-Unterlagen gesperrt, darin könne womöglich die SS-Mitgliedschaft vermerkt sein. Das erwies sich als Ente. Die Stasi-Unterlagen gereichen Grass zur Ehre, weil sie belegen, dass er sich im Gegensatz zu manch anderem Kollegen nie beim SED-Regime anbiederte. Der Vorgang zeigt, welchen Schaden die Unterdrückung von Aufklärung anrichten kann.

Seit 2002 sind auch Funktions- und Amtsträger der DDR vor der Aktenherausgabe zu informieren, sollen ihre Namen nicht geschwärzt werden. Bis Herbst 2008 hat die Behörde allerdings nur knapp 300 Benachrichtigungen ausgestellt. Mitunter treibt die Furcht, zu viele Informationen offenzulegen, seltsame Blüten. Stasi-Papiere werden oftmals so radikal anonymisiert, dass mit ihnen kaum noch etwas anzufangen ist. Dafür hat sich ein typisch deutsches Wort eingebürgert, das «Angstschwärzen». Unter den Begriff «schützenswerte Daten Dritter» fiel der Name von Franz Josef Strauß, der in einem banalen Stimmungsbericht aus einem Wahlkampf erwähnt wurde. Auch Karl Stülpner, ein sächsischer Robin Hood, verstorben im Jahr 1841, wurde schon unleserlich gemacht.

Mitunter geht gar nichts nach draußen. Das trifft vor allem auf die «Rosenholz»-Dateien zu, in denen neben schätzungsweise 10 000 ostdeutschen Spitzeln auch die Namen von mindestens 6000 westdeutschen Stasi-Spionen vermerkt sind. Der US-Geheimdienst CIA erbeutete diese Unterlagen in einer Nacht-und-Nebel-Aktion nach dem Mauerfall und gab sie erst spät zurück. Seit 2003 stehen sie für die historische Aufarbeitung zur Verfügung. Bei ihnen handelt es sich allerdings nur um einen kleinen Ausschnitt der einst umfangreichen Papiere der DDR-Auslandsspionage, deren Sachakten zu über 80 Prozent vernichtet sind. «Rosenholz» enthält ausschließlich Personenkarteien und bestenfalls drei Elemente: eine Karte mit dem Klarnamen, eine Vorgangs-Datei mit Decknamen und Führungsoffizieren und einen sogenannten Statistik-Bogen, wo Auskünfte zum hier nur unter Registriernummer erfassten Agenten zu finden sind. Manchmal liefert das elektronische Posteingangsbuch der Stasi, die seit 1998 entschlüsselte SIRA-Datei, noch zusätzlich Anhaltspunkte über die gelieferten Informationen. Selten lässt sich diese Quellenlage zum sicheren Beweis für Stasi-Komplizenschaft verdichten. Denn in «Rosenholz» sind auch Verwandte oder Bekannte der Spitzel, abgeschöpfte Personen und schließlich die ausgespähten «Zielobjekte» erfasst, insgesamt 293 000 Namen.

Die Krux an der Geschichte: Die Behörde gibt Unterlagen nur nach einer internen Bewertung heraus, wobei sie die Hürden extrem hoch legt. Selbst im Fall einer Spionin, die in den neunziger Jahren wegen geheimdienstlicher Agententätigkeit verurteilt worden war, mussten Journalisten einen zähen Kampf um die Papiere führen. Man kann es auch so sagen: Die Behörde arbeitet wie eine Zensurinstanz. Andere Archive der Bundesrepublik überlassen die Verantwortung für Schlüsse aus dem Aktenmaterial stärker den Nutzern. Die können weiterrecherchieren, in anderen Archiven oder bei Zeitzeugen, und sie haften bei Fehleinschätzungen. Selbstverständlich sind Stasi-Papiere nicht ohne weiteres mit anderen Archivalien gleichzusetzen.

Im Umgang mit dem «Rosenholz»-Material jedoch handelt die Behörde so wenig nachvollziehbar, dass der Vorwurf einer Deckelung der Aufklärung zutrifft. Mit solchen Entscheidungen bestimmt die Behörde das Bild von der Geschichte. Wie falsch dieses Bild sein kann, wurde im Streit um die sogenannten «Rosenholz»-Abgeordneten des Sechsten Deutschen Bundestages klar.

Aus der Legislaturperiode von 1969 bis 1972, einer Schlüsselphase für die neue Ost-Politik, sind 49 Parlamentarier in «Rosenholz» erfasst. Als diese Tatsache gegen den Willen der Behördenleitung öffentlich wurde, legte sich Marianne Birthler schnell fest: Nur fünf Abgeordnete hätten wissentlich mit der Staatssicherheit zusammengearbeitet, alle übrigen seien ohne eigenes Zutun abgeschöpft worden. Diese fünf waren bekannt: William Borm (FDP) und Gerhard Flämig (SPD), Julius Steiner (CDU), Unionsfraktionsgeschäftsführer Leo Wagner (CSU) und SPD-Fraktionsgeschäftsführer Karl Wienand. Die Behörde weigerte sich zunächst, die «Rosenholz»-Unterlagen zu den 49 Abgeordneten herauszugeben, was, da sie als Personen der Zeitgeschichte gelten, rechtlich ebenso fragwürdig war wie der Umgang mit dem Fall Grass. Es gebe «keine brisanten Erkenntnisse», behauptete Birthler mehrfach. Ihre Abwehrhaltung bündelte sie in einem Satz: «Die Enthüllungen passen in eine Fußnote.»[50]

Birthler lag richtig daneben. Bis zu zwölf Parlamentarier könnten direkt mit der Staatssicherheit kooperiert haben.[51] Beim SPD-Abgeordneten Arthur Killat gibt es daran so gut wie keinen Zweifel mehr, ihn stattete das MfS sogar mit einer fiktiven Identität und einem gefälschten Personalausweis für DDR-Reisen aus. Die Tragweite solcher Behördenirrtümer ist evident, denn 1972 schrieb die SED über ihren Geheimdienst das Drehbuch der Bonner Politik. Mit Schmiergeld für den CDU-Abgeordneten Julius Steiner und vermutlich auch für Leo Wagner[52] brachte sie das konstruktive Misstrauensvotum der Union gegen Willy Brandt zum Scheitern – Rainer Barzel wurde nicht Bundeskanzler. Beim Staatsbesuch in Rumänien prahlte Erich Honecker mit der MfS-Aktion, die unter dem Decknamen «Brandtschutz» gelaufen war: «Es ist also die groteske Lage eingetreten, dass wir als die stärksten Helfer der Regierung Brandt auftreten mussten. Wir haben das getan, weil diese Regierung selbstverständlich für uns alle angenehmer ist als eine Regierung von Barzel und Strauß.»[53] Über die Beschaffenheit der politischen Kursänderung im Falle eines Regierungswechsels lässt sich trefflich spekulieren.

Die Behörde hat darauf verzichtet, ein Forschungsprojekt zur Stasi-Durchdringung anderer Legislaturperioden zu starten. Und auch der Bundestag wollte es lieber nicht so genau wissen. Bei diesem Thema passte zwischen CDU und SPD kein Blatt: Norbert Röttgen, Geschäftsführer der Unionsfraktion, sprach von einer «Schutzpflicht des Parlaments gegenüber seinen (früheren) Mitgliedern». Er habe «erhebliche Zweifel, ob es gelingen wird, in der Öffentlichkeit zwischen Tätern und Opfern des DDR-Systems zu unterscheiden». Diese Auffassung «entspricht derjenigen meiner Fraktion», teilte SPD-Kollege Olaf Scholz mit.[54]

Keine der im Bundestag vertretenen Parteien, keine einzige Gewerkschaft und kein Arbeitgeberverband hat bisher Anstalten gemacht, systematisch untersuchen zu lassen, wie die eigene Organisation ausspioniert wurde oder von Einflussagenten durchsetzt war. Es sieht ganz danach aus, als ob es künftigen Generationen überlassen bleibt, aus den Stasi-Archiven Gewissheit über diese Vergangenheit zu gewinnen.

Wenn die Behörde schon in Fällen von öffentlichem Interesse wie den «Rosenholz»-Abgeordneten derart restriktiv mit ihrem Wissen verfährt, ist gut vorstellbar, wie sie mit vom MfS erfassten Personen umgeht, deren Wirken auf den ersten Blick vielleicht weniger spektakulär erscheint. Der Eindruck, dass vor allem die Aufdeckung der West-Spionage unerwünscht ist, hat sich auch intern verfestigt. Behördenforscher Helmut Müller-Enbergs: «Von den geschätzten 6000 Bundesbürgern, die für die HVA inoffiziell gearbeitet haben, wird ... zu etwa 5000 bundesdeutschen IM (eher mehr) keine Auskunft erteilt. Eine von externer Seite wünschenswerte Analyse der nachrichtendienstlichen Strukturen in der Bundesrepublik ist damit ausgeschlossen.»[55] Der Wissenschaftler leitete die Projektgruppe «Rosenholz». Seine Fundamentalkritik wird in Gänze erst verständlich, wenn man weiß, dass dieses Forscherteam gegen seinen Willen und vor Abschluss der Arbeiten aufgelöst wurde. Hinter dieser Entscheidung stand der nach Birthler einflussreichste Angestellte der Behörde. Über seinen Schreibtisch gehen alle wichtigen Vorgänge, doch sein Name ist der Öffentlichkeit kaum bekannt.

Hans Altendorf geriet nur einmal unter politischen Druck. Das war gleich nach seinem Amtsantritt als Behördendirektor im Herbst 2001. In der «Welt am Sonntag» erinnerte sich ein früherer Kommilitone an den linken Jurastudenten: Altendorf habe in studentischen Gremien «faktisch DDR-Politik betrieben – und das als Westdeutscher aus freien Stücken». Der Kritiker zeigte sich erstaunt über die Personalie; angesichts notwendiger Aufarbeitung der Infiltration der Stasi im Westen hielt er sie für ein irritierendes Signal.[56] Die kleine Veröffentlichung hatte größere Folgen. Die Unionsfraktion im Bundestag drängte von der Oppositionsbank auf Auskunft, sogar Rücktrittsforderungen wurden laut. Die Pressestelle der Behörde hatte Mühe, die Sache in den Griff zu bekommen. Altendorf ließ über den Behördensprecher mitteilen, er habe sich von der Studentenbewegung losgesagt, als die sich der DDR zuwandte. Birthler reagierte noch Jahre später gereizt, wenn sie auf den Werdegang ihres wichtigsten Mitarbeiters angesprochen wurde: «Diese Vorwürfe sind haltlos und unqualifiziert. Der Direktor hat mein volles Vertrauen. Wir haben im Übrigen in unserer Behörde Mitarbeiter aus Ost und West, die durchaus unterschiedliche politische Biographien haben.»[57]

Die unangenehme Veröffentlichung aus dem Jahr 2001 hat nur einen kleinen Teil der biographischen Wirklichkeit des Studenten Altendorf erhellt. Und die damalige Erklärung des zweithöchsten Stasi-Akten-Verwalters ist, vorsichtig gesagt, irreführend. Doch um das herauszufinden, muss man in die Archive steigen. Über Altendorfs Vita findet sich einiges im Bundesarchiv und mehr noch im Staatsarchiv Hamburg.

Hans Altendorf wurde 1949 in Oldenburg geboren. Im bewegten Jahr 1968 schrieb er sich an der Universität der Stadt Hamburg ein, wo er auch zur Untermiete wohnte. Er ließ sich in Jura, Pädagogik, Politikwissenschaft und Germanistik ausbilden. Nicht nur die Vielzahl der Fächer führte dazu, dass der Langzeitstudent fast zehn Jahre an der Uni zubrachte – zunehmend fand Altendorf Gefallen an der Rolle des Gremien-Funktionärs.

Seine politische Heimat war der SHB. Die drei Buchstaben standen für den Sozialistischen Hochschulbund. Zunächst bedeutete das S noch «sozialdemokratisch», doch den Namenszusatz verbot die Mutterpartei der stark nach links abdriftenden Studentenorganisation. Fortan galt der SHB als siamesischer Zwilling des marxistischen Studentenbundes MSB Spartakus, der voll auf Ost-Berliner Kurs segelte. Die Positionen von SHB und MSB, die an zahlreichen westdeutschen Hochschulen Aktionsbündnisse eingingen, waren nahezu identisch. Für den SHB saß Altendorf im Studentenparlament und im Allgemeinen Studenten-Ausschuss (AStA). Als Pressereferent ging er hart ins Gericht mit dem politischen System. Der Bundesrepublik bescheinigte Altendorf in einem AStA-Flugblatt «fortschreitende Faschisierung» und eine «Verschärfung der Klassenauseinandersetzungen». Solche Töne mag man noch als Jugendsünden betrachten. Doch Altendorf machte Karriere als Systemgegner. 1972 rückte er in den 24-köpfigen Bundesausschuss des SHB ein.

Mehr noch: Altendorf wurde einer von drei Vorständen des Studenten-Dachverbandes VDS. Diese Vereinigung, die für rund 460000 Studenten an 82 Hochschulen sprach und sich als linke Speerspitze im Kampf gegen die reaktionären bundesrepublikanischen Verhältnisse verstand, wurde von den siamesischen Zwillingen SHB und MSB dominiert. Auch für die SED-Führung war die Politik des VDS von höchstem Interesse. Als Altendorf in den Vorstand einzog, war Heinz Geggel, Chef der Westabteilung im Zentralkomitee der SED, überaus zufrieden: «Damit kann die bisherige progressive Politik weitergeführt werden.» Der VDS bleibe «Instrument aller demokratischen Studenten im Kampf gegen das Monopolkapital». Seine Meldung war für Politbüro-Mitglied Paul Verner verfasst. Selbst Erich Honecker ließ sich regelmäßig über Entwicklungen in der westdeutschen Studentenschaft unterrichten.

Der Wahlkonvent, der Altendorf zum Vormann kürte, fasste den Beschluss, «die Mehrheit der Studenten für den Kampf an der Seite der arbeitenden Bevölkerung» zu gewinnen. Auch die X. Weltfestspiele der Jugend und Studenten in Ost-Berlin, eine Propagandashow der DDR, sollten unterstützt werden. In dieser Zeit pflegten die VDS-Vorderen wie selbstverständlich enge Beziehungen zur ostdeutschen Staatsjugend FDJ, nach eigenem Bekunden, «um bei den westdeutschen Studenten richtige Einstellungen zur DDR zu entwickeln und die völkerrechtliche Anerkennung der DDR durch die BRD voranzutreiben».[58]

Das Demokratieverständnis von Altendorfs SHB siedelte ein Verfassungsschutz-Bericht 1972 «eher in der Nähe orthodox-marxistisch-leninistischer Vorstellungen» an. Eine Übertreibung war das keineswegs. Als die VDS-Spitze mit Altendorf ihren «Rechenschaftsbericht des Vorstandes für den Zeitraum vom Mai 1972 bis März 1973» vorlegte, wurde Willy Brandts «reaktionäre Regierungserklärung» getadelt. Bundeswehr-Hochschulen galten als zu bekämpfendes Modell «für eine im Sinne des Monopolkapitals funktionsfähige Hochschule». Daneben stand für den akademischen Nachwuchs fest: «An den Betriebstoren hört auch der kleinste Rest Demokratie auf.» Eigenlob spendeten sich die Studentenfunktionäre für Vorbereitungsaktivitäten zu den Weltfestspielen in Ost-Berlin. Diese seien «Mittelpunkt der antiimperialistischen Solidarität der westdeutschen Studenten und mit ihnen aller Studenten und der Jugend der Welt». 1974 nahm Altendorf an der SHB-Bundesdelegiertenkonferenz teil. Sein Hamburger Landesverband stellte einen Antrag, der die künftige Zusammenarbeit mit der SPD regeln sollte, dabei war für «die Verankerung marxistischer Theorie und Praxis» innerhalb der Partei zu sorgen.

1978 stieß das SED-Sympathisantenkollektiv auch bei hartgesottenen Linken in Westdeutschland auf Ablehnung. Der SHB solidarisierte sich mit dem Ost-Berliner Urteil gegen Rudolf Bahro. Die Veröffentlichung seines im Westen erschienenen Buches «Die Alternative. Zur Kritik des real existierenden Sozialismus» galt als «Geheimnisverrat» und brachte Bahro Haft in Bautzen ein. Ob Altendorf zu diesem Zeitpunkt dem SHB noch angehörte, ist in den Archiven nicht überliefert. 1979 weist ihn eine im Internet zugängliche Biographie nur noch als Mitglied im Juso- und SPD-Landesvorstand Hamburg aus, die politischen Eskapaden sind da schon gänzlich ausgespart. 1980, nach der Großen Juristischen Staatsprüfung, bekam Hans Altendorf einen Job in der Hamburger

Senatsverwaltung, wo er zuletzt Verwaltungschef der Schulbehörde im Range eines Senatsdirektors war.

Nach der deutschen Einheit holte die Vergangenheit Altendorf indirekt ein. Zwei seiner einstigen SHB-Kampfgefährten wurden Mitte der neunziger Jahre zu Bewährungsstrafen verurteilt. Die beiden Hamburger Arved C. Rüden und Kurt Wand hatten seit den sechziger Jahren gegen Bares und aus Überzeugung für die DDR-Staatssicherheit gearbeitet.[59]

Die Behörde beantwortet bis heute weder die Frage, wann genau Altendorf sich vom SHB getrennt hat, noch die Frage, ob und wie oft er als Studentenfunktionär die DDR besuchte. «Aktivitäten einzelner Behördenmitarbeiter im parteipolitischen, religiösen oder auch schlicht privaten Bereich», wird mitgeteilt, «werden von der Pressestelle grundsätzlich nicht zum Gegenstand öffentlicher Erörterungen gemacht.»[60]

Ist jemand, der seine DDR-affine Vergangenheit so verhüllt, geeignet, die Aufklärung der DDR-Vergangenheit voranzutreiben?

In der Behörde haftet dem mächtigen Direktor der Ruf eines Verhinderungsjuristen an. Marianne Birthler, die einen gänzlich anderen biographischen Hintergrund hat, kommt gut zurecht mit Hans Altendorf, mit dem es sich charmant plaudern lässt. Als kongeniales Duo treten sie mitunter bei öffentlichen Veranstaltungen auf. Positiv formuliert: An der Behördenspitze funktioniert die deutsche Einheit. Marianne Birthler und Hans Altendorf sehen in ihrer Behörde das Erbe der friedlichen Revolution. Einige Bürgerrechtler halten das für ein Missverständnis. Das Vermächtnis der Revolution sei die Öffnung der Akten, nicht aber diese Behörde.

Die Aufarbeitung geht stiften

Es war eine erlesene Festgesellschaft, die sich im September 2008 versammelte. In der französischen Friedrichstadtkirche am Berliner Gendarmenmarkt feierten 400 Gäste aus Politik und Kultur den zehnten Geburtstag der Bundesstiftung zur Aufarbeitung der SED-Diktatur. «Vergangenheit erinnern, Zukunft gestalten» lautete das Motto. Kulturstaatsminister Bernd Neumann (CDU) hatte seine Ministerialdirektorin geschickt. Sie lobte den «überparteilichen antitotalitären Konsens aller Demokraten», der bei der Gründung der Stiftung Pate gestanden habe. Ihre Aufgabe habe die Stiftung «großartig» geleistet: die Geschichte der SED-Diktatur aufzuarbeiten und «uns allen» den Wert von Freiheit und Demokratie ins Bewusstsein zu rufen.

Die Einrichtung der Stiftung war Resultat eines parlamentarischen Kraftaktes: 1992 setzte der erste gesamtdeutsche Bundestag die Enquete-Kommission «Aufarbeitung von Geschichte und Folgen der SED-Diktatur in Deutschland» ein. Damals trat Willy Brandt ans Rednerpult und sprach von seiner Befürchtung, dass die immateriellen Folgen der deutschen Spaltung und Nachwirkungen des SED-Regimes die Kräfte der Gesellschaft noch sehr lange binden könnten. Ein halbes Jahr vor seinem Tod appellierte er: «Das Aufarbeiten des SED-Erbes sollte als gesamtdeutsche Aufgabe verstanden werden, auch als Beitrag zu jener Aussöhnung, die Wahrhaftigkeit voraussetzt.»[61] Diese Arbeit führte der nachfolgende Bundestag fort. Der ersten folgte die zweite Enquete-Kommission, wobei das Gewicht nun stärker auf der Gegenwart lag: «Überwindung der Folgen der SED-Diktatur im Prozess der deutschen Einheit». Zwischen 1992 und 1998 wurden Hunderte Zeitzeugen gehört und zahlreiche Wissenschaftler geladen. Die Materialien der beiden Kommissionen, die 31 dicke Bände füllen, sind ein imposantes Zeugnis für den Aufklärungswillen im vereinten Deutschland. Die Fülle an Einsichten und die Dichte der Erkenntnisse haben Maßstäbe für die Auseinandersetzung mit Geschichte gesetzt. Das war ein Glanzstück der parlamentarischen Demokratie.

In der Politik reifte die Einsicht, die Anstrengungen nicht abbrechen zu lassen. Fortan wollte man das zivilgesellschaftliche Engagement derer stützen, die sich schon seit Jahren außerhalb des Parlaments der Aufklärung verschrieben hatten. Dabei hatten die Abgeordneten eine schlanke Förderstiftung im Sinn – sie sollte vornehmlich und unbürokratisch die rund 80 Vereine, Archive und Opferverbände unterstützen, die aus ostdeutschem Widerstand und Bürgerbewegung hervorgegangen waren. Am 2. April 1998 stimmten die Abgeordneten von Union, SPD, FDP und Bündnisgrünen im Bonner Wasserwerk der Drucksache 13/9870 zu. Sie stellt gewissermaßen die Geburtsurkunde der Stiftung zur Aufarbeitung der SED-Diktatur dar. An diesen Ursprung sollte zehn Jahre später der Festakt am Gendarmenmarkt erinnern. Genannt wurden eindrucksvolle Zahlen: 25 Millionen Euro Fördermittel hatte die Stiftung an 1600 Projekte vergeben. Allein 220 Ausstellungen, 310 Veranstaltungen, 220 Multimediaprojekte und Dokumentarfilme waren finanziert worden. Hinzu kamen Druckkostenzuschüsse für rund 200 Bücher und Stipendien an fast 70 Doktoranden. Mittel flossen außerdem in 170 Projekte der Opferberatung und 180 Archivierungsunternehmungen. Das Geld kam von einer Partei, die sich solches nie hätte träumen lassen. Ein Teil des Vermögens der SED, das mitunter von Fahndern im Ausland sichergestellt werden musste, bildete den Grundstock des Stiftungskapitals von 77 Millionen Euro. Die Kapitalerträge stockt der Bund mit jährlichen Zuschüssen von rund zwei Millionen Euro auf.

Höhepunkt der Veranstaltung zum runden Geburtstag war eine Podiumsdiskussion mit dem Publizisten Henryk M. Broder, dem evangelischen Bischof Erwin Huber, der Schriftstellerin Claudia Rusch und dem Theologen Richard Schröder. Ihre Statements waren alles andere als ein Loblied auf das segensreiche Wirken der Stiftung. Broder gab die Melodie vor: «Der Rehabilitierungsprozess der DDR ist in vollem Gange», konstatierte er. Huber ergänzte, beim Blick zurück mache sich Verharmlosung breit, was er auf wirtschaftliche und soziale Probleme im Osten zurückführte. Rusch kritisierte vor allem die milde Sicht vieler Westdeutscher auf die DDR. Selbst Schröder, eine Art Gesundbeter, wenn es um die Ostdeutschen geht, argumentierte gedämpft: «Die Leute erinnern die DDR mitsamt den Wissenslücken, die sie damals hatten. Das, was sie hinterher erfahren haben, wird nicht integriert.» Es war, an diesem Jubiläumstag, eine eher trostlose Bilanz. Das Präsent, das die Stiftung ihren Gästen mit auf den Heimweg gab, schien gut dazu zu passen. Es war ein Kalender mit dem Aufdruck «Erinnerung als Auftrag».

Erinnerung als Auftrag: Dieser Maxime fühlt sich auch Bärbel Bohley verpflichtet. Ihre Oppositionsgeschichte in der DDR begann 1982, als die Malerin die Gruppe «Frauen für den Frieden» mit begründete. Ihre erste Verhaftung datierte aus dem Jahr 1983, zwei Jahre später war sie dabei, als die «Initiative für Frieden und Menschenrechte» ins Leben gerufen wurde. In ihrem Berliner Atelier verabredeten Bürgerrechtler im Herbst 1987, nachdem ein Einsatztrupp der Staatssicherheit die Umweltbibliothek in der Zionskirche gestürmt hatte, eine Mahnwache und eine Protestdemonstration. Druckmaschinen waren beschlagnahmt und sieben Mitarbeiter festgenommen worden, obwohl die Staatsmacht ihnen die Herstellung illegaler Literatur nicht nachweisen konnte. Der MfS-Aktion «Falle» folgte die «Schlacht um Zion» – eine landesweite Solidarisierungswelle der Opposition, die nicht mehr unter Kontrolle zu bringen war.[62] Im Herbst 1989 rief Bohley mit Freunden das Neue Forum ins Leben. Mit dem Aufruf «Die Zeit ist reif», der in kürzester Zeit 200000 Unterschriften trug, war die friedliche Revolution nicht mehr aufzuhalten. Zur Vorgeschichte dieses Appells gehört, dass Bohley die Ost-Berliner Führung 1988 in die Knie gezwungen hatte. Nach Untersuchungshaft und Zwangsabschiebung in den Westen setzte sie ein halbes Jahr später ihre Wiedereinreise in die DDR durch. Bei dieser Rückkehr, deren Hintergründe bis heute weitgehend im Dunkeln liegen, spielten zwei DDR-Größen eine Rolle: Rechtsanwalt Gregor Gysi und Konsistorialpräsident Manfred Stolpe.

Bohley wollte es endlich genau wissen. Gemeinsam mit der angesehenen Robert-Havemann-Gesellschaft stellte sie deshalb bei der Stiftung Aufarbeitung einen Antrag auf Projektförderung. An ihrem eigenen Fall wollte sie exemplarisch die Geheimdiplomatie hinter den Zwangsabschiebungen rekonstruieren, und sie wollte klären, wie «die Verquickungen zwischen den Machthabenden in Partei- und Staatsführung und einer Vielzahl von staatstreuen Bürgern auf allen Ebenen der Gesellschaft bis hin zum loyalen Verhalten von Kirchen und anderen Vereinigungen wirkten».

Die Stiftung lehnte das Vorhaben überraschend ab. Ein Mitarbeiter behauptete, solche Themen könnten «nicht von den Protagonisten selbst» erforscht werden, und zwar wegen «der fehlenden Distanz des Bearbeiters zum Untersuchungsgegenstand». Bohleys Rolle in der Opposition relativierte er mit den Worten, es gebe «zahlreiche Personen, die zweifelsfrei auf beispielhafte und interessante Lebensläufe verweisen können». Darüber hinaus müsse gefragt werden, ob sich das Vorhaben überhaupt «in einen größeren historischen Zusammenhang» einordnen lasse. Der Widerspruch der Robert-Havemann-Gesellschaft gegen diese Entscheidung änderte nichts. Mit fragwürdigen Argumenten hat die Stiftung schon etliche Projekte abgelehnt. Nun aber traf es mit Bärbel Bohley die Mutter der friedlichen Revolution und damit gewissermaßen auch die Mutter der Stiftung Aufarbeitung.[63]

Weniger Berührungsängste zeigt man gegenüber Protagonisten einer anderen Institution. Für das Stipendienprogramm «Aufbruch 89» zur Erforschung der friedlichen Revolutionen in Ostmitteleuropa brachten siebzehn Stiftungen zusammen eine Million Euro ein, und erstmals kooperierte man offiziell mit der Rosa-Luxemburg-Stiftung. Viele Mitarbeiter dieser Parteistiftung, dem Braintrust der Linken, kommen aus der «Roten Denkfabrik», der Akademie für Gesellschaftswissenschaften beim SED-Zentralkomitee. Vorstandsvorsitzender ist der einstige Potsdamer SED-Bezirkschef Heinz Vietze. Mit Modrows Wirtschaftsministerin Christa Luft sitzt die frühere IM «Gisela» im Vorstand. Der Chefideologe der Stiftung, Michael Brie, hatte ebenfalls Kontakte zum MfS und gab Informationen über ausländische Studenten weiter.

Von dem neuen Partner für die Aufarbeitung erfuhr im März 2007 zuerst der Fachbeirat Wissenschaft, dem fünfzehn Historiker angehören. Horst Möller, Chef des Münchner Instituts für Zeitgeschichte, und Hubertus Knabe, Direktor der Gedenkstätte Hohenschönhausen, waren strikt gegen die Kooperation. Innerhalb der Stiftung kam es daraufhin zu einem Grundsatzstreit. Der Briefwechsel dazu wurde der Robert-Havemann-Gesellschaft zugespielt, sie stellte ihn auf ihre Internetseite. Knabe schrieb an die Vorstände der Stiftung Aufarbeitung: «Die Rosa-Luxemburg-Stiftung ist in den letzten Jahren immer wieder durch einen offenen Geschichtsrevisionismus hervorgetreten. Dabei wurde die SED-Diktatur in vielfacher Weise verharmlost und verherrlicht. Ehemalige Verantwortliche für den Unterdrückungsapparat fanden dort regelmäßig ein Forum.»[64] Statt solche Argumente zu bedenken, gab es scharfe Attacken gegen den Gedenkstättenleiter. Ihm wurde Illoyalität vorgeworfen, weil die Sache öffentlich geworden war.

Was nun geschah, war einigermaßen bizarr. Ausgerechnet an die Stiftung Aufarbeitung richtete sich ein Offener Brief mit dem Appell «Der Verherrlichung der SED-Diktatur entgegentreten!». Unterschrieben hatten die Protestnote Bundestagsabgeordnete und Vertreter von Opferverbänden. Auch die Schriftsteller Ralph Giordano und Erich Loest, die Publizisten Arnulf Baring und Lea Rosh, die Stiftungsratsmitglieder Vera Lengsfeld und Werner Schulz gehörten zu den Unterzeichnern. Sie werteten die Zusammenarbeit mit den Rosa-Luxemburg-Leuten, bei deren Veranstaltungen ehemalige hauptamtliche und inoffizielle Mitarbeiter des Staatssicherheitsdienstes mit Hilfe von Steuergeldern ihre Vergangenheit schönreden dürften, als Verstoß gegen den gesetzlichen Auftrag der Stiftung.[65] Doch die ließ sich nicht von ihrem Kurs abbringen. Zum Thema politischer Aufbruch 1989 unterstützte sie das von der Luxemburg-Stiftung eingebrachte Promotionsvorhaben, das auf eine gewisse Entpolitisierung der Aufarbeitung hindeutet und wohl auch als Förderprojekt eines Tourismusverbandes durchgehen könnte – sein Titel lautet: «Seebadsaison. Die ‹Kaiserbäder› auf Usedom. Geschichte im Mikrokosmos».

Die verblüffende Koalition in Sachen Aufarbeitung hat Ulrich Mählert eingefädelt. Er ist als Leiter des Bereichs Wissenschaft der starke Mann im Stiftungsapparat. Der Schüler von Hermann Weber, dem Nestor der westdeutschen DDR-Zeitgeschichtsschreibung, hat einst in Mannheim zu stalinistischen Parteisäuberungen geforscht. Gegen seine Berufung in die Stiftung protestierten Ende 1999 Zeithistoriker aus Berlin, München und Dresden mit einem Offenen Brief an die Fraktionsspitzen im Bundestag – sie warnten vor einer «eklatanten Fehlbesetzung».[66] Als störend empfanden sie nicht allein, dass mit Mählert schon der dritte von damals vier Referentenposten für ein SPD-Mitglied reserviert werden sollte. Vielmehr hatte der Wissenschaftler gerade einen dreitägigen Konvent

«Geschichtsforum 1949–1989–1999» organisiert, der bundesweit Aufsehen erregte. Die mehr als 300 Diskutanten verbreiteten nach Meinung der Kritiker mehrheitlich ein Geschichtsbild, das aus den Deutschen ein einziges Volk von Brüdern machte und Unterschiede zwischen Tätern und Opfern verwischte. Erstmals bekamen im Rahmen einer derart großen Veranstaltung Vertreter aus dem PDS-Spektrum eine Bühne für ihre Geschichtsinterpretationen. Das «Neue Deutschland» lobte den Initiator überschwänglich: «Das Verdienst, dies geschafft, Frontlinien überbrückt und Intrigen im Vorfeld der Konferenz abgeschmettert zu haben, gebührt Ulrich Mählert.»[67] Die gegen ihn aufbegehrenden Historiker hingegen bemängelten, Mählert sei in der Stiftung «untragbar, da er für eine enge Kooperation mit wissenschaftlichen Verharmlosern der SED-Diktatur steht».[68]

Mählert war einer der Autoren des Handbuchs «Die Parteien und Organisationen der DDR», das im PDS-eigenen Karl-Dietz-Verlag Berlin erschien und von der Luxemburg-Stiftung großzügig gefördert wurde. Einer der Herausgeber des Wälzers war wiederum ein alter Bekannter von Mählert, mit dem er in den neunziger Jahren ein Buch zur Staatsjugend FDJ verfasst hatte – Gerd-Rüdiger Stephan, der Geschäftsführer des Rosa-Luxemburg-Vereins Brandenburg. Das 1500 Seiten starke Handbuch bereicherte auch Anna Kaminsky mit einem Aufsatz. Die promovierte Linguistin und Verfasserin des Buches «Kaufrausch» über den DDR-Versandhandel ist nicht nur Mählerts langjährige Lebensgefährtin, sondern zugleich Geschäftsführerin der Stiftung Aufarbeitung.[69]

Kaminsky entscheidet mitunter persönlich, ob Projekte unterstützt werden sollen. Das Manuskript «Fälschung und Instrumentalisierung antifaschistischer Biographien» des Historikers Frank Hirschinger, das am Beispiel der Stadt Halle/Saale Lebenslügen von Funktionären zum Wohle kommunistischer Traditionspflege aufdeckte, fand nicht ihren Beifall. Ihre Antwort auf den Förderantrag des dortigen Vereins «Zeit-Geschichte(n)» fiel deshalb abschlägig aus: Ihr sei nicht klar, «ob das Anliegen des Buches, so wie es auf mich wirkt (Delegitimierung der Akteure aus der PDS-Szene in heutigen Konflikten über Rekonstruktion ihrer großen und kleinen Lügen) so funktioniert». Versucht werde da wohl «eine Quadratur des Kreises».[70] Hirschinger schilderte unter anderen den Fall von Josef Gerats, der sich nach 1945 eine Biographie als kommunistischer Widerständler und Verfolgter des NS-Regimes angedichtet hatte. Der sachsen-anhaltinische Landesvorsitzende eines bundesweit agierenden Antifa-Verbandes machte in Halle gemeinsam mit PDS und DKP Front gegen eine Gedenktafel für Opfer eines sowjetischen Speziallagers, die seiner Ansicht nach ausnahmslos «Naziverbrecher» waren. In Schulen wurde Gerats gern als Vorbild präsentiert. Um seine Reputation war es erst geschehen, als sich das Dresdner Hannah-Arendt-Institut der akribischen Recherche annahm und sie veröffentlichte.[71] Das Buch wurde zum Erfolg und in Feuilletons überregionaler Zeitungen gewürdigt.

Hatte sich die Stiftung geirrt, als sie die Förderung ablehnte? Dagegen spricht, dass die Präsenz der Vergangenheit in der Gegenwart eher nicht ihr Thema ist. Und auch mit der «Delegitimierung» von Akteuren, die in der DDR als Helden gefeiert wurden, hat sie wohl ein Problem. Zu einer Debatte über «Sport und Kalter Krieg» lud die Stiftung den zweifachen Marathon-Olympiasieger Waldemar Cierpinski ein. Vorab instruierte man den Moderator, dessen Vergangenheit als IM «Willi» nicht anzusprechen. Von Cierpinski gibt es nicht nur eine mit Klarnamen unterzeichnete Schweigeverpflichtung aus dem April 1973 – MfS-Unterlagen legen auch nahe, dass er seine Medaillen dem kriminellen Staatsdoping verdankte. Doch auch das wurde während der Diskussion in der Berliner Landesvertretung von Sachsen-Anhalt im Oktober 2005 ausgeblendet. Dafür durfte Cierpinski dem untergegangenen Sportwunderland seine Reverenz erweisen: «Ich habe dem System sehr viel Dank gezollt, weil ich zehn Jahre lang eine sehr gute Förderung bekommen habe.» Auch im Sport, so lautete die Botschaft des Abends, war früher nicht alles so schlecht, wie es heute gemacht wird.

Vernebelung statt Aufklärung: Ist die Stiftung Aufarbeitung ein trojanisches Pferd? Macht sie Geschichtsbilder der Linkspartei gesellschaftsfähig? Schützt sie deren Epigonen vor unangenehmen Nachforschungen? Die beiden Galionsfiguren der Stiftung weisen einen solchen Verdacht entschieden zurück. Rainer Eppelmann

(CDU), der Vorstandsvorsitzende, und Markus Meckel (SPD), der Vorsitzende des Stiftungsrates, haben schon in den Enquete-Kommissionen gut harmoniert, der eine als Vorsitzender, der andere als Sprecher seiner Fraktion. In der Regierung de Maizière war der eine Pfarrer Verteidigungsminister und der andere Pfarrer Außenminister. Mag es um beide Politiker zwischenzeitlich auch etwas stiller geworden sein, ihre große Koalition im Kleinen funktioniert nach wie vor. Selbst Vorworte in Publikationen, die von der Stiftung gefördert werden, verfassen sie gemeinsam. Im Stiftungsrat, dem Meckel vorsitzt und der sich zweimal im Jahr trifft, sind alle Bundestagsparteien und der Berliner Senat mit Abgesandten vertreten, zumeist mit aktiven Politikern. Die Bundesregierung entsendet weitere Mitglieder. Der vierköpfige Vorstand unter Eppelmann führt ehrenamtlich die Geschäfte.

Der Christdemokrat Rainer Eppelmann ist das Aushängeschild der Stiftung Aufarbeitung. Vielleicht ist dies der Grund, warum die CDU deren Flirt mit Leuten aus dem Umfeld der Linkspartei nicht weiter moniert. Die Partei ist Eppelmann schon aus historischen Gründen zu Dank verpflichtet: Anfang 1990 brachte er die neue Oppositionspartei Demokratischer Aufbruch (DA) in die «Allianz für Deutschland» ein. Das sorgte für demokratischen Anstrich für das Wahlbündnis, dessen maßgeblicher Teil, die Ost-CDU, noch vor kurzem eine SED-hörige Blockpartei gewesen war. Nach dem grandiosen Wahlsieg der Allianz im März 1990 schlug Eppelmann im Bonner Kanzleramt in kleiner Runde spontan vor, statt Lothar de Maizière doch Manfred Stolpe zum Regierungschef zu machen. Helmut Kohl, der diese Episode erzählt, fühlte sich wie auf einem anderen Stern.[72] Dem amüsanten Dampfplauderer Eppelmann sahen die Parteifreunde ähnlich irrlichternde Ideen stets nach.

Man war froh, einen wie Eppelmann, der keine Kompromisse mit der SED eingegangen war und eine lupenreine Opferbiographie hatte, in den eigenen Reihen zu wissen. 1966 lehnte der gelernte Maurer den Wehrdienst ebenso ab wie das Gelöbnis als «Bausoldat» und ging dafür acht Monate ins Gefängnis. Ende der siebziger Jahre organisierte der couragierte Pastor Blues-Messen in seiner Samariterkirche in Berlin-Friedrichshain. Stephan Krawczyk, Freya Klier und Lutz Rathenow – viele kaltgestellte Künstler durften im Schutz seiner Kirche auftreten. Mit Robert Havemann initiierte Eppelmann 1982, auf dem Höhepunkt des Wettrüstens, den «Berliner Appell». Verlangt wurde der Austritt beider deutscher Staaten aus ihren Militärbündnissen; der vermeintliche Friedensstaat DDR sollte die Wehrpflicht ebenso abschaffen wie den militärischen Kult bei seinen Staatsfeiern.[73] Die Staatssicherheit fürchtete den renitenten Kirchenmann und bearbeitete ihn im Operativen Vorgang «Blues». Gerüchte wurden in Umlauf gesetzt, um seine Ehe zu «zersetzen», und sogar Mordpläne ausgeheckt.

Trotz dieses Werdegangs fiel der Politiker Eppelmann ab 1990 nicht gerade als unerbittlicher Aufklärer auf. Den DA-Vorsitzenden Wolfgang Schnur verteidigte er noch nach dessen Enttarnung als IM «Torsten»: «Er ist ein Mensch wie fast alle, mit Licht und Schatten.»[74] Als Verteidigungsminister erteilte er Befehl, sämtliche Unterlagen des Militär-Geheimdienstes der DDR zu vernichten. Damit wollte er verhindern, dass die Agenten «der Strafverfolgung einer ehemals als feindlich eingestuften Justiz überantwortet werden».[75] Juristischer Aufklärung und Forschung erwies Eppelmann mit dieser «Aktion Reißwolf» einen Bärendienst.

Ein Herz für Täter zeigte Eppelmann, der sich 2005 aus der aktiven Politik zurückzog, noch in jüngster Vergangenheit. Der frühere Chefarzt Bernd Findeis, sein einstiger Vize im DA, wurde 2007 aus der Ethikkommission der Landesärztekammer Brandenburg verbannt, weil er als IM «Erich» die ärztliche Schweigepflicht gebrochen und Fluchtpläne seiner Patienten verraten hatte. Eppelmann sagte zu dem Fall, er kenne viele IM, aber «nur zwei, die zur Stasi kamen, weil sie anderen helfen wollten. Einer davon ist Findeis.»[76]

Für die Stiftung ist der begnadete Kommunikator Eppelmann von unschätzbarem Wert. Er ist einer, der die Sache der Aufarbeitung mit Witz vertritt und mit persönlichen Anekdoten anreichert. Meist hat er die Lacher auf seiner Seite. Im Februar 2008 ehrte die Stiftung ihren Vorstandsvorsitzenden am «Vorabend des 65. Geburtstages» mit der Veranstaltung «Der aufrechte Gang. Opposition, Widerstand und Zivilcourage in der Diktatur».

Ganz so geschmeidig wie Eppelmann ist der Ratsvorsitzende und

SPD-Bundestagsabgeordnete Markus Meckel nicht. Schon in seiner Jugend galt er als Rebell und flog von der Schule. Später studierte er Theologie und schlug sich, bevor er in den Kirchendienst eintrat, erst einmal zwei Jahre als Tellerwäscher, Nachtwächter oder Hausmeister durch, um sich nebenher mit Hegel und Nietzsche zu beschäftigen. Als Leiter einer kirchlichen Bildungsstätte im Bezirk Magdeburg initiierte er nicht nur Umweltgruppen, Menschenrechtszirkel und Friedensseminare, sondern kam auch auf die Idee, in der DDR eine Sozialdemokratische Partei zu gründen. Das führte Meckel 1989 in die große Politik und auf die internationale Bühne. Er war als DDR-Außenminister bei den «Zwei-plus-Vier»-Gesprächen zur deutschen Einheit dabei. Sein zwischenzeitliches Beharren auf deutscher Bündnisfreiheit, das mit der Bonner Seite nicht abgestimmt war, irritierte sogar den amerikanischen Präsidenten George Bush.[77] Im noch geteilten Land sah er sich dem Vorwurf ausgesetzt, aus seinem Außenministerium ein Familienministerium zu machen – Journalisten hatten enthüllt, dass Meckel in seinem Apparat knapp ein halbes Dutzend Verwandte untergebracht hatte. Das Satireblatt «Eulenspiegel» meinte, so etwas komme in den besten Familien vor, man denke nur «an die Großfamilien Ceauşescu oder Breschnew».[78]

Unter der Ägide von Meckel und Eppelmann ist die Stiftung eine etablierte Adresse geworden – und hat sich zugleich stark von ihrem ursprünglich geplanten Zuschnitt entfernt. In der Bundestagsdebatte anlässlich ihrer Gründung hieß es noch, ganz bestimmt entstehe «keine Oberbehörde oder Zentrale für Aufarbeitung», sondern vor allem eine Förderinstitution.[79] Entgegen dieser Absicht ist im Haushaltsjahr 2007 mit 2,65 Millionen Euro nur etwas mehr als die Hälfte des Gesamtetats von 5,1 Millionen für Förderungen ausgeschüttet worden. Die Personal- und Verwaltungskosten haben mit 1,8 Millionen Euro ein reichliches Drittel des Haushalts verschlungen. Diese Entwicklung sehen Opferverbände, Geschichtsvereine, Gedenkstätten und Archive mit Skepsis – als bei ihnen Ende 2008 die Weihnachtspost aus der Zentrale in der Berliner Kronenstraße eintraf, zählten sie die Unterschriften. Bereits mehr als 30 Stiftungsmitarbeiter wünschten alles Gute zum Fest.

Anders als die meist klammen Initiativen kann sich die reiche Stiftung einiges leisten. So wird seit 1999 ein eigenes «Archiv zu Opposition und Widerstand» aufgebaut, obwohl es mehrere solche Sammlungen in Berlin oder Leipzig gibt. Schon früh legte sich die Stiftung eine opulente Fachbibliothek zu, die allerdings keine geregelten Öffnungszeiten hat und nur nach telefonischer Vereinbarung nutzbar ist. Ihr Auftritt im Internet hingegen erfreut sich großen Interesses. Dort kann man im biographischen Lexikon «Wer war wer in der DDR?» oder im alle zwei Monate erscheinenden «Historischen Kalenderdienst» stöbern.

Auf zeitgeschichtliche Jubiläen reagiert die Stiftung auch mit ihrem Veranstaltungsangebot. So erinnerte sie Ende 2008 mit dem Podium «‹Von der Sowjetunion lernen, heißt siegen lernen!›» an das Verbot der seit Gorbatschows Machtantritt vielgelesenen sowjetischen Illustrierten «Sputnik» – diese Anordnung hatte Erich Honecker 1988 persönlich getroffen. Es war der erste offene Affront des «Homunculus sovieticus», wie Moskaus langjähriger Botschafter Pjotr Abrassimow die DDR nannte, gegen den «Großen Bruder».

Mit dem stalinistischen Terror zur Etablierung der SED-Diktatur ist ein Projekt verknüpft, das der Stiftung Aufarbeitung die bisher größte Anerkennung eingebracht hat: Gemeinsam mit der russischen Menschenrechtsorganisation Memorial International und dem Berliner Historischen Forschungsinstitut Facts & Files recherchierte sie die Schicksale von 927 Deutschen, die Anfang der fünfziger Jahre nach Todesurteilen des Obersten Militärtribunals der Besatzungsmacht verschwunden waren. Ihre Namen, ihre Biographien und Angaben zu ihrem Verbleib konnten in russischen und deutschen Archiven ausfindig gemacht werden. Erst damit erhielten viele Familien letzte Gewissheit über den Tod ihrer Angehörigen. Sie waren vom russischen Geheimdienst wegen angeblicher Spionage oder antisowjetischer Propaganda verhaftet, in Moskau erschossen, auf dem Friedhof Donskoje verbrannt und ihre Asche in Massengräbern verstreut worden. Der Recherche folgte 2005 die Einweihung eines Grabsteins in Moskau, ein Ort zum Trauern für Hinterbliebene. Ein Totenbuch mit Lebensläufen und Fotos holte die Opfer aus ihrer Anonymität, und eine Wanderausstellung, die seit 2006 durch die Republik tourt, erinnert mit historischen Dokumenten und aktuellen Fotos der einstigen Schauplätze dieses stalinistischen Verbrechens an sie.[80]

Grenzüberschreitende Projekte sind zu einem Markenzeichen der Stiftung geworden. Sie tut viel dafür, ostmitteleuropäische Aufarbeitungsinitiativen auch in Deutschland bekannt zu machen, kontinuierlichen Austausch zu fördern und die Forschung international zu vernetzen. Das drückt sich beispielsweise im «Jahrbuch für historische Kommunismusforschung» oder in einer mehrsprachigen Publikationsreihe zu «Erinnerungsorten an die kommunistischen Diktaturen im Europa des 20. Jahrhunderts» aus. Organisiert werden gemeinsame Veranstaltungen und Studienreisen zu Partnern in Ostmitteleuropa.[81] Mit der Erinnerung an diese Widerstands- und Freiheitstradition, in die sich der 89er Herbst einordnet, stellt die Stiftung auch die deutsche Einheit in einen größeren Zusammenhang. Heute sehe es doch so aus, beschwerte sich Markus Meckel über ein verbreitetes Missverständnis, «als ob die Ostdeutschen nur zwei Schilder malen konnten. Auf dem einen stand ‹Wir sind das Volk›. Auf dem anderen: ‹Wir sind ein Volk›. Den Rest haben kluge westdeutsche Politiker gemacht.»[82]

Wahr ist, dass die Herbstrevolution die westdeutschen Politiker kalt erwischte. Sie sahen nicht, wie Gorbatschows Kurs den gesamten Ostblock veränderte, und über die Zustände im SED-Staat wussten sie wenig. Wundern muss das auch aus diesem Grund nicht weiter: Eine ganze Reihe akademischer DDR-Betrachter – Historiker, Politologen oder Ökonomen, von denen sich einige als Politikberater verstanden – lieferte über Jahre fragwürdige Analysen. Sie entsprachen weniger der realsozialistischen Wirklichkeit als eigenen Erwartungen. Die Existenzberechtigung der DDR war ein Dogma, deshalb interessierte vor allem «Deutschlands doppelte Zukunft». In seinem Buch «Deutsche Irrtümer» hat der Politikwissenschaftler Jens Hacker schon 1992 zahlreiche Forscherkollegen kritisiert: «Wer die deutsche Frage nicht einmal mehr für offen hielt, verriet ein hohes Maß an Phantasielosigkeit, Unflexibilität und Ignoranz.»[83] Er nannte die Mehrheit der bundesdeutschen DDR-Betrachter «Schönfärber und Helfershelfer der SED-Diktatur». Die Gescholtenen haben für ihr Versagen einen milderen Begriff gefunden – sie sprechen von einem «Prognosedebakel».

Das «Prognosedebakel» findet auch in der Stiftung Aufarbeitung viel Aufmerksamkeit, allerdings mit einer merkwürdigen Tendenz. Dokumentiert ist sie im Buch «Abgrenzung und Verflechtung», das 2008 im Stiftungsauftrag erschien. Zahlreichen Interviews mit Historikern folgt ein bilanzierendes Kapitel mit einer verblüffenden Eloge: «Mittlerweile herrscht weitgehendes Einvernehmen, dass die westdeutsche DDR-Forschung vor 1989 – bei aller Kritik – gleichsam in Stellvertreterfunktion die wesentlichen Aspekte der DDR-Entwicklung zutreffend beschrieben hatte.»[84]

Die zweite Enquete-Kommission des Bundestages sah das 1998 noch ganz anders. Der Abschlussbericht legte nahe, dass westdeutsche Historiker seinerzeit mit Vorliebe auch nur zwei Schilder hochhielten: Auf dem einen stand «Die DDR ist stabil», auf dem anderen «Die SED ist reformfähig». Das derart beschriebene Wunschland, rügte der Bericht, sei dem Wunschdenken seiner Schöpfer entsprungen. Einigen dieser Forscher habe die DDR als interessantes Experimentierfeld für Erfahrungen gegolten, die «zu einem politischen und sozialen Kurswechsel in der Bundesrepublik» beitragen und Optionen für einen «‹verbesserlichen› Sozialismus» ausloten könnten.[85]

Die SPD-Zeitgeschichtler in der Enquete-Kommission, also jene mit den beiden Schildern, wehrten sich mit einem Sondervotum gegen solche Feststellungen. Sie zielten nur «auf pauschale Herabsetzung» sozialliberaler Entspannungspolitik. Diese Historiker behaupteten, sie hätten zu Teilungszeiten Arbeitsergebnisse vorgelegt, die «auch nach Öffnung der Archive keiner grundsätzlichen Korrekturen bedürfen».[86]

Unter solchen Minderheitsvoten stand immer auch der Name des SPD-Mitglieds Bernd Faulenbach. Der einflussreiche Deutschlandforscher lässt sich so schnell nicht erschüttern. Als Wissenschaftler in SED-Archiven auf Dokumente über eine Ost-Berliner Wahlkampfhilfe für den einstigen SPD-Kanzlerkandidaten Johannes Rau im Jahr 1986 stießen, rechtfertigte der seinerzeitige Vermittler Egon Bahr das anrüchige Geschäft: «Na, warum denn nicht?»[87] Bahr-Mitstreiter Faulenbach fand an der Entdeckung wenig Gefallen, er warf den Historiker-Kollegen Arbeit mit «unkritisch gelesenen und tendenziös interpretierten Quellen» vor.[88] Für den Bochumer Professor ist «Geschichtspolitik» ein «eigenständiger Politikbereich», dessen Bedeutung «nicht unterschätzt werden» dürfe.[89] Faulenbach besetzt im Vorstand der Stiftung Aufarbeitung den Posten des Eppelmann-Stellvertreters. Er arbeitet in zahlreichen Kommissionen mit, und der wichtigsten, der Historischen Kommission beim Parteivorstand der SPD, sitzt er vor. Ihr gehört etwa ein halbes Dutzend Kollegen aus den Gremien der Stiftung Aufarbeitung an, auch Referent Ulrich Mählert.

Angesichts solcher Verflechtungen wird verständlich, dass die Stiftung die «deutschen Irrtümer» noch nachträglich salonfähig macht. Den Nachwuchshistoriker Jens Hüttmann stattete sie erst mit einem Promotionsstipendium aus, 2008 gewährte sie ihm einen Druckkostenzuschuss für das Werk «Die DDR-Geschichte und ihre Forscher», und schließlich stellte sie ihn als Mitarbeiter ein. Hüttmann nahm in seinem Buch nicht nur einstige Weichzeichner in Schutz, sondern knöpfte sich zugleich deren Kontrahenten vor. In mehreren Kapiteln zog er gegen die «Entlarvungshistoriker» (Faulenbach) aus dem Forschungsverbund SED-Staat der Freien Universität Berlin zu Felde. Der hatte schon Anfang der neunziger Jahre die milde Sicht vieler West-Historiker auf die DDR beleuchtet. Weil das mit Name und Adresse geschah und Versagen klar benannt wurde, war die Empörung in der Zunft groß. Auch Hüttmann erkannte nun eine bedenkliche Nähe des Forschungsverbundes «zum Zeitgeist des wiedervereinigten Deutschlands» und noch dazu angeblich falsche Zitierpraktiken. Sein Urteil kleidete er selbst in ein Zitat, dessen Urheberrecht bei Ulrich Mählert liegt: «Es scheint so, als sollte ‹Geschichte als agitatorischer Knüppel› missbraucht werden.»[90]

Gerhard Finn, der Ehrenvorsitzende der Union der Opferverbände kommunistischer Gewaltherrschaft, erhob Ende des Jahres 2008 einen ganz ähnlichen Vorwurf. Anlass für seinen Einspruch bot ein Buch namens «Affäre Walter», das von der Stiftung unterstützt worden war.[91] Ein Potsdamer Historiker versuchte darin,

Teile des frühen antikommunistischen Widerstandes mit national-sozialistischer Motivation zu erklären – einst eine probate Methode der SED-Propaganda. Als Kronzeuge diente ein Denunziant, der Mit-streiter an die sowjetische Geheimpolizei ausgeliefert hatte: Mehr als 40 von ihnen wurden hingerichtet oder kamen im Gulag ums Leben. Die Stiftung störte sich an dieser Quelle nicht. Das Buch sei, wie Gerhard Finn an den Autor und an die Stiftung schrieb, «ein ‹Abschlussbericht›, wie ihn bei der heutigen Materiallage wohl kein Tschekist hätte besser fertigen können».[92] Finn gehört gewis-sermaßen zu den Gründungsvätern der Stiftung: Der frühere Mi-nisterialbeamte, den Kommunisten als 15-Jährigen ins Speziallager Buchenwald gesteckt hatten, hat in beiden Enquete-Kommissionen zur Aufarbeitung der SED-Diktatur mitgearbeitet.

Solche Vorgänge verleihen einem Werbepräsent der Stiftung einen Hauch von unfreiwilligem Bekenntnis. Dabei handelt es sich um ein kleines Doppelpack mit Bleistift und Radiergummi. «Aufar-beitung» steht unter dem Stift, «Verdrängung» unter dem Gummi. Besser ist der selektive Umgang mit der Vergangenheit, wie er im vereinten Deutschland gepflegt wird, kaum zu beschreiben.

NACHWORT

Das Jahr 1989 war ein *annus mirabilis*, ein Jahr des Wunders. Der Eiserne Vorhang wurde zerschnitten, die Berliner Mauer fiel, und kommunistische Regime kippten wie Dominosteine. Weitgehend unblutige Volkserhebungen, die Michail Gorbatschow mit seiner Politik ermöglicht, aber nicht beabsichtigt hatte, veränderten in atemberaubender Geschwindigkeit das Antlitz Europas. Dieses Mal machten die Ostdeutschen im Gegensatz zum Juni 1953, als sie den ersten Aufstand im Ostblock gewagt hatten, nicht den Anfang. Sie folgten den Polen und den Ungarn. Die Massendemonstrationen in der DDR beflügelten wiederum die Umwälzungen in der Tschechoslowakei und in Rumänien.

Nach der Phase rascher Freiheitssiege ließen die erhofften Erfolge in den neuen Demokratien allerdings auf sich warten. Eine schmerzhafte Periode des Systemwandels folgte, auch des ökonomischen Niedergangs – das Jahr des Wunders wurde von vielen *anni miserabiles* abgelöst. Anfangs schien es ganz so, als ob die Ostdeutschen die Geburtswehen abkürzen könnten. Schließlich waren sie von den Siegermächten in die nationale Einheit entlassen worden. Sie bekamen geschenkt, was in den anderen postkommunistischen Gesellschaften erarbeitet werden musste – die stabile Währung, den Rechtsstaat, die soziale Marktwirtschaft, den Wohlfahrtsstaat. Die Zugehörigkeit zur Europäischen Union, die anderthalb Jahrzehnte verstreichen ließ, bevor sie die ersten acht mittelosteuropäischen Staaten aufnahm, gab es mit dem Beitritt zur Bundesrepublik gratis dazu.

Und trotzdem stellten sich in Ostdeutschland ganz ähnliche Phänomene ein wie in den früheren «Bruderländern», wo gewendete Kommunisten, wenn zumeist auch nur für einige Jahre, wieder die

Regierung stellten. Der Impuls des Aufbruchs war überraschend schnell verflogen.

Revolutionen erzeugen stets Gegenkräfte. Auch in Ostdeutschland ist das berühmte Pendel der Geschichte zurückgeschlagen, womöglich sogar weiter als in anderen Reformstaaten. Dort war die Illusion, dass der politischen Demokratie umstandslos wirtschaftliche Prosperität folgt, schnell zerstört. Die Realität lehrte auch, dass beides eigene Anstrengungen verlangt. In den neuen Bundesländern hingegen, wo Erschütterungen abgefedert wurden, gewöhnte man sich an die finanzielle Abhängigkeit vom Westen. Damit haben sich inzwischen alle abgefunden: Die einen erfüllen, wenngleich mit wachsendem Murren, ihre mit dem «Aufbau Ost» eingegangenen Verpflichtungen, die anderen, denen «gleiche Lebensverhältnisse» versprochen worden waren, kultivieren die schon vor dem Systemwechsel ausgeprägte Anspruchshaltung. Zufriedenheit stellte sich allerdings selten ein. Das Gefühl der Abhängigkeit förderte vielmehr Frustration. Das erklärt zumindest teilweise, warum der friedlichen Revolution eine stille Restauration gefolgt ist – alte Verhältnisse blühen unter demokratischen Vorzeichen neu auf.

Zwar bedeutet Restauration im Zeitalter der Demokratien nicht die Rückkehr zur alten politischen Ordnung oder die Wiedereinsetzung der abgelösten Dynastie. Der Pendelschlag folgt subtileren Mechanismen. Zunächst einmal ist die Gegenbewegung in der Gesellschaft breit verankert. Den neuen Institutionen, die im Gefolge der Umwälzungen etabliert wurden, wird mit tiefem Misstrauen begegnet, nicht wenige empfinden das politische System erneut als aufgezwungen. Kaum noch jemand nimmt Anstoß daran, dass einstige Funktionseliten an die Schalthebel der Macht zurückgekehrt sind – genau dorthin also, wo die karrierebewussten Aufsteiger auch ohne Systemwechsel angekommen wären. Anfang der neunziger Jahre stieß das noch auf eine breite Ablehnung. Damals prägten die Ostdeutschen ein Wort, das zugleich Besorgnis und Verachtung ausdrückte: «Seilschaften». Dass viele alte Kader ihren Einfluss in Politik, Wirtschaft und Kultur behielten, erzürnte auch den Publizisten Johannes Gross beizeiten: «Es gehört zu den abscheulichsten Folgen der gewaltfreien Revolution, dass die Spreu nicht ausgelesen wird, sondern sich zum Weizen mausern darf.»

Die Gewaltfreiheit der Revolution ist vielfach bewundert worden – allerdings hatte sie gesellschaftspolitisch ihren Preis. Sie begünstigte von Anfang an die stille Restauration. Der sanfte Übergang zur Demokratie führte über «Sicherheitspartnerschaften» an «Runde Tische», wo mit den alten Machthabern der Aufbruch in die neue Zeit ausgehandelt wurde. Das hatte zur Folge, dass mit der Diktatur und ihren Tätern nicht klar abgerechnet wurde. Mit der Maueröffnung trat zudem das ursprüngliche Ziel der Revolution, die innere Demokratisierung der DDR, in den Hintergrund. Neues Revolutionssymbol war die schwarz-rot-goldene Fahne. Das Volk desertierte mittels Beitritt zur Bundesrepublik in die Freiheit und ins Wirtschaftswunderland. Eine wirkliche Erneuerung der Gesellschaft blieb aus.

Anders als die Umsturzbewegungen der Polen, Ungarn und Tschechen hatte die friedliche Revolution in Ostdeutschland ihren Ausgangspunkt im Ausland. Im August 1989 wurden gezielt DDR-Bürger, die in Ungarn auf eine Fluchtmöglichkeit hofften oder dort Urlaub machten, auf deutschsprachigen Flugblättern eingeladen, sich im Rahmen eines paneuropäischen Frühstücks in Sopron «am Abriss des Eisernen Vorhangs zu beteiligen». Mehr als sechshundert Ostdeutsche flohen unter den Augen der Grenzposten ungehindert nach Österreich. Ihnen war ihre Freiheit wichtiger als Familie und Freunde, als Hab und Gut. Damit begann die größte Massenflucht seit dem Mauerbau. Sie legte schlagartig offen, dass die SED-Machthaber ihr Staatsvolk in einem Gefängnis hielten. Erst der gelegentlich abschätzig als «Urlaubsrevolution» bezeichnete Exodus gab den Anstoß für die friedliche Revolution und den Sturz der Diktatur. Erst der Ausbruch führte zum politischen Aufbruch. Im Gegensatz zu den meisten Oppositionellen in der DDR glaubten die in die Bundesrepublik Flüchtenden nicht an eine Reformierbarkeit des Systems. Über vier Jahrzehnte hatten mehr als vier Millionen Ostdeutsche dem Staat auf diese Weise den Rücken gekehrt. Nicht zuletzt gingen die, die sich etwas zutrauten. Diese Form des

Widerstands schwächte die Gesellschaft wie in keinem anderen mitteleuropäischen Land. Mit dem Mauerfall begann auch eine Bewegung in die entgegengesetzte Richtung. Sie war und ist größer als gemeinhin angenommen: Bis Ende 2008 sind etwas mehr als zwei Millionen Menschen aus dem Westen zumindest zeitweilig in die neuen Länder und nach Berlin gezogen – das entspricht etwa der Einwohnerschaft von Frankfurt am Main und München zusammen. Zuerst kamen die Glücksritter, dann viele, die familiäre Bindungen hatten, die sich am Aufbau beteiligen wollten oder die das Abenteuer eines einzigartigen Neubeginns reizte.

Doch die ganz überwiegende Mehrheit der Westdeutschen hielt Distanz. Fünfzehn Jahre nach der Einheit hatte erst jeder Fünfte einen Fuß ins Beitrittsgebiet gesetzt. Was sich bei vielen Ostdeutschen später einstellte, schien bei Westdeutschen rasch einzutreten – eine innere Abschottung. Dazu mag die Scheu vor einer Wiederbegegnung mit der eigenen Geschichte beigetragen haben. Denn plötzlich waren die Bundesbürger ganz direkt mit dem Erbe der zweiten deutschen Diktatur konfrontiert, das auf gemeinsame Schuld verwies. Und dies hatte nicht nur eine moralische, sondern auch eine materielle Komponente. An finanzieller Hilfe für jene, die fünfundvierzig Jahre auf der Schattenseite gelebt hatten, ließ man es nicht mangeln. Die Großzügigkeit hatte aber eine Kehrseite, weil sie mit der Unlust einherging, sich auf die Verhältnisse im Osten einzustellen. Aus dem Osten hätte man am liebsten eine Kopie des Westens geformt – mit der Übertragung von Gesetzen und Verwaltungsrichtlinien, Schulordnungen und Steuerformularen. In dieser Art Vereinigungsprozess spielte die Selbstbefreiung der Ostdeutschen keine konstitutive Rolle. Sie passte auch nicht ins Konzept. Westdeutsche plädierten eher für Schlussstrich und Versöhnung als Ostdeutsche. Das entmutigte diejenigen, die eine rückhaltlose Aufklärung der Diktaturvergangenheit wollten. Auch das bereitete der stillen Restauration den Weg.

Die Väter des Grundgesetzes hatten 1949 für die Stunde der Wiedervereinigung ein Testament hinterlassen – den Schlussartikel 146. Er sah vor, nach «Vollendung der Einheit und Freiheit Deutschlands» eine vom Volk in freier Entscheidung beschlossene Verfassung in Kraft treten zu lassen. Diesen Auftrag bekräftigten beide deutsche Parlamente im Einigungsvertrag. Eine Bund-Länder-Kommission befasste sich damit. 1994 stand endlich ein Ergebnis fest: Das Volk durfte nicht über eine neue Verfassung abstimmen. Deshalb blieb es beim Grundgesetz, das seine Erfinder als Provisorium verstanden hatten. Die Chance eines gemeinsamen Gründungsaktes für das neue Deutschland unter Beteiligung der Bürger in Ost und West war vertan.

Auf Beschluss des Bundestages soll nun spätestens am 9. November 2014, dem 25. Jahrestag des Mauerfalls, in Berlin und Leipzig jeweils ein Freiheits- und Einheitsdenkmal eingeweiht werden. Gewürdigt wird damit das Jahr des Wunders. Damals haben die Ostdeutschen mit der friedlichen Revolution etwas in Bewegung gebracht, was bedeutsamer nicht sein könnte: Der Kalte Krieg ist Geschichte, in Deutschland herrscht keine Diktatur mehr, die Teilung ist Vergangenheit und die Bundesrepublik eine Demokratie unter anderen. Die Zeit der deutschen Sonderwege ist vorbei. Die Parlamentarier schwärmen von einem Monument, das nationale Identität stiften soll, und von einem Mahnmal des historischen Glücks. Sinn eines Mahnmals ist es tatsächlich, etwas vor dem Vergessen zu bewahren. Und gewiss gibt es vieles, was vergessen ist in Ost und West. Darin sind die Deutschen schon vereinigt.

Anmerkungen

TEIL I
Ein Staat geht unter, das Unrecht bleibt

1 Der Hamburger CDU-Vorsitzende Erik Blumenfeld hatte bereits am 1. 9. 1961 die Registrierung von SED-Gewalttaten angeregt. Vier Tage später griff Brandt den Vorschlag auf und gab Empfehlungen zu seiner Verwirklichung. Damit setzte er das Thema auf die politische Agenda.

2 Der Spiegel 40/1991: «‹Den Schlussstrich ziehen›»

3 Die Zeit 51/1985: «Noch weiße Flecken auf der Landkarte»

4 Der Spiegel 12/1989: «So grau muss es ja nicht bleiben»

5 Vgl. Bundestagsdrucksache 11/8305, S. 9

6 Vgl. Sauer/Plumeyer: Der Salzgitter-Report, S. 242

7 Dies hat unter anderem der Europäische Gerichtshof für Menschenrechte am 22. 3. 2001 in seinem Urteil gegen Krenz und andere festgestellt.

8 Dissertation von Ludwig Einicke vom 15. 10. 1975, 92 Seiten, JHS MF VVS 001–309/75

9 Hornbogen/Nakath/Stephan (Hg.): Außerordentlicher Parteitag der SED/PDS, S. 332

10 Bild am Sonntag vom 5. 1. 1986: «‹DDR›-Verbrechen: Wir können keinen bestrafen …»

11 Der Spiegel 12/1984: «‹Es lässt sich eine Menge tun›»

12 Die Tageszeitung vom 3. 8. 1988: «Sommerloch Salzgitter/Erfasst lieber die Umwelttäter!»

13 Magdeburger Volksstimme vom 15. 1. 1990: «Kontaktaufnahme mit einer ‹Unheimlichen›»

14 Sauer/Plumeyer: Der Salzgitter-Report, S. 8

15 Vgl. Schaefgen: Der Honecker-Prozess, in: Weber/Piazolo (Hg.): Eine Diktatur vor Gericht, S. 89. Außerdem Wesel: Ein Staat vor Gericht, S. 7

16 In Berlin das Land-, Kammer- und Verfassungsgericht, in Karlsruhe der Bundesgerichtshof und das Bundesverfassungsgericht sowie in Straßburg der Europäische Gerichtshof für Menschenrechte

17 Vgl. Schaefgen: Der Honecker-Prozess, in: Weber/Piazolo (Hg.): Eine Diktatur vor Gericht, S. 89 f.

18 Honecker: Politische Erklärung, S. 14

19 Honecker: ebenda, S. 14 f.

20 Südthüringer Zeitung vom 8. 3. 2007: «‹Ich kann gar nicht so viel fressen, wie ich kotzen möchte …›»

21 Der Spiegel 1/1995: «Rotkäppchen und die PDS»

22 So sowjetische Regierungsangaben von Juli 1990, die westliche Historiker für untertrieben halten.

23 Roginskij/Rudolph/Drauschke/Kaminsky (Hg.): Erschossen in Moskau, S. 11 und S. 31

24 Die Zahlen beruhen auf Angaben der Enquete-Kommission, neuere Erkenntnisse sind berücksichtigt.

25 Vgl.: Abweichender Bericht der Berichterstatterin der Gruppe Bündnis 90/Die Grünen im 1. Untersuchungsausschuss, Ingrid Köppe, MdB. Der sogenannte Köppe-Bericht enthält auf S. 59f. den «Exkurs: Mysteriöse Todesfälle bei Koko und SED-Parteifirmen». Beleuchtet werden die Umstände des Todes von Karl-Heinz Noetzel, Peter Bruns, Fritz John Bruhn, Uwe Harms, Manfred Pulitzer, Klaus-Dieter Kranz, Herbert Rübler und Horst Bosse. Der Verfassungsschutz geht von mehr als dreißig solcher rätselhaften Todesfälle aus.

26 Nach Angaben von Manfred Kittlaus, Leiter der Zentralen Ermittlungsgruppe für Regierungs-Vereinigungskriminalität (ZERV). Siehe: www. tellus-international.de/discus_gedenkbibliothek/messages/14/37.html? 995299674 (Stand: Februar 2009)

27 Nicht enthalten sind Inhaftierte in Militär-Gefängnissen und der Stasi-Untersuchungshaftanstalten. Vgl. Kittlaus sowie Bundesjustizministerium: Im Namen des Volkes?, Wissenschaftlicher Begleitband, S. 257

28 Vgl. Historical Social Research, Vol. 23, 1998: «Politische Strafgefangene in der DDR. Versuch einer statistischen Beschreibung» von Wilhelm Heinz Schröder und Jürgen Wilke. Den Forschern zufolge waren allein unter den zwischen 1960 bis 1990 zu Freiheitsstrafen verurteilten DDR-Bürgern rund 230000 politische Gefangene. Darunter befanden sich etwa 130000 Gefangene, die nach § 249 («asoziales Verhalten») verurteilt worden waren. Für 1945 bis 1990 werden als obere Anzahl 280000 und als untere Anzahl 170000 potenzielle Strafgefangene «mit politischem Einschlag» genannt.

29 Vgl. Bundesjustizministerium: Im Namen des Volkes? Katalog, S. 212

30 Wassermann: Ein epochaler Umbruch, S. 91

31 Giesecke: Die hauptamtlichen Mitarbeiter der Staatssicherheit, S. 396

32 Protokoll in Der Spiegel 9/1990: «‹Ich bin ein armer Mann›»

33 Presseservice der SPD: Mitteilung 47/1990 vom 30. 1. 1990

34 Przybylski: Tatort Politbüro, S. 175

35 Gegen Honecker wurde weiter wegen Vertrauensmissbrauchs im schweren Fall im Zusammenhang mit der Vergeudung staatlicher Mittel ermittelt. Dazu wurde er am 27. 8. 1990 in Beelitz gehört.

36 Berliner Zeitung vom 27. 3. 1990: «Hochverratsverdacht hat sich nicht bestätigt»

37 Mit § 96 StGB-DDR («Hochverrat») korrespondiert § 81 StGB («Hochverrat gegen den Bund»). Beide Strafvorschriften erfassen denselben Unrechts-

typ, die Beseitigung einer verfassungsmäßigen Ordnung. Damit war die Strafbarkeit nach beiden Strafordnungen prinzipiell gegeben, was Voraussetzung für die Ahndung einer Straftat war.

38 Vgl. Die Welt vom 15. 9. 2008: «‹Ich bedauere, ich schäme mich›»

39 Gesicherte und überprüfbare Angaben gibt es nicht. Die Arbeitsgemeinschaft 13. August hat 2008 eine Todesopfer-Statistik mit 1303 Opfern vorgelegt. Sie ist widersprüchlich und enthält Fälle von DDR-Bürgern, die an den Außengrenzen von Bulgarien, Polen und der Tschechoslowakei getötet worden sind. Der Historiker Hans-Hermann Hertle geht von weniger als 780 gesicherten Opfern aus. Der Autor Roman Grafe, ein Spezialist für das Grenzregime, spricht von rund 1000 gewaltsamen Todesfällen.

40 Vgl. Marxen/Werle: Gewalttaten an der deutsch-deutschen Grenze, Band 2/2. Teilband, S. 528 f.

41 Schultke: «Keiner kommt durch», S. 94 f.

42 Vgl. Diedrich/Ehlert/Wenzke: Im Dienste der Partei, S. 237 f.

43 Die Tageszeitung vom 2. 12. 1991: «Wie rechnet man mit einer Epoche ab?» (Schorlemmer) sowie «Kein Fall für die Justiz» (Wieland)

44 In dieser Funktion lobte Wieland kurioserweise die Ergebnisse der strafrechtlichen Aufarbeitung des SED-Unrechts. Unkenrufe, dass die deutsche Justiz «an der Regierungskriminalität scheitern werde, sind verstummt». Vgl. Vorwort von Wieland in: Bästlein, Fall Mielke, S. 10

45 Berliner Morgenpost vom 21. 12. 1992: «Gaus: Honecker-Prozess fehlt rechtliche Grundlage»

46 Reich: «A la laterne». In Kursbuch 111: In Sachen Erich Honecker, S. 3 f.

47 Der Spiegel 32/1992, 35/1992, 44/1992: «Ein politischer Prozess», «Honeckers Krebs», «Die Justiz-Farce»

48 Der Spiegel 34/1992: «‹Nagelprobe für den Rechtsstaat›»

49 Vgl. Jung: Geschichte der Verlierer, S. 157

50 Vgl. Schürer: Gewagt und gewonnen, S. 172

51 Der Spiegel 44/1993: «Auf den Stufen Babylons»

52 Vgl. Auerbach: Vorbereitung auf den Tag X. Die geplanten Isolierungslager des MfS

53 Vgl. Hertle/Stephan (Hg.), Das Ende der SED, S. 58

54 Vgl. Gieseke: Die hauptamtlichen Mitarbeiter der Staatssicherheit, S. 397

55 Darin enthalten sind die Inoffiziellen Mitarbeiter (IM) der Auslandsspionage HVA – 13 400 in der DDR und 6000 in der Bundesrepublik. Vgl. Müller-Enbergs: Inoffizielle Mitarbeiter des Ministeriums für Staatssicherheit, Teil 3, S. 216

56 Neben der Hauptabteilung I war die Hauptabteilung VI für die Grenzsicherung zuständig. Sie war etwa für Passkontrollen, Fahndungen im grenzüberschreitenden Verkehr und die Fahndung an den Grenzübergangsstellen zuständig. Vgl. Müller-Enbergs, Inoffizielle Mitarbeiter des Ministeriums für Staatssicherheit, Teil 3, S. 50

57 Andert/Herzberg: Der Sturz, S. 371

58 Schaefgen: Der Honecker-Prozess, in: Weber/Piazolo (Hg.): Eine Diktatur vor Gericht, S. 98

59 Der Spiegel 31/1993: «‹Fatale Haltung›»

60 Wassermann: Im Wind der Veränderung, S. 169

61 Frankfurter Allgemeine Zeitung vom 31. 5. 1994: «Honecker lebt»

62 Nachfolgende Zitate aus Urteilen stammen aus der mehrbändigen Dokumentation «Strafjustiz und DDR-Unrecht», die Klaus Marxen und Gerhard Werle herausgegeben haben. Dort nicht enthaltene Urteile wurden von Justizpressestellen übermittelt und befinden sich im Archiv der Verfasser.

63 Honecker, Politische Erklärung, S. 7

64 In dem Verfahren wurde auch über die Beschwerde von Egon Krenz verhandelt. In Deutschland war seine Verfassungsbeschwerde gegen das Urteil des BGH von November 1999 und gegen das Urteil des Berliner Landgerichts von August 1997 vom Bundesverfassungsgericht nicht zur Entscheidung angenommen worden.

65 Bundesjustizministerium: Im Namen des Deutschen Volkes, Katalog zur Ausstellung mit einem Vorwort des Ministers Hans A. Engelhard

66 Schäuble: Der Vertrag, S. 265 f.

67 Kohl: Erinnerungen 1990–1994, S. 206 und S. 320 f.

68 So stellt es der letzte sowjetische DDR-Botschafter Wjatscheslaw Kotschemassow dar. Vgl. Spiegel 36/97: «‹Eindeutig ein Gericht der Sieger›»

69 Vgl. Die Tageszeitung vom 3. 1. 1991 und vom 6. 2. 1991: «Zentrale Stelle soll aufklären» und «CDU: Erfassungsstelle ausbauen»

70 Der Spiegel 7/1992: «‹Ich werde jetzt massiv›»

71 Focus 14/1995: «DDR-Verbrechen: ‹Am Ende bleibt nichts›»

72 Der Spiegel 50/1994: «SED-Unrecht: ‹Kultur der Verbitterung›»

73 Ebenda

74 Die Tageszeitung vom 28. 11. 1994: «Das größte Opfer müssen die Opfer bringen»

75 Der Spiegel 4/1995: «‹Das Strafen muss ein Ende finden›»

76 Die Zahlen entsprechen dem Mittelwert der den Autoren vorliegenden Schätzungen. Nicht enthalten sind 5636 Ermittlungsverfahren, die der Generalbundesanwalt von Anfang Januar 1991 bis Ende Juli 1997 wegen Spionage seitens der DDR gegen 7100 Beschuldigte, darunter fast 4170 ehemalige DDR-Bürger, eingeleitet hat.

77 Diesen absurden Vorwurf hat Siegfried Prokop im «Freitag» vom 22. 6. 2001 («Denn keiner ist ohne Schuld») erhoben. Der abgewickelte Humboldt-Professor war von 1994 bis 1996 Vorsitzender der PDS-nahen «Alternativen Enquete-Kommission Deutsche Zeitgeschichte».

78 PDS-Sondervotum im Schlussbericht der Enquete-Kommission «Überwindung der Folgen der SED-Diktatur im Prozess der Deutschen Einheit». Bundestagsdrucksache 13/11000 vom 10. 6. 1998

79 Ohne die Rechtshistoriker Klaus Marxen und Gerhard Werle von der

Berliner Humboldt-Universität gäbe es überhaupt keine verlässlichen quantitativen Erkenntnisse. Die beiden Wissenschaftler starteten 1996 das Forschungsprojekt «Strafjustiz und DDR-Vergangenheit» und bauten, anfangs gegen erhebliche Widerstände von Datenschützern, eine umfangreiche Datenbank auf. Die Stiftung zur Aufarbeitung der SED-Diktatur stellt in dem schmalen Band «Die Strafverfolgung von DDR-Unrecht. Fakten und Zahlen» zusammenfassend die wichtigsten Ergebnisse vor.

80 Wegen Spionage für die DDR wurden mindestens 364 Westdeutsche und 23 Ostdeutsche verurteilt. Vgl. Herbstritt: Bundesbürger im Dienst der DDR-Spionage, S. 29 f.

81 Die Tageszeitung vom 8. 8. 1990 und 2. 12. 1991: «Amnestie soll auch für DDR-Urteile gelten» und «Wie rechnet man mit einer Epoche ab?»

82 Südthüringer Zeitung vom 8. 3. 2007: «‹Ich kann gar nicht so viel fressen, wie ich kotzen möchte …›. Ein Buchverbot, ein Gerichtstermin und ein Brief des Schriftstellers Ralph Giordano im Wortlaut»

83 Die Übersicht hätte ohne die freundliche Unterstützung von Petra Schäfter vom Forschungsprojekt «Strafjustiz und DDR-Unrecht» sowie ohne die Hilfe von Justizbehörden in Bayern, Berlin, Brandenburg, Mecklenburg-Vorpommern, Sachsen, Sachsen-Anhalt und Thüringen nicht erstellt werden können.

84 Exemplarisch ist der Fall des Schauspielers Ulrich Mühe. Ausweislich seiner Stasi-Opferakte hatte seine Ex-Frau Jenny Gröllmann über ihn an den Geheimdienst berichtet. Sie war vom Geheimdienst als IM «Jeanne» geführt worden. Gröllmann stritt trotz der sie belastenden Unterlagen eine wissentliche Zusammenarbeit mit dem MfS ab und gab dazu eidesstattliche Versicherungen ab. Das Ergebnis war ein Sprechverbot für Mühe. Noch nach seinem Tod hat das Kammergericht Berlin die Verbreitung eines im «Focus» veröffentlichten Interviews verboten.

85 Im Zusammenhang mit den Deliktgruppen Wahlfälschung (235 Angeschuldigte), Doping (67) und Denunziation (11) wurden lediglich Geld- oder Bewährungsstrafen ausgesprochen – gegen 151 Täter

86 Die Angaben über Anklagen und Verurteilungen in den einzelnen Deliktgruppen stammen allesamt aus Marxen/Werle/Schäfter: Die Strafverfolgung von DDR-Unrecht. Fakten und Zahlen. Bei MfS-Straftaten sind sie um eigene Erkenntnisse ergänzt worden.

87 Bezogen auf das Jahr 1996, ohne Verkehrsstraftaten. Vgl. Marxen/Werle/Schäfter: Die Strafverfolgung von DDR-Unrecht, S. 40

88 Landgericht Dessau 1 Ks/01 Z, StA Magdeburg 653 Js 28630/97

89 Landgericht Stendal, Urteil vom 10. 3. 2000, Geschäftsnummer 502 Ks 33 Js 37063/95–21/95

90 Der Pastor Heiko Lietz hat den Fall aus seiner Perspektive detailliert geschildert. Siehe: «Horch und Guck», Heft 59, 1/2008: «Stasi-Wachmann tötet zwei Güstrower». Für Werner Funk konnte die tatsächlich verbüßte

Haftzeit nicht mehr ermittelt werden, angenommen wurde in der Tabelle die Regelstrafzeit.

91 Fünfter Tätigkeitsbericht der Behörde. Siehe: Bundestagsdrucksache 1472/10 vom 26. 9. 2001, S. 89

92 Die Zeit 9/1991: «Ein Prozess läuft ins Leere»

93 Zusammen mit Egon Krenz sollte Tisch später noch wegen der Todesschüsse an der Grenze vor Gericht gestellt werden. Er verstarb vor Beginn der Hauptverhandlung.

94 Damals hieß Jendretzky noch Eisermann.

95 Pressemitteilung Die Linke. PDS vom 5. 7. 1999: «Solidarisch mit Irmgard Jendretzky»

96 Zit. nach Friedrich: Die kalte Amnestie, S. 451

97 Siehe Müller: Supergau Deutsche Einheit, S. 22 f. und S. 279, Fußnote 4

98 Vgl. Schwanitz: «Rehabilitierung und Entschädigung der Opfer politischer Verfolgung in der SBZ/DDR». In: X. Bautzen-Forum der Friedrich-Ebert-Stiftung: Eine Zwischenbilanz der Aufarbeitung der SBZ/DDR-Diktatur 1989–1999, S. 146

99 Genaue Angaben sind im Bundesarbeitsministerium nicht mehr verfügbar.

100 Nach Auskunft des Bundesarbeitsministeriums erhielten 1104 Personen die volle Entschädigungsrente von 717,50 Euro, 1003 Witwen und Witwer eine Rente von 410,00 Euro, 37 Vollwaisen von 256,25 Euro sowie 23 Halbwaisen eine Rente von 153,70 Euro.

101 Bundestagsdrucksache 431/92

102 Schwanitz: «Rehabilitierung und Entschädigung der Opfer politischer Verfolgung in der SBZ/DDR». In: X. Bautzen-Forum der Friedrich-Ebert-Stiftung: Eine Zwischenbilanz der Aufarbeitung der SBZ/DDR-Diktatur 1989–1999, S. 152

103 Bundestagsdrucksache 15/3150

104 Beschluss des 22. Parteitages der CDU: «Geteilt. Vereint. Gemeinsam», S. 9

TEIL II
Parteien ohne Volk

1 de Maizière: Anwalt der Einheit, S. 139

2 Langguth: Angela Merkel, S. 134

3 Im November 2005 übernahm mit Michael Glos (CSU) zumindest ein Politiker der Schwesterpartei den Posten.

4 Der Satz ist von Richard von Weizsäcker und stammt aus dem Jahr 1983.

5 Der Spiegel 7/1988: «CDU: Abschied von den alten Einheitsträumen»

6 CDU: «Unsere Verantwortung in der Welt», 36. Bundesparteitag, 13.–15. Juni 1988, S. 482 f.

7 Graw: (Historiker-)Streit unter Adenauers Enkeln, S. 368

8 Noch am 14. Mai 1992 sagte Günter Grass dem «Neuen Deutschland»: «Es ist zu einer entsetzlichen Kolonialisierung gekommen. Mit großer Arroganz. Die Besitzenden werden die Westdeutschen sein. Und die führen in der ehemaligen DDR einen Morgenthau-Plan durch, der Gebiete verarmen läßt, die von der Geschichte her Industriegebiete waren. Und alles auf dem Rücken von Menschen, die größte seelische Beschädigungen auszuhalten hatten.»

9 Böhmer: Der Geist des Kapitalismus, S. 250

10 Im Oktober 2008 sagte Merkel auf einem Ost-Perspektivkongress ihrer Partei in Dresden, sie gehe davon aus, dass zum 40. Jahrestag der deutschen Einheit – das wäre der 3. Oktober 2030 – «die Chancengleichheit in wesentlichen Teilen hergestellt» sein könnte.

11 Kohl: Erinnerungen 1990–1994, S. 37

12 de Maizière: Anwalt der Einheit, S. 73 f.

13 Kohl: Erinnerungen 1990–1994, S. 38

14 Laut Kohl nahmen an dem Treffen auch Martin Kirchner (DDR-CDU), Rainer Eppelmann (DA) und Peter-Michael Diestel (damals noch DSU) sowie Vertreter einer kleinen liberalen Gruppe teil.

15 Kohl: Erinnerungen 1990–1994, S. 39

16 Die Tageszeitung vom 1. 10. 1990: «Die CDU führt die Stasi-Liste an». 15 Minister und Abgeordnete wurden aufgefordert, ihr Mandat niederzulegen. Von der CDU waren das Rudolf Essler, Dieter Frönicke, Armin Kleinau, Harald-Dietrich Kühne und Eberhard Schiffner. Sein Mandat bereits niedergelegt hatte CDU-Wirtschaftsminister Gerhard Pohl.

17 Die Zeit vom 5. 10. 1990: «Am Ende die bittere Abrechnung»

18 Vgl. Höllen: Loyale Distanz? Katholizismus und Kirchenpolitik in der SBZ und DDR. Ein historischer Überblick in Dokumenten, S. 374

19 Brief der CDU-Ortsgruppe Neuenhagen vom 27. Juni 1988, Archiv der Verf.

20 Neue Zeit vom 26. 10. 1989: «Brief aus Weimar an die Mitglieder und Vorstände der Christlich-Demokratischen Union Deutschlands»

21 Vgl. Dresdner Manifest «Die Zukunft gemeinsam gestalten. Die neuen Aufgaben deutscher Politik», S. 346 f.

22 Vgl. www.regierung-mv.de (Stand: Februar 2009)

23 Vgl. http://www.volker-sklenar.de (Stand: Februar 2009)

24 Vgl. Stephan u. a.: Die Parteien und Organisationen der DDR, S. 358

25 Bauernecho vom 3. 7. 1989: «Berlin – sozialistische Metropole in Farben der DDR»

26 Gleichwohl unterstützt die CDU gelegentlich Mandatsträger mit MfS-Biographie. So trat in Sachsen der Bürgermeister von Mühlau, Frank Rüger, aus der Partei aus, nachdem seine Vergangenheit bekannt wurde. Christdemokraten unterstützten ihn danach bei der Wiederwahl, um den Kandidaten einer Wählergemeinschaft zu verhindern.

27 Die Welt vom 22. 11. 2008: «Tillichs Vergangenheit bringt die CDU in Erklärungsnöte»

28 Den Verfassern liegt die Korrespondenz vor.

29 von Ditfurth: Blockflöten, S. 11

30 Böhmer, a.a.O., S. 177

31 dpa-Meldung vom 9. 12. 2008: «Linke werfen Tillich in der DDR-Debatte Doppelmoral vor»

32 Vgl. www.ministerpraesident.sachsen.de/6231.htm (Stand: Februar 2009)

33 Medieninformation der Sächsischen Staatskanzlei vom 29. 11. 2008: «Erklärung zur Berichterstattung des Magazins ‹Der Spiegel›»

34 CDU-Landesverband am 24. 11. 2008: «‹Ostdeutsche wegen ihres Lebens in der DDR nicht stigmatisieren›»

35 Schreiben von Regierungssprecher Peter Zimmermann an «Die Welt» vom 8. 1. 2009, Archiv der Verf.

36 Nolle: «Sonate für Blockflöten und Schalmeien. Gegen das Vergessen – Erinnerungen an die nicht aufgearbeitete Geschichte der Staatspartei CDU und ihre tiefe Verwurzelung im SED-Regime» (Rohfassung des Manuskripts), Archiv der Verf.; vgl. außerdem www.karl-nolle.de, wo der Vorgang dokumentiert ist.

37 Nach den Wahlen auf dem 22. CDU-Landesparteitag am 24. 5. 2008

38 Süddeutsche Zeitung vom 26. 8. 1990: «Schatten der Vergangenheit»

39 Vgl. www.hwk-leipzig.de (Stand: Februar 2009)

40 Die Welt vom 3. 8. 2007: «Erneut Stasi-Vorwürfe gegen prominenten Vertreter der Ost-Wirtschaft»

41 Die Tageszeitung vom 6. 1. 1990: «‹Sie werten die SED auf›»

42 Spiegel 25/1990: «‹Östlicher und protestantischer›»

43 Der Spiegel 10/2008: «‹Die SPD ist eine zerrissene Partei›»

44 Die Welt vom 10. Juni 2008: «Das Doppelgesicht des moralischen Scharfrichters»

45 Vgl. Langguth: Angela Merkel, S. 107

46 Ebenda, S. 108

47 Süddeutsche Zeitung Magazin vom 29. 2. 2008: «Und es war Sommer»

48 Langguth: Angela Merkel, S. 96

49 Ebenda, S. 62

50 Vgl. http://www.dhm.de/lemo/html/dokumente/DieDeutscheEinheit_redeBrandt1989/index.html (Stand: Februar 2009)

51 Sturm: Uneinig in die Einheit, S. 209

52 Brandt: «... was zusammengehört», S. 49

53 Der Spiegel 46/1989: «Absurde Debatte»

54 Brandt, a.a.O., S. 64f.

55 Vgl. Glotz: Von Heimat zu Heimat, S. 273

56 Kohl: Erinnerungen 1990–1994, S. 486f.

57 Walter: Baustelle Deutschland, S. 53

58 Nach SPD-Angaben, vgl. http://www.spd.de/de/partei/organisation/mit-glieder/index.html (Stand: Februar 2009)

59 Vom 3. Oktober 1990 bis zum 31. Dezember 2008 gerechnet

60 Auf der Gedenktafel, die heute an der Kirche in Schwante an die SDP-Gründung erinnert, ist von 43 Gründern die Rede. Auf den insgesamt vier Gründungsurkunden, von denen einige zur Sicherheit bei Freunden hinterlegt wurden, hat eine jeweils unterschiedliche Zahl von SDP-Mitgliedern unterzeichnet.

61 Rieke (Hg.): Sozialdemokraten als Opfer im Kampf gegen die rote Diktatur, S. 6

62 Herzberg/zur Mühlen (Hg.): Auf den Anfang kommt es an, S. 49

63 Sturm, Uneinig in die Einheit, S. 153

64 Frankfurter Rundschau vom 13. 9. 1989: Norbert Gansel: «Wenn alle gehen wollen, weil die falschen bleiben ...»

65 Der Spiegel 38/89: «Ratlosigkeit in Ost und West»

66 Die Zeit vom 14. 10. 1999: «Dann ging ich allein»

67 Brandt, «... was zusammengehört». Reden zu Deutschland, S. 69

68 Die Akten der SED-Grundorganisation der PH Dresden der Jahrgänge 1981–1989 wurden laut Auskunft des Sächsischen Staatsarchivs an Verf. vernichtet.

69 Eva-Maria Stange: «Untersuchungen zur Planung, Führung und Gestaltung des Physikunterrichts unter besonderer Beachtung lernpsychologischer Erkenntnisse mit dem Ziel der bewußten Ausbildung ausgewählter geistiger Handlungen. – Dargestellt am Beispiel der Stoffeinheit ‹elektromagnetische Induktion› Klasse 9.» Dissertation zur Erlangung des akademischen Grades Doktor eines Wissenschaftszweiges Dr. paed., eingereicht bei der Fakultät für Pädagogische Wissenschaften des Wissenschaftlichen Rates der Pädagogischen Hochschule «Karl Friedrich Wilhelm Wander», Dresden 1985

70 Die Welt vom 15. 1. 2009: «Niemand wollte die Bürgerrechtler»

71 Süddeutsche Zeitung vom 11. 3. 2008: «Es ist Zeit für den inhaltlichen Kampf»

72 Focus, 32/06: «SPD/Ein Mann will nach oben»

73 Der Spiegel vom 18. 6. 2007: «Die rote Republik»

74 Pressemitteilung 31/2009 der sächsischen Landtagsfraktion Bündnis 90/Die Grünen: «Bewerbungsrede von Antje Hermenau am 31. 1. 2009 zur Spitzenkandidatur für Bündnis 90/Die Grünen zur Landtagswahl»

75 Vgl. Spiegel-Online vom 15. 12. 2007: «Als Sachsen rot war»

76 Die Welt vom 14. 4. 2008: «Lafontaines Manifest»

77 Eigene Berechnung, Stand 30. September 2008

78 Martin Kroh; Thomas Siedler: Die Anhänger der «Linken» – Rückhalt quer durch alle Einkommensschichten. Wochenbericht des DIW Berlin Nr. 41/2008, S. 628 ff.

79 Die Welt vom 14. 4. 2008: «Lafontaines Manifest»

80 Beschluss des Vorstands der Linkspartei zur Konferenz «60 Jahre Grundgesetz – offen für eine neue soziale Idee»

81 Der Spiegel 1/1999: «Reha-Klinik für Verräter»

82 Konkret 11/2008: «Man drückt sich nicht». Gespräch mit Christel Wegner

83 Deutscher Bundestag 16. Wahlperiode, Drucksache 16/3392, Bericht des Ausschusses für Wahlprüfung, Immunität und Geschäftsordnung (1. Ausschuss) zu dem Überprüfungsverfahren des Abgeordneten Roland Claus gemäß § 44c Abs. 2 des Abgeordnetengesetzes (AbgG) vom 10. 11. 2006

84 In der Phoenix-Runde am 2. 10. 2008 saß neben Claus auch Wolfgang Welsch, auf den das MfS mehrere Mordanschläge verübt hat.

85 Junge Welt vom 7. 1. 2009: «Linke wollen mehr ‹Rot-Rot›»

86 Vgl. http://www.dielinke-brandenburg.de/partei/parteitage/1_landesparteitag_die_linkebrandenburg/2_tagung/kerstin_kaiser/ (Stand: Februar: 2009)

87 Gysi: Zur Tätigkeit des ehemaligen MfS. Erklärung. PDS-Pressedienst vom 19. 4. 1991

88 Allertz: Die Linke und das MfS. Unter: www.mfs-insider.de (Stand: Januar 2009)

89 Junge Welt vom 26. 1. 2009: Offener Brief von Hans Modrow an Bundespräsident Horst Köhler

90 Jelpke: Grußwort in Venezolanischer Botschaft, 13. 4. 2008. Unter: http://www.ulla-jelpke.de/news_detail.php?newsid=831 (Stand: Februar 2009)

91 Jelpke: Erklärung: Fabeln statt Fakten, 23. 7. 2008. Unter: http://www.ulla-jelpke.de/news_detail.php?newsid=931 (Stand: Februar 2009)

92 Stern.de vom 14. 1. 2009: «stern-Umfrage: Jeder Zweite nennt Israel ‹aggressiv›»

93 Die Welt vom 28. 2. 2009: «‹Die DDR war kein Rechtsstaat, aber auch kein Unrechtsstaat›»

TEIL III
Das Überleben der Eliten

1 Die Welt vom 19. 6. 2004: «Stasi führte Engelmann als IM ‹Albers›»

2 Böhmer: «Lieber die unbarmherzige Wahrheit als eine barmherzige Lüge», S. 205

3 Vgl. «Junge Freiheit» vom 28. 10. 2005: «‹Symbol unserer Einheit›». Interview mit Ludwig Güttler

4 Prof. Ludwig Güttler: «Persönliche Stellungnahme und Gegendarstellung zu den beim Bundesbeauftragten für die Unterlagen des Staatssicherheitsdienstes in der ehemaligen Deutschen Demokratischen Repu-

blik vorliegenden Akten zu meiner Person», undatierte Kopie der BStU Außenstelle Dresden, Archiv der Verf.

5 Tageszeitung vom 1. 12. 1992: «Unterm Strich»
6 Die Zeit vom 8. 4. 1994: «Wie ein Mühlstein am Hals»
7 Vgl. Leipziger Volkszeitung vom 16. 9. 1993: «Stasi-Papier war echt/IM-Akte über den Trompeter Güttler»
8 Vgl. http://www.ddr89.de/ddr89/chronik/1289/011289.html (Stand: Februar 2009)
9 Schreiben der BStU an Uwe Müller vom 10. 11. 2008
10 Vgl. Antwort des Sächsischen Staatsministeriums für Wissenschaft und Kunst auf eine Kleine Anfrage des SPD-Abgeordneten Karl Nolle vom 4. 10. 2006, Drucksache 4/6070
11 Antwort des Sprechers des Bundespräsidenten Martin Kothé vom 17. 6. 2008 auf eine Anfrage, Archiv der Verf.
12 Anfangs war der britische Verleger Robert Maxwell mit 50 Prozent beteiligt. Als er 1991 ums Leben kam und sein Konzern pleiteging, übernahm Gruner + Jahr seine Anteile.
13 Die 39 Tageszeitungen der DDR hatten 1989 eine Gesamtauflage von 9,82 Millionen Exemplaren. 70 Prozent entfielen auf SED-Zeitungen, 21 Prozent auf Zeitungen der Massenorganisationen und neun Prozent auf Zeitungen der anderen Blockparteien. Auflagenstärkstes Blatt war das FDJ-Organ «Junge Welt» (1 500 300 Exemplare im Jahr 1989), gefolgt vom SED-Zentralorgan «Neues Deutschland» (1 101 880 Exemplare). Die Zeitungen der anderen Blockparteien, die vor Gründung der Treuhandanstalt privatisiert worden waren und in vergleichsweise kleinen Auflagen erschienen, hatten einen schweren Stand. Das CDU-Zentralorgan «Neue Zeit» (114 000 Exemplare) und das LDPD-Zentralorgan «Der Morgen» (63 000 Exemplare) wurden in der ersten Hälfte der neunziger Jahre eingestellt. Die einstigen SED-Bezirkszeitungen (5 783 100 Exemplare inklusive «Berliner Zeitung» und «BZ am Abend») waren die Sieger des Umbruchs. Sie waren 1992 unter den zehn auflagenstärksten Regionalzeitungen ganz Deutschlands sechsmal vertreten.
14 Vgl. Schneider/Möhring/Stürzebecher: Ortsbestimmung. Meyer-Lucht: Verblühende Regionalpresse-Landschaften im Osten?
15 Beschluss des Politbüros des ZK der SED, 7. November 1972. In: Die Aufgaben der Agitation und Propaganda bei der weiteren Verwirklichung der Beschlüsse des VIII. Parteitages der SED, Berlin 1972, S. 84
16 Berliner Zeitung vom 10. 10. 1989: «Nachgeholfen vor surrender Kamera» und «Der Sozialismus bleibt unantastbar»
17 Duchkowitsch/Hausjell/Semrad (Hg.): Die Spirale des Schweigens, S. 104
18 Frankfurter Allgemeine Zeitung vom 15. 5. 2001: «Und wo stehst Du, Genosse Journalist?»
19 Reichert: Transformationsprozesse, S. 50
20 Frankfurter Allgemeine Zeitung vom 19. 6. 06: «Aufruf anlässlich der

ARD-Intendantenkonferenz am 19./20. Juni 2006: Hagen Boßdorf als Sportkoordinator nicht mehr tragbar – Solidarität mit dem ARD-Sportjournalisten Hajo Seppelt»

21 Süddeutsche Zeitung Magazin vom 6. 2. 2009: «Ein Gespräch über einen deutsch-deutschen Lebenslauf»

22 Die Welt vom 29. 3. 2008: «Der Weg eines Stasi-Agenten an die Redaktionsspitze»

23 E-Mail von Christian Bommarius an Chefredakteur Josef Depenbrock vom 29. 3. 2008, Archiv der Verf.

24 Berliner Zeitung vom 2. 10. 1990: «Für die DDR läuft die Uhr ab»

25 Berliner Zeitung vom 17. 6. 2006: «‹Menschen, die ehrlich zu sich selbst sind, finde ich lebendig›»

26 Berliner Zeitung vom 12. 1. 2008: «Von einem, der auszog, das Fürchten zu lehren». Ferner: Unterlassungserklärung der Berliner Verlag GmbH vom 30. 1. 2008, Archiv der Verf.

27 Berliner Zeitung vom 26. 11. 2008: «Bericht des Ehrenrates im Wortlaut». Dem Gremium gehörten an: Rainer Eppelmann, der Vorstandsvorsitzende der Stiftung zur Aufarbeitung der SED-Diktatur, der Schriftsteller Adolf Endler, Theaterregisseur Thomas Langhoff und der frühere Direktor der Gauck-Behörde Peter Busse.

28 Ebenda

29 Die Welt vom 9. 11. 2005: «Chefredakteur unter Stasi-Verdacht»

30 Heghmanns/Heintschel von Heinegg: Der Staatssicherheitsdienst in der «Lausitzer Rundschau»

31 Offener Brief von Udo Reiter am 16. 3. 2001 an den Leipziger CDU-Kreisvorsitzenden, Archiv der Verf.

32 Protokoll der Sitzung des MDR-Rundfunkrates vom 10. 3. 1997, Angaben des Rundfunkrats Horst Greim, Archiv der Verf.

33 Frankfurter Allgemeine Zeitung vom 6. 2. 2001: «Stasi, Stasi – und kein Ende?»

34 Rundfunkrat Horst Greim an die Mitarbeiter des MDR, 2001, Archiv der Verf.

35 Die Welt vom 25. 4. 2001: «Frühere Stasi-Generäle machen mobil»

36 Berliner Zeitung vom 3. 3. 2001: «Im Zeittunnel»

37 Schreiben des BMI vom 16. 6. 1993 an den Vorsitzenden des Untersuchungsausschusses zur Bewältigung der Stasi-Vergangenheit, Hartmut Büttner (CDU), Archiv der Verf.

38 Vgl. Bundestagsdrucksache 16/5152. Zum Redaktionsschluss des Buches war über den Antrag noch nicht entschieden.

39 Die Presserechtsprechung erlaubt nicht die vollständige Nennung des Namens.

40 Kühn: Das Gesamtdeutsche Institut im Visier der Staatssicherheit, S. 81 ff.

41 Schreiben des Staatsministeriums des Innern, Abt. 3 – Landespolizeipräsidium, vom 17. 6. 1992, Archiv der Verf.

42 Drucksache 1/4326: Große Anfrage der SPD-Fraktion «Personalpolitik im Sächsischen Staatsministerium des Inneren»

43 Deutscher Bundestag/13. Wahlperiode (Hg.): Enquete-Kommission, Bd. II/1; Hans Hubertus v. Roenne: Die Praxis der Entscheidung über die Übernahme von Personal in den öffentlichen Dienst im Beitrittsgebiet während der Übergangsphase nach 1990 – unter Berücksichtigung der Bereiche der Justiz, der Bildung sowie der Polizei am Beispiel der Landesverwaltungen in den neuen Ländern und in Berlin, S. 544 ff.

44 Deutscher Bundestag, ebenda, S. 590

45 Frankfurter Allgemeine Zeitung vom 29. 12. 2008: «DLV trennt sich von Dopingtrainer»

46 Bundesministerium des Innern: Bericht Projektgruppe Sonderprüfung Doping, 31. 7. 2007, S. 7, Archiv der Verf.

47 Zitiert in: DOSB-Pressedienst, Oktober 2007

48 Süddeutsche Zeitung vom 13. 8. 2008: «Trainer unter Verdacht»

49 Deutscher Bundestag, 16. Wahlperiode, Plenarprotokoll 16/174, Stenographischer Bericht der 174. Sitzung, 16. September 2008

50 Deutscher Bundestag, 8. Wahlperiode: Stenographisches Protokoll der 6. Sitzung des Sportausschusses am Mittwoch, dem 28. September 1977: Öffentliche Anhörung von Sachverständigen zum Thema «Leistungsbeeinflussende und leistungsfördernde Maßnahmen im Hochleistungssport», S. 142, 145, Archiv der Verf.

51 Singler/Treutlein: Doping im Spitzensport, S. 206

52 Der Spiegel vom 10. 12. 1990: «Das muss man nehmen»

53 Namensbeitrag von Beyer in der Stuttgarter Zeitung vom 26. 3. 1993

54 Nach Aussage der ehemaligen Athletin Frauke Tuttas bei der ZERV. Springstein bestritt das.

55 Akten zum Prozess StA Magdeburg, Az. 176 Js 26450/04, Archiv der Verf.

56 Süddeutsche Zeitung vom 14. 8. 2007: «Material für die Verbände»

57 Spitzer: Doping in der DDR, S. 282 ff. Bericht von Lothar Kipke, IM «Rolf» vom 13. Januar 1977

58 Gespräch mit Verf., Oktober 2008. Der Schwimmer, der zur Trainingsgruppe Warnatzsch gehörte, in der DDR-Auswahl Wettkämpfe bestritt und im zitierten Dokument genannt wird, bestand auf Anonymität.

59 Berliner Zeitung vom 19. 6. 1997: «Regionalkonzept wird abgelehnt»

60 Dong: Women, sport and society in modern China, S. 146

61 Die Welt vom 3. 8. 2008: «Olympia-Gastgeber China als Schleifer-Paradies»

62 Berendonk: Doping – von der Forschung zum Betrug, S. 343 ff.

63 Spitzer: Sicherungsvorgang Sport, S. 54

64 Bundesministerium des Innern: Bericht Projektgruppe, a. a. O., S. 54

65 http://jensweinreich.de/?p=2531 (Stand: Februar 2009)

66 Expertise des Wissenschaftlichen Dienstes des Bundestags, in Auftrag gegeben vom Abgeordneten Winfried Hermann (Bündnis 90/Die Grünen), Oktober 2007, Archiv der Verf.

TEIL IV
Kombinat Erinnerungswesen

1 Budapester Zeitung vom 19. 9. 2008: «Aufarbeitung kann nicht von oben verordnet werden»
2 Kazimierz Wóycicki beim XVIII. Bautzen-Forum der Friedrich-Ebert-Stiftung, 10./11. 5. 2007
3 Vgl. www.wiedervereinigung.de
4 Vgl. Deutz-Schroeder/Schroeder: Soziales Paradies oder Stasi-Staat?
5 Diese Daten erhob 1968 die Wildenmann-Studie. Zitiert in Aly: Unser Kampf, S. 84 f.
6 Die Welt vom 30. 5. 2008: «Die Akten der Anderen»
7 Die Welt vom 30. 11. 2006: «Die Birthler-Behörde hat ein Stasi-Problem»
8 Klein/Schroeder: Gutachten über die Beschäftigung ehemaliger MfS-Angehöriger bei der BStU im Auftrag des BKM. Berlin, 2007, unter www. interpool.tv / images / stories / Dokumente / gutachten / bstu_gutach ten_ 2007.pdf (Stand: Februar 2009)
9 Gauck: Die Stasi-Akten, S. 104
10 Frankfurter Rundschau vom 9. 7. 1993: «Sympathie ist in Misstrauen umgeschlagen»
11 Klein/Schroeder: Gutachten über die Beschäftigung ehemaliger MfS-Angehöriger bei der BStU im Auftrag des BKM, S. 75
12 Der Spiegel 39/1990: «Die müssen sich verhaften»
13 ▮▮▮▮▮▮▮▮▮▮▮▮▮▮▮▮▮▮▮▮▮▮▮▮▮▮▮▮▮
14 Der Spiegel 29/1994: «Urteil». Diestel strengte in den neunziger Jahren zahlreiche Prozesse gegen Behauptungen an, er habe mit diesem gemeinsam mit Günter Eichhorn unterzeichneten Schreiben die Aktenvernichtung angeordnet. Er will nur den Abtransport der Unterlagen angewiesen haben. Die Gerichte bestätigten ihn und bescheinigten ihm letztlich keine persönliche, aber eine «politische Verantwortung» für die Vernichtung der Unterlagen der Spionageabwehr-Abteilungen XV.
15 Insgesamt hatte das «Komitee zur Auflösung des Amtes für Nationale Sicherheit» anfänglich 261 Mitarbeiter, 176 in der MfS-Zentrale in Berlin, die anderen in den einstigen MfS-Bezirksverwaltungen. Sie kamen, bis auf die Bürgerrechtler, aus dem DDR-Staatsapparat.
16 Günter Eichhorn, Beauftragter für die Weiterführung der Geschäfte des ehemaligen Komitees zur Auflösung des AfNS, an den Sonderbeauftragten zur Auflösung des MfS/AfNS Jochim Gauck, Berlin, 4. 10. 1990, Archiv der Verf.
17 12 000 West-IM gibt BStU-Mitarbeiter Georg Herbstritt in «Bundesbürger im Dienst der DDR-Spionage» an. Andere Autoren, so der Historiker Hubertus Knabe, sprechen von 20 000 bis 30 000 westdeutschen Spitzeln.
18 Horch und Guck, Heft 57/2007, darin Christian Booß: «Interessenzwietracht bei der deutschen Einigung. Bundesrepublikanische Widerstände

gegen die Öffnung der Stasi-Akten und das Volkskammergesetz vom 24. August 1990»

19 Der Spiegel vom 10. 4. 2000: «Ärger mit der Apotheke»
20 Grimmer u. a. (Hg.): Die Sicherheit, S. 37 ff.
21 Horch und Guck, Heft 57/2007, darin Booß: «Interessenzwietracht bei der deutschen Einigung. Bundesrepublikanische Widerstände gegen die Öffnung der Stasi-Akten und das Volkskammergesetz vom 24. August 1990»
22 Horch und Guck, Heft 21/1997, darin Andreas Förster: «Neue Erkenntnisse zur Hinterbühne der Stasi-Auflösung 1990»
23 Der Spiegel 40/1990: «Die alten Herrn verpissten sich»
24 Horch und Guck, Heft 21/1997, a. a. O.
25 Eckart Werthebach an Ministerium des Innern der DDR, Abteilung Recht, Herrn Prof. Dr. Schüßler, am 21. 8. 1990, Archiv der Verf.
26 Koch, Die feindlichen Brüder, S. 429, und Horch und Guck, Heft 21/1997, darin Andreas Förster: «Neue Erkenntnisse zur Hinterbühne der Stasi-Auflösung 1990»
27 Der Spiegel 46/1991: «Tritt in die Weichteile»
28 Vgl. Klein/Schroeder: Gutachten über die Beschäftigung ehemaliger MfS-Angehöriger bei der BStU im Auftrag des BKM, S. 25
29 Koch: Die feindlichen Brüder, S. 409
30 Der Spiegel 52/1990: «Menschlich bewegt»
31 Der Spiegel 50/1990: «Ehrlich, treu, zuverlässig»
32 Der Spiegel 9/1991: «Nicht ehrenrührig»
33 Der Spiegel 12/1991: «Als sogenannte Spitzenquelle»
34 Der Spiegel 52/1990: «Menschlich bewegt»
35 Walter Süß, Abteilung Bildung und Forschung der BStU, argumentierte 1999 gegen de Maizières Behauptung, dieser habe von einer IM-Erfassung nichts gewusst. 1989 wurde «Czernys» Führungsoffizier Hasse durch einen anderen Hauptamtlichen ersetzt. Dieser traf sich am Rande der Bundessynode der Evangelischen Kirche in Eisenach mit IM «Czerny». Süß schreibt: «Spätestens dann» hätte auffallen müssen, «wenn die Person hinter ‹Czerny› von ihrer IM-Verpflichtung selbst nichts gewusst hätte.» Süß zieht dennoch das Fazit, «eine zwingend erscheinende Schlussfolgerung» sei im Fall de Maizière/«Czerny» nicht zu ziehen. In: Süß: Staatssicherheit am Ende, S. 579 f.
36 BStU: «Gutachterliche Stellungnahme» zu den in der Behörde des Bundesbeauftragten aufgefundenen Unterlagen, die mit Dr. Gregor Gysi in Zusammenhang stehen, und Dokumentenanhang. Vorgelegt entsprechend dem Auftrag des Deutschen Bundestages, Ausschuss für Wahlprüfung, Immunität und Geschäftsordnung vom 9. 2. 1995, S. 1/Im Internet unter: www.buskeismus.de/gysi/gysi_gutachten_gauck_950526_1.htm. Auf dieser Website auch Gerichtsurteile im Fall Gysi und Gegendarstellungen, die Gysi gegen Medien durchsetzte. (Stand: Februar 2009)

37 Die Tageszeitung vom 3. 6. 1995: «Gregor zum Lesen»

38 Klein/Schroeder: Gutachten über die Beschäftigung ehemaliger MfS-Angehöriger bei der BStU im Auftrag des BKM, S. 21

39 Berliner Zeitung vom 12. 11. 1991: «Reden bringt die Rote Karte»

40 Berliner Zeitung vom 24. 5. 1997: «Herr T., Frau A. und ein paar seltsame Vorgänge in der Gauck-Behörde»

41 Michael Beleites: Brief an Marianne Birthler vom 21. 2. 2007 und Brief an Richard Schröder vom 23. 3. 2007, Archiv der Verf.

42 Süddeutsche Zeitung vom 14. 1. 1998: «‹Ich fordere eine Debatte›. Jürgen Fuchs zu seinem Streit mit der Gauck-Behörde»

43 BStU, Referat AU I.1./Grundsatzangelegenheiten: «Jürgen Fuchs: Magdalena. Erwähnungen von BStU-Bediensteten, 1. 4. 1998», Archiv der Verf.

44 Alle Zitate im Folgenden aus: BStU, Ast. Rostock, AOP 2540/88, OV «Larve», 199 Bl.

45 Der Spiegel vom 4. 9. 2000: «Pack und Gesindel»

46 Urteil Landgericht Rostock, 3 0 245/00, verkündet am 22. 9. 2000, Archiv der Verf.

47 Terminprotokoll Oberlandesgericht Rostock, Az.: 1 U 213/00 vom 28. 2. 2001; Beschluss Oberlandesgericht Rostock Az.: 1 U 213/00 vom 30. 5. 2001; Beschluss Bundesgerichtshof VI ZB 39/01 vom 27. 9. 2001, Archiv der Verf.

48 Berliner Zeitung vom 10. 10. 2000: «Blick von der Tribüne»

49 Die Welt vom 18. 8. 2006: «Debatte über Günter Grass' langes Schweigen dokumentiert: Wie Grass seine Stasi-Akte freigab»

50 Frankfurter Allgemeine Zeitung vom 6. 9. 2006: «Die Enthüllungen passen in eine Fußnote»

51 Laut Behördenforscher Herbstritt liegen neben den genannten Abgeordneten Indizien für direkte MfS-Kontakte bei den Abgeordneten Walter Behrendt, Hannsheinz Bauer, Heinrich Junker, Willi Peiter, Dietrich Sperling und Ernst Achenbach vor. Nach Herbstritt sind in «Rosenholz» 49 Abgeordnete dieses Bundestages erfasst. Die MfS-Vita des Abgeordneten Arthur Killat recherchierte «Die Zeit». Der Journalist Toralf Staud rang der BStU in einem mehrmonatigen Tauziehen Unterlagen zu diesem Parlamentarier ab. Vgl. dazu: «Wer war Arthur Kaufmann?», in: Die Zeit 7/2007

52 Knabe: Die unterwanderte Republik, S. 67ff., 48ff. sowie Georg Herbstritt, a. a. O., S. 135ff. Die HVA zahlte 50000 Mark für die Stimme von Julius Steiner, der angab, das Geld von Karl Wienand erhalten zu haben. Ob auch die Enthaltung des Geschäftsführers der Unionsfraktion, Leo Wagner, erkauft war, ist bis heute ungeklärt.

53 Herbstritt: Bundesbürger im Dienst der DDR-Spionage, S. 137f.

54 Die Welt vom 15. 2. 2007: «Große Koalition des Verschweigens». Der Historiker Hubertus Knabe erhielt diese Antwort auf Nachfrage.

55 Bericht der Forschungsgruppe «Rosenholz» vom 8. April 2005, S. 149, un-

veröffentlicht, Archiv der Verf. Bei diesem Bericht handelt es sich um die Version, die die Behördenspitze unter Verschluss hielt. In dem Bericht, der dann 2007 in einer Publikationsreihe der Behörde erschien, fehlt diese Passage ebenso wie weitere, die das Handeln der Behördenleitung kritisieren. So war der Vorschlag der Forschungsgruppe «Rosenholz» unerwünscht, in der Agentenkartei fehlende Informationen aus den Jahren 1988/89 über einen Abgleich mit dem elektronischen Posteingangsbuch SIRA zu ergänzen. Was technisch «mit wenigen Handgriffen» möglich wäre, schreiben die Autoren um Müller-Enbergs, «stieß bedauerlicherweise auf mangelndes Aufklärungsinteresse» (S. 74). Eine Stichprobe der Experten ergab, dass geschätzte 2000 westdeutsche HVA-Spitzel unentdeckt sind, die noch nach 1975 aktiv waren (S. 94).

56 Welt am Sonntag vom 9. 9. 2001: «Vorwürfe gegen neuen Direktor der Gauck-Behörde»

57 Die Welt vom 3. 7. 2006: «‹Ich werde Ihnen keine Namen nennen›. Marianne Birthler über Abgeordnete in den Rosenholz-Akten, Streit mit dem Parlament und Vorwürfe gegen ihre Behörde»

58 Der Spiegel 12/1973: «Im Dienst des Kapitals»

59 Die Tageszeitung vom 6. 10. 1994: «Mildes Urteil für ‹Kugel›»

60 Auskunft der BStU-Pressestelle an Verf. vom 17. 10. 2008

61 Wortprotokoll des Deutschen Bundestags (12. Wahlperiode), 82. Sitzung am 12. 3. 1992. Unter: http://dip21.bundestag.de/dip21/btp/12/12082.pdf

62 Neubert: Geschichte der Opposition in der DDR 1949–1989, S. 694ff.

63 Förderantrag und Widerspruch der Robert-Havemann-Gesellschaft gegen den Ablehnungsbescheid für das Publikationsvorhaben «1988 – Widerstand als Wiedereinreise» vom 5. 1. 2007, Archiv der Verf.

64 Der Briefwechsel zwischen Knabe und Eppelmann unter: www.havemann-gesellschaft.de

65 Offener Brief vom 3. 7. 2007: «Protest gegen DDR-Verharmlosung», Archiv der Verf.

66 Offener Brief an die Fraktionsvorstände in Bundestag und Abgeordnetenhaus. Unterzeichnet von Historikern des Forschungsverbundes SED-Staat an der FU Berlin, des Instituts für Zeitgeschichte, München, und des Hannah-Arendt-Instituts, Dresden 1999, Archiv der Verf.

67 Neues Deutschland vom 1. 6. 1999: «Zeugen störten diesmal nicht»

68 Offener Brief an die Fraktionsvorstände in Bundestag und Abgeordnetenhaus, s. o.

69 Stephan/Herbst/Krauss/Küchenmeister/Nakath (Hg.): Die Parteien und Organisationen der DDR. Ein Handbuch. Mit Stephan verfasste Mählert das 1996 erschienene Buch «Blaue Hemden. Rote Fahnen. Die Geschichte der Freien Deutschen Jugend».

70 Anna Kaminsky an Zeitgeschichte(n) e.V. Halle, 20. 6. 2006, Archiv der Verf.

71 Vgl. Hirschinger: Fälschung und Instrumentalisierung antifaschistischer

Biographien. Gerats stand bis zu seinem Tod im Jahr 2007 dem «Interessenverband ehemaliger Teilnehmer am antifaschistischen Widerstand, Verfolgter des Naziregimes und Hinterbliebener» (IVVdN) in Sachsen-Anhalt vor, der der bundesweit agierenden «Vereinigung der Verfolgten des Naziregimes – Bund der Antifaschisten und Antifaschistinnen» (VVN-BdA) angeschlossen ist.

72 Kohl: Erinnerungen 1990–1994, S. 52
73 Neubert: Geschichte der Opposition in der DDR 1949–1989, S. 405 f.
74 Die Tageszeitung vom 16. 3. 1990: «Eppelmann: ‹Schnur war und ist mein Freund›»
75 Rainer Eppelmann an Bundesjustizministerin Sabine Leutheusser-Schnarrenberger, 8. 9. 1992, Archiv der Verf.
76 Märkische Oderzeitung vom 4. 7. 2007: «Stasi-Kontakte selbst abgebrochen»
77 Kohl: Erinnerungen 1990–1994, S. 147
78 Der Spiegel 31/1990: «Wer ist Teltschik?»
79 Markus Meckel in der Debatte des Deutschen Bundestags am 2. April 1998 zum «Gesetz über die Errichtung einer Stiftung zur Aufarbeitung der SED-Diktatur». In: Deutscher Bundestag (Hg.): Materialien der Enquete-Kommission (13. Wahlperiode), S. 124
80 Roginskij/Drauschke/Kaminsky u. a.: Erschossen in Moskau. Das Buch erschien auch in russischer Sprache.
81 Dazu: https:/stiftung-aufarbeitung.de/service_wegweiser/igof/igof.php
82 Süddeutsche Zeitung vom 4. 11. 2005: «Der neue Mythos des 20. Jahrhunderts»
83 Hacker: Deutsche Irrtümer, S. 352
84 Ulrich Mählert/Manfred Wilke: Die Auseinandersetzung mit der SED-Diktatur seit 1989. In: Möller/Mählert (Hg.): Abgrenzung und Verflechtung, S. 126
85 Schlussbericht der Enquete-Kommission «Überwindung der Folgen der SED-Diktatur im Prozess der deutschen Einheit». Kapitel 2.1.9. DDR-Forschung in der Bundesrepublik Deutschland. In: Deutscher Bundestag (Hg.): Materialien der Enquete-Kommission, a. a. O., Bd. I, S. 454 ff.
86 Sondervotum der Mitglieder der Fraktion der SPD und der Sachverständigen Clemens Burrichter, Bernd Faulenbach, Martin Gutzeit und Hermann Weber. In: Ebenda, S. 457 ff.
87 Focus 41/1994: «Wahlkampfhilfe aus Ost-Berlin»
88 Bernd Faulenbach: Geteilte Vergangenheit – eine Geschichte? In: Kleßmann u. a. (Hg.): Deutsche Vergangenheiten – eine gemeinsame Herausforderung, S. 26
89 Ders.: 25 Jahre Historische Kommission der SPD, Rede am 5. 2. 2007
90 Hüttmann: Die DDR-Geschichte und ihre Forscher, u. a. S. 313–322, 390
91 Vgl. Heitzer: «Affäre Walter»
92 Gerhard Finn an Enrico Heitzer, 15. 9. 2008, Archiv der Verf.

Ausgewählte Literatur

Aly, Götz: Unser Kampf. 1968, Frankfurt/Main 2008

Andert, Reinhold; Herzberg, Wolfgang: Der Sturz, Berlin und Weimar 1990

Auerbach, Thomas: Vorbereitung auf den Tag X. Die geplanten Isolierungslager des MfS, erschienen in der Reihe B der BStU, Nr. 1/1995, Berlin 1994

Bästlein, Klaus: Der Fall Mielke. Die Ermittlungen gegen den Minister für Staatssicherheit der DDR, Baden-Baden 2002

Berendonk, Brigitte: Doping – von der Forschung zum Betrug, Reinbek 1992

Böhmer, Robert: Der Geist des Kapitalismus und der Aufbau Ost. Eine institutionalistische Analyse des hemmenden Einflusses von Denkgewohnheiten und Mentalitäten auf die ökonomische Entwicklung der neuen Bundesländer – auf Grundlage von Thor Veblens ‹Regime of status› und Max Webers ‹Geist des Kapitalismus›, Dresden 2005

Böhmer, Wolfgang: «Lieber die unbarmherzige Wahrheit als eine barmherzige Lüge». Ausgewählte Reden und Interviews 2002–2008. Über ein Land im Umbruch. Mit einem Vorwort von Angela Merkel, Halle/Saale 2008

Brandt, Willy: «… was zusammengehört». Reden zu Deutschland, Bonn 1990

Bundesministerium der Justiz: Im Namen des Deutschen Volkes. Justiz und Nationalsozialismus, Katalog zur Ausstellung, Köln 1989

Bundesministerium der Justiz: Im Namen des Volkes? Über die Justiz im Staat der SED, Katalog, Wissenschaftlicher Begleitband und Dokumentenband, Leipzig 1994

Deutscher Bundestag (Hg.): Materialien der Enquete-Kommissionen «Aufarbeitung von Geschichte und Folgen der SED-Diktatur in Deutschland» (12. Wahlperiode des Deutschen Bundestages) und «Überwindung der Folgen der SED-Diktatur im Prozess der deutschen Einheit» (13. Wahlperiode des Deutschen Bundestages), Baden-Baden und Frankfurt/Main 1995 und 1999

Deutz-Schroeder, Monika; Schroeder, Klaus: Soziales Paradies oder Stasi-Staat? Das DDR-Bild von Schülern im Ost-West-Vergleich, München 2008

Diedrich, Torsten; Ehlert, Hans; Wenzke, Rüdiger (Hg.): Im Dienste der Partei. Handbuch der bewaffneten Organe der DDR, Berlin 1998

Ditfurth, Christian von: Blockflöten. Wie die CDU ihre realsozialistische Vergangenheit verdrängt, Köln 1991

Dönhoff, Marion u. a.: Ein Manifest II. Weil das Land Versöhnung braucht, Hamburg 1993

Dong, Jinxia: Women, sport and society in modern China, London 2003

Duchkowitsch, Wolfgang; Hausjell, Fritz; Semrad, Bernd (Hg.): Die Spirale des Schweigens. Zum Umgang mit der nationalsozialistischen Zeitungswissenschaft, Münster 2004

Elster, Jon: Die Akten schließen. Nach dem Ende von Diktaturen, Bonn 2005

Friedrich, Jörg: Die kalte Amnestie. NS-Täter in der Bundesrepublik, Berlin 2007

Friedrich-Ebert-Stiftung (Hg.): Eine Zwischenbilanz der Aufarbeitung der SBZ/DDR-Diktatur 1989–1999, X. Bautzen-Forum der Friedrich-Ebert-Stiftung (Büro Leipzig), Leipzig 1999

Fritze, Lothar: Täter mit gutem Gewissen. Über menschliches Versagen im diktatorischen Sozialismus, Köln/Weimar 1998

Fuchs, Jürgen: Magdalena. MfS. Memfisblues. Stasi. Die Firma VEB Horch & Gauck – ein Roman, Berlin 1998

Gauck, Joachim: Die Stasi-Akten. Das unheimliche Erbe der DDR, Berlin 1991

Giesecke, Jens: Die hauptamtlichen Mitarbeiter der Staatssicherheit. Personalstruktur und Lebenswelt 1950–1989/90, Berlin 2000

Glotz, Peter: Von Heimat zu Heimat. Erinnerungen eines Grenzgängers, Berlin 2005

Grafe, Roman: Deutsche Gerechtigkeit. Prozesse gegen DDR-Grenzschützen und ihre Befehlsgeber, München 2004

Graw, Ansgar: (Historiker-)Streit unter Adenauers Enkeln. Sonderdruck aus: Westbindung. Chancen und Risiken für Deutschland, Berlin 1993

Grimmer, Reinhard; Irmler, Werner; Opitz, Willi; Schwanitz, Wolfgang (Hg.): Die Sicherheit. Zur Abwehrarbeit des MfS, Berlin 2003

Hacker, Jens: Deutsche Irrtümer. Schönfärber und Helfershelfer der SED-Diktatur im Westen, München 1992

Haller, Michael; Puder, Klaus; Schlevoigt, Jochen (Hg.): Presse Ost – Presse West. Journalismus im vereinten Deutschland, Leipzig 1995

Heghmanns, Michael; Heintschel von Heinegg, Wolf: Der Staatssicherheitsdienst in der «Lausitzer Rundschau», Berlin 2003

Heitzer, Enrico: «Affäre Walter». Die vergessene Verhaftungswelle, Berlin 2008

Herbstritt, Georg: Bundesbürger im Dienst der DDR-Spionage. Eine analytische Studie, Göttingen 2007

Hertle, Hans-Hermann; Stephan, Gerd-Rüdiger (Hg.): Das Ende der SED. Die letzten Tage des Zentralkomitees, Berlin 1997

Herzberg, Wolfgang; zur Mühlen, Patrick von (Hg.): Auf den Anfang kommt es an. Sozialdemokratischer Neubeginn in der DDR. Interviews und Analysen, Bonn 1993

Hirschinger, Frank: Fälschung und Instrumentalisierung antifaschistischer Biographien. Das Beispiel Halle/Saale 1945–2005, Göttingen 2007

Höllen, Martin: Loyale Distanz? Katholizismus und Kirchenpolitik in der SBZ und DDR. Ein historischer Überblick in Dokumenten. Band 3/1 (1966–1976), Berlin 1998

Honecker, Erich: Aus meinem Leben, Berlin 1980

Honecker, Erich: Zu dramatischen Ereignissen, Hamburg 1992

Honecker, Erich: Politische Erklärung (vor der 27. Großen Strafkammer des Berliner Landgerichts am 3. Dezember 1992). Berliner Kommunistenprozesse 1992/1993, Hamburg 1992

Honecker, Erich: Moabiter Notizen, Berlin 1994

Höppner, Reinhard: Acht unbequeme Jahre. Innenansichten des Magdeburger Modells, Halle/Saale 2003

Hornbogen, Lothar; Nakath, Detlef; Stephan, Gerd-Rüdiger (Hg.): Außerordentlicher Parteitag der SED/PDS. Protokoll der Beratungen am 8./9. und 16./17. Dezember 1989 in Berlin, Berlin 1999

Hüttmann, Jens: Die DDR-Geschichte und ihre Forscher. Akteure und Konjunkturen der bundesdeutschen DDR-Forschung, Berlin 2008

Jung, Christian: Geschichte der Verlierer. Historische Selbstreflexionen von hochrangigen Mitgliedern der SED nach 1989, Heidelberg 2007

Kamiński, Lukasz; Persak, Krzysztof; Gieseke, Jens: Handbuch der kommunistischen Geheimdienste in Europa 1944–1991, Göttingen 2009

Kleßmann, Christoph; Misselwitz, Hans; Wichert, Günter (Hg.): Deutsche Vergangenheiten – eine gemeinsame Herausforderung. Der schwierige Umgang mit der deutschen Nachkriegsgeschichte, Berlin 1999

Knabe, Hubertus: Die Täter sind unter uns. Über das Schönreden der SED-Diktatur, Berlin 2007

Knabe, Hubertus: Der diskrete Charme der DDR. Stasi und Westmedien, Berlin 2001

Knabe, Hubertus: Die unterwanderte Republik, Berlin 1999

Koch, Peter-Ferdinand: Die feindlichen Brüder. DDR contra BRD, Bern 1994

Kohl, Helmut: Erinnerungen 1990–1994, München 2007

Kowalczuk, Ilko-Sascha: Endspiel. Die Revolution von 1989 in der DDR, München 2009

Kühn, Detlef: Das Gesamtdeutsche Institut im Visier der Staatssicherheit, 2. Auflage, Berlin 2008

Langguth, Gerd: Angela Merkel, München 2005

Lüderssen, Klaus: Der Staat geht unter – das Unrecht bleibt? Regierungskriminalität in der ehemaligen DDR, Frankfurt/Main 1992

de Maizière, Lothar: Anwalt der Einheit, Berlin 1996

Marxen, Klaus; Werle, Gerhard (Hg.): Strafjustiz und DDR-Unrecht. Dokumentation. Band 2/1. Teilband: Gewalttaten an der deutsch-deutschen Grenze (2002); Band 2/2. Teilband: Gewalttaten an der deutsch-deutschen Grenze (2002); Band 4/1. Teilband: Spionage (2004); Band 4/2. Teilband: Spionage (2004); Band 5/1. Teilband: Rechtsbeugung (2007); Band 5/2. Teilband: Rechtsbeugung (2007); Band 6: MfS-Straftaten (2006); Berlin

Marxen, Klaus; Schäfter, Petra; Werle, Gerhard: Die Strafverfolgung von DDR-Unrecht. Fakten und Zahlen, Berlin 2007

Meyer-Lucht, Robin: Verblühende Regionalpresse-Landschaften im Osten? Zur wirtschaftlichen Lage der ost- und westdeutschen Regionalpresse, Studie für die Friedrich-Ebert-Stiftung, Berlin 2006

Michel, Karl Markus; Spengler, Tilman (Hg.): «In Sachen Erich Honecker», Berlin 1993

Möller, Frank; Mählert, Ulrich (Hg.): Abgrenzung und Verflechtung. Das geteilte Deutschland in der zeithistorischen Debatte, Berlin 2008

Müller, Uwe: Supergau Deutsche Einheit, Hamburg 2006

Müller-Enbergs, Helmut: Inoffizielle Mitarbeiter des Ministeriums für Staatssicherheit. Teil 3: Statistiken, Berlin 2008

Müller-Enbergs, Helmut: «Rosenholz». Eine Quellenkritik. Reihe «BF informiert» der BStU, Berlin 2007

Neubert, Erhart: Geschichte der Opposition in der DDR 1949–1989, Bonn 2000

Otto, Wilfriede: Erich Mielke – Biografie: Aufstieg und Fall eines Tschekisten, Berlin 2000

Peters, Tim: Der Antifaschismus der PDS aus antiextremistischer Sicht, Wiesbaden 2006

Plumeyer, Hans-Otto; Sauer, Heinz: Der Salzgitter-Report, Essl./München 1991

Przybylski, Peter: Tatort Politbüro. Die Akte Honecker, Berlin 1991

Przybylski, Peter: Tatort Politbüro. Band 2: Honecker, Mittag und Schalck-Golodkowski, Berlin 1992

Reichel, Peter: Vergangenheitsbewältigung in Deutschland. Die Auseinandersetzung mit der NS-Diktatur in Politik und Justiz, München 2007

Reichert, Steffen: Transformationsprozesse. Der Umbau der «Leipziger Volkszeitung», Münster 2000

Rieke, Dieter (Hg.): Sozialdemokraten als Opfer im Kampf gegen die rote Diktatur, Bonn 1994

Roginskij, Arsenij; Drauschke, Frank; Kaminsky, Anna: «Erschossen in Moskau». Die deutschen Opfer des Stalinismus auf dem Moskauer Friedhof Donskoje, 1950–1953, Berlin 2008

Schäuble, Wolfgang: Der Vertrag. Wie ich die deutsche Einheit verhandelte, Stuttgart 1991

Schneider, Beate; Möhring, Wiebke; Stürzebecher, Dieter: Ortsbestimmung. Lokaljournalismus in den neuen Ländern, Konstanz 2000

Schroeder, Klaus: Die veränderte Republik. Deutschland nach der Wiedervereinigung, München 2006

Schultke, Dietmar: «Keiner kommt durch». Die Geschichte der innerdeutschen Grenze und der Berliner Mauer, Berlin 2008

Schürer, Gerhard: Gewagt und gewonnen, Frankfurt/Oder 1998

Singler, Andreas; Treutlein, Gerhard: Doping im Spitzensport. Sportwissenschaftliche Analysen zur nationalen und internationalen Leistungsentwicklung, Aachen 2000

Spitzer, Giselher: Sicherungsvorgang Sport. Das Ministerium für Staatssicherheit und der DDR-Spitzensport, Bonn 2005

Spitzer, Giselher: Doping in der DDR. Ein historischer Überblick zu einer konspirativen Praxis, Köln 1998

Stephan, Gerd-Rüdiger; Herbst, Andreas; Krauss, Christine; Küchenmeister, Daniel; Nakath, Detlef: Die Parteien und Organisationen der DDR. Ein Handbuch, Berlin 2002

Sturm, Daniel Friedrich: Uneinig in die Einheit. Die Sozialdemokratie und die Vereinigung Deutschlands 1989/90, Bonn 2006

Sturm, Daniel Friedrich: Wohin geht die SPD?, München 2009

Süß, Walter: Staatssicherheit am Ende. Warum es den Mächtigen nicht gelang, 1989 eine Revolution zu verhindern, Berlin 1999

Walter, Franz: Baustelle Deutschland, Frankfurt/Main 2008

Wassermann, Rudolf: Im Wind der Veränderung. Politische Essays zur Lage der vereinten Nation, Asendorf 1993

Wassermann, Rudolf: Ein epochaler Umbruch. Probleme der Wiedervereinigung, Asendorf 1991

Weber, Jürgen; Piazolo, Michael (Hg.): Justiz im Zwielicht. Ihre Rolle in den Diktaturen und die Antwort des Rechtsstaates, München 1998

Weber, Jürgen; Piazolo, Michael: Eine Diktatur vor Gericht. Aufarbeitung des SED-Unrechts durch die Justiz, München und Landsberg am Lech 1995

Wehler, Hans-Ulrich: Deutsche Gesellschaftsgeschichte. 1949–1990, München 2008

Welsch, Wolfgang: Ich war Staatsfeind Nr. 1. Als Fluchthelfer auf der Todesliste der Stasi, München 2003

Wesel, Uwe: Ein Staat vor Gericht. Der Honecker-Prozess, Frankfurt/Main 1994

Wolf, Markus: Spionagechef im geheimen Krieg. Erinnerungen, München 1997

Personenregister

Abrassimow, Pjotr 275
Adameck, Heinz 196
Adenauer, Konrad 56, 87, 105, 225
Adolphi, Wolfram 160
Adorno, Theodor W. 149
Ahmadinedschad, Mahmud 169
Albrecht, Hans 19f., 30, 43, 46f., 65, 72
Almsick, Franziska van 217
Altendorf, Hans 261–264
Althaus, Dieter 201
Anlauf, Paul 37
Ash, Timothy Garton 224
Augstein, Rudolf 33, 178

Bach, August 111
Bach, Thomas 210
Bäcker, Gerd 243–248
Baden, Max von 149
Bahr, Egon 14, 26, 56, 137f., 277f.
Bahro, Rudolf 263
Bandemer, Karl 68
Bangemann, Martin 198
Baring, Arnulf 269
Barzel, Rainer 259
Bästlein, Klaus 38
Bauer, Fritz 52
Bauer, Hans 165
Baumgarten, Klaus-Dieter 66, 72, 74f.
Beater, Bruno 82
Bebel, August 16, 40, 143f.
Beck, Kurt 141f., 147
Becker, Nicolas 41f.

Beleites, Michael 98, 176, 250f.
Benjamin, Walter 149
Berendonk, Brigitte 207, 215
Berghofer, Wolfgang 106, 138
Bergmann-Pohl, Sabine 241
Bergner, Christoph 206f.
Berija, Lawrentij 38
Beyer, Harm 210
Biedenkopf, Kurt 116, 120
Biermann, Wolf 46, 56, 157, 241, 251
Birthler, Marianne 11, 188, 228–231, 255f., 259–261, 264
Bisky, Lothar 10, 150, 154f., 163f., 169
Bismarck, Otto von 144
Block, Willi 68
Blüm, Norbert 133
Boeden, Gerhard 237f., 247
Bohley, Bärbel 56, 241, 267f.
Böhme, Erich 189
Böhme, Manfred «Ibrahim» 109, 135
Böhmer, Wolfgang 162, 172f.
Bohnsack, Günter 181
Bölling, Klaus 16
Bommarius, Christian 187
Borm, William 259
Börnsen, Wolfgang 231
Boßdorf, Hagen 182–184
Böttcher, Gerhard 212
Brandt, Willy 11, 13f., 35, 105, 130–133, 135, 138, 143–146, 148f., 151, 225, 256, 259, 263, 265
Braun, Edgar 236–238, 240
Braun, Volker 106

313

315